Handlungstheoretisch fundierte Didaktik nachhaltiger Berufsbildung

Anna Bliesner-Steckmann

Handlungstheoretisch fundierte Didaktik nachhaltiger Berufsbildung

Die Kluft zwischen Wissen und Handeln

Springer VS

Anna Bliesner-Steckmann
Köln, Deutschland

Dissertation zur Erlangung des akademischen Grades Dr. phil. der Fakultät für Bildungswissenschaften an der Universität Duisburg-Essen.
Tag der Disputation: 20.03.2017
Erstgutachter: Herr Prof. Dr. Karl Düsseldorff
Zweitgutachter: Herr Prof. Dr. Rolf Dobischat

Originaltitel der Dissertation: Kluft zwischen Wissen und Handeln. Handlungstheoretische und empirische Fundierungen für eine Didaktik nachhaltiger (Berufs-)Bildung

Gefördert von der Studienstiftung des deutschen Volkes

Studienstiftung
des deutschen Volkes

OnlinePlus Material zu diesem Buch finden Sie auf
http://www.springer.com/978-3-658-19741-4

ISBN 978-3-658-19740-7 ISBN 978-3-658-19741-4 (eBook)
https://doi.org/10.1007/978-3-658-19741-4

Die Deutsche Nationalbibliothek verzeichnet diese Publikation in der Deutschen Nationalbibliografie; detaillierte bibliografische Daten sind im Internet über http://dnb.d-nb.de abrufbar.

Springer VS

Gedruckt auf säurefreiem und chlorfrei gebleichtem Papier

Springer VS ist Teil von Springer Nature
Die eingetragene Gesellschaft ist Springer Fachmedien Wiesbaden GmbH
Die Anschrift der Gesellschaft ist: Abraham-Lincoln-Str. 46, 65189 Wiesbaden, Germany

Geleitwort

Mit dem Nachhaltigkeitsleitbild durch die Vereinten Nationen im Jahr 1987 verbinden wir ein „Sustainability-Ethos", das sich in einem sozial, ökonomisch und ökologisch nachhaltigen Handeln äußert und sowohl als politischer als auch als privat-persönlicher Auftrag zu verstehen ist. Aber wie kommen wir dazu, demgemäß zu handeln – wie müssen das dafür voraussetzungsreiche Verstehen, Erkennen und Wissen beschaffen sein, um nachhaltig handeln zu können – und es auch zu wollen?

Gerade nach der US-amerikanischen Aufkündigung des globalen Klimaschutz-Abkommens von Paris, das ja nur einen Teil einer globalen Nachhaltigkeitszielsetzung ausmacht, ist erneut und besonders drängend geworden darum zu wissen, welche substantiell verantwortungsvollen Entscheidungen die Menschheit treffen kann bzw. muss, um sozial fair, ökologisch sensibel und trotzdem ökonomisch tragfähig zu agieren, und auch, welche handlungsauslösenden persönlichen Grundkonstellationen ein entsprechendes Entscheiden und Handeln unter Umständen verhindern.

Nicht unbedeutend sind diese und ähnliche Fragen auch als erziehungswissenschaftliche Fragen auszudeuten und ihre Beantwortung verweist sowohl auf eine fachwissenschaftliche als auch auf eine originär pädagogische Bearbeitungsebene, was allerdings konsequenterweise nur im ergänzenden Zusammenspiel mit psychologisch/psychischen sowie philosophischen und moralphilosophischen Erörterungsaspekten Sinn macht.

Frau Anna Bliesner-Steckmann stellt sich in einer sehr anspruchsvollen und materialreichen Untersuchung den oben angedeuteten Aufgaben- und Themenstellungen. Bemerkenswert gut gelingt es ihr dabei, einen originären erziehungswissenschaftlichen Zugang mit einem breiten interdisziplinären Diskurs zu verbinden. Sie knüpft dabei an zurückliegende und an aktuellste Forschungsbefunde an, bereitet diese konstruktiv verknüpfend auf und führt eigene empirische Untersuchungen sehr methodensicher durch. Dies alles wird für ein Kernanliegen fruchtbar gemacht, das bislang sowohl in der Forschungspraxis als auch in der pädagogischen Praxis noch weitgehend als terra incognita gilt: Wie müssen, wenn man denn bestimmte Rahmenbedingungen für moralisch-nachhaltiges Handeln und Entscheiden kennt, eine darauf bezogene Bildung respektive Didaktik beschaffen sein?

Es ist spannend zu lesen, wie hier aus Umwelt- und moralpsychologischen Modellvorstellungen abgeleitet diejenigen Faktoren identifiziert werden können, die durch pädagogische Interventionen beeinflussbar sind und wie pädagogisch geleitete Interventionen moralisch-nachhaltiges Handeln anregen bzw. unterstützen oder gar auszulösen vermögen; welcher dafür notwendige Kompetenzbegriff als grundlegend zu gelten hat und welche entwicklungspsychologischen und sozialisationstheoretischen, auch welche kognitionsorientierten Grundannahmen hier als plausibel erscheinen.
Kurz: Als Mentor der sehr detailreichen und sehr präzisen Untersuchungen der Autorin bin ich über den Forschungsertrag dieser ursprünglichen Qualifikationsschrift besonders deswegen stolz über die hier vorgelegte Schrift, weil sie verdeutlicht: Über moralisch-nachhaltiges Urteilen und Handeln zu reflektieren, heißt gleichzeitig über die Grundkomponenten eines entsprechenden Bildungskonzeptes nachzudenken. Und dies wiederum fordert geradezu heraus, den noch sehr seltenen Weg einer handlungstheoretischen Fundierung einer Bildung für nachhaltige Entwicklung respektive einer, darauf bezieht sich Frau Bliesner-Steckmann besonders, Didaktik für nachhaltige Berufsbildung zu beschreiten.
Trotz dieser vermeintlich engen Zielführung der Schrift dürfte sie aufgrund ihrer Erörterungs- und Befundbreite nicht nur Berufspädag_innen, sondern auch allgemeine Pädagog_innen, natürlich „Umweltpädagog_innen", Mitarbeiter_innen in sozialpädagogischen Kontexten und Fachwissenschaftler_innen der pädagogischen Nachbardisziplinen sowohl in Theorie als auch in Praxis interessieren. Auch wird, da bin ich sicher, diese Veröffentlichung die politische Bildung forschungspraktisch und in der Bildungspraxis einschlägig befördern.

Essen, im Juni 2017

Karl Düsseldorff

Danksagung

Ich selbst habe Danksagungen — die interessanten, persönlichen und ehrlichen — stets gerne gelesen, denn sie haben mich motiviert. Ich hoffe, dass mir im Folgenden eine ebensolche gelungen ist.

Zunächst: Forschungsarbeiten mit einem empirischen Anteil sind auf Personen angewiesen, die die Untersuchung unterstützen und persönlich Auskunft geben — ich danke der Zentralstelle des Freiwilligen Ökologischen Jahres beim Landschaftsverbands Rheinland, in Person von Frau Scarlett Werner-Akyel, Frau Karin Rothe, Frau Annika Gies, Herrn Sergio Rosario und Frau Ilona Chrobak. Ein besonderer Dank gilt den Teilnehmenden am Freiwilligen Ökologischen Jahr der Gruppen A und C des Bildungsjahres 2013/2014, die sich bereit erklärt haben, an der Untersuchung mitzuwirken.

Besonders möchte ich in diesem Zusammenhang auch die Beteiligung des Berufskollegs Ulrepforte in Köln hervorheben — hier haben Herr Werner Seldschopf und die beteiligten Berufsschüler/-innen ein Forschungsvorhaben unterstützt, in welchem sie eine vergleichsweise kleine Rolle eingenommen haben: Herzlichen Dank dafür!

Ich wünsche allen Teilnehmenden des Freiwilligen Ökologischen Jahres und den Berufsschüler/-innen für die Zukunft alles Gute!

Für zwei Wissenschaftler und Forschende hege ich besondere Bewunderung und ihnen gilt ein spezieller Dank: Mein Interesse am wissenschaftlichen Arbeiten geht in wesentlichen Teilen auf Herrn Professor Dr. Siegfried Frey zurück, der bis zum Jahr 2006 an der Universität Duisburg-Essen Kommunikations- und Medienpsychologie lehrte. Er hat mich eines Tages für ein kleines Seminarbegleitendes Forschungsprojekt verpflichtet, worüber ich zunächst wenig glücklich war, schließlich galt er bei meinen Kommilitoninnen und Kommilitonen als sehr anspruchsvoll und kritisch. Regelmäßig hielt er Sprechstunden mit den Beteiligten des Forschungsprojekts ab, wo er uns gedanklich begleitete und stets ein wenig mehr forderte, als man zu dem jeweiligen Zeitpunkt zu leisten im Stande war. Das hat mich gereizt und so wurde die zunächst quasi erzwungene Teilnahme am Projekt ein großer Gewinn für mich. Ich habe im angesprochenen Forschungsprojekt keine herausragenden Leistungen vollbracht — das war aber auch nicht wesentlich. Was zu zählen schien, war der Wille und die Bemühung »zu verstehen«. Eines Tages be-

grüßte Herr Prof. Frey mich mit dem Ausruf: „Ah, da kommt die Denkerin!“ Das hat mir über Jahre hinweg Selbstvertrauen geschenkt und mich beflügelt.
Dass dieses Gefühl bis heute nicht nachgelassen hat, habe ich auch Herrn Prof. Dr. Karl Düsseldorff zu verdanken, den ich im Hauptstudium an der Fakultät für Bildungswissenschaften der Universität Duisburg-Essen kennenlernen durfte. Sein herzlicher und persönlicher Umgang mit seinen Studentinnen und Studenten war und ist beeindruckend. Sowohl bei der Betreuung meiner Diplomarbeit als auch in seiner Rolle als Doktorvater war er stets von einer stoischen Ruhe und Gelassenheit, was meine Leistungen betraf. Er lies mich nie Zweifel spüren, dass ich der Herausforderung der Promotion nicht gewachsen sein könnte und war mir ein verlässlicher Lotse im Nebeneinander von Ansätzen, Konzepten und Modellen der unterschiedlichen Forschungszweige und Fachrichtungen. In seinem Büro, in welchem sich die Bücherstapel und Papiertürme zum Teil hüfthoch in die Höhe reckten, habe ich mich stets gut aufgehoben gefühlt — einen ganz herzlichen Dank dir, lieber Karl, dafür!
An dieser Stelle danke ich mit Freude auch Herrn Prof. Dr. Rolf Dobischat für die Zweitbegutachtung meiner Forschungsarbeit und Herrn Prof. Dr. Helmut Bremer für den Vorsitz bei der Disputation.
Eine Promotion ist oftmals auch finanziell eine Herausforderung. Dass ich in dieser Hinsicht sorgenfrei Arbeiten konnte, habe ich der Studienstiftung des deutschen Volkes zu verdanken. Auch die immateriellen Angebote der Stiftung haben mich bereichert und mit interessanten Menschen zusammengeführt. Ich freue mich, dass ich das in mich gesetzte Vertrauen nicht enttäuscht habe und bedanke mich in diesem Zusammenhang herzlich für die Unterstützung meines Vertrauensdozenten Herrn Prof. Dr. Jens Gurr.
Ferner danke ich in diesem Zusammenhang Frau Prof. Dr. Christa Liedtke, Frau Dr. Sarah Lubjuhn, Frau Dr. Jacinta Kellermann, Frau Prof. Dr. Margit Stein sowie Herrn Prof. Dr. Gerd Michelsen.
Wie so oft sind es auch die vielen kleinen (oder auch größeren) helfenden Momente, die eine Forschungsarbeit bereichern, unterstützen und voran bringen. Hier danke ich vor allem Katrin Bienge (!), Ina Schaefer, Denise von Gloeden, Dr. Oliver Stengel, Julia Becker, Eva Coenen sowie Max Bliesner.
„Promovieren mit Kind“ — hinter diesem schnöden Sachverhalt verbirgt sich so viel! Zunächst danke ich meiner Familie und der Familie meines Mannes für

die große Unterstützung und das Verständnis. Aber auch im Freundeskreis konnte ich mir immer sicher sein, auf helfende Hände und ein offenes Ohr zu treffen – das hat vieles erst möglich gemacht, hierfür möchte ich von Herzen einen großen Dank aussprechen!
Zuletzt richte ich mich an die drei wichtigsten Menschen in meinem Leben:
Ich danke euch, ihr kleinen Mäuse, dass ihr mir auf eine Weise, wie nur Kinder es können, gezeigt habt, was im Leben wirklich zählt. Das hat mir gerade in der Abschlussphase der Arbeit eine nie erwartete Gelassenheit geschenkt.
Die größte und liebevollste Unterstützung habe ich ohne Frage von meinem Ehemann erfahren – ich kann hier nicht ausdrücken, wie dankbar und glücklich ich bin, dich an meiner Seite zu wissen! Was wir da geschafft haben, war wirklich „großes Kino"!

Köln, den 22.08.2017
Anna Bliesner-Steckmann

Inhaltsverzeichnis

Abkürzungsverzeichnis ..... **XIII**

Formelverzeichnis ..... **XIII**

Abbildungsverzeichnis ..... **XV**

Tabellenverzeichnis ..... **XIX**

1 Einführung **1**

1.1 Einleitung 1

1.2 Erkenntnisinteresse 6

1.3 Kapitelübersicht und methodische Zugänge 7

2 Explorationsrahmen: „Kluft zwischen Wissen und Handeln" – Moralisch-nachhaltiges Handeln als fruchtbarer Ansatzpunkt **13**

2.1 Status quo 13

2.2 Problemstellung 21

2.3 Erkenntnisinteresse 21

2.4 Vorgehen/Methodik 21

2.5 Ergebnisse 22

2.6 Kritische Würdigung 36

2.7 Konklusion 38

3 Theoretischer Teil I – Annäherung an eine handlungstheoretisch fundierte Didaktik zur Förderung moralisch-nachhaltigen Handelnsl **41**

3.1 Status quo: moralisch-nachhaltiges Handeln in BNE und BBNE heute 41

3.2 Problemstellung 62

3.3 Erkenntnisinteresse 63

3.4 Vorgehen/Methodik 64

3.5 Ergebnisse 66

3.6 Kritische Würdigung 108

3.7 Konklusion 110

4 Empirischer Teil – Annäherung an eine handlungstheoretisch fundierte Didaktik zur Förderung moralisch-nachhaltigen Handelns ... 115

4.1 Status quo/Problemstellung ... 115

4.2 Erkenntnisinteresse ... 115

4.3 Voruntersuchung: FÖJ NRW als geeignetes Explorationsfeld? ... 116

4.4 Hauptuntersuchung – Vorgehen/Methodik ... 139

4.5 Hauptuntersuchung – Ergebnisteil ... 159

4.6 Konsolidierendes Fazit ... 255

4.7 Kritische Würdigung – Methodik und Ergebnisse ... 256

4.8 Konklusion ... 274

5 Theoretischer Teil II – Annäherung an eine handlungstheoretisch fundierte Didaktik zur Förderung moralisch-nachhaltigen Handelns ... 277

5.1 Problemstellung ... 277

5.2 Erkenntnisinteresse ... 278

5.3 Vorgehen/Methodik ... 278

5.4 Konstituierende Elemente einer handlungstheoretisch fundierten Didaktik ... 280

5.5 Kritische Würdigung der Methodik & Ergebnisse ... 329

6 Ausblick ... 333

6.1 Fazit: Wurden die erwünschten Erkenntnisse erlangt? ... 333

6.2 Schlaglichter: Beitrag der Erkenntnisse zum derzeitigen Stand der Debatte um BNE und BBNE ... 339

6.3 Vertiefung des Untersuchungsgegenstandes ... 342

6.4 Schluss ... 346

Literaturverzeichnis ... 349

Anhang ... 377

Abkürzungsverzeichnis

BBNE	Berufsbildung für eine nachhaltige Entwicklung
BGJ	Berufsgrundschuljahr
BMBF	Bundesministerium für Bildung und Forschung
BNE	Bildung für eine nachhaltige Entwicklung bzw. Bildung als nachhaltige Entwicklung
DD	Dilemma-Diskussion
FÖJ	Freiwilliges Ökologisches Jahr
FSJ	Freiwilliges Soziales Jahr
JC	Just-community
LASSO	Landauer Skalen zur Erfassung des Sozialklimas
LVR	Landschaftsverband Rheinland
MAF	Moralische Atmosphäre Fragebogen
NE	Nachhaltige Entwicklung
SWE	Selbstwirksamkeitserwartung
UN	United Nations
VU	Verantwortungsurteil
VUT	Verantwortungsurteil-Test

Formelverzeichnis

Formel 1: Berechnung von Cronbachs α 162

Formel 2: Korrelationskoeffizient für den Zusammenhang zwischen zwei Variablen als normierte mittlere gemeinsame Streuung in der Stichprobe 163

Formel 3: Positive Rangsumme einseitiger Wilcoxon-Vorzeichen-Rang-Test 184

Formel 4: Negative Rangsumme einseitiger Wilcoxon-Vorzeichen-Rang-Test 185

Formel 5: Teststatistik W als Minimum der positiven und negativen Rangsumme 185

Formel 6: z-Wert der Standardnormalverteilung mit Teststatistik W 185

Abbildungsverzeichnis

Abbildung 1: Untersuchungsdesign in der Übersicht 11

Abbildung 2: Dimensionen und Strategien der Nachhaltigkeit 14

Abbildung 3: Begriffsmatrix der Elemente Wissen, Können, Wollen, Dürfen und Handeln 25

Abbildung 4: Elemente-Paare zu den Elementen Können, Wollen, Dürfen und Handeln 26

Abbildung 5: Element Handeln und seine Elemente-Paare 27

Abbildung 6: Moralisch-nachhaltige Handlungskompetenz) 36

Abbildung 7: Oben – ein Subjekt kann etwas und/oder will etwas und/oder darf etwas, handelt aber (dennoch) nicht moralisch-nachhaltig; unten – durch moralisch-nachhaltiges Handeln werden Fähigkeiten/Fertigkeiten entwickelt und/oder Wille initiiert und/oder äußere Rahmenbedingungen verändert (Element Dürfen) 39

Abbildung 8: Moralisch-nachhaltiges Handeln – Begründungskontexte für Handeln bzw. Nicht-Handeln 42

Abbildung 9: Moralisch-nachhaltiges Handeln in BNE und BBNE heute – Analysekontext 43

Abbildung 10: Modell „theory of planned behaviour" 60

Abbildung 11: Normative decision-making model 61

Abbildung 12: Oben – ein Subjekt kann etwas und/oder will etwas und/oder darf etwas, handelt aber (dennoch) nicht moralisch-nachhaltig; unten – durch moralisch-nachhaltiges Handeln werden Fähigkeiten/Fertigkeiten entwickelt und/oder Wille initiiert und/oder äußere Rahmenbedingungen verändert (Element Dürfen) 63

Abbildung 13: Forschungsdesign in der Übersicht, theoretische Exploration Phase I 64

Abbildung 14: Identifizierung pädagogischer Interventionen zur Förderung moralisch-nachhaltigen Handelns 65

Abbildung 15: Integratives Einflussschema umweltgerechten Alltagshandelns 75

Abbildung 16: Integratives Einflussschema umweltgerechten Alltagshandelns mit Übersicht potenzieller Interventionsansätze 77

Abbildung 17: Integration des Kompetenzansatzes in das Modell von MATTHIES (2005) 81

Abbildung 18: Beitrag zur Fragestellung 83

Abbildung 19: Modell der Beziehung zwischen moralischem Urteil und moralischem Handeln 86

Abbildung 20: Beitrag zur Fragestellung ... 90
Abbildung 21: Strategien zur Förderung moralisch-nachhaltigen Handelns ... 110
Abbildung 22: Forschungsdesign in der Übersicht, empirische Exploration ... 139
Abbildung 23: Ablaufmodell qualitativ-inhaltsanalytischer Verfahren am Beispiel induktiver Kategorienbildung ... 152
Abbildung 24: Stichprobe Gruppe A, Ergebnisse Vorher-Nachher-Vergleich ... 164
Abbildung 25: Stichprobe Gruppe C, Ergebnisse Vorher-Nachher-Vergleich ... 169
Abbildung 26: Stichprobe Auszubildende, Ergebnisse Vorher-Nachher-Vergleich ... 175
Abbildung 27: Stichprobe BGJler/-innen, Ergebnisse Vorher-Nachher-Vergleich ... 180
Abbildung 28: Histogramm Versuchsgruppe FÖJ A zum Zeitpunkt t2 mit Normalverteilungskurve ... 182
Abbildung 29: Q-Q-Plot der Normalverteilung im Vergleich zur standardisierten Verteilung der Befragungsergebnisse der Versuchsgruppe FÖJ A zum Zeitpunkt t2 ... 183
Abbildung 30: Subcodes sowie Anzahl Codings je Gruppe für die Antworten zum Item „Fühlten Sie sich durch die Seminarleitung wertgeschätzt und anerkannt?“ ... 195
Abbildung 31: Subcodes für die Antworten sowie Anzahl Codings je Gruppe zum Item „Wie bewerten Sie die Fürsorglichkeit der Seminarleitung?“ ... 196
Abbildung 32: Subcodes für die Antworten sowie Anzahl Codings je Gruppe zum Item „Wurden FÖJler/-innen durch die Seminarleitung bevorzugt/benachteiligt?“ ... 197
Abbildung 33: Subcodes für die Antworten sowie Anzahl Codings je Gruppe zum Item „Waren Sie mit den Mit-FÖJler/-innen Ihrer Seminargruppe grundsätzlich zufrieden?“ ... 199
Abbildung 34: Subcodes für die Antworten sowie Anzahl Codings je Gruppe zum Item „Wie würden Sie die Hilfsbereitschaft unter den FÖJler/-innen Ihrer Seminargruppe beurteilen?“ ... 200
Abbildung 35: Subcodes für die Antworten sowie Anzahl Codings je Gruppe zum Item „Wie würden Sie das Konkurrenzverhalten unter den FÖJler/-innen Ihrer Seminargruppe beurteilen?“ ... 201
Abbildung 36: Subcodes für die Antworten sowie Anzahl Codings je Gruppe zum Item „Gab es Aggressionen der FÖJler/-innen der Seminargruppe untereinander? - Wenn ja, wie wurde damit umgegangen?“ ... 202

Abbildung 37: Subcodes für die Antworten sowie Anzahl Codings je Gruppe zum Item „Gab es Diskriminierung von Mit-FÖJler/-innen in der Seminargruppe (bspw. jmd. auslachen, sich lustig machen, gemein sein)? - Wenn ja, wie wurde damit umgegangen?" 204

Abbildung 38: Subcodes für die Antworten sowie Anzahl Codings je Gruppe zum Item „Gab es Aggressionen der FÖJler/-innen gegen die Seminarleitung? - Wenn ja, wie wurde damit umgegangen?"....205

Abbildung 39: Subcodes für die Antworten sowie Anzahl Codings je Gruppe zum Item „Inwieweit gab es bei den Bildungsseminaren und deren Vorbereitung die Möglichkeit, mitzugestalten und mitzuentscheiden?"....207

Abbildung 40: Subcodes für die Antworten sowie Anzahl Codings je Gruppe zum Item „Inwieweit gab es bei den Bildungsseminaren und deren Vorbereitung die Möglichkeit, eigenständig Verantwortung zu übernehmen?" 209

Abbildung 41: Subcodes für die Antworten sowie Anzahl Codings je Gruppe zum Item „Wie würden Sie das Führungsverhalten der Seminarleitung beschreiben?"....210

Abbildung 42: Subcodes für die Antworten sowie Anzahl Codings je Gruppe zum Item „Wie würden Sie das Gruppengefühl in Ihrer Seminargruppe beurteilen?"....212

Abbildung 43: Subcodes für die Antworten sowie Anzahl Codings je Gruppe zum Item „Wie würden Sie das Ausmaß der Cliquenbildung innerhalb der Seminargruppe beurteilen?"....214

Abbildung 44: Subcodes für die Antworten sowie Anzahl Codings je Gruppe zum Item „Wie würden Sie das Ausmaß von Regelverstößen innerhalb der Seminargruppe beurteilen?"....215

Abbildung 45: Häufigkeiten der positiven Typenausprägung in den vier untersuchten Gruppen....219

Abbildung 46: Häufigkeiten der negativen Typenausprägung in den vier untersuchten Gruppen 220

Abbildung 47: Verteilung der Seminareinheiten nach Klassen – zeitliche Anteile an der jeweiligen Gesamtseminarzeit in % in der Gruppe A (oben) und der Gruppe C (unten)....243

Abbildung 48: Methodenklassenmix in den Seminaren der Gruppe A – zeitliche Anteile an der jeweiligen Gesamtseminarzeit in Prozent....246

Abbildung 49: Methodenklassenmix in den Seminaren der Gruppe C – zeitliche Anteile an der jeweiligen Gesamtseminarzeit in Prozent....248

Abbildung 50: Verantwortlichkeit für die Gestaltung von Seminareinheiten – zeitliche Anteile an der jeweiligen Gesamtseminarzeit in Prozent in der Gruppe A (links) und der Gruppe C (rechts) ... 250

Abbildung 51: Methodenklassen der von FÖJler/-innen verantworteten Seminareinheiten (alle fünf Seminare), Gruppe A (links) und Gruppe C (rechts) ... 251

Abbildung 52: Lernort-Setting, zeitliche Anteile vom Seminar in % (Gruppe A links, Gruppe C rechts) ... 252

Abbildung 53: Forschungsdesign in der Übersicht, theoretische Exploration Phase II ... 279

Abbildung 54: Ablaufplan theoretische Exploration Phase II zur Annäherung an die Grundzüge einer handlungstheoretisch fundierten Didaktik zur Förderung moralisch-nachhaltigen Handelns ... 280

Abbildung 55: Prozessmodell zu moralisch-nachhaltigem Urteilen und Handeln ... 286

Abbildung 56: Person und ihre Umwelten ... 290

Abbildung 57: Prozessmodell „sozialisatorische moralische Interaktion“ ... 293

Abbildung 58: Affektive und kognitive Grundlagen moralpsychologisch relevanter Funktionen, die bei der Genese moralischer Urteile wirken ... 297

Abbildung 59: Strukturelemente einer Situation ... 300

Abbildung 60: Prozessmodell zu moralisch-nachhaltigem Handeln unter Berücksichtigung des Situationsbezugs durch den Aspekt „Rolle“ ... 305

Tabellenverzeichnis

Tabelle 1: Übersicht über das Erkenntnisinteresse und den Aufbau der Untersuchung 7

Tabelle 2: Kreuzklassifikationen für die Elemente-Paare Können-Handeln, Wollen-Handeln und Dürfen-Handeln 28

Tabelle 3: Kreuzklassifikation für die Elemente-Paare Handeln-Können, Handeln-Wollen und Handeln-Dürfen 29

Tabelle 4: Ausgewählte bildungspolitisch relevante Kompetenzkonzepte 46

Tabelle 5: Didaktisches Konzept als Leitlinie für die Modellprojekte zur beruflichen Bildung für nachhaltige Entwicklung im Förderzeitraum 2010-2014 54

Tabelle 6: Struktur- und Prozessmodelle zum Umwelthandeln 59

Tabelle 7: Personenzentrierte vs. situationsorientierte Interventionsstrategien 68

Tabelle 8: Kohlbergs Moralstufen und daraus abgeleitete Stufen der ökologischen Moral 96

Tabelle 9: Modi der Verantwortung 98

Tabelle 10: Konzepte der Moralpädagogik 100

Tabelle 11: Ablaufschema einer Dilemma-Diskussion nach der „Konstanzer Methode der Dilemma-Diskussion“ 103

Tabelle 12: Summary-Tabelle MAXQDA zur Verteilung der Codings zu den Codes SWE und moralische UF in den vier analysierten Dokumenten 125

Tabelle 13: Übersicht der Interviewfragen, exkl. Erzählaufforderungen 132

Tabelle 14: Summary-Tabelle MAXQDA zur Verteilung der Codings zu den Codes SWE und moralische UF im Interview – nur neue Fundstellen 134

Tabelle 15: Analysekriterien quantitativer und qualitativer Erhebungen 145

Tabelle 16: Items zur Erfassung der moralischen Atmosphäre in den FÖJ-Bildungsseminaren 151

Tabelle 17: Skala „Helfen – Sollen und Tun“ des MAF 153

Tabelle 18: Fallgeschichte und Fragen zur Erfassung des Verantwortungsurteils 155

Tabelle 19: Methoden-Klassifikation 158

Tabelle 20: Übersicht über die Stichprobe inkl. Angaben zur Panelmortalität 159

Tabelle 21: Auswirkungen der Panelmortalität SWE Gruppe A 161

Tabelle 22: Anzahl der Befragten nach Geschlecht und Schulabschluss in absoluten Zahlen Stichprobe FÖJ-Gruppe A 161

Tabelle 23: Errechnete Mittelwerte und Standardabweichungen des Vorher-Nachher-Vergleichs in der Übersicht, FÖJ-Gruppe A 165

Tabelle 24: Auswirkungen der Panelmortalität SWE Gruppe C ... 167
Tabelle 25: Anzahl der Befragten nach Geschlecht und Schulabschluss in absoluten Zahlen Stichprobe FÖJ-Gruppe C ... 167
Tabelle 26: Errechnete Mittelwerte und Standardabweichungen des Vorher-Nachher-Vergleichs in der Übersicht, FÖJ-Gruppe C ... 170
Tabelle 27: Auswirkungen der Panelmortalität SWE Auszubildende ... 172
Tabelle 28: Anzahl der Befragten nach Geschlecht und Schulabschluss in absoluten Zahlen, Stichprobe Auszubildende ... 172
Tabelle 29: Errechnete Mittelwerte und Standardabweichungen des Vorher-Nachher-Vergleichs in der Übersicht, Auszubildende ... 176
Tabelle 30: Auswirkungen der Panelmortalität SWE BGJler/-innen ... 178
Tabelle 31: Anzahl der Befragten nach Geschlecht und Schulabschluss in absoluten Zahlen, Stichprobe BGJler/-innen) ... 178
Tabelle 32: Errechnete Mittelwerte und Standardabweichungen des Vorher-Nachher-Vergleichs in der Übersicht, BGJler/-innen ... 181
Tabelle 33: Anzahl der Wertausprägungen je Messzeitpunkt FÖJ-Gruppe A in absoluten und relativen Zahlen mit itemspezifischen Veränderungen im Detail ... 187
Tabelle 34: Anzahl der Wertausprägungen je Messzeitpunkt FÖJ-Gruppe C in absoluten und relativen Zahlen mit itemspezifischen Veränderungen im Detail ... 189
Tabelle 35: Anzahl der Wertausprägungen je Messzeitpunkt Auszubildende in absoluten und relativen Zahlen mit itemspezifischen Veränderungen im Detail ... 190
Tabelle 36: Anzahl der Wertausprägungen je Messzeitpunkt BGJler/-innen in absoluten und relativen Zahlen mit itemspezifischen Veränderungen im Detail ... 191
Tabelle 37: Identifizierte Typen des Antwortverhaltens zum VU, quantifizierbar ... 218
Tabelle 38: Antwortverhalten VUT der FÖJler/-innen, Gruppe A ... 222
Tabelle 39: Antwortverhalten VUT der FÖJler/-innen, Gruppe C ... 225
Tabelle 40: Antwortverhalten VUT der Auszubildenden ... 230
Tabelle 41: Antwortverhalten VUT der BGJler/-innen ... 232
Tabelle 42: Codes und Anzahl Codings zum deontischen Urteil der vier befragten Gruppen, Befragte des Typs 1: Ja/Ja/Ja ... 235
Tabelle 43: Codes und Anzahl Codings zum VU der vier befragten Gruppen, Befragte des Typs 1: Ja/Ja/Ja ... 236

Tabelle 44: Codes und Anzahl Codings zum deontischen Urteil der vier befragten Gruppen, Befragte des Typs 2: Ja/Ja/Teils, teils 237
Tabelle 45: Codes und Anzahl Codings zum VU der vier befragten Gruppen, Befragte des Typs 2: Ja/Ja/Teils, teils 238
Tabelle 46: Codes und Anzahl Codings zum deontischen Urteil sowie zum VU der vier befragten Gruppen, Befragte der Typen 3-5 239
Tabelle 47: Klassifizierung der Seminareinheiten 240
Tabelle 48: Skalen K und L des MAF, zugeordnet zu den Modi der Verantwortung 272

1 Einführung

1.1 Einleitung

> „Sustainable development is development that meets the needs of the present without compromising the ability of future generations to meet their own needs." (aus: UN 1987, 54)

Die notwendige globale Transformation hin zu einer im oben genannten Sinne nachhaltigen Entwicklung ist auch mehr als zwei Jahrzehnte nach dem Erdgipfel von 1992 mehr als dringlich (siehe bspw. WBGU 2011; European Commission 2010). Die sog. „Sustainable Development Goals" sind ebenso umfangreich wie schwierig zu erreichen (siehe WBGU 2014). Die Leitidee Nachhaltigkeit (oder „Nachhaltige Entwicklung") bezieht sich im Wesentlichen auf den handelnden Menschen, seine Art und Weise des Konsums und des Produzierens, seinen globalen Umgang mit der natürlichen Mitwelt und seinen (jetzt und künftig lebenden) Mitmenschen (für Grundlagen siehe Meadows 1972; Hauff 1987; UN 1992). Zum einen werden Aspekte der Ressourcenschonung und -effizienz in den Blick genommen, zum anderen geht es um Fragen der Gerechtigkeit und Aspekte einer planetenverträglichen Wirtschaftsweise (für die deutsche Debatte siehe bspw. Schmidt-Bleek 1994; 2007) – in der Regel beschrieben durch das Zusammenspiel von ökologischen, sozialen und ökonomischen Faktoren. Nachhaltigkeit betrifft damit klassische Schlüsselthemen unserer Zeit (siehe auch ZEN-FHS 2014). Der Begriff „Nachhaltige Entwicklung" ist in der Zwischenzeit immer mehr Menschen bekannt (bereits 2010 kannten 43 % der Bevölkerung den Begriff, vgl. BMU/UBA 2010, 40).

Das Leitbild Nachhaltigkeit und die abgeleiteten Konzepte sind dabei in Hinblick auf den Gegenstand als fragiles, von Unsicherheiten gekennzeichnetes Gebilde zu bezeichnen – dies muss stets bewusst bleiben. Wissen ist dabei eher heuristisch; bei den Gegenständen des Diskurses um Nachhaltigkeit geht es um Wahrscheinlichkeiten, Optionen, Plausibilitäten und Gewünschtes[1].

---

[1] So stellte es Gerhard de Haan, zentraler Akteur im Nachhaltigkeitsdiskurs, auf der I. Summer School „Empirische Forschung zur Bildung für nachhaltige Entwicklung – Themen, Methoden und Trends" vom 21. bis 29. Juli 2014 in Vechta dar.

Der moralische Gehalt der Leitidee beinhaltet zum einen teleologisch-ethische Fragen der Lebensweise (Streben nach dem „guten Leben“, Strebensethik) und zum anderen deontologisch-ethische Fragen nach der Gesellschaftsordnung, der Art und Weise des Zusammenlebens (Pflichtenethik) (vgl. Oermann/Weinert 2014, 82). Es gibt derzeit keinen Konsens über die Konzipierung einer „Nachhaltigkeitsethik“, Verantwortung und Gerechtigkeit treten jedoch als konstituierende Kernpunkte immer wieder hervor (vgl. Oermann/Weinert 2014, 70). MICHELSEN & ADOMßENT (2014) stellen dies deutlich heraus:

> „Das Konzept einer nachhaltigen Entwicklung ist nicht das Ergebnis wissenschaftlicher Forschung, sondern es ist ein ethisch begründetes Konzept.“ (aus: Michelsen/Adomßent 2014, 25)

Mit dem Konzept der Nachhaltigkeit geht einher, dass bestimmte Kompetenzen und Handlungsweisen des Menschen als adäquat, andere als destruktiv betrachtet werden — es werden normative Aussagen getroffen (vgl. Siebenhüner 2001, 95; SRU 1994, 26).

Verantwortung und Gerechtigkeit als ethische Grundlage ziehen damit die Forderung nach *verantwortlichem* und *gerechtem* Handeln nach sich. Allerdings ist beispielsweise weitgehend unklar, welche „Gerechtigkeit“ im Handeln gemeint ist — geht es im Handlungsergebnis um Leistungsgerechtigkeit oder etwa Verteilungsgerechtigkeit? Ist ein „Jetzt für jetzt für mich“ gemeint oder ein „Jetzt für dann für andere“ (vgl. dazu de Haan et al. 2008, 119ff., erweitert)? Eine Moral für künftige Generationen, als wesentliches Element von nachhaltiger Entwicklung, ist bislang kaum definiert. Es ist unklar, ob bisherige ethische Konzeptionen weit genug reichen, um eine solche Moral zu konstituieren. Didaktisch betrachtet stellt sich anschließend die Frage, wie angesichts eines „Überwältigungsverbots“ (vgl. Programm Transfer-21 o. J., 18) damit umgegangen werden soll, wenn in Bildungskonzepten der nachhaltigen Entwicklung bestimmte Normen und Werte favorisiert werden — ist ein gänzlich offener Bildungsprozess möglich? Und darf dann bspw. „Altruismusfähigkeit“ oder „Solidarität“ im Kontext schulischer Leistungsmessung erfasst werden?

Nach Möglichkeit sollen soziale, ökonomische und ökologische Aspekte gleichermaßen Berücksichtigung finden, i. d. R. entstehen im Spannungsfeld dieser drei Dimensionen aber Werte- und Normenkonflikte. Das zugrunde gelegte

Menschenbild impliziert dabei, dass Menschen zu nachhaltigem Handeln in der Lage sind – welche dezidierte Anthropologie der Leitidee zugrunde gelegt werden soll, ist bislang allerdings noch nicht ausreichend definiert.
Formuliert wird die der Nachhaltigkeit zugrunde gelegte ethische Norm im Leitsatz der Brundtland-Kommission, der diesem Kapitel vorangestellt wurde. Dieser Grundsatz ist auch leitend für die Konzeptionen „Bildung für nachhaltige Entwicklung" (im Folgenden: BNE) und „Berufsbildung für nachhaltige Entwicklung" (im Folgenden: BBNE). In einer „Bildung *für* nachhaltige Entwicklung" geht es um die Förderung von vorgegebenen nachhaltigeren Handlungsweisen, die auf Wissen und Einsicht basieren (vgl. Vare/Scott 2007, 193). Dies impliziert, dass der Informationsfluss und die Schaffung von Erlebnissen der „Einsicht" stetig immer wieder auch neu von außen erfolgen müssen. BNE ist aber auch beschreibbar im Sinne von „Bildung *als* nachhaltige Entwicklung" – diese ist nicht nur auf Lernprozesse angewiesen, sie *selbst* ist als Lernprozess zu verstehen (vgl. Vare/Scott 2007, 194). Hierbei geht es um die langfristig ausgelegte Befähigung der Menschen, selbst von Fall zu Fall zu ergründen, was nachhaltige Entwicklung sein kann, Expertenmeinungen zu nachhaltiger Entwicklung kritisch zu hinterfragen und die Komplexität sowie Nicht-Vorhersagbarkeit von Nachhaltigkeit stets neu zu reflektieren (vgl. Vare/Scott 2007, 194). Neben der Information und Sensibilisierung für konkretes nachhaltiges Handeln ist demnach auch die Kompetenz zum eigenständigen Entscheiden und Agieren hinsichtlich nachhaltiger Handlungen im Sinne eines „Sustainability-Ethos" (siehe SRU 1994, 156) als Verantwortungsethos zu fördern:

> „Gefordert bleibt letztlich eine Grundhaltung, die für jedes Verantwortungsethos zu gelten hat, nämlich ethische Entschiedenheit und Sensibilität in der Sache, Leidenschaft und Augenmaß zugleich. Es geht um die Fortentwicklung moralischer Kompetenz, die Fähigkeit zu Risikowahrnehmung, Risikobewertung und gegebenenfalls auch Risikoakzeptanz, zu genauer Erfassung des Vertretbaren und des Möglichen." (aus: SRU 1994, 159)

Diesem Ethos, und der damit verbundenen moralischen Kompetenz, kommt eine besondere Relevanz zu, soll Wandel immer wieder neu und in der Breite initiiert werden (vgl. Vare/Scott 2007, 195; vgl. SRU 1994, 159). Die Relevanz moralischer Bildung ist dabei international konsensfähig (siehe Principle 14 d, Internationales Erd-Charta Sekretariat 2000, 4).

Im (eigenständigen) nachhaltigen Handeln aber liegt ein zentraler „Akupunkturpunkt" von BNE und BBNE. Selbst wenn nachhaltigkeitsrelevantes Wissen vorhanden ist, ist nachhaltiges Handeln keineswegs gewährleistet – innerpsychische Hemmnisse, wie konkurrierende soziale Normen, können einer nachhaltigen Handlungsweise im Wege stehen, vielerorts beschrieben durch die Formel der „Kluft zwischen Wissen bzw. Intention und Handeln". BNE und BBNE müssen hier noch gezielter intervenieren. Aber welche Annahmen über das menschliche Wesen und seine Handlungsweisen gelten im Kontext einer Bildung, die nachhaltige Entwicklung zum Ziel hat? Beispielsweise ist für BNE aus evolutionsbiologischer Perspektive, stellvertretend für verschiedene Handlungsmodelle der Kosten-Nutzen-Analyse, darauf hingewiesen worden, dass die bereits angesprochenen psychischen Hürden nur schwer zu überwinden sind und so ein moralisches Handeln, allein gestützt durch Wissen und Einsicht, unwahrscheinlich ist (vgl. Voland 2000, 143 bei Schmidt 2009, 154ff.). Die Annahme der Kosten-Nutzen-Abwägung wird dabei auch für (nur scheinbar) selbstloses, moralisches Handeln angenommen (bspw. Prestigeakkumulation, vgl. Schmidt 2009, 158). Als Ausweg für die Förderung nachhaltigeren Handelns bleibt folgerichtig vornehmlich die Herbeiführung äußerer Einflüsse, die eine Änderung der Kosten-Nutzen-Bilanz zur Folge haben:

> „Damit werden normative Entscheidungen weniger vom Einzelnen erwartet denn von jenen Instanzen, die die Bedingungen für diese Bilanzen entscheidend mitprägen." (aus: Schmidt 2009, 154)

Die BNE sollte sich demnach zumindest insofern an der evolutionstheoretisch begründeten Anthropologie orientieren, als dass die Frage nach der „Erlernbarkeit" bestimmter Kompetenzen gestellt werden muss, also ob jedes Ziel überhaupt prinzipiell erreichbar ist und wie viel Lernanstrengung erforderlich ist (vgl. Schmidt 2009, 160ff.). Verspricht also die Steuerung von außen den größten Erfolg, erwartet die BNE „Unleistbares" und ist zudem angesichts der Dringlichkeit der globalen Lage schlichtweg „zu aufwendig"? Die Argumentation des großen Aufwandes kann ebenso umgedreht werden, ohne die Logik einer Kosten-Nutzen-Analyse zu verlassen – so kann resümiert werden, dass freiwillige nachhaltige Handlungsweisen die zum Teil immensen Kosten für Handlungsanreize, Überwachung und Korrektur nicht-nachhaltigen Handelns überflüssig machen können, zumal rein auf Kosten-Nutzen-Analysen basie-

rendes Handeln zeitlich instabil, abhängig von sozialen Normen und anfällig für Manipulation ist (vgl. bspw. Diekmann/Preisendörfer 1992, 248f.; Scheuthle et al. 2010, 660). Investitionen in Bildung sind als solche demzufolge langfristig „günstiger“, was die Notwendigkeit von begleitenden Maßnahmen selbstredend keineswegs überflüssig macht. Dies ist vor allem vor dem Hintergrund zu betrachten, dass nachhaltiges Handeln im beruflichen Kontext (BBNE) weitere Hemmnisse und Herausforderungen birgt.
Nun bietet die Pädagogik mit Blick auf die traditionellen Strömungen (geisteswissenschaftliche, empirisch-analytische, kritisch-emanzipatorische Pädagogik usw.) nicht ohne Weiteres Anhaltspunkte für die Frage, welche handlungswirksamen Faktoren ein Subjekt von einer nachhaltigen Handlung abhalten. Das „Prozessmodell pädagogischen Handelns“ von KRAPP (1984) veranschaulicht stellvertretend die Einschätzung, dass sich wesentliche traditionelle Strömungen der Pädagogik vorrangig als Handlungslehren für den Praktiker und als Anleitung und Orientierung für erzieherisches Handeln verstehen (vgl. stellvertretend Wagner 1989, 10f., der auf Benner 1978 verweist). Deutlich wird hier, dass sich die Perspektive auf den handelnden Lehrenden[2] beschränkt (siehe Krapp 1984, 65) – entsprechend verstehen bspw. FUCHS & SCHÖNHERR (2007) unter „pädagogischer Handlungstheorie“ mit KOCH (bspw. 2005) Fragen nach der Urteilskraft des *Lehrenden* (vgl. Fuchs/Schönherr 2007). Benötigt werden aber praktisch verwertbare Hinweise, die im Sinne einer handlungstheoretisch fundierten Didaktik erklären, welche Faktoren bei der Handlungsgenese von *Lernenden* wirken. Hier wird der Bereich der pädagogischen Psychologie betreten. Zudem sind Erkenntnisse aus der umwelt- und moralpsychologischen Forschung zu konsultieren, um BNE und BBNE an ein handlungstheoretisches Fundament heranzuführen. Hierbei ist ein Ansatz zu verfolgen, der sich auf die Vernunft- und Verantwortungsfähigkeit des Menschen als Basis zur Schaffung einer Umwelt-, Sozial- und Individualverträglichkeit stützt (vgl. Michelsen/Adomßent 2014, 25f.).

[2] Im Folgenden ist von „Lernenden“ und „Lehrenden“ die Rede. Dabei wird stets das Verständnis von WYGOTSKI (engl. VYGOTSKY) zugrunde gelegt, nach dem stets beide voneinander lernen (vgl. Lefrancois 2006, 225) – Lehrende sind demnach stets gleichzeitig Lernende und vice versa.

1.2 Erkenntnisinteresse

Soll ergründet werden, warum es nicht zu nachhaltigen Handlungen kommt, ist es ratsam, zunächst einmal zu definieren, was unter einer nachhaltigen Handlung zu verstehen ist. Denn ggf. liegen die Gründe eines Nicht-Handelns auch in der Handlung selbst begründet.

Davon ausgehend, dass eine nachhaltige Handlung nicht voraussetzungsfrei ist, wird angenommen, dass die Elemente WISSEN, KÖNNEN, WOLLEN und DÜRFEN konstituierend für eine nachhaltige Handlung sind. Dabei ist festzustellen, dass Subjekte oftmals *wider* besseres Wissen handeln, den anderen genannten Elementen demnach verstärkte Aufmerksamkeit zukommen sollte. Aus diesem Grund soll nach handlungswirksamen Faktoren gefahndet werden, die Einfluss auf die Genese einer nachhaltigen Handlung haben.

Sind diese handlungswirksamen Faktoren ausgemacht, soll untersucht werden, wie sich diese in konkreten pädagogischen Handlungsfeldern fördern lassen. Hierzu wird ein geeignetes Handlungsfeld zu identifizieren sein, was letztlich zum Freiwilligendienst „Freiwilliges Ökologisches Jahr" (FÖJ) Rheinland führen wird.

Schließlich sollen alle Erkenntnisse zusammenfließen und weiter konturiert werden, wie eine handlungstheoretisch fundierte Didaktik zur Förderung moralisch-nachhaltigen Handelns aussehen könnte, die für eine BNE und BBNE gleichermaßen zu nutzen ist.

1.3 Kapitelübersicht und methodische Zugänge

Zur Verfolgung des Erkenntnisinteresses gliedert sich die vorliegende Untersuchung in vier konzeptionelle Teile (siehe Tabelle 1). Zunächst ist das Abstecken eines Explorationsrahmens notwendig, sodann folgen zwei Teile zur theoretischen Exploration, in welche eine empirische Exploration eingebettet ist.

Erkenntnisinteresse	Konzeptionelle Teile	Kapitelnummer
Was macht eine nachhaltige Handlung aus?	Explorationsrahmen	Kapitel 2
Welches sind die handlungswirksamen Faktoren, die moralisch-nachhaltiges Können, Wollen, Dürfen und Handeln beeinflussen?	Theoretischer Teil I	Kapitel 3
Finden sich fördernde Einflussfaktoren für moralisch-nachhaltiges Handeln im didaktischen Konzept des FÖJ NRW?	Empirischer Teil	Kapitel 4
Wie kann eine handlungstheoretisch fundierte Didaktik zur Förderung moralisch-nachhaltigen Handelns aussehen, die für eine BNE und BBNE gleichermaßen genutzt werden kann?	Theoretischer Teil II	Kapitel 5

Tabelle 1: Übersicht über das Erkenntnisinteresse und den Aufbau der Untersuchung (Quelle: eigene)

Die vorliegende Untersuchung beschränkt sich im Wesentlichen auf die deutsche Diskussion um BNE und BBNE und die Konzepte und Ansätze, die im Dunstkreis der einschlägigen Bildungsprogramme zur Förderung der Integration von Nachhaltigkeit in die Bildung und vice versa entstanden sind. Als Ausgangspunkt wird die BNE genutzt, da diese deutlich weiter fortgeschritten ist und der BBNE bis heute als prioritärer Impulsgeber dient.

Im **zweiten Kapitel** wird der Explorationsrahmen der vorliegenden Untersuchung abgesteckt. Aufgezeigt werden zunächst die Grundzüge der Leitidee Nachhaltigkeit und die assoziierten bildungspolitischen Programme, so wie sie derzeit den Diskurs bestimmen. Dabei wird herausgestellt, dass die Frage nach den handlungsleitenden Faktoren in BNE und BBNE bislang eine zu geringe Rolle spielt („Kluft zwischen Wissen und Handeln"). Ausgehend vom Kompetenzbegriff werden anhand des stilistischen Mittels der Kreuzklassifikation die Elemente einer Handlung — WISSEN, KÖNNEN, WOLLEN und DÜRFEN — expliziert und eine Annäherung an die Kernfrage vorgenommen, warum Subjekte nicht handeln, obwohl sie es könnten, ihre Absicht dazu erklären und auch handeln dürften. Anschließend wird sich der Frage angenähert, was eine nachhaltige Handlung ausmacht. Anhand von theoretischen Überlegungen wird dabei das normative Moment der Leitidee Nachhaltigkeit als Kernpunkt einer nachhaltigen Handlung herausgearbeitet. Dabei wird herausgestellt, dass die Fokussierung auf Gerechtigkeit stärker in einen moralischen Rahmen eingebettet werden muss. Als Konklusion wird festgehalten, dass BNE und BBNE nun daraufhin betrachtet werden müssen, welche Ansatzpunkte sich ggf. bereits für eine Gestaltung der Interaktion zwischen den Elementen KÖNNEN, WOLLEN, DÜRFEN und moralisch-nachhaltigem Handeln finden. Dabei ist eine didaktische Perspektive einzunehmen.

Das **dritte Kapitel** knüpft an die Erkenntnis an, dass es einer handlungstheoretisch fundierten Förderung moralisch-nachhaltigen Handelns bedarf. Es wird aufgezeigt, dass die Ansätze und Konzepte der BNE und BBNE zur Förderung moralisch-nachhaltigen Handelns bislang wenig Ansatzpunkte bieten, die zudem unverknüpft nebeneinanderstehen. Um der Förderung moralisch-nachhaltigen Handelns näher zu kommen, wird das Hauptaugenmerk auf Handlungsmodelle gelegt, die handlungswirksame Faktoren abbilden. Als maßgebliche Kriterien für die Suche nach einem geeigneten Handlungsmodell für moralisch-nachhaltiges Handeln werden ein Umwelt- sowie ein Moralbezug herausgestellt. Gleichzeitig sollen pädagogische Interventionen ableitbar sein. Es wird ein umweltpsychologisches Modell zurate gezogen, welches erste Hinweise zur pädagogischen Interpretation handlungswirksamer Faktoren enthält. Im „Integrativen Einflussschema umweltgerechten Handelns" (MATTHIES) wird der handlungswirksame Faktor „Selbstwirksamkeitserwartung" (SWE) identifiziert. Zudem wird die Relevanz des moralischen Reifegrads, der das moralische Urteil, welches dem moralischen Handeln vorangeht, bedingt, herausgestellt. Zur Vertiefung dieses Aspekts wird die moralpsychologische Forschung mit Fokus auf moralischer Urteilsbildung konsultiert. In Folge wird neben der Selbstwirksamkeitserwartung als zweiter handlungswirksamer Faktor die moralische Urteilsfähigkeit, ausgehend vom „Prozessmodell moralischen Urteilens und Handelns" von KOHLBERG & CANDEE (1984b), identifiziert. Beide Faktoren werden auf abgeleitete pädagogische Interventionen hin reflektiert, die moralisch-nachhaltiges Handeln fördern können – das Formulieren und Erreichen von Nahzielen sowie Bewältigungsstrategien für herausfordernde Situationen zur Förderung der Selbstwirksamkeitserwartung einerseits, andererseits die Förderung der moralischen Urteilsfähigkeit durch den Einsatz von Dilemma-Diskussionen und das gemeinsame Wirken in einer „gerechten Gemeinschaft“. Als Konklusion wird herausgearbeitet, dass ein Forschungsfeld für die Untersuchung der ausgewählten Faktoren in der Bildungspraxis fehlt. Als ein geeignetes Forschungsfeld für explorative Zwecke wird das „Freiwillige Ökologische Jahr“ identifiziert.

Das **vierte Kapitel** widmet sich zunächst der Frage, ob und wenn ja, in welcher Weise die Bildungsarbeit des „Freiwilligen Ökologischen Jahres“ ein geeignetes Good-practice-Beispiel für eine Didaktik zur Förderung moralisch-nachhaltigen Handelns in der Praxis darstellt. Indikatoren hierfür waren die Förderung einer positiv ausgeprägten Selbstwirksamkeitserwartung und einer hoch ausgebildeten moralischen Urteilsfähigkeit. Im Rahmen einer Vorsondierung wurde demnach zunächst aufgeklärt, ob sich das „Freiwillige Ökologische Jahr“ Rheinland als Untersuchungsgegenstand eignet. Nach der Darlegung der wesentlichen Hintergrundinformationen wurde zu diesem Zweck eine Dokumentenanalyse von Veröffentlichungen der für das „Freiwillige Ökologische Jahr“ Rheinland zuständigen Einrichtung durchgeführt und durch ein Interview mit der zuständigen pädagogischen Leitung ergänzt. Unter Verwendung analytischer Definitionen zu den beiden genannten Indikatoren wurde mittels MAXQDA eruiert, dass es eine ganze Reihe von Hinweisen dafür gibt, dass in der Bildungsarbeit des „Freiwilligen Ökologischen Jahres“ Rheinland eine positiv ausgeprägte Selbstwirksamkeitserwartung und eine hoch ausgebildete moralische Urteilsfähigkeit gefördert werden. Zugleich wurde festgestellt, dass der moralische Bezug in den entsprechenden Fundstellen bislang wenig expliziert ist, an mehreren Stellen aber indirekt aufscheint. Aufgrund der ersten positiven Hinweise wurde eine nachfolgende Untersuchung (Hauptuntersuchung) konzipiert und ein geeignetes viergliedriges Instrumentarium zusammengestellt. Das entwickelte Mixed-Method-Design enthielt dabei sowohl längs- als auch querschnittsorientierte Instrumente und bezog neben dem „Freiwilligen Ökologischen Jahr“ auch eine Gruppe aus der beruflichen Bildung, hier: Berufsschüler/-innen[3], mit ein. Ziel der Hauptuntersuchung war die weitere Annäherung an die Frage, in welcher Ausprägung die genannten beiden Indikatoren

3 Der vorliegende Text orientiert sich an den Richtlinien für einen nicht-sexistischen Sprachgebrauch von HELLINGER & BIERBACH (1993).

vorliegen und auf welche Weise ihre Förderung im didaktischen Konzept des „Freiwilligen Ökologischen Jahres“ Rheinland Berücksichtigung findet. Die Messung der Selbstwirksamkeitserwartung erfolgte im Rahmen einer quantitativ auszuwertenden Längsschnittbefragung. Zur Erfassung der Ausprägung der moralischen Urteilsfähigkeit wurden zweierlei Instrumente eingesetzt. Zum einen wurde die Ausprägung einer moralischen Atmosphäre als förderliche Rahmenbedingung zur Ausbildung einer moralischen Urteilsfähigkeit erfasst. Dies erfolgte durch den Einsatz eines qualitativ auszuwertenden Fragebogens. Zum anderen wurde zur Erfassung der Ausprägung der moralischen Urteilsfähigkeit ein qualitativ auszuwertender Fragebogen zum Verantwortungsurteil eingesetzt. Hier wurde neben den Teilnehmenden des „Freiwilligen Ökologischen Jahres“ auch wieder die Gruppe aus der beruflichen Bildung befragt. Das Verantwortungsurteil stellt nach dem Modell von KOHLBERG & CANDEE (1984b) zum moralischen Urteil einen wesentlichen Faktor zur Handlungsinitiierung dar und kann darüber hinaus in Niveaustufen beschrieben werden, welche Aufschluss über den qualitativen Wert eines Urteils geben. Ergänzend zu den bisherigen Daten wurden die Seminardokumentationen beider Gruppen des „Freiwilligen Ökologischen Jahres“ ausgewertet, um nähere Hinweise auf die didaktische Einbettung der Interventionen zur Förderung von Selbstwirksamkeitserwartung und moralischer Urteilsfähigkeit zu erhalten. Dem explorativen Charakter der Untersuchung Rechnung tragend werden abschließend Ex-post-Hypothesen formuliert, die in nachfolgenden hypothesenprüfenden Untersuchungen zu bearbeiten wären. Im Rahmen einer Konklusion wird neben anderen Aspekten auch die Relevanz von Kontextfaktoren hervorgehoben und auf die Notwendigkeit weiterer theoretischer Exploration verwiesen.

Diese wird dann in **Kapitel fünf** geleistet. Das Kapitel geht der Frage nach, wie eine handlungstheoretisch fundierte Didaktik zur Förderung moralisch-nachhaltigen Handelns aussehen könnte, die für eine BNE und BBNE gleichermaßen genutzt werden kann. Hierzu werden zunächst konstituierende Elemente einer solchen Didaktik identifiziert und im Folgenden in unterschiedlicher Tiefe behandelt. Ziel des Kapitels ist eine erste Annäherung und die Identifizierung nützlicher didaktischer Konzepte, Strömungen und Ansätze. Als relevanter Faktor für die Annäherung an eine handlungstheoretisch fundierte

Didaktik wird die Konzipierung eines handlungstheoretischen Fundaments herausgestellt, weswegen zu diesem besonderen konstituierenden Element einer Didaktik eine weitergehende Ausarbeitung auf Modellebene erfolgt. Ergebnis der Erarbeitungen ist das „Rollenbezogene Prozessmodell zu moralisch-nachhaltigem Urteilen und Handeln“, welches durch den Aspekt der „Rolle“ nun auch ein situations- und damit kontextspezifisches Element beinhaltet, welches die Anwendung des Modells im beruflichen Kontext vereinfacht.

Ein Ausblick in **Kapitel sechs** schließt die vorliegende Untersuchung ab.

Jedes Kapitel beinhaltet eine Reflexion und kritische Würdigung des forschungsmethodischen Vorgehens und der eingesetzten Forschungsmethoden (letztere vor allem in Kapitel vier). Abbildung 1 zeigt das im Prozess entwickelte Forschungsdesign der Untersuchung:

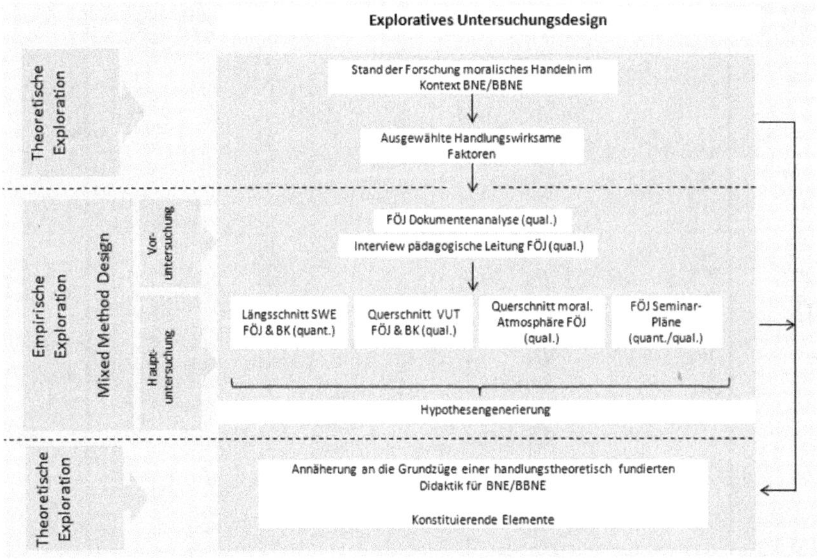

Abbildung 1: Untersuchungsdesign in der Übersicht (Quelle: eigene)

Die vorliegende Untersuchung trägt den Charakter einer explorativen Vorstudie, da das Erkenntnisinteresse in weiten Teilen in dieser Hinsicht bislang wenig beforschte Forschungsfelder berührt.

2 Explorationsrahmen: „Kluft zwischen Wissen und Handeln" – Moralisch-nachhaltiges Handeln als fruchtbarer Ansatzpunkt

2.1 Status quo

2.1.1 Nachhaltigkeit als Leitidee

Seit der Studie „Grenzen des Wachstums" (siehe Meadows 1972) und dem Brundtland-Report (siehe Brundtland/Hauff 1987) werden gesamtgesellschaftliche und (entwicklungs-)politische Fragen auch vor dem Hintergrund der Leitidee Nachhaltigkeit reflektiert (siehe bspw. Brundtland/Hauff 1987; European Commission 2008; United Nations 2010)[4]. Dabei wird es als konsensfähig betrachtet, dass sich die Entwicklung menschlicher Gesellschaften noch nachhaltiger vollziehen muss und die Gestaltung konkreten Wandels mit großen Herausforderungen verbunden ist (siehe bspw. WBGU 2011; Europäische Kommission 2010; UN 2010; vgl. BUND et al. 2008, Schmidt-Bleek 2007; Meadows 1972; Brundtland/Hauff 1987).

Die Tatsache, dass Nachhaltigkeit als Begriff, kommend aus der Forstwirtschaft, zwar in gewissen Kreisen populär, andererseits in seinem eigentlichen Bedeutungsgehalt zu wenig bekannt ist und zusätzlich noch unterschiedliche Verständnisweisen vorliegen, wurde an anderer Stelle bereits ausreichend dargelegt (bspw. Michelsen/Adomßent 2014, 33; Das deutsche Nationalkomitee für die UN-Dekade „Bildung für nachhaltige Entwicklung" 2013, 4; FORSA 2012, 1; Rieß 2010, 22; de Haan et al. 2008, 37ff.)[5]. Ausgangspunkt ist die

---

4 Für eine historische Einordnung, Hintergründe und Zusammenhänge siehe bspw. MICHELSEN & ADOMßENT 2014.

5 Zwei unterschiedliche Ebenen bzgl. der Fassung von Nachhaltigkeit mögen hier lediglich die Bandbreite der Ansätze verdeutlichen: Die Enquete-Kommission „Schutz des Menschen und der Umwelt" schlägt vor, Nachhaltigkeit, ähnlich wie Gerechtigkeit, „als ‚regulative Idee' zu verstehen, für die es nur vorläufige und hypothetische Zwischenbestimmungen geben kann." (aus: Enquete-Kommission 1998, 16). Wenig „vorläufig" und „hypothetisch" muten dagegen die 38 Indikatoren (21 Hauptindikatoren) zum Modell der vier Dimensionen Generationengerechtigkeit, Lebensqualität, sozialer Zusammenhalt und internationale Verantwortung an, die in der nationalen Nachhaltigkeitsstrategie für Deutschland ausgegeben werden (vgl. Bundesregierung 2012, 115) – hier wurde der Fokus auf die Operationalisierung der Idee gelegt. Die „regulative Idee" wurde hier aus dem deutschen Kulturkreis, aus dem herrschenden

Leitidee, dass alle Menschen jetzt und in Zukunft ihre Bedürfnisse befriedigen können sollen (siehe Kapitel 1). Es koexistieren allerdings verschiedene Konzepte der nachhaltigen Entwicklung, welche unterschiedliche Breite, Tiefe und Funktion aufweisen. Die Fragen danach, was zu erhalten ist, welche Managementstrategie zu verfolgen ist und ob eine Substituierbarkeit zwischen menschengemachtem und natürlichem Kapital besteht, werden unterschiedlich beantwortet, je nachdem, ob von einem Konzept der „schwachen Nachhaltigkeit" oder der „starken Nachhaltigkeit" ausgegangen wird (siehe dazu Michelsen/Adomßent 2014, 33; nach: Eblinghaus/Stickler 1998; Dobson 2000; Rieckmann 2004; Steurer 2001). Mit Blick auf die genutzten Modellvorstellungen reichen die Modelle vom heuristischen „Drei-Säulen-Modell" aus Ökologie, Ökonomie und Sozialem (siehe bspw. Enquete-Kommission 1998, 18) — welches regelmäßig um weitere Dimensionen erweitert wird (Dimension „Kultur", siehe bspw. Stoltenberg 2010; Krainer/Trattnigg 2007) — bis hin zur Fokussierung der ökologischen Verträglichkeit im Sinne einer Schwerpunktsetzung bei den Nachhaltigkeitsdimensionen (siehe bspw. WBGU 2014).
Als verbreitet gelten die drei Dimensionen von Nachhaltigkeit und die drei Strategien einer nachhaltigen Entwicklung, die ökologische, ökonomische und soziale Ziele erreichen sollen (siehe Abbildung 2).

Abbildung 2: Dimensionen und Strategien der Nachhaltigkeit (aus: Siebenhüner 2001, 78)

---

politischen System sowie basierend auf unserer Problem- und Interessenlage ausgestaltet und spiegelt damit die deutschen Wahrnehmungs- und Deutungsprozesse zu Möglichkeiten einer Messung von Nachhaltigkeit wider (siehe dazu Michelsen/Adomßent 2014, 26f.).

Effizienz und Konsistenz sind Strategien mit Produkt- und/oder Technologiebezug. Während Effizienzstrategien sich auf Ressourcenproduktivität im Sinne eines „mehr erreichen mit weniger" konzentrieren[6] (vgl. bspw. von Weizsäcker et al. 2010), beziehen sich Konsistenzstrategien auf die genutzten Stoffe und ihre Wechselwirkung mit der natürlichen Umwelt, wie im Stoffstrommanagement (vgl. bspw. Huber 1995; Bringezu/Kümmerer 2012). Die Suffizienzstrategie hingegen fußt auf der Perspektive von Konsumierenden und auf jener der Verhaltensänderung (vgl. bspw. Stengel 2011; Schneidewind/Zahrnt 2013).

2.1.2 Bildungspolitische Programme

Spätestens seit dem Ausrufen der „UN-Dekade Bildung für nachhaltige Entwicklung" („BNE-Dekade") der United Nations (2005-2014) steht die Bildung im Fokus politischer Bemühungen um das Leitbild[7] nachhaltiger Entwicklung und soll neben naturwissenschaftlichen, technischen und strukturellen Innovationen den Wandel zu einer nachhaltigen Entwicklung fördern (vgl. Nationalkomitee der UN-Dekade 2011)[8]. Bildung stellt sich hier als wesentliche Stellschraube für die Erlangung einer globalen und generationenübergreifenden verantwortungsbewussten Handlungsweise (vgl. UNEP 2010; siehe Jonas 1979) dar. Im Wesentlichen sollten die Ziele der nachhaltigen Entwicklung über die Konzeptionen „Bildung für nachhaltige Entwicklung" (BNE) und „Berufsbildung für nachhaltige Entwicklung" (BBNE) verfolgt werden. Die im Jahr 2014 beendete UN-Dekade sah hierbei u. a. die Förderung der Schulbildung, des öffentlichen Bewusstseins und der beruflichen Aus- und Fortbildung für nachhaltige Entwicklung vor (siehe bspw. Kapitel 36 der Agenda 21, BMU 1997; Nationalkomitee der UN-Dekade 2011; Diettrich et al. 2007)[9]. Ziel der Bemühungen um BNE und BBNE war und ist eine Berücksichtigung von Inhalten, Kompetenzen und Förderansätzen der nachhaltigen Entwicklung in allen Bildungsbereichen.

---

6 Siehe hierzu auch die Problemstellung zu „Rebound-Effekten", bspw. bei BUHL (2014).

7 Zum Begriff des Leitbilds als Metapher siehe DE HAAN et al. 2008, 40ff.

8 Eine Zeitleiste mit den wichtigsten Entwicklungen findet sich bspw. unter http://www.bne-portal.de/un-dekade/zeitleiste-un-dekade/ (Stand: 140825).

9 Der „Rat für nachhaltige Entwicklung" beriet die Bundesregierung, Akteurinnen und Akteure aus unterschiedlichen Bereichen der Gesellschaft tauschten sich in verschiedenen Arbeitsgruppen und Gremien der UN-Dekade aus, wie dem Nationalkomitee, dem Runden Tisch oder der Bundesarbeitsgemeinschaft berufliche Aus- und Weiterbildung (vgl. Kremer 2007, 4).

Als relevante bildungspolitische Programme der UN-Dekade zur Förderung von BNE sind die Programme „21“ (1999-2004) und „Transfer-21“ (2004-2008) der Bund-Länder-Kommission für Bildungsplanung und Forschungsförderung zu nennen (siehe dazu auch de Haan et al. 1997). Die Programme fußten auf verschiedenen nationalen und internationalen Erklärungen[10]. Zur konzeptionellen Ausgestaltung haben zudem der „Rat von Sachverständigen für Umweltfragen“ und der „Wissenschaftliche Beirat der Bundesregierung: Globale Umweltveränderungen“ beigetragen (vgl. Stoltenberg/Burandt 2014, 571).
Im Rahmen dieser Programme wurden u. a. Kompetenzen für eine BNE identifiziert und eine didaktische Materialsammlung, vorrangig für die Primarstufe und Sekundarstufe I, erstellt. Darüber hinaus wurden Orientierungshilfen und Leitfäden für Lehrende entwickelt (siehe Programm Transfer-21 o. J., 52). Das Ziel einer BNE ist kompetenzorientiert — Individuen sollen befähigt werden, die Zukunft nachhaltig zu gestalten:

> „Mit Gestaltungskompetenz wird die Fähigkeit bezeichnet, Wissen über nachhaltige Entwicklung anwenden und Probleme nicht nachhaltiger Entwicklung erkennen zu können. Das heißt, aus Gegenwartsanalyse und Zukunftsstudien Schlussfolgerungen über ökologische, ökonomische, soziale, zusätzlich auch politisch-demokratische und kulturelle Entwicklungen in ihrer wechselseitigen Abhängigkeit ziehen und darauf basierende Entscheidungen treffen, verstehen und individuell, gemeinschaftlich und politisch umsetzen zu können, mit denen sich nachhaltige Entwicklungsprozesse verwirklichen lassen.“ (aus: Programm Transfer-21 2007, 12)

BNE und das Konzept der Gestaltungskompetenz erzielten bis dato vor allem Bekanntheit und Verbreitung im schulischen Bildungsbereich. Das Konzept ist einzuordnen in den Ansatz der „Schlüsselkompetenzen“, der kontextübergreifende, überfachliche Kompetenzen mit Bezug zu mehreren Lebensbereichen beschreibt (vgl. Stoltenberg/Burandt 2014, 574; siehe zur beruflichen Bildung bspw. Arnold/Müller 2006).

---

[10] Wie der UN-Resolution „Dekade der Vereinten Nationen ‚Bildung für eine nachhaltige Entwicklung‘“ von 2002, der Hamburger Erklärung der DUK „Nachhaltigkeit lernen“ von 2003, der Empfehlung der KMK und DUK „Bildung für nachhaltige Entwicklung in der Schule“ von 2007, der Bonner Erklärung der UNESCO-Weltkonferenz zur Bildung für nachhaltige Entwicklung von 2009 oder dem „Statement for the Preparatory Process of the Earth Summit 2012 (Rio+20)“ des Nationalkomitees für die UN-Dekade „Bildung für nachhaltige Entwicklung“ von 2011 (siehe Nationalkomitee der UN-Dekade 2011).

BBNE ist als Konzeption deutlich jünger und aktuell noch weniger konturiert (vgl. Mertineit et al. 2001, 31)[11]. Seit dem Kongress der Bund-Länder-Kommission zur BBNE im Jahre 2001 findet eine verstärkte Auseinandersetzung in der beruflichen Bildung mit ihren originären Themen der Qualifizierung und Kompetenzentwicklung[12] auch mit Bezug zum Spannungsfeld BNE statt. Als Schlüsselpunkt für die konkrete Auseinandersetzung der beruflichen Bildung mit der Leitidee Nachhaltigkeit wird der Beschluss des Deutschen Bundestages zur „Bildung für eine nachhaltige Entwicklung" (29.06.2000) betrachtet, dem eine die Kompetenzdefizite herausstellende Machbarkeitsstudie und erste – sehr partielle – Änderungen in Ausbildungsverordnungen der Labor- und Chemieberufe folgten (vgl. Kutt 2006, 39f.). Bislang verbleibt die BBNE weitgehend unterhalb der Ordnungsebene (vgl. Das deutsche Nationalkomitee für die UN-Dekade „Bildung für nachhaltige Entwicklung" 2013, 14; vgl. DUK 2014, 8). Seit 2001 fördern BMBF und BIBB Modellversuche mit dem Schwerpunkt nachhaltige Entwicklung in der beruflichen Bildung, zunächst Wirtschaftsmodellversuche mit dem Arbeitsschwerpunkt „Berufsbildung für eine nachhaltige Entwicklung" (2001 - 2010). Bis 2010 wurde im Zuge des Rahmenprogramms „Forschung für Nachhaltigkeit" des Bundesministeriums für Bildung und Forschung zudem ein Querschnittsprojekt „Berufsbildung für eine nachhaltige Wald- und Holzwirtschaft" durchgeführt[13]. Die aktuellen Fokusse des Förderprogramms „Forschung für Nachhaltigkeit^3" lauten Green Economy, Zukunftsstadt und Energiewende; BNE und BBNE sind kein direkter Teil des

---

[11] Im Positionspapier „Zukunftsstrategie 2015+" hält das Nationalkomitee fest: „Belastbare Daten über die Verbreitung, Umfänge und Themen von BNE in der beruflichen betrieblichen Aus- und Weiterbildung, aber auch über das Aufgreifen von BNE in den Berufsschulen als wichtigem Partner der Betriebe im Dualen System liegen nicht vor." (aus: Das deutsche Nationalkomitee für die UN-Dekade „Bildung für nachhaltige Entwicklung" 2013, 13).

[12] Während die KMK die Befähigung von Menschen im beruflichen Kontext 1991 noch unter die Kategorie „Mitgestaltung der Arbeitswelt in sozialer und ökologischer Verantwortung" (KMK 1991) gestellt hatte, beherrscht der Kompetenzbegriff seitens KMK offiziell seit 1996 nunmehr die Debatten in der beruflichen Bildung (siehe KMK 1996; vgl. Fischer 2010, 237). Im Rahmen kritischer Reflexionen wird das Kompetenzkonzept jenem der Bildung gegenübergestellt, ein Funktionalisierungsverdacht untermauert oder die mangelnde Berücksichtigung von Erfahrungswissen und anderen „heimlichen Qualifikationen" offenbart (siehe Bolder/Dobischat 2009).

[13] Für eine gesammelte Darstellung von Modellversuchsergebnissen in der BBNE siehe KUHLMEIER et al. (2014).

Programms, es wird aber eine Vernetzung der gemeinsamen Ziele angestrebt (vgl. BMBF 2015, 26).

Als Folgeprogramm der UN-Dekade soll von 2015 bis 2019 das „Weltaktionsprogramm Bildung für nachhaltige Entwicklung" die Ziele und Aktivitäten weiter vorantreiben (siehe UNESCO 2014). Als fünf prioritäre Handlungsfelder wurden die politische Unterstützung, die ganzheitliche Transformation von Lehr- und Lernumgebungen, die Kompetenzentwicklung bei Lehrenden und Multiplikatorinnen und Multiplikatoren, die Stärkung und Mobilisierung der Jugend sowie die Förderung nachhaltiger Entwicklung auf lokaler Ebene identifiziert (siehe UNESCO 2014, 15). Im Positionspapier „Zukunftsstrategie BNE 2015+" des Deutschen Nationalkomitees für die UN-Dekade BNE (siehe Das deutsche Nationalkomitee für die UN-Dekade „Bildung für nachhaltige Entwicklung" 2013) finden sich Ziele mit weitgehender Übereinstimmung zum Weltaktionsprogramm (vgl. de Haan 2014, 157).

2.1.3 Wissen-Handeln-Problematik

> „(...) die Orientierung des gegenwärtigen individuellen Handelns an dem Leben künftiger, noch gar nicht gezeugter Menschen, die dann irgendwo auf der Erde leben werden, [besitzt] keine unmittelbare Evidenz (...). Wer den jetzt Lebenden Beschränkungen in der gegenwärtigen Gestaltung ihres Lebensglücks einsichtig machen will, wird mehr vorbringen müssen als das Glück der Menschen des nächsten Jahrtausends." (aus: de Haan/Kuckartz 1996, 283)

Die Leitidee Nachhaltigkeit ist in westlichen Ländern weitgehend anerkannt. Kompetenzen wurden identifiziert, didaktische Konzepte entwickelt, Materialen für BNE und BBNE erstellt. Mit dem Ende der UN-Dekade BNE zum Jahr 2014 wurde Bilanz gezogen und wurden zahlreiche, noch offene Themenfelder der BNE und BBNE identifiziert (siehe bspw. Deutsche UNESCO-Kommission e.V. 2014).

Verlässt man die Ebene des politischen Programms und wendet sich der wissenschaftlichen Forschung bzgl. BNE und BBNE zu, kann nach der Wirksamkeit der pädagogischen Interventionen von BNE und BBNE gefragt werden. Ein zentrales Problem, welches die BNE und BBNE in diesem Kontext mit der Umweltbildung gemeinsam haben, ist dabei gleichermaßen wohlbekannt wie ungelöst: In Studien konnte gezeigt werden, dass sich Menschen ihres Ursache-Anteils an nicht-nachhaltiger Entwicklung bewusst sind (vgl. UBA 2009[14], 7) und zum Teil über umfassendes Wissen zu nachhaltigem Handeln und die Bereitschaft, sich beispielsweise umweltschonender zu verhalten, verfügen (siehe Koordinationsstelle Wissenschaft und Gesellschaft 2008; vgl. UBA 2009, 8). Ein erhöhtes Bewusstsein und Wissen geht dabei aber nicht zwingend mit einem entsprechenden Handeln einher. Handeln wird dabei als ein Verhalten verstanden, welches auf ein Ziel ausgerichtet ist, eine Veränderung intendiert (ob durch absichtliches Tun oder Unterlassen) und die subjektive Motivation mit einbezieht (vgl. Graumann/Kruse 2008, 30; Schahn/Matthies 2008, 663)[15].

Für das Umweltbewusstsein und ein entsprechendes Umweltverhalten[16] wurde diese „Kluft zwischen Wissen und Handeln" hinlänglich untersucht[17]. Den Befunden zufolge machen Personen mit einem hohen Umweltbewusstsein, die sich aber nicht entsprechend umweltgerecht verhalten, sog. „Umweltrhetoriker/-innen", 22 % der Befragten in Deutschland aus (vgl. UBA 2007, 25). Ökologisches Handeln ist von zahlreichen Faktoren abhängig und für nachhaltiges Handeln gilt, wie anzunehmen ist, eine mindestens ebenso hohe Komplexität. In einer BNE wird ein „tiefgreifender Wandel von Denk- und Handlungsmustern" gefordert (vgl. de Haan 2010, 27), in welchem diese Kluft mit adressiert werden muss. Umso verwunderlicher ist, dass die „Lücke zwischen Intention und Handeln" bspw. weder im Positionspapier „Zukunftsstrategie BNE 2015+" noch im Weltaktionsprogramm thematisiert wird (vgl. de Haan 2014, 157). Forschung für BNE bleibt dort unterbelichtet, was gerade mit Blick auf das Fehlen des Bildungsbezugs im aktuellen „Forschung für Nachhaltigkeit[3]"-Programm ins Gewicht fällt. Die wenigen Maßnahmenvorschläge verbleiben hinsichtlich des „latenten Veränderungspotenzials" bzgl. der notwendigen Veränderungen im Handeln auf der Ebene der Förderung von Öffentlichkeitsarbeit (siehe „Zukunftsstrategie 2015+", Das deutsche Nationalkomitee für die UN-Dekade „Bildung für nachhaltige Entwicklung" 2013, 27f.), oder aber es wird nicht über die Thematisierung von „Umweltsensibilität" im Sinne eines Be-

---

14 Die Reichweite der Studie ist auf Deutschland begrenzt.

15 Zum Unterschied zwischen „Handeln" und „Verhalten" siehe auch Kapitel 2.5.3.

16 Der Begriff des „Umwelthandelns" findet sich kaum, i. d. R. ist von „Umweltverhalten" die Rede, wenngleich ein *absichtliches* Tun oder Unterlassen angenommen wird.

17 Für eine Darstellung samt Nennung zahlreicher Quellen siehe bspw. RIEß (2010, 53).

wusstseins in Berufsschule und Betrieb hinausgegangen (siehe Kuhlmeier/Vollmer 2013, 11).

Als Ansprechpartnerin für die Bearbeitung der Kluft zwischen Wissen und Handeln dient augenscheinlich weiterhin die Umweltpsychologie – Nachhaltigkeit wird hier, wenn auch erst zaghaft, auf die Agenda der Umweltpsychologie gesetzt, wie GRAUMANN & KRUSE (2008) feststellen (vgl. Graumann/Kruse 2008, 50; für eine Nachzeichnung der zunehmenden Berücksichtigung in Lehrbüchern und auf Kongressen siehe Cervinka/Schmuck 2010, 608-613). Eine „Psychologie der Nachhaltigen Entwicklung" geht dabei mit der Fokussierung auf die Zeitlichkeit von Mensch-Umwelt-Beziehungen in der Umweltpsychologie einher und umfasst auch Probleme intra- und intergenerationeller Gerechtigkeit (vgl. Graumann/Kruse 2008, 48f.), wenngleich von einer „eigenständigen psychologischen Teildisziplin mit Theoriefundierung, Methodenkanon, praktischen und forschenden Dienstleistungen und einem approbierten Curriculum" noch nicht gesprochen werden kann (vgl. Cervinka/ Schmuck 2010, 596). Eine in dieser Hinsicht fokussierte Umwelt(schutz)psychologie als Ausgangspunkt einer Nachhaltigkeitspsychologie muss als eigenständig etablierter Bereich betrieben werden, der sich normativ durch das Prinzip der Verantwortung nach JONAS (1979) legitimiert (vgl. Hellbrück/Kals 2012, 17; vgl. Cervinka/ Schmuck 2010, 596). Als Gegenstände der Forschung dieses Bereichs werden u. a. Fragestellungen zu Umweltbewusstsein und Umweltverhalten, zur Gesundheitsvorsorge sowie Maßnahmen der gezielten Einstellungs- und Verhaltensänderung identifiziert (vgl. Hellbrück/Kals 2012, 17, 87; vgl. Cervinka/ Schmuck 2010, 597). Eine zentrale Herausforderung wird hier sein, Forschung zu umweltgerechtem Handeln um den Aspekt des nachhaltigen Handelns zu ergänzen, Schnittmengen und Unterschiede herauszuarbeiten. Bislang ist „nachhaltiges Handeln" noch zu wenig konturiert und es ist unklar, welche wissenschaftlichen Disziplinen ggf. zusätzlich herangezogen werden müssen (vgl. auch Kapitel 3.1).

Was für die BNE als Desiderat gilt, gilt in verschärftem Maße für die BBNE. Dort wird die Kluft zwischen nachhaltigem Wissen und Handeln im beruflichen Kontext noch weniger thematisiert – zwar ist im Jahre 2010 das Förderprogramm „Nachhaltige Entwicklung in der beruflichen Bildung" des Bundesministeriums für Bildung und Forschung in Kraft getreten und bereits zwei Jahre zuvor wurde ein Förderschwerpunkt zum Thema „Vom Wissen zum Handeln“ für den Konsumbereich eingerichtet (siehe BMBF/SÖF 2010; siehe Michelsen/Fischer 2013) –, Erkenntnisse zur Wissen-Handeln-Problematik im beruflichen Bereich sind aber bislang unterrepräsentiert und stellen ein Forschungsdesiderat dar. MERTINEIT et al. (2001) halten dazu fest, dass sich die Forschung zur Kluft zwischen Umweltbewusstsein und Umwelthandeln – als potenziell wichtiger Ausgangspunkt für Forschung zu nachhaltigem Handeln – vornehmlich auf die individuelle Ebene und damit weniger auf einen organisationspsychologischen, beruflichen Handlungskontext bezogen hat (vgl. Mertineit et al. 2001, 109). Auch in der Organisationspsychologie stehen kaum Erkenntnisse zur Verfügung. ROSENSTIEL (2000) unterstreicht dazu, dass die Auseinandersetzung mit der Beziehung zwischen Wissen und Handeln einen „blinden Fleck“ in der Organisationspsychologie darstellt, wenngleich dazu dienliche Fragestellungen durchaus behandelt würden (vgl. Rosenstiel 2000, 107ff.).

2.2 Problemstellung

Wie im Vorangegangenen gezeigt wurde, ist die „Kluft zwischen Wissen und Handeln“ eine zentrale Problemstellung von BNE und BBNE, denn ohne die Bearbeitung dieses Problems können BNE und BBNE nicht handlungswirksam sein. Es ist unklar, wie pädagogische Interventionen beschaffen sein müssen, um die Chance zu erhöhen, nachhaltiges Handeln hervorzubringen. Erkenntnisse aus der umweltpsychologischen Forschung liefern erste Hinweise, nehmen aber noch zu wenig auf Nachhaltigkeit Bezug. Die Klärung, was eine nachhaltige Handlung ausmacht, steht aus, bildet aber einen wichtigen Ausgangspunkt für die Konzipierung handlungstheoretisch basierter pädagogischer Interventionen.

2.3 Erkenntnisinteresse

- **Was macht eine nachhaltige Handlung aus?**

2.4 Vorgehen/Methodik

Um sich dem Konstrukt „nachhaltige Handlung“ im Kontext der Kluft zwischen Wissen und Handeln anzunähern, wird ein schrittweises Vorgehen gewählt:

Ausgehend von einer überwiegend psychologischen Konnotation des Kompetenzbegriffs wird anhand des stilistischen Mittels der Kreuzklassifikation ausdifferenziert, welche grundsätzlichen Elemente eine Handlung ausmachen. Anschließend wird unter Anstellung theoretischer Überlegungen herausgearbeitet, was unter einer nachhaltigen Handlung verstanden werden soll.

2.5 Ergebnisse

2.5.1 Kompetenzdefinition als Ausgangspunkt zur Annäherung an eine nachhaltige Handlung

BNE und BBNE sind durch eine ausgeprägte Kompetenzorientierung gekennzeichnet. Charakteristisch für den bildungspolitisch geprägten Kompetenzansatz ist die Annahme, dass Kompetenzen in Performanz sichtbar und damit beurteilbar werden – sich also in Handlungen zeigen (als Produkte kognitiver Prozesse in Form einer korrekten Antwort oder als beobachtbare Handlung im engeren Sinne).

Da an dieser Stelle von Interesse ist, wie ein kompetenzbasiertes, nachhaltiges Handeln pädagogisch unterstützt werden kann, soll der Kompetenzbegriff näher betrachtet werden.

Eine konsensfähige Definition von Kompetenz im Kontext einer BNE und BBNE beschreibt Kompetenzen[18] als

> „die bei Individuen verfügbaren oder durch sie erlernbaren kognitiven Fähigkeiten und Fertigkeiten, um bestimmte Probleme zu lösen, sowie die damit verbundenen motivationalen, volitionalen und sozialen Bereitschaften und Fähigkeiten, um die Problemlösungen in variablen Situationen erfolgreich und verantwortungsvoll nutzen zu können." (aus: Weinert 2001a, 27f.)

WEINERTs (2001a) Definition bringt zum Ausdruck, dass neben dem Erwerb und der Anwendung von Gelerntem auch Motivation, Wille und soziale Faktoren eine Rolle spielen. Neben WISSEN und KÖNNEN ist demnach auch das WOLLEN eine Voraussetzung für die Sichtbarwerdung einer Kompetenz im Handeln.

18 Dieses Verständnis ist auch international anschlussfähig: „Eine Kompetenz ist die Fähigkeit zur erfolgreichen Bewältigung komplexer Anforderungen in spezifischen Situationen. Kompetentes Handeln schließt den Einsatz von Wissen, von kognitiven und praktischen Fähigkeiten genauso ein wie soziale und Verhaltenskomponenten (Haltungen, Gefühle, Werte und Motivationen)." (aus: Gnahs 2010, 21, dort übersetzt aus dem Englischen nach OECD 2003, 2).

Bei der WEINERTschen (2001a) Definition scheint es sich überwiegend um eine psychologische Konnotation des Kompetenzbegriffs zu handeln. ARNOLD & SCHÜßLER (2001) identifizieren insgesamt sechs wissenschaftliche Konnotationen des Kompetenzbegriffs (vgl. Arnold/Schüßler 2001, 61ff.):

- Linguistisch[19]: Kompetenz als Sprachkompetenz und -performanz
- Soziologisch: Kompetenz als Zuständigkeit
- Betriebswissenschaftlich: Kompetenz als etwas, was Verhalten impliziert bzw. generiert
- Arbeitswissenschaftlich: Kompetenz als Kombination von Dürfen und Können
- Psychologisch: Kompetenz als Zusammenspiel von Wollen, Werten und verschiedenen Wissens-Arten
- Pädagogisch[20]: Kompetenz als berufliche Handlungskompetenz

Mit Blick auf eine BBNE scheint das WEINERTsche (2001a) Verständnis erweiterungsbedürftig – auch die arbeitswissenschaftliche und pädagogische Kompetenzdefinition sind von Bedeutung: (nachhaltiges) Handeln findet erstens im beruflichen Kontext statt, wo gewisse Restriktionen herrschen – man muss auch handeln DÜRFEN; zweitens sollten Konzepte und Modelle des nachhaltigen Handelns anschlussfähig an das dort bestehende Kompetenzkonzept der „Beruflichen Handlungskompetenz" sein.

Ersteres kann durch die Hinzunahme des Elements „DÜRFEN" gewährleistet werden, welches in WEINERTs (2001a) Definition nicht expliziert wird.

Auch für Zweiteres ist rasch Anschlussfähigkeit hergestellt. (Berufliche) Handlungskompetenz definiert die Kultusministerkonferenz (2011) wie folgt:

> „Handlungskompetenz wird verstanden als die Bereitschaft und Befähigung des Einzelnen, sich in beruflichen, gesellschaftlichen und privaten Situationen sachgerecht durchdacht sowie individuell und sozial verantwortlich zu verhalten. Handlungskompetenz entfaltet sich in den Dimensionen von Fachkompetenz, Selbstkompetenz und Sozialkompetenz." (aus: KMK 2011, 15)

Hierbei handelt es sich um die Beschreibung einer Metakompetenz, die weitere Kompetenzen beinhaltet. Diese subsumierten Kompetenzen machen erst ein (berufliches) Handeln möglich (= Handlungskompetenz). Ein Hinweis auf die konstituierenden Elemente des hier zugrunde gelegten Kompetenzbegriffs

---

19 Als wichtiger Ursprung zahlreicher Kompetenzverständnisse gilt u. a. die Sprachtheorie der Linguistik von CHOMSKY (bspw. 1981). Er führte das Paar Kompetenz (hier: Kenntnis des Sprechenden bzw. Hörenden) und Performanz (hier: konkrete Nutzung von Sprache durch Sprechen) ein.

20 siehe hier auch die Arbeiten von ROTH (1971).

findet sich hier nicht. STRAKA & MACKE (2003) bemängeln, dass die Kultusministerkonferenz die in diesem Kontext erwähnten „lerntheoretischen Erkenntnisse“ nicht spezifiziert (siehe KMK 2011, 17) und auf diese Weise nicht klar wird, dass hier ein kognitives Konzept mit Bezug auf die internen Bedingungen des Handelns gefragt ist (vgl. Straka/Macke 2003, 43f.). Da für die berufliche Bildung anderenorts ein Kompetenzverständnis zugrunde gelegt wurde, welches explizit auf allgemeine und funktional spezifische kognitive Leistungsdispositionen rekurriert (siehe Breuer 2005, 23f., der auf Weinert 2001b verweist[21]), besteht hier dennoch unmittelbare konzeptionelle Anschlussfähigkeit.

Abschließend kann zusammengefasst werden, dass als relevante Bedingungen einer Handlung die Elemente WISSEN, KÖNNEN, WOLLEN und DÜRFEN zu beachten sind. Die „Kluft zwischen Wissen und Handeln“ ist folglich eine „Kluft zwischen WISSEN, KÖNNEN, WOLLEN, DÜRFEN und Handeln“.

2.5.2 Kreuzklassifikation der wesentlichen Elemente einer Handlung

Wie stehen die genannten Elemente nun zueinander? Wurde lange Zeit von einem linearen Verhältnis zwischen Wissen und Handeln ausgegangen, ist inzwischen hinlänglich dargelegt worden, dass dies nicht so ist (siehe auch Kapitel 3.5.1.2.2). Die handlungsbedingenden Elemente könnten sich also prinzipiell wechselseitig bedingen, unterschiedlich aufeinander bezogen sein, einander vor- oder nachgeordnet sein. Soll klarer werden, welche Kombinationsmöglichkeiten der Elemente Plausibilität erzeugen, kann zunächst eine Begriffsmatrix aufgespannt werden (siehe Abbildung 3).

---

21 „Nach WEINERT (2001 b) schließt die (berufliche) Handlungskompetenz die ersten drei Ansätze ein. Sie umfasst also die allgemeinen intellektuellen Fähigkeiten – die Dispositionen –, die bereichsspezifischen Fähigkeiten und die motivationalen Orientierungen als Voraussetzungen für die Bewältigung anspruchsvoller Aufgaben.“ (aus: Breuer 2005, 23).

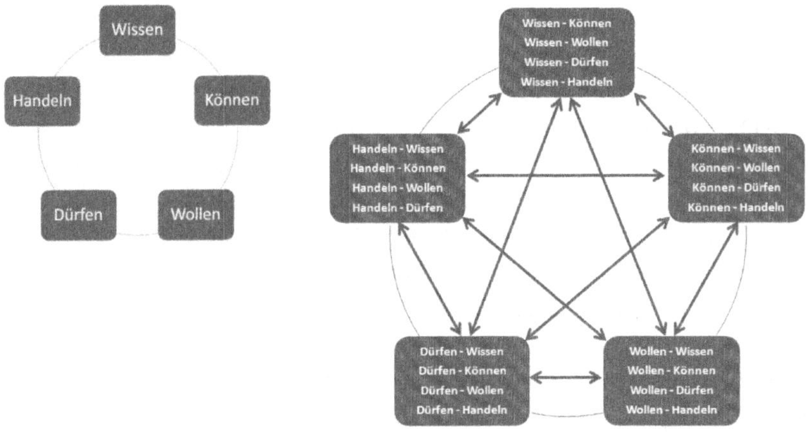

Abbildung 3: Begriffsmatrix der Elemente Wissen, Können, Wollen, Dürfen und Handeln (Quelle: eigene)

Wie die Abbildung zeigt, wird kein lineares Verhältnis der einzelnen Elemente[22] angenommen, sondern es wird zunächst von einer wechselseitigen Beziehung aller Elemente untereinander ausgegangen – dies kann theoretisch so lange bestehen, bis sich einzelne Begriffspaarungen als disjunkt herausstellen.

Welche Elemente scheinen für die Fragestellung von besonderer Bedeutung zu sein? Oftmals wird davon ausgegangen, dass derzeit ausreichend nachhaltigkeitsrelevantes Grundlagenwissen und Bewusstsein vorhanden ist – dies ist insbesondere für den ökologischen Aspekt im Zuge der Umweltbewusstseinsforschung hinreichend nachgezeichnet worden (siehe bspw. regelmäßige Studien des UBA, bspw. UBA 2007, 25). Beklagt wird vornehmlich, dass das vorhandene WISSEN nicht in die Tat umgesetzt wird. Bei näherer Betrachtung aber kommen durchaus Fragen auf. Beispielsweise kann gefragt werden, *wie* das vorhandene Wissen vorliegt – oftmals ist es „träge“ (siehe Wahl 2005; Gruber et al. 2000; Renkl 1994) und kommt deshalb nicht zur Anwendung.

22 Es fällt auf, dass – neben anderen – noch ein weiteres Element denkbar ist: „Nicht-Wissen“, quasi als Zustand vor dem Wissen. Dies müsste philosophisch reflektiert werden. Ausgehend von Modellen zu Entwicklungsprozessen ist davon auszugehen, dass immer bereits eine Struktur, ein Vor-Wissen zu einem Gegenstand vorliegt. Dies kann hier nicht weiter verfolgt werden.

Oder die Betrachtung wird beschränkt auf die explizite Komponente, was der komplexen Beziehung der Elemente WISSEN und KÖNNEN nicht gerecht wird (siehe Polanyi 1985). Im didaktischen Diskurs sind solcherlei Fragestellungen präsent – weswegen das Element WISSEN hier nicht weiter verfolgt werden soll, denn weit weniger Beachtung findet dagegen die praktische didaktische Umsetzung von psychologisch fundierten Erkenntnissen zu den Elementen KÖNNEN und WOLLEN (vgl. bspw. Matthies 2005). Mit Blick auf den beruflichen Kontext einer BBNE tritt zudem das Element DÜRFEN hinzu. Dabei mangelt es nicht an allgemeinen Handlungsmodellen, die die genannten Elemente aufgreifen, doch der Bezug zur Leitidee der nachhaltigen Entwicklung und die didaktische Umsetzung für eine BNE und BBNE sind als bislang zu wenig genutztes Potenzial zu bezeichnen. Demzufolge ergeben sich zwölf „Elemente-Paare", die von vornehmlichem Interesse sind (siehe Abbildung 4).

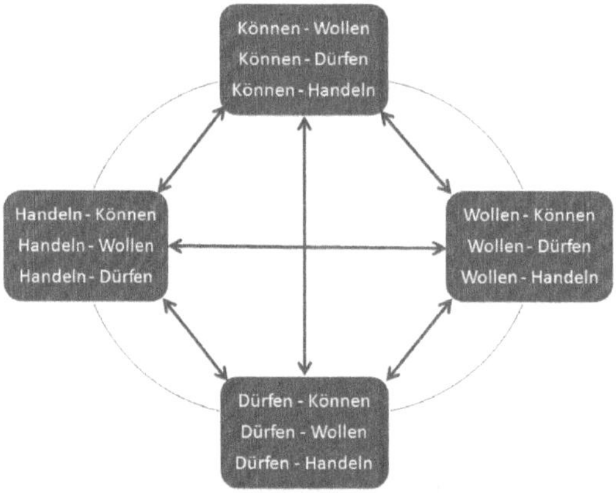

Abbildung 4: Elemente-Paare zu den Elementen Können, Wollen, Dürfen und Handeln (Quelle: eigene)

In Handlungsmodellen stellt die Handlung i. d. R. den Endpunkt des Prozesses dar (siehe auch Kapitel 3.5). Bei dieser Betrachtungsweise rückt in den Hintergrund, dass Handlungen nicht zuletzt auch *Ausgangspunkt* bspw. für die Aneignung von Fähigkeiten und Fertigkeiten sind (so beim learning by doing; siehe auch Kruse-Graumann 2013.). In jedem Falle kommt der Handlung die zentrale Aufmerksamkeit zu, diesem Umstand soll im Folgenden Rechnung getragen werden.

Im Weiteren soll das Element Handeln nun als zentraler Punkt betrachtet und seine Beziehung zu den anderen Elementen fokussiert werden (siehe Abbildung 5).

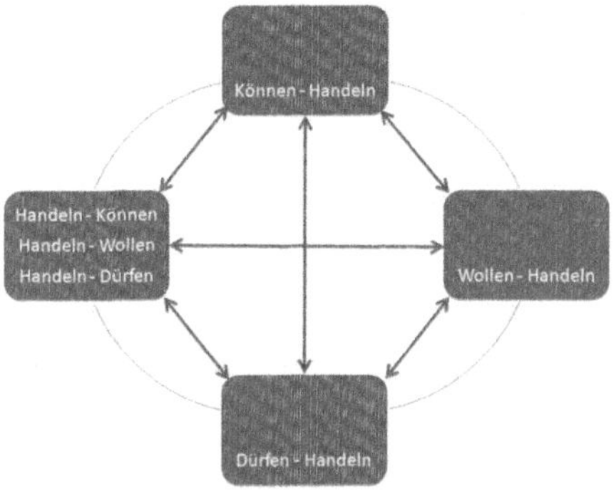

Abbildung 5: Element Handeln und seine Elemente-Paare (Quelle: eigene)

Sollen nun theoretisch denkbare Fälle identifiziert werden, in welchen die Elemente in Beziehung zueinander treten, kann man sich des stilistischen Mittels der Kreuzklassifikation bedienen. Die folgenden Kreuzklassifikationen (siehe Tabelle 2 und Tabelle 3) haben demnach die Funktion, für mögliche Zusammenhänge zwischen den Elementen zu sensibilisieren.

In Tabelle 2 werden zunächst die Kreuzklassifikationen für die Beziehung der Elemente KÖNNEN, WOLLEN und DÜRFEN zum Element Handeln dargestellt. Das Element Handeln ist dabei jeweils zeitlich nachgeordnet, was durch den Ausdruck „zieht ... nach sich“ ausgedrückt wird. Hier wird Handeln als Produkt eines vorgelagerten Prozesses verstanden.

	Können	
	1. Ja	3. Nein/Ja
Handeln	4. Ja/Nein	2. Nein

1. Ein Können zieht ein Handeln nach sich.
2. Ein Nicht-Können zieht ein Nicht-Handeln nach sich.
3. Ein Nicht-Können zieht ein Handeln nach sich.
4. Ein Können zieht ein Nicht-Handeln nach sich.

	Wollen	
	1. Ja	3. Nein/Ja
Handeln	4. Ja/Nein	2. Nein

1. Ein Wollen zieht ein Handeln nach sich.
2. Ein Nicht-Wollen zieht ein Nicht-Handeln nach sich.
3. Ein Nicht-Wollen zieht ein Handeln nach sich.
4. Ein Wollen zieht ein Nicht-Handeln nach sich.

	Dürfen	
	1. Ja	3. Nein/Ja
Handeln	4. Ja/Nein	2. Nein

1. Ein Dürfen zieht ein Handeln nach sich.
2. Ein Nicht-Dürfen zieht ein Nicht-Handeln nach sich.
3. Ein Nicht-Dürfen zieht ein Handeln nach sich.
4. Ein Dürfen zieht ein Nicht-Handeln nach sich.

Tabelle 2: Kreuzklassifikationen für die Elemente-Paare Können-Handeln, Wollen-Handeln und Dürfen-Handeln (Quelle: eigene)

Während die Klassifikationsfelder 1 und 2 jeweils wenig Erkenntnispotenzial bergen, bietet das Feld 3 jeweils mehr Anregungen: Ein Subjekt kann etwas nicht, will etwas nicht oder darf etwas nicht, handelt aber (dennoch)[23].
Das Klassifikationsfeld 4 schließlich wirft die größten Fragen auf. Ein Subjekt kann etwas, will etwas oder darf etwas, handelt aber (dennoch) nicht.
In Tabelle 3 sind die Kreuzklassifikationen für die Beziehung des Elements Handeln zu den Elementen Können, Wollen und Dürfen dargestellt. Hier wird Handeln nun als Ausgangspunkt eines Prozesses betrachtet.
Hier entfalten die Klassifikationsfelder 1 und 4 das meiste Erkenntnispotenzial, da sie die Wirkungen einer Handlung adressieren. Ein Subjekt handelt, es entsteht (dadurch) aber kein Können, kein Wollen und kein Dürfen (Klassifika-

23 Hier sind folgende exemplarische Erklärungen denkbar: Können — Das Subjekt hat keine spezifischen Fähigkeiten zur Lösung eines spezifischen Problems, erwirbt die notwendigen Fähigkeiten aber während der Handlung („Ausprobieren" - dafür müssen aber auch eine Reihe von Fähigkeiten vorhanden sein); Wollen — Das Subjekt handelt unter Zwang; Dürfen — Das Subjekt setzt sich über ein Verbot hinweg.

tionsfeld 4). Relevanter noch erscheinen aber die „positiven“ Begriffspaare, die in Feld 1 abgebildet sind. Durch Handeln können Fähigkeiten und Fertigkeiten entwickelt werden, kann Wille entstehen und können sich äußere Rahmenbedingungen verändern (DÜRFEN).

	Handeln	
Können	1. Ja	3. Nein/Ja
	4. Ja/Nein	2. Nein

1. Ein Handeln zieht ein Können nach sich.
2. Ein Nicht-Handeln zieht ein Nicht-Können nach sich.
3. Ein Nicht-Handeln zieht ein Können nach sich.
4. Ein Handeln zieht ein Nicht-Können nach sich.

	Handeln	
Wollen	1. Ja	3. Nein/Ja
	4. Ja/Nein	2. Nein

1. Ein Handeln zieht ein Wollen nach sich.
2. Ein Nicht-Handeln zieht ein Nicht-Wollen nach sich.
3. Ein Nicht-Handeln zieht ein Wollen nach sich.
4. Ein Handeln zieht ein Nicht-Wollen nach sich.

	Handeln	
Dürfen	1. Ja	3. Nein/Ja
	4. Ja/Nein	2. Nein

1. Ein Handeln zieht ein Dürfen nach sich.
2. Ein Nicht-Handeln zieht ein Nicht-Dürfen nach sich.
3. Ein Nicht-Handeln zieht ein Dürfen nach sich.
4. Ein Handeln zieht ein Nicht-Dürfen nach sich.

Tabelle 3: Kreuzklassifikation für die Elemente-Paare Handeln-Können, Handeln-Wollen und Handeln-Dürfen (Quelle: eigene)

Zusammenfassend kann festgehalten werden, dass durch die Kreuzklassifikationen folgende Elemente-Paare als zentral für die Bearbeitung der Kluft zwischen KÖNNEN, WOLLEN, DÜRFEN und Handeln herauskristallisiert wurden:

- Können → Nicht-Handeln
- Wollen → Nicht-Handeln
- Dürfen → Nicht-Handeln
- Handeln → Können
- Handeln → Wollen
- Handeln → Dürfen

2.5.3 Was ist nachhaltiges Handeln?

Wenngleich ebenso geklärt werden muss, wie die Elemente KÖNNEN, WOLLEN und DÜRFEN zu definieren sind, erscheint doch die Definition des Elements Handeln dringlicher. Warum? Wie im Vorangegangenen dargelegt, soll die Handlung den Kernpunkt der Betrachtung bilden – unabhängig davon, ob sie am Anfang oder am Ende eines zu betrachtenden Prozesses steht (siehe Tabellen 2 und 3). Nun geht es nicht um beliebige, nicht näher spezifizierte Handlungen, sondern um „nachhaltige" Handlungen. Die Tatsache, dass Nachhaltigkeit als Konstrukt unscharf ist, macht eine Definition nachhaltigen Handelns schwieriger, aber umso notwendiger.

2.5.3.1 Handeln

Wendet man sich mit der Frage, was „Handeln" sei, an die Handlungspsychologie, kann zunächst festgestellt werden, dass man sich rasch auf philosophischem Terrain wiederfindet, wie bspw. auch GREVE (1994, 9) feststellt. Der Begriff „Handeln" wird oftmals in Abgrenzung zu etwas anderem definiert („Handlung" vs. „Widerfahrnis", vgl. Greve 1994, 12). Unbewusste Handlungen und Routine-Verhalten, die nicht absichtlich und nicht „mit Verständnis" ausgeführt werden, werden als „Grenzfälle" von Handlungen beschrieben (vgl. Greve 1994, 18).

Nach LENK (1978) ist eine Handlung ein

> „situations-, kontext- und institutionenabhängiges, regelbezogenes, normen-, wert- oder zielorientiertes, systemhaft eingebettetes, wenigstens partiell ablaufkontrolliertes oder teilbewußtes motiviertes Verhalten eines personalen oder kollektiven Akteurs" (Lenk 1978, 345, zitiert bei Greve 1994, 23).

GREVE fordert eine tiefere Betrachtung der Aspekte Absichtlichkeit, freie Wählbarkeit und Kontrolle (siehe Greve 1994, 23-41). Schließlich hält GREVE (1994) fest:

> „Handlungen sind absichtlich, Handlungen sind kontrolliert, vielleicht sogar frei gewählt, und Handlungen sind typischerweise regelgeleitet." (aus: Greve 1994, 41)

Das auffälligste Merkmal von Handlungen bezieht sich auf die Absichtlichkeit (vgl. Kaufmann-Hayoz et al. 2011, 91). Die Abgrenzung zu „Verhalten" ist nicht trennscharf. KAUFMANN-HAYOZ et al. (2011) halten dazu fest, dass der Be-

griff des Verhaltens in vielen psychologischen Theorien als übergeordneter Begriff genutzt wird, der die Gesamtheit aller Aktivitäten umfasst und somit auch „Handlungen“ im oben genannten Sinne einschließt (vgl. Kaufmann-Hayoz et al. 2011, 91f.).
Mit GREVE (1994) kann festgehalten werden, dass Kognition und Handlung nicht zu trennen sind, sondern in einem Interdependenzverhältnis zueinander stehen. Kommt es nicht zur Handlung, so kann dies unter anderem an mangelnder Kontrolle liegen (Bsp. des Rauchers, der die Absicht hat (Absicht ja), aufzuhören, aber nicht kann (Kontrolle nein)) (vgl. Greve 1994, 35). Pädagogisch betrachtet muss demnach neben einer Absicht (die zu hinterfragen ist) die adäquate Handlung zu dieser Absicht sowie das Vorhandensein entsprechender Handlungskontrolle mit betrachtet werden.
BNE und BBNE zielen auf nachhaltiges Verhalten und Handeln. Um einen dauerhaften Wandel von Handlungsmustern hin zu mehr Nachhaltigkeit zu erreichen, sind absichtliche, wenigstens teilbewusste Handlungen von besonderem Interesse, denn unbeabsichtigtes, unbewusstes Handeln kann auch Zufall sein und ist beliebig, somit durch pädagogische Interventionen schwer adressierbar.

2.5.3.2 Nachhaltiges Handeln

2.5.3.2.1 Nachhaltiges Handeln als Handeln, welches soziale, ökologische und ökonomische Wertorientierung bedient

„Nachhaltigkeit“ und „Nachhaltige Entwicklung“ sind normative Konzeptionen, die vorgeben, in welche Richtung gesteuert werden soll — mal mehr, mal weniger konkret. Was als „nachhaltige“ Handlung zu betrachten ist, hängt von der Konzeption des Konstrukts Nachhaltigkeit ab. Dort, wo abweichend zu einer rein regulativen Leitidee konkrete Indikatoren für eine NE identifiziert werden, lässt sich der „Nachhaltigkeitsgrad“ einer Handlung am einfachsten bestimmen. In der deutschen Nachhaltigkeitsstrategie ist bspw. der Indikator „Sozialer Zusammenhalt“ erfüllt, wenn kein Verdienstabstand mehr zwischen Männern und Frauen besteht (siehe Bundesregierung 2012, 103f.). Handlungen, die auf dieses Ziel hinwirken, können als „nachhaltige Handlungen“ bezeichnet werden. Dies wird der Komplexität der Leitidee Nachhaltigkeit allerdings nicht gerecht, denn nicht selten stehen soziale, ökologische und ökonomische Werte gegeneinander. Mitunter ist eine nachhaltige Handlungsentscheidung unmöglich – eine Dilemma-Situation entsteht (siehe beispielhafte Fallgeschichte im Textkasten, Quelle: eigene).

Fallbeispiel

Das Tischler-Tim-Dilemma (Quelle: eigene)
Tim ist Tischler. Der Handwerksbetrieb steht immer wieder vor finanziellen Engpässen. Nun ist es so weit gekommen, dass die Existenz akut bedroht ist – wenn nicht bald ein lohnender Auftrag an Land gezogen werden kann, steht der Betrieb vor dem Aus. Doch Tim hat Glück, ein Neukunde möchte bei ihm für den Außenbereich seines noblen Ladenlokals eine größere Anzahl exklusiver Tische und Stühle in Auftrag geben. Im Erstgespräch werden sich Tim und der Kunde schnell über das Design einig. Bei der Materialauswahl ist der Kunde enttäuscht – er wünscht sich für seinen Auftrag Möbel aus Teakholz, welches die Tischlerei von Tim aus Prinzip nicht im Standardangebot führt. Tim bietet an, das gewünschte Tropenholz von seinem Holzgroßhändler in FSC-Qualität zu beschaffen. Den Aufpreis, den das nachhaltige Siegel mit sich bringt, möchte der Kunde aber nicht zahlen. Tim weiß, dass der Abbau unzertifizierten Holzes dieser Art massiv zur Zerstörung von Urwald und zur Vertreibung indigener Völker beiträgt.

Während der Tischler Tim seinen Betrieb erhalten will (ökonomischer Wert), möchte er gleichzeitig den Urwald (ökologischer Wert) und den Lebensraum der dort lebenden Menschen (sozialer Wert) bewahren. Er muss sich entscheiden, ob er den Auftrag annehmen will oder nicht, allen Werten kann er dabei nicht gerecht werden.

Dilemma-Situationen sind aus *handlungstheoretischer Sicht* ein Spezialfall – die Erklärung für die Kluft zwischen KÖNNEN, WOLLEN, DÜRFEN und Handeln liegt hier in der Dilemma-Spezifik begründet: Es wird nicht nachhaltig gehandelt, weil das Subjekt nicht alle drei Wertorientierungen erfüllen kann; vorausgesetzt, nachhaltiges Handeln wird als Handeln definiert, welches alle drei Wertorientierungen gleichermaßen bedient[24]. Vorrangig interessiert an dieser Stelle aber die Frage, welche psychischen handlungshemmenden Faktoren es gibt, die pädagogisch „auszuhebeln“ sind, sodass Dilemmata als Fall nachhaltiger Handlungssituationen hier nicht weiter verfolgt werden sollen – damit soll nicht gesagt sein, dass es nicht auch Aufgabe von Bildung sein kann und muss, Menschen für den Umgang mit Dilemma-Situationen zu befähigen.

24 Hierzu ist kritisch anzumerken, dass Nachhaltigkeit in der Realität nicht zwangsläufig mit „Win-Win-Situationen“ verbunden sein muss – jede Form des Handelns hat „trade offs“ (siehe de Haan et al. 2008, 139ff.).

2.5.3.2.2 Nachhaltiges Handeln als moralisches Handeln

Das Dilemma-Beispiel erbringt aber dennoch einen zentralen Mehrwert in Hinblick auf das dargelegte Erkenntnisinteresse, und zwar in zweierlei Hinsicht. Aufgrund der Wertorientierung bei einem auf Nachhaltigkeit bezogenen Dilemma kann von einem „moralischen Dilemma" gesprochen werden:

> „Moralische Situationen zeichnen sich dadurch aus, daß zwei oder mehrere Wertorientierungen aufeinander treffen. In dieser Situation muß eine Entscheidung zwischen diesen Wertorientierungen gefällt werden. Da die Folgen dieser Entscheidung andere Menschen betreffen, wird diese moralisch genannt; es wird ein moralisches Urteil gefällt." (aus: Aufenanger et al. 1981, 20)

Nachhaltigkeitsrelevante Handlungssituationen haben also einen potenziellen moralischen Kern, der bislang in der Betrachtung unterbelichtet geblieben zu sein scheint.
Zum Zweiten muss folgerichtig die Frage auftauchen, welche moralischen Kompetenzen notwendig sind, um mit solch komplexen Handlungssituationen adäquat umgehen zu können. Nach KOHLBERG (bspw. 1968) geht es hierbei um die Fähigkeit zu einem moralischen Urteil. Auch hier gilt, wie bei der Kluft zwischen Umweltbewusstsein und Umwelthandeln:

> „So wie logisches Denken eine notwendige, aber nicht hinreichende Bedingung für reifes, moralisches Urteil ist, so ist reifes moralisches Urteil eine notwendige, jedoch noch keine hinreichende Bedingung reifen moralischen Handeln." (aus: Kohlberg in Lind/Raschert 1987, 31)

Von Moral ist allerdings im Nachhaltigkeitsdiskurs weniger die Rede, vielmehr wird der Aspekt der Gerechtigkeit als konstituierend und legitimierend betrachtet (vgl. Siebenhüner 2001, 76; vgl. Michelsen/Adomßent 2014, 25). RENN et al. (2007) betrachten Nachhaltigkeit im Gesamten als „normativ-funktionales" Konzept, welches sich auf Gerechtigkeit nebst systemarer Integrität sowie Lebensqualität bezieht (siehe Renn et al. 2007), und CARNAU (2011) formuliert unter dem Titel „Nachhaltigkeitsethik" gar einen gesamten „normativen Gestaltungsansatz" (siehe Carnau 2011). Stellvertretend für die Vielzahl von Nachhaltigkeitskonzeptionen und ihren inhaltlichen Ausprägungen seien an dieser Stelle mit RIEß (2010) zentrale Fragen des Nachhaltigkeitsdiskurses verdeutlicht, deren Bearbeitung normative Grundsätze berührt (vgl. Rieß 2010, 39, 41-47):

Die Frage nach

- dem Verhältnis von intergenerationaler und intragenerationaler Gerechtigkeit
- der Art der anzustrebenden Gerechtigkeit bzw. den Verteilungsprinzipien
- der zeitlichen Reichweite der Verantwortung der heutigen Generationen
- dem anzustrebenden Wohlfahrtsniveau und nach dem zu leistenden Beitrag der reichen und der armen Länder
- der Quantität und der Qualität der den kommenden Generationen zu hinterlassenden Ressourcen
- der rechten Balance zwischen den Dimensionen Ökologie, Ökonomie und Soziales

Hier zeigen sich Verantwortung und vor allem Gerechtigkeit als zentrale normative Konstrukte, in deren Konsequenz vom Individuum eine entsprechende Handlungsweise eingefordert wird. Wenn man den normativen Aspekt favorisiert – ist *nachhaltiges* Handeln also *gerechtes* Handeln?

So simpel scheint es nicht zu sein, wie DE HAAN et al. (2008) verdeutlichen. Die Verfasser/-innen identifizieren den normativen Gehalt der Leitidee vorrangig in jenem Bereich des Konzeptes Nachhaltigkeit, welches sich mit Gerechtigkeit als philosophischer Ethik auseinandersetzt (vgl. de Haan et al. 2008). Zu unterscheiden davon ist die Konzeption von Nachhaltigkeit als rationaler, weiser Planung (vgl. de Haan et al. 2008, 39). DE HAAN et al. identifizieren als Grund für das Scheitern so vieler begrifflicher und konzeptioneller Definitionsversuche die Tatsache, dass diese zwei nicht gänzlich ineinander auflösbare Konzepte unbesehen miteinander vermengt werden (vgl. de Haan et al. 2008, 39). Denn: Eine auf rationale, weise Planung zielende Handlung muss nicht zwangsläufig stets gerecht sein und vice versa.

> „Eine nachhaltige Handlung [i. S. weiser Planung, Anm. d. V.] empfiehlt sich etwa dann, wenn sie auch gerecht ist – es soll aber nicht bereits durch begrifflich-definitorische Festsetzung ausgeschlossen werden, dass eine nachhaltige Handlung [i. S. weiser Planung, Anm. d. V.] auch Gerechtigkeitsprobleme aufwerfen kann." (aus: de Haan et al. 2008, 46)

Angesichts dieser Problematik erscheint ein tiefer gehender Blick darauf notwendig, welche Handlungen von Subjekten erwartet werden, die im Sinne von Nachhaltigkeit agieren wollen. Treffend ausgedrückt finden sich die Anforderungen in sog. Präferenzen, die in Gegenwart und Zukunft liegen und das Individuum und seine Mitmenschen betreffen (vgl. dazu de Haan et al. 2008, 119ff., erweitert):

- Jetzt für jetzt für mich (Gegenwart)
- Jetzt für dann für mich (Zukunft)
- Jetzt für jetzt für andere (Gegenwart)
- Jetzt für dann für andere (Zukunft)

Die „Jetzt-für-dann-für-andere"-Präferenz stellt dabei in Hinblick auf nachhaltiges Handeln die größten Herausforderungen an die Menschen, da uneigennützig gehandelt werden soll und die Nutznießer der Handlung in der Zukunft leben. Hier liegt der Kernpunkt der Leitidee Nachhaltigkeit. Im Grunde ist altruistisches Handeln vonnöten, welches über gerechtes Handeln hinaus zu weisen und dem moralischen Handeln näher zu sein scheint.
Wie verhalten sich Moral und Gerechtigkeit zueinander? Diese Frage erfordert weitreichende philosophische und geisteswissenschaftliche Explorationen (siehe Trierenberg 2012), die an dieser Stelle nicht geleistet werden können. TRIERENBERG (2012) kommt schlussendlich zu dem Fazit, dass Moral eine die Gerechtigkeit umfassende, weitergehende Kategorie ist:

> „Die eingehenden Diskussionen der Begriffe der Moral und der Gerechtigkeit führten zu dem Ergebnis, dass Moral als ein Handeln zugunsten anderer aufgefasst werden kann und Gerechtigkeit als ein Handeln zu gegenseitigen Gunsten. Dabei wurde (...) bloßgelegt, dass die Moral auf einem altruistischen Verhalten beruht, (...)." (aus: Trierenberg 2012, 230)

Gerechtes Handeln als Handeln zu gegenseitigen Gunsten scheint demnach einen Gegenwartsbezug zu haben – ein *gegenseitiger* Wert ist von *in Zukunft lebenden* Generationen nicht zu erwarten. Aus diesem Grund sollte der Fokus auf den moralischen Kern der Leitidee Nachhaltigkeit gelegt werden, da der Gerechtigkeitsaspekt eine Verkürzung darstellt.
Nachhaltiges Handeln soll demnach als moralisches Handeln verstanden werden, ohne den Anschluss an die Leitidee Nachhaltigkeit zu verlieren. Um dies zu leisten, sollte von „moralisch-nachhaltigem Handeln" die Rede sein. Es kann definiert werden als absichtliches, wenigstens teilbewusstes Handeln, welches nach moralischen Prinzipien erfolgt und als Wertorientierungen soziale, ökologische und ökonomische Aspekte umfasst. Folgerichtig sollte dann moralisch-nachhaltiges KÖNNEN, WOLLEN, DÜRFEN und Handeln im Sinne einer moralisch-nachhaltigen Handlungskompetenz im Fokus des Erkenntnisinteresses stehen, sollten BNE und BBNE dazu beitragen, tatsächliche Handlun-

gen hervorzubringen, um damit die Kluft zwischen KÖNNEN, WOLLEN, DÜRFEN und Handeln zu verringern (siehe Abbildung 6).

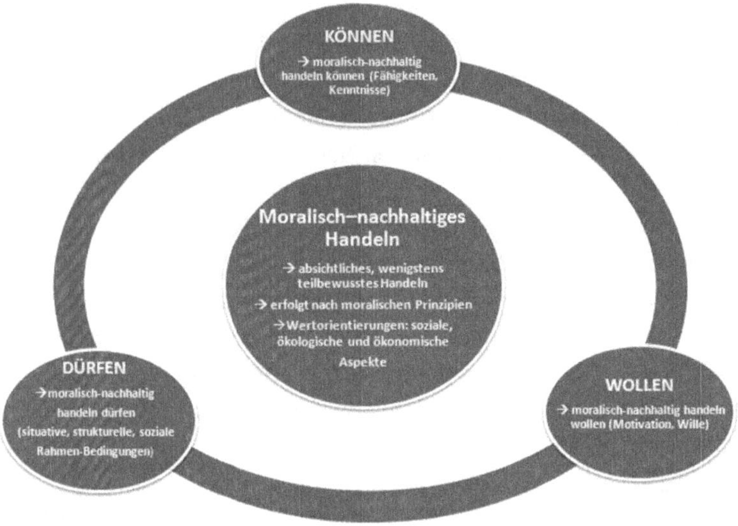

Abbildung 6: Moralisch-nachhaltige Handlungskompetenz (Quelle: eigene)

Bei dieser Definition moralisch-nachhaltigen Handelns handelt es sich um eine Arbeitsdefinition, weshalb an dieser Stelle kein weiterer theoretischer Diskurs dazu erfolgt. Vielmehr wird an dieser Stelle einer pragmatischen Lösung der Vorzug gegeben, um zunächst arbeitsfähig zu sein. An anderer Stelle wird auf die Kompatibilität der Arbeitsdefinition zurückzukommen sein (siehe Kapitel 3.5.2.2).

2.6 Kritische Würdigung

2.6.1 Methodik

Der Zugang zur Problemstellung erfolgt über die bildungspolitischen Programme. Dabei bleibt unberücksichtigt, dass vor allem in der pädagogischen Praxis im Kontext von Umweltbildung und globalem Lernen schon lange mit

Inhalten der BNE und BBNE gearbeitet wird. Es ist aber anzunehmen, dass die beschriebene Kluft hier ebenso wirksam ist.
Eine Kompetenzdefinition als Ausgangspunkt der Explorationen zu verwenden, scheint eine eher unkonventionelle Vorgehensweise zu sein, sich dem Handlungsbegriff anzunähern. Sie bietet, eine psychologische Konnotation vorausgesetzt, aber eine attraktive Anschlussfähigkeit an den BNE- und BBNE-Diskurs, dem der Handlungsbegriff ansonsten eher fremd zu sein scheint, da ein ökologisch geprägter Verhaltensbegriff vorherrscht.
Kreuzklassifikationen implizieren, dass jedes Element beliebig kombiniert und von anderen Elementen getrennt werden kann – es stellt sich die Frage, ob dies in dem angewandten Fall zulässig ist. Setzt bspw. alles Handeln ein KÖNNEN voraus? Und umgekehrt: Kann man etwas können, ohne zu handeln? Kann man sich eine Fähigkeit aneignen, ohne gedanklich zu handeln? Diese Fragen bedürfen einer weitreichenden philosophischen und entwicklungspsychologischen Reflexion, die an dieser Stelle nicht geleistet werden kann. Hier wurde zugunsten der Eigenschaft von Kreuzklassifikationen entschieden, unterschiedliche Fälle explizierbar und damit einem weiteren Diskurs zugänglich zu machen.
Die Herleitung der Definition moralisch-nachhaltigen Handelns schließlich basiert auf theoretischen Überlegungen, denen unterschiedliche Breite und Tiefe zugestanden wurde. Die Unterscheidung von Moral und Gerechtigkeit kann auf eine breitere Basis gestellt werden. So kommen andere Autorinnen und Autoren zu anderen konzeptionellen Schlüssen – so konzipieren DEUTSCHLE & SONNENBERGER (2009) Gerechtigkeit als Synthese aus Verstand, Vernunft und Gefühl, den drei „klassischen Grundfesten der Ethik" und damit eng am Moralbegriff (vgl. Deutschle/Sonnenberger 2009, 26).

2.6.2 Ergebnisse

In der Regel ist von der Kluft zwischen Wissen und Handeln die Rede. Der Aspekt des Wissens wurde zugunsten der anderen Elemente zurückgestellt, die für das Erkenntnisinteresse fruchtbarer erschienen, weil sie den bestehenden Diskurs neu beleben. Die Relevanz des Wissens, auch im Entstehungsprozess einer Handlung, ist dennoch nicht zu unterschätzen.

Mit Blick auf die TRIERENBERGsche (2012) Definition von Moral und Gerechtigkeit kann eingewendet werden, dass sein Verständnis von Gerechtigkeit als „Tauschgeschäft" nicht anschlussfähig an den BNE-Diskurs ist. Ein konstituierendes Moment der Leitidee Nachhaltigkeit ist neben der „intergenerationalen Gerechtigkeit" ja gerade die „intragenerationale Gerechtigkeit", die Generationengerechtigkeit – bei dieser spezifischen Ausprägung von Gerechtigkeit ist der Zukunftsbezug sehr wohl gegeben. GLOTZBACH (2012) weist allerdings darauf hin, dass das Verhältnis zwischen diesen beiden Gerechtigkeitszielen durchaus Konfliktpotenzial bietet und bisher im BNE-Diskurs nicht thematisiert wird (siehe Glotzbach 2012). Auch Antworten zur pädagogischen Förderung von Handlungen zur Generationengerechtigkeit sind in BNE und BBNE bislang nicht zu finden.

2.7 Konklusion

Die Matrix zwischen moralisch-nachhaltigem KÖNNEN, WOLLEN, DÜRFEN und Handeln ist vor der Basis einer BNE und BBNE aufgespannt, was sind nun die nächsten Arbeitsschritte?

Moralisch-nachhaltiges Handeln wurde definiert als absichtliches, wenigstens teilbewusstes Handeln, welches nach moralischen Prinzipien erfolgt und als Wertorientierungen soziale, ökologische und ökonomische Aspekte umfasst. Es erscheint folgerichtig, in einem nächsten Schritt die bestehenden Ansätze, Konzepte und Theorien der BNE und BBNE daraufhin zu betrachten, ob sich dort bereits Ansatzpunkte – wenn auch implizit – finden, um die Kluft zwischen moralisch-nachhaltigem KÖNNEN, WOLLEN, DÜRFEN und Handeln zu überwinden und damit moralisch-nachhaltiges Handeln wahrscheinlicher zu machen. Hierbei scheinen vor allem handlungstheoretische und lerntheoretische Erkenntnisse hilfreich zu sein, die in pädagogisch-psychologischen Erkenntniskontexten gewonnen werden: Welches sind die handlungswirksamen Faktoren, die moralisch-nachhaltiges KÖNNEN, WOLLEN, DÜRFEN und Handeln beeinflussen? Dabei ist, wie herausgearbeitet wurde, vor allem von Interesse, welche pädagogisch-psychologischen Erkenntnisse etwas zur Erklärung und didaktischen Reflexion folgender beider Phänomene beitragen: Ein Subjekt kann etwas und/oder will etwas und/oder darf etwas, handelt aber (dennoch) nicht moralisch-nachhaltig (siehe Abbildung 7). Und weiter: Durch moralisch-nachhaltiges Handeln werden erst Fähigkeiten/Fertigkeiten entwickelt und/oder Wille initiiert und/oder äußere Rahmenbedingungen verändert (Element DÜRFEN).

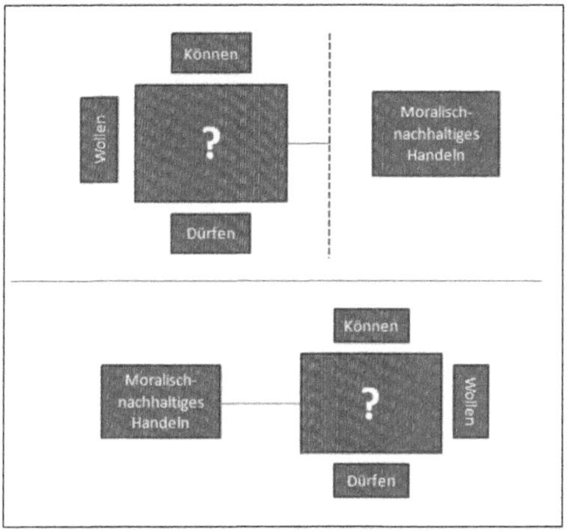

Abbildung 7: Oben – ein Subjekt kann etwas und/oder will etwas und/oder darf etwas, handelt aber (dennoch) nicht moralisch-nachhaltig; unten – durch moralisch-nachhaltiges Handeln werden Fähigkeiten/Fertigkeiten entwickelt und/oder Wille initiiert und/oder äußere Rahmenbedingungen verändert (Element Dürfen) (Quelle: eigene)

Ausgangspunkt der handlungs- und lerntheoretischen Explorationen zur Annäherung an diese beiden Phänomene sollte neben der umweltpsychologischen Forschung, die die Basis der bisherigen Erkenntnisse von BNE und BBNE im relevanten Themenfeld zu sein scheint, auch die moralpsychologische Forschung sein. Es gilt dabei, Erkenntnisse zu handlungswirksamen Faktoren in didaktischen Designs praktisch umzusetzen. Dazu sollte zunächst geprüft werden, an welche bisherigen didaktischen Konzepte, Ansätze und Modelle der BNE und BBNE ggf. bereits angeknüpft werden könnte. Ziel wäre es schlussendlich, sich einer Didaktik anzunähern, die moralisch-nachhaltiges Handeln fördert.

3 Theoretischer Teil I – Annäherung an eine handlungstheoretisch fundierte Didaktik zur Förderung moralisch-nachhaltigen Handelnsl

3.1 Status quo: moralisch-nachhaltiges Handeln in BNE und BBNE heute

3.1.1 Einführung

> „Die globale Vision der Weltdekade Bildung für nachhaltige Entwicklung ist es, allen Menschen Bildungschancen zu eröffnen, die es ermöglichen, sich Wissen und Werte anzueignen sowie Verhaltensweisen und Lebensstile zu erlernen, die für eine lebenswerte Zukunft und eine positive gesellschaftliche Veränderung erforderlich sind." (aus: Nationalkomitee der UN-Dekade 2011, 26)[25]

Moralisch-nachhaltiges Handeln wurde definiert als absichtliches, wenigstens teilbewusstes Handeln, welches nach moralischen Prinzipien erfolgt und als Wertorientierungen soziale, ökologische und ökonomische Aspekte gleichermaßen umfasst (siehe Kapitel 2.5.3.2.2) – im Folgenden soll nun betrachtet werden, inwieweit und wenn ja, in welcher Weise BNE und BBNE derzeit bereits moralisch-nachhaltiges Handeln thematisieren und didaktisch berücksichtigen. Hier ist vor allem von Interesse, welche Erkenntnisse etwas zur Erklärung folgender beider Phänomene beitragen (vgl. Kapitel 2.5.2): Ein Subjekt kann etwas und/oder will etwas und/oder darf etwas, handelt aber (dennoch) nicht moralisch-nachhaltig. Und weiter: Durch moralisch-nachhaltiges Handeln werden erst Fähigkeiten/Fertigkeiten entwickelt und/oder Wille initiiert und/oder äußere Rahmenbedingungen verändert (Element DÜRFEN).

---

25 Dies wird ebenso im Vorschlag für die Fortführung der BNE-Dekade formuliert: „Bildung und Lernen sollen dergestalt neu ausgerichtet werden, dass jeder die Gelegenheit hat, die Kenntnisse, Fähigkeiten, Werthaltungen und Einstellungen zu erwerben, die ihn in die Lage versetzen, zu einer nachhaltigen Entwicklung beizutragen (...)." (aus: Deutsche UNESCO-Komission 2013, 2)

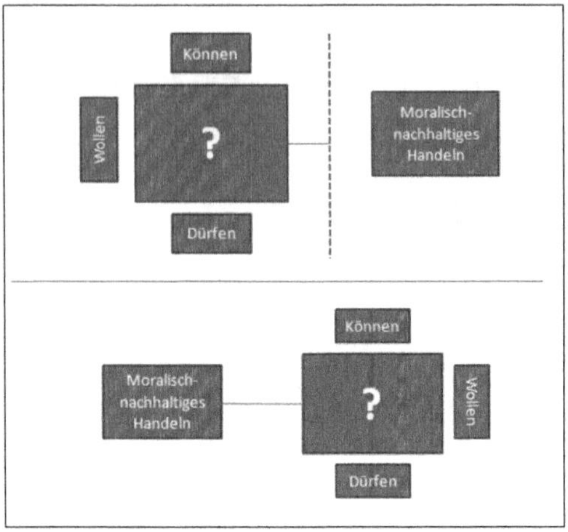

Abbildung 8: Moralisch-nachhaltiges Handeln – Begründungskontexte für Handeln bzw. Nicht-Handeln (Quelle: eigene)

Als konstituierende Elemente einer BNE und BBNE, für die dies geprüft werden soll, können Kompetenzansätze, die Inhalte von BNE/BBNE sowie didaktische Ansätze (inkl. Methodik) gelten (siehe Kapitel 3.1.2). Um Hinweise zu moralisch-nachhaltigem Handeln zu erhalten, finden Aspekte wie Werte, Normen, Ethik und Moral besondere Beachtung. Das Hauptaugenmerk soll lerntheoretisch relevanten Hinweisen für die Förderung moralisch-nachhaltigen Handelns gelten, um die Ableitung pädagogischer Interventionen zu ermöglichen.

Des Weiteren wurde herausgestellt, dass zur Förderung moralisch-nachhaltigen Handelns ein handlungstheoretischer Ansatz sinnvoll ist, um die Wirksamkeit pädagogischer Interventionen zu erhöhen (vgl. Kapitel 3.1.3). Aus diesem Grund wird ebenfalls danach gefragt, inwieweit und wenn ja, in welcher Weise derzeit in BNE und BBNE der handlungstheoretische Bezug mitgedacht wird (siehe Abbildung 9). Im Speziellen wird zudem danach gefragt, inwieweit bereits Handlungskonzepte oder Handlungsmodelle für moralisch-nachhaltiges Handeln berücksichtigt werden.

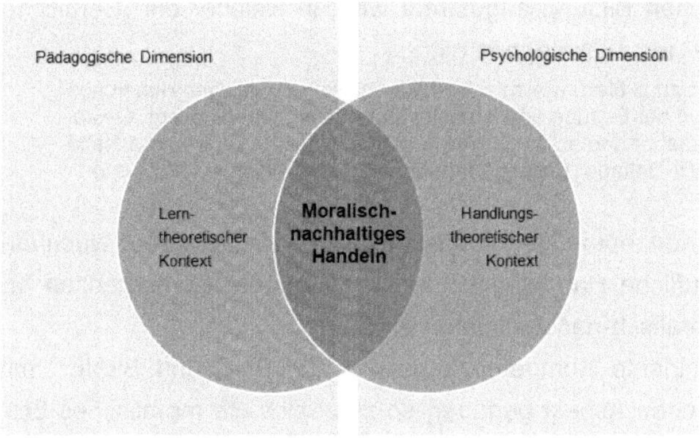

Abbildung 9: Moralisch-nachhaltiges Handeln in BNE und BBNE heute – Analysekontext (Quelle: eigene)

Bei den folgenden Ausführungen ist stets vor Augen zu führen, dass es sich bei BNE und BBNE bislang vor allem um Konzepte und Ansätze zur praktischen Anwendung handelt – RIEß (2010) attestiert der BNE in Hinblick auf die theoretischen Grundlagen in signifikanten Teilen eine vage Begrifflichkeit, ungenaue und widersprüchliche Ziel- und Methodenbeschreibungen sowie kaum belastbare Daten zu der Wirksamkeit und den Erfolgsbedingungen pädagogischer Interventionen (vgl. Rieß 2010, 7).

3.1.2 Pädagogische Dimension

3.1.2.1 Kompetenzen

Wie bereits gezeigt wurde, sind Kompetenzen[26], im Speziellen die „Gestaltungskompetenz“, konstituierend für die deutsche BNE (siehe Kapitel 2.1.2). Für die BBNE gilt, dass eine Verknüpfung der Kompetenzverständnisse in

[26] Abseits der deutschen Diskussion ist der übergeordnete Begriff der „Literacy“ auch im Nachhaltigkeitskontext gebräuchlich (siehe bspw. Stibbe 2009) und wurde im Kontext der PISA-Studien prominent (vgl. Singer-Brodowski/Schneidewind 2014, 135). SCHNEIDEWIND (2013) favorisiert eine „Transformative Literacy“ und versteht darunter, Ziel- und Transformationswissen „lesen“ und interpretieren und sich aktiv in Transformationsprozesse einbringen zu können (vgl. Schneidewind 2013, 83). Im englischen Sprachgebrauch wird „Kompetenz“ zumeist mit „skills“ übersetzt.

BNE und der beruflichen Bildung angestrebt wird, in welcher die „Berufliche Handlungskompetenz“ als Zielkategorie gilt:

> „In diesem Zuge ist zu prüfen, wie das Ausbildungsziel „Beruflicher Handlungskompetenz“ aufgrund der Bezüge und Komplementaritäten zum Konzept „Gestaltungskompetenz“ nutzbar gemacht (...) werden kann.“ (aus: Das deutsche Nationalkomitee für die UN-Dekade „Bildung für nachhaltige Entwicklung“ 2013, 15)

Inwieweit liefern die Konzepte Gestaltungskompetenz und eine auf Nachhaltigkeit gerichtete berufliche Handlungskompetenz konkrete Kompetenzen für die Befähigung zu moralisch-nachhaltigem Handeln?
Betrachtet man prominente Kompetenzkonzepte aus BNE und BBNE[27] mit Blick auf den moralischen Aspekt genauer, so zeigt sich ein moralisches Element, welches in der Regel auf die personale Kompetenzdimension bezogen wird (siehe Tabelle 4)[28]. So beinhaltet das Konzept der Gestaltungskompetenzen eine moralische Kompetenz i. S. einer Ausrichtung am Prinzip Gerechtigkeit (siehe de Haan et al. 2008, 241f.) und die Kernkompetenzen globaler Entwicklung sowie das Konzept der beruflichen Handlungskompetenz als auch die Kernkompetenzen für eine BBNE des BMBF (2003) sehen eine Orientierung an Werten sowie deren Reflexion vor (siehe BMZ/KMK 2007, 77; KMK 2011, 15; BMBF 2003, 176). Insbesondere auf der sozialen und kognitiv-methodischen Kompetenzdimension finden sich in den exemplarisch ausgewählten Konzepten dann häufig angeführte allgemeine Kompetenzen, die unterstützend wirken können bzw. die Voraussetzungen schaffen, sich mit anderen über Werte auszutauschen und diese für konkrete Handlungen zu berücksichtigen, wie bspw. Partizipationsfähigkeit (siehe de Haan et al. 2008, 240) oder antizipatorisches Denken und der Umgang mit Komplexität und Risiken (siehe de Haan et al. 2008, 239; BMBF 2003, 176)[29].

---

27 Siehe für die BBNE auch FISCHER et al. 2009

28 Siehe auch Systematisierungen bei Bliesner 2007, 41; Bliesner et al. 2013; siehe auch Stengel et al. 2008.

29 Nicht nur auf nationaler Ebene findet der moralische Aspekt in Kompetenzsystematiken im Kontext Nachhaltigkeit Berücksichtigung. Neben „cognitive competence“, „functional competence“ und „personal competence“ wird für die Konstituierung eines Kompetenzkonzepts für das lebenslange Lernen eine „ethical competence“ zugrunde gelegt, welche sich durch das Einbeziehen persönlicher und fachlicher bzw. beruflicher Werte definiert (vgl. European Commission 2005, 12). Auch RIECKMANN (2011) findet im Rahmen einer europäisch-lateinamerikanischen Studie zu Schlüsselkompetenzen für Denken und Handeln in der Weltgesellschaft folgende Kompetenz vor: „Fähig sein,

Inwieweit die identifizierten moralbezogenen Kompetenzen tatsächlich in Konzepten für die Praxis berücksichtigt werden, ist weitgehend unklar. Es existieren auch Ansätze, die Schlüsselkompetenzen für BNE ohne ein normatives Moment konzipieren (siehe bspw. Fischer/Barth 2014). Die Autoren sehen gerade einen Vorteil darin, das Normative auszusparen, da die genannten Kompetenzen sodann breitere Geltung erreichen (vgl. Fischer/Barth 2014, 193). Ihren Ansatz konzipieren sie vor dem Hintergrund der Diskussion um Konsumentinnen- und Konsumentenverantwortung im nachhaltigen Konsum. Hier stehen Konzepte mit Intentionsorientierung („die Intention zählt") gegen solche mit Wirkungsorientierung („der Impact zählt"), wobei Uneinigkeit darüber herrscht, inwieweit die Verantwortung des Konsumierenden Teil der Diskussion sein sollte (vgl. Fischer/Barth 2014, 196).

Grundsätzlich ist festzustellen, dass sich die BNE mit einem offenen Diskurs zum Normativen in der Bildung schwertut. Es wird darauf verwiesen, dass BNE als „individueller und gesellschaftlicher Such-, Lern- und Gestaltungsprozess" im Sinne einer Transformation verstanden werden muss (vgl. Stoltenberg/Burandt 2014, 568) und die Kompetenzen einer BNE als wertfrei verstanden werden können (vgl. Rieckmann/Schank 2016). Es wird auch betont, dass Lehrende im Sinne des „Überwältigungsverbots" keine Werte vorgeben dürfen, sondern zum eigenständigen Entscheiden befähigen sollen (vgl. Programm Transfer-21 o. J., 18). Ein Diskurs dazu, dass *Bildung* für nachhaltige Entwicklung auf ein *normatives* Bildungskonzept verweist, findet nicht statt und auch Lehrenden wird keine Antwort darauf gegeben, wie bspw. die Kompetenz „Empathie für andere zeigen können" gelehrt werden soll, ohne auf dieses Verhalten „hin zu erziehen". Hier liefern die Ansätze und Konzepte, hervorgegangen aus den bisherigen bildungspolitischen Programmen, noch zu wenig Lösungsmöglichkeiten.

sich an Werten zu orientieren sowie Normen und eigene Werte zu reflektieren." (aus: Riekmann 2011, 55)

Dimensionen / Kompetenz-Konzepte	Personale Dimension	Soziale Dimension
BNE **De Haan et al. 2008 (Teilkompetenzen 1-12)**	Vorstellungen von Gerechtigkeit als Entscheidungs- und Handlungs-grundlage nutzen können (E.2 Kompetenz zum moralischen Handeln)	Gemeinsam mit anderen planen und handeln können (G1 Kompetenz zur Kooperation); an kollektiven Entscheidungsprozessen teilhaben können (G.3 Kompetenz zur Partizipation); sich und andere motivieren können, aktiv zu werden (G.4 Kompetenz zur Motivation); Empathie für andere zeigen können (E.4 Kompetenz zur Unterstützung anderer)
Globale Entwicklung **Kernkompetenzen (BMZ/KMK 2007/2015)**	Eigene und fremde Wertorientierungen in ihrer Bedeutung für die Lebens-gestaltung sich bewusst machen, würdigen und reflektieren (Perspektivwechsel und Empathie; 5. Bewerten); Bereiche persönlicher Mitverantwortung für Mensch und Umwelt erkennen und als Herausforderung annehmen (Solidarität und Mitverantwortung; 8. Handeln)	Soziokulturelle und interessenbestimmte Barrieren in Kommunikation und Zusammen-arbeit sowie bei Konfliktlösungen überwinden (Verständigung und Konfliktlösung; 9. Handeln); die Schülerinnen und Schüler sind fähig und aufgrund ihrer mündigen Entscheidung bereit, Ziele der nachhaltigen Entwicklung im privaten, schulischen und beruflichen Bereich zu verfolgen und sich an ihrer Umsetzung auf gesellschaftlicher und politischer Ebene zu beteiligen (Partizipation und Mitgestaltung; 11. Handeln)
Berufliche Handlungskompetenz **(KMK 2011)**	Selbstkompetenz: Bereitschaft und Fähigkeit, als individuelle Persönlichkeit die Entwicklungschancen, Anforderungen und Einschränkungen in Familie, Beruf und öffentlichem Leben zu klären, zu durchdenken und zu beurteilen, eigene Begabungen zu entfalten sowie Lebenspläne zu fassen und fortzuentwickeln. Sie umfasst Eigenschaften wie Selbstständigkeit, Kritikfähigkeit, Selbstvertrauen, Zuverlässigkeit, Verantwortungs- und Pflichtbewusstsein. Zu ihr gehören insbesondere auch die Entwicklung durchdachter Wertvorstellungen und die selbstbestimmte Bindung an Werte	Sozialkompetenz: Bereitschaft und Fähigkeit, soziale Beziehungen zu leben und zu gestalten, Zuwendungen und Spannungen zu erfassen und zu verstehen sowie sich mit anderen rational und verantwortungsbewusst auseinanderzusetzen und zu verständigen Entwicklung sozialer Verantwortung und Solidarität
BBNE **Kernkompetenzen (BMBF 2003)**	Wertorientierungen im Zusammenhang mit nachhaltiger Entwicklung, wie Wirtschaftsethik, Solidarität, Toleranz, Verantwortungsbewusstsein	Soziale Sensibilität, interkulturelle Kompetenz und Bereitschaft zu globaler Perspektive individuellen Handelns; Kommunikations-kompetenz zur Gestaltung von Netzwerken sowie Fähigkeit zum konstruktiven Umgang mit Konflikten

Tabelle 4: Ausgewählte bildungspolitisch relevante Kompetenzkonzepte (Quelle: eigene Darstellung nach de Haan et al. 2008, 237-242; BMZ/KMK 2007, 77-78; BMZ/KMK 2015, 97f.; KMK 2011, 15f.; BMBF 2003, 176; siehe auch Bliesner 2007)

Kompetenz-Konzepte / Dimensionen	Kognitiv-methodische Dimension	Sachlich-fachliche Dimension
BNE **De Haan et al. 2008 (Teilkompetenzen 1-12)**	Zielkonflikte bei der Reflexion über Handlungs-strategien berücksichtigen können (G.2 Kompetenz zur Bewältigung individueller Entscheidungsdilemmata); die eigenen Leitbilder und die anderer reflektieren können (E.1 Kompetenz zur Reflexion auf Leitbilder); weltoffen und neue Perspektiven integrierend Wissen aufbauen (T.1 Kompetenz zur Perspektivübernahme); vorausschauend Entwicklungen analysieren und beurteilen können (Kompetenz zur Antizipation); interdisziplinär Erkenntnisse gewinnen und handeln (T.3 Kompetenz zur disziplinenübergreifenden Erkenntnisgewinnung); Risiken, Gefahren und Unsicherheiten erkennen und abwägen können (T.4 Kompetenz zum Umgang mit un-vollständigen und überkomplexen Informationen); selbstständig planen und handeln können (E.3 Kompetenz zum eigenständigen Handeln)	Indirekt angesprochen: Ergibt sich aus der Anwendung der 12 Teilkompetenzen auf globale, allgemeine Nachhaltigkeitsthemen (z. B. Gerechtigkeit, Globalisierung, Ressourcen)
Globale Entwicklung **Kernkompetenzen (BMZ/KMK 2007/2015)**	Die soziokulturelle und natürliche Vielfalt in der einen Welt erkennen (Erkennen von Vielfalt; 2. Erkennen); gesellschaftliche Handlungsebenen vom Individuum bis zur Weltebene in ihrer jeweiligen Funktion für Entwicklungsprozesse erkennen (Unterscheidung gesellschaftlicher Handlungsebenen; 4. Erkennen); durch kritische Reflexion zu Globalisierungs- und Entwicklungsfragen Stellung beziehen und sich dabei an der internationalen Konsensbildung, am Leitbild nachhaltiger Entwicklung und an den Menschenrechten orientieren (Kritische Reflexion und Stellungnahme; 6. Bewerten); die gesellschaftliche Handlungsfähigkeit im globalen Wandel vor allem im persönlichen und beruflichen Bereich durch Offenheit und Innovationsbereitschaft sowie durch eine angemessene Reduktion von Komplexität sichern und die Ungewissheit offener Situationen ertragen (Handlungsfähigkeit im globalen Wandel; 10. Handeln)	Informationen zu Fragen der Globalisierung und Entwicklung beschaffen und themenbezogen verarbeiten (Informationsbeschaffung und -verarbeitung; 1. Erkennen); Globalisierungs- und Entwicklungsprozesse mithilfe des Leitbildes der nachhaltigen Entwicklung fachlich analysieren (Analyse des globalen Wandels; 3. Erkennen); Ansätze zur Beurteilung von Entwicklungsmaßnahmen unter Be-rücksichtigung unterschiedlicher Interessen und Rahmenbedingungen erarbeiten und zu eigenständigen Bewertungen kommen (Beurteilen von Entwicklungsmaßnahmen; 7. Bewerten)
Berufliche Handlungskompetenz **(KMK 2011)**	Methodenkompetenz: Bereitschaft und Fähigkeit zu zielgerichtetem, planmäßigem Vorgehen bei der Bearbeitung von Aufgaben und Problemen (zum Beispiel bei der Planung der Arbeitsschritte)[30]	Fachkompetenz: Bereitschaft und Fähigkeit, auf der Grundlage fachlichen Wissens und Könnens Aufgaben und Probleme zielorientiert, sachgerecht, methodengeleitet und selbstständig zu lösen und das Ergebnis zu beurteilen
BBNE **Kernkompetenzen (BMBF 2003)**	Fähigkeit zum konstruktiven Umgang mit „scheinbaren" Widersprüchen; Beratungs-kompetenz zur Gestaltung von Netzwerken; systemisches, vernetztes Denken; Fähigkeit im Umgang mit Komplexität; Verstehen kreislaufwirtschaftlicher Strukturen und Lebenszyklen	Verfügbarkeit über berufsübergreifendes Wissen und seine Anwendung in konkreten Situationen sowie berufsspezifische (fachliche) Kompetenzen

Tabelle 4 (Fortsetzung)

[30] Methodenkompetenz wird hier als immanenter Bestandteil von Fachkompetenz, Selbstkompetenz und Sozialkompetenz verstanden (vgl. KMK 2011, 16).

DE HAAN (2014) merkt an, dass hier bislang „Osterhasenpädagogik" betrieben wird – der Lehrende versteckt die normativ erwünschte Lösung und die Lernenden raten so lange herum, bis sie sie gefunden haben[31]. So bleibt unklar, wie moralisch-nachhaltiges Handeln im Einklang mit dem Überwältigungsverbot und mit dem Ziel der Mündigkeit pädagogisch gefördert werden kann.

Da es um die handlungstheoretisch fundierte Befähigung zu moralisch-nachhaltigem Handeln geht, muss neben dem moralischen Aspekt in den Kompetenzkonzepten auch nach Hinweisen zur handlungstheoretischen Fundierung gefragt werden. Es wird davon ausgegangen, dass die Kompetenzen zur Performanz gelangen – eine handlungstheoretische Reflexion darüber, dass KÖNNEN unter bestimmten Bedingungen nicht zur Anwendung kommt, steht an dieser Stelle des Diskurses nicht im Vordergrund. Betrachtet man die Kompetenzen der ausgewählten Systematiken genauer (siehe Tabelle 4), so finden sich vereinzelt indirekte Hinweise: Eine Person, die über Gestaltungskompetenz verfügt, ist in der Lage, *sich und andere motivieren* zu können, aktiv zu werden sowie Zielkonflikte bei der Reflexion über Handlungsstrategien zu berücksichtigen (vgl. de Haan et al. 2008) – dies kann als Hinweis darauf gelesen werden, dass ohne Motivation kein Handeln erfolgt und dass Zielkonflikte im Kontext von Nachhaltigkeit lähmend wirken können. Auch in den Kernkompetenzen zur globalen Entwicklung findet sich ein „versteckter" Hinweis, der in diese Richtung geht. So wird es im Kontext von Handlungsfähigkeit im globalen Wandel als wichtig erachtet, die Ungewissheit offener Situationen ertragen zu können (vgl. BMZ/KMK 2007/2015) und sich davon nicht lähmen zu lassen. Grundsätzlich verweisen die Konzepte der Gestaltungskompetenz in der BNE und der beruflichen Handlungskompetenz als Ausgangspunkt der BBNE auf die Relevanz des „Gestaltens" und tatsächlichen Tuns. Damit sind sie grundsätzlich interessant für die Frage nach der Funktion des Handelns als solches als Ausgangspunkt für die Förderung moralisch-nachhaltigen Handelns.

[31] Unveröffentlichter Vortrag von DE HAAN anlässlich der I. Summer School „Empirische Forschung zur Bildung für nachhaltige Entwicklung – Themen, Methoden und Trends" am 21. bis 29. Juli 2014 in Vechta (siehe http://esdsummerschool.wordpress.com/).

Zwischenfazit — Lern- und handlungstheoretisch-relevante Hinweise für die Förderung moralisch-nachhaltigen Handelns:

- Der moralische Aspekt ist in den prominenten Kompetenzsystematiken enthalten.
- Geht man von WEINERTs (2001a) Kompetenzdefinition aus (siehe Kapitel 2.5.1), so beinhalten alle genannten Kompetenzen auch motivationale und volitionale Bereitschaften und Fähigkeiten — dies vorausgesetzt, werden kaum weitere Hinweise darauf gegeben, was zwischen dem Verfügen über eine Kompetenz und der Umsetzung derselben in Handeln stehen kann.
- Die Kompetenz, sich (und andere) zur Aktivität motivieren zu können, verweist darauf, dass ein Handeln mitunter nicht zustande kommen kann, wenn eine Person nicht in der Lage ist, bei sich selbst ausreichend Motivation aufzubringen.
- Die Kompetenzen zum Umgang mit Zielkonflikten und Ungewissheiten verweisen auf externe sowie innerpsychische Bedingungen, die ein Handeln verhindern können.
- Weitergehende Hinweise zum Aspekt des DÜRFENs im Sinne äußerer Rahmenbedingungen (situativ, strukturell, sozial) finden sich keine.
- Zum Thema Handeln als Ausgangspunkt des Prozesses bietet der Fokus auf das Gestalten und Handeln als solches einen potenziellen Anknüpfungspunkt für lerntheoretische Überlegungen (KÖNNEN, WOLLEN und DÜRFEN werden durch aktives Gestalten/Handeln initiiert; Handeln als Ausgangspunkt des Prozesses).

3.1.2.2 Inhalte

Die Vision der BNE-Dekade bezieht sich explizit auf die Aneignung von Werten — findet sich dieser Schwerpunkt nun auch in den Inhalten von BNE und BBNE wieder? Sind Themen wie Moral, Ethik, Werte, Normen usw. Bestandteil der Modellprojekte? Wird die Kluft zwischen Wissen/Intention und Handeln thematisiert?

Von bildungspolitischer Seite wird darauf verwiesen, dass Nachhaltigkeit derzeit noch als Handlungsfeld betrachtet wird, welches sich weder einem (Unterrichts-)Fach zuordnen lässt noch ein eigenes konstituiert (siehe de Haan 2011, 46).

BNE und BBNE im Kontext der bildungspolitischen Bestrebungen haben bislang vor allem auf der Ebene von Modellprojekten stattgefunden. Es wurden mehr als 1.900[32] UN-Dekade-Projekte ausgezeichnet, die seit 2005 bis April 2014 gefördert wurden. Hier kann für die BNE festgestellt werden, dass gemäß Datenbank von 502 Projekten der Kategorie „Schule" lediglich 26 Projekte mit dem thematischen Schwerpunkt „ethische Belange" verknüpft sind[33]. Im Wesentlichen beziehen sich die Projekte auf globale Kontexte oder aber regionale Themen wie bspw. Tierschutz[34]. Für die BBNE zeigt sich ein ähnliches Bild. Hier sehen sich von 207 hinterlegten Projekten aus der Kategorie „Aus- und Weiterbildung" lediglich 13 Projekte mit dem thematischen Schwerpunkt „ethische Belange" verknüpft[35]. Zum Schwerpunkt „Generationengerechtigkeit" sind noch 11 Projekte verzeichnet (Zugriff: 28.04.14, Zuordnung zu mehreren thematischen Schwerpunkte möglich). Ethische Belange werden dabei überwiegend im Rahmen von Weiterbildungen bearbeitet (7 von 11) und weniger von beruflichen Schulen (2 von 11) als von Vereinen oder GmbHs umgesetzt. Die beiden Fundstellen zu den beruflichen Schulen beziehen sich inhaltlich auf die Konzipierung einer virtuellen Lernfirma (Berufsschule im Feld Hotel- und Restaurantfach) sowie auf ein Projekt zur Förderung des interkulturellen Austausches im Bereich Holz- und Farbtechnik sowie Raumgestaltung (Gewerbeschule).

BNE und BBNE werden der Wahrnehmung nach zufolge wenig explizit mit ethischen Belangen in Verbindung gebracht[36]. Selbst wenn dies eine Folge

---

32 Siehe http://www.bne-portal.de/index.php?id=13, Zugriff 01.05.14

33 Siehe http://www.dekade.org/datenbank/index.php?d=sg&gType=11, Zugriff: 01.05.2014

34 Siehe http://www.dekade.org/datenbank/index.php?d=sg&act=search&gType=11&sort=1_1&11_3_2=1&11_4_8=1&start=0&rpp=20&op=AND&short=0, Zugriff: 01.05.2014

35 Mehrfachnennungen berücksichtigt reduziert sich die Trefferzahl auf 11 Projekte. Zur Auswahl stehen 49 thematische Schwerpunkte, siehe http://www.dekade.org/datenbank/index.php?d=sg&gType=11, Zugriff: 28.04.2014.

36 Andersherum wird dort, wo zu ethischen Themen gearbeitet wird, nicht an Nachhaltigkeit gedacht. So stellt TREMMEL (2013) fest, dass sich bspw. die Generationenethik, die als Anknüpfungspunkt für Bildungsprozesse in dieser Sache genutzt werden könnte, nicht mit Nachhaltigkeit befasst und hier die Diskurse noch immer unverknüpft nebeneinander stehen (vgl. Tremmel 2013, 41).

einer prominenteren Setzung anderer Themen in der UN-Dekade ist, so scheinen Gründe dafür doch auch in der Bildungspraxis zu liegen. Für den beruflichen Bereich wird beispielsweise festgestellt, dass eine BBNE vornehmlich auf Basis der beruflichen Umweltbildung diskutiert wird. Diese ist allerdings, so stellen MERTINEIT et al. (2001) fest, durch ein instrumentelles Naturverständnis geprägt, in welchem „umweltethische Reflexionen (...) – wenn überhaupt – eher eine geringe Rolle [spielen]“ (aus: Mertineit et al. 2001, 75). Und MEYER et al. (2009) stellen fest, dass auch Globalität als moralisch relevante Dimension von Nachhaltigkeit nur in sehr begrenztem Maße Eingang in die berufliche Bildung gefunden hat (vgl. Meyer et al. 2009; auch vgl. Mertineit et al. 2001, 75). Globalität als Thematik hat für die Berufsbildung demzufolge bislang noch einen „innovativen Charakter“ und erfordert ein integratives Vorgehen bei der Konzipierung von Bildungszielen (vgl. Kutt et al. 2007, 174).
Wo also stehen die Curricula von BNE und BBNE in Hinblick auf die Thematisierung des moralischen Aspekts von Nachhaltigkeit und der Kluft zwischen Wissen/Intention und Handeln? Grundsätzlich gilt, dass BNE in allgemeinbildenden Schulen als Vorreiter für eine erfolgreiche Integration des Nachhaltigkeitsgedankens in Curricula und Struktur gilt (vgl. Dittrich et al. 2007, 11; siehe KMK/DUK 2007), dennoch fällt selbst hier die Bilanz zurückhaltend aus:

> „Was den Weg zur effektiven gesellschaftlichen Transformation aber vor allem erschwert, ist der Umstand, dass der Schritt zu einer strukturellen Verankerung von BNE im deutschen Bildungssystem, letztlich das Ziel der von den Vereinten Nationen ausgerufenen Dekade, oft nur punktuell und eher modellhaft erreicht wurde.“ (aus: Das deutsche Nationalkomitee für die UN-Dekade „Bildung für nachhaltige Entwicklung“ 2013, 5)

Selbiges kann verstärkt für die BBNE angenommen werden und wird entsprechend beanstandet (vgl. bspw. Dittrich et al. 2007). Da sich die Aktivitäten der BBNE bislang vor allem auf Erkenntnisse im Rahmen von Modellprojekten fokussierten, ist am ehesten hier mit entsprechenden Curricula zu rechnen. Mit dem Ziel der Verankerung der Leitidee in den nationalen Bildungssystemen wurden im Jahr 2010 sechs Modellprojekte aus den Branchen Metall/Elektro mit Schwerpunkt „Erneuerbare Energien“, Bauen und Wohnen, Chemie sowie Ernährung gefördert (vgl. BIBB 2010, 3). Hervorgehoben wurden eine interdisziplinäre Herangehensweise, die Vernetzung aller Ebenen im Berufsbildungssystem sowie eine möglichst dauerhafte Implementierung von Aus- und

Weiterbildungsmodulen (vgl. BIBB 2010, 3). Themenschwerpunkte waren Fachkräftegewinnung und Fachkräftesicherung, Kompetenzen nachhaltiger Entwicklung für das mittlere Management und Bildungspersonal, interkulturelles Lernen sowie Prozess- und Arbeitsgestaltung (vgl. BIBB 2010, 3). Lediglich zwei der sechs Modellprojekte haben sich mit curricularen Aufgaben befasst (siehe Kuhlmeier et al. 2014, 3). Zum einen wurde hier eine kammerzertifizierte Fortbildung „Fachwirt/in Erneuerbare Energien und Energieeffizienz" konzipiert, zum anderen ein Curriculum für die Ausbildung im Ernährungsbereich gestaltet (siehe Kuhlmeier et al. 2014, 3). Die Fortbildung zur Fachwirtin bzw. zum Fachwirt beinhaltet erwartungsgemäß vor allem fachliche Aspekte (siehe Kuhlmeier et al. 2014, 86). Im Modellprojekt „Nachhaltigkeitsorientiertes Rahmencurriculum für die Ernährungs- und Hauswirtschaftsberufe" des Instituts für Lehrerbildung an der Fachhochschule Münster hingegen haben grundsätzlich mehr Möglichkeiten bestanden, allgemeinbildende Themen wie Moral und die Reflexion zwischen KÖNNEN, WOLLEN, DÜRFEN und Tun unterzubringen. Dies ist aber nicht erfolgt, wie im Modellprojekt selbst festgestellt wird: So resümiert KETTSCHAU (2013), dass die „moralisch-ethische Perspektive" noch grundlegend hinzuzufügen ist (vgl. Kettschau 2013, 16; siehe auch Lüdecke-Plümer 2007).

Ebenso verhält es sich mit der Thematisierung der Kluft zwischen Wissen/Intention und Handeln, welche curricular nicht reflektiert wird. Zwar wurde durch das Bundesministerium für Bildung und Forschung ein Förderschwerpunkt „Vom Wissen zum Handeln" für den Konsumbereich eingerichtet (siehe BMBF/SÖF 2010; siehe Michelsen/Fischer 2013) – Erkenntnisse zur Wissen-Handeln-Problematik auf pädagogischer Ebene waren hier aber kein Bestandteil und sind bislang unterrepräsentiert.

Zwischenfazit – Lern- und handlungstheoretisch-relevante Hinweise für die Förderung moralisch-nachhaltigen Handelns:

- Der moralische Aspekt ist auf inhaltlicher Ebene weitgehend unterbelichtet; es wurden in den Programmen zur BNE und BBNE bislang andere Schwerpunkte gesetzt.

- Die Kluft zwischen Wissen/Intention und Handeln scheint bislang auf pädagogischer Ebene in BNE und BBNE wenig thematisiert worden zu sein.

3.1.2.3 Didaktik

Eine Didaktik für BNE scheint in Konturen erkennbar, für die BBNE finden sich wenig Hinweise – welche didaktischen Hinweise auf die handlungstheoretisch fundierte Förderung moralisch-nachhaltigen Handelns finden sich?

Die didaktische Konzeption der im Programm Transfer-21 entstandenen Materialien und Unterrichtshilfen für die Förderung von Gestaltungskompetenz fußt auf dem Konzept des situierten und selbst organisierten Lernens (siehe Programm Transfer 21 o. J., b) 20f.), die als Kernelemente moderat-konstruktivistischen Lernens bezeichnet werden können (siehe Hasselhorn/Gold 2006, 235; siehe Siebert 2003). In einschlägigen Werken zur BNE wird in Hinblick auf eine Didaktik für BNE auf den konstruktivistisch geprägten Ansatz verwiesen (siehe bspw. Stoltenberg/Burandt 2014, 572). Dabei werden didaktische Prinzipien wie Subjektorientierung oder Handlungsorientierung im Sinne von Situationsorientierung angewandt (siehe Siebert 2006, 103f.) – demnach orientiert sich auch die BNE am vorherrschenden Paradigma. Hervorgehoben wird zudem ein problemorientiertes Lernen anhand von partizipativen und kollaborativen Methoden (vgl. Stoltenberg/Burandt 2014, 580). Verweise auf die Didaktisierung von moralisch relevanten Inhalten oder auf geeignete Methoden stehen nicht im Fokus.

Eine „Didaktik für Nachhaltigkeit" für den beruflichen Bereich ist derzeit erst in Ansätzen konzipiert (vgl. bspw. Kuhlmeier/Vollmer 2013, 12ff.). Grundsätzlich wird festgestellt, dass die Konzeptionen einer BNE vorwiegend auf einer bildungstheoretischen Ebene verharren, für eine BBNE aber konkrete berufspädagogische Schlussfolgerungen zentral sind (vgl. Kuhlmann/Vollmer 2013, 6; siehe in diesem Kontext auch Gillen 2013).

Ein Beispiel für erste Versuche einer Formulierung von umfassenderen didaktischen Leitlinien[37] für eine BBNE findet sich bei BIBB (2013). Den Modellpro-

---

[37] DE HAAN et al. (1997) stellen in ihrer Studie fest, dass bei Modellversuchen vorrangig auf der Ebene didaktischer Entwicklungsforschung verblieben und die Wirkungsforschung vernachlässigt wird (vgl. de Haan et al. 1997, 173).

jekten zur BBNE im Förderzeitraum 2010-2014 wurden Leitlinien an die Hand gegeben, welche an konsensfähige berufspädagogische didaktische Prinzipien, wie die genannte Handlungsorientierung, anschließen sollen (siehe Tabelle 5).

I. Ausgangspunkt für BBnE sind konkrete berufliche Handlungsfelder und Handlungssituationen
II. Bei der Gestaltung von Lernsituationen dienen die spezifischen Perspektiven einer BBnE als didaktische Analysekategorien
• Soziale, ökologische und ökonomische Aspekte (Wechselbezüge, Widersprüche, Dilemmata) • Auswirkungen auf andere (lokal, regional, global) • Auswirkungen in der Zukunft (positive Zukunftsvision) • Handlungsstrategien (Konsistenz, Suffizienz, Effizienz) • Lebenszyklen und Prozessketten (Produkte, Prozesse)
III. Die BBnE geht von den aktuell anerkannten berufspädagogisch-didaktischen Prinzipien aus
• Verschränkung von Situations-, Wissenschafts-, Persönlichkeitsprinzip • Handlungsorientierung (situiert, selbstgesteuert) • Gestaltungsorientierung (Selbstwirksamkeit, Handlungsbereitschaft, Interaktion, Kommunikation) • Kompetenzorientierung (Persönlichkeitsentwicklung, ganzheitliche Bildung) • Förderung von vernetztem/systemischem Denken (Retinität)
IV. Es sind jeweils didaktisch begründete Schwerpunkte zu setzen
V. Vollständigkeit in Bezug auf die verschiedenen Dimensionen der Nachhaltigkeitsidee ist das Ziel eines Bildungsganges

Tabelle 5: Didaktisches Konzept als Leitlinie für die Modellprojekte zur beruflichen Bildung für nachhaltige Entwicklung im Förderzeitraum 2010-2014 (aus: BIBB 2013, 6).

KUHLMEIER & VOLLMER (2013) betonen zu den didaktischen Leitlinien einer BBNE (siehe Tabelle 5) die Notwendigkeit der Orientierung an Problemlösungen, um eine positive Handlungsperspektive, Selbstbewusstsein und berufliche Identität zu fördern (vgl. Kuhlmeier/Vollmer 2013, 11). Ihnen geht es darum, „bei den konkreten beruflichen Handlungen anzusetzen und die Lernenden zunächst ihre Selbstwirksamkeit im eigenen Handlungsbereich erfahren zu lassen" (aus: Kuhlmeier/Vollmer 2013, 15; siehe ähnlich auch Mertineit et al. 2001, 131). Ziel ist es, dass die Lernenden den Teil, den sie mit ihrer Berufsarbeit zu einer nachhaltigen Entwicklung leisten können, erkennen[38] (vgl.

[38] VOLLMER (2013) drückt dies so aus — bei der Sanierung eines Hauses sind zwei Sichtweisen auf das eigene Tun möglich: „Wir erneuern die Energieversorgung des Gebäudes" oder „Wir sorgen für die Verringerung des CO_2-Ausstoßes und die Erhaltung der Lebensgrundlagen" (vgl. Vollmer 2013, 16).

Kuhlmeier/Vollmer 2013, 14; vgl. Vollmer 2013, 15). Zur Konzipierung von Lernsituationen geben KASTRUP et al. (2012) zum didaktischen Konzept passende Thesen an die Hand (aus: Kastrup et al. 2012, 4-9[39]):

1. „Aus der normativen Idee einer nachhaltigen Entwicklung lassen sich keine eindeutigen Empfehlungen für das didaktische Handeln ableiten. Ausgangspunkt für eine BBnE sind daher nicht die Dimensionen der Nachhaltigkeitsidee, sondern konkrete berufliche Handlungsfelder und Handlungssituationen.
2. Bei der Gestaltung von Lernsituationen dienen die spezifischen Perspektiven einer BBnE als didaktische Analysekategorien.
3. Die BBnE erfordert keine völlig neue didaktische Orientierung. Vielmehr geht sie von den aktuell anerkannten berufspädagogisch-didaktischen Prinzipien aus und ergänzt diese um eine Nachhaltigkeitsperspektive.
4. Es besteht nicht der Anspruch, dass jede berufliche Lernsituation die Merkmale der BBnE und die berufspädagogischen Prinzipien in ihrer Gesamtheit berücksichtigt; vielmehr sind jeweils didaktisch begründete Schwerpunkte zu setzen.
5. Vollständigkeit in Bezug auf die verschiedenen Dimensionen der Nachhaltigkeitsidee ist das Ziel eines Bildungsganges."

Wie sieht es bei der Umsetzung dieses Konzepts in der Praxis aus? Der Aspekt der Dilemmata (siehe Tabelle 5), der grundsätzlich den deutlichsten Zugang zur Reflexion des moralischen Aspekts von Nachhaltigkeit bietet, scheint lediglich von einem Modellprojekt[40], und hier mit der Zielstellung der Sensibilisierung für Nachhaltigkeit, aufgegriffen worden zu sein (siehe BIBB 2013, 34). Bei näherer Betrachtung gelangt man zu dem Eindruck, dass jene Dilemmata im Kontext fachlicher Bezüge dann zudem weniger auf ihren eigentlichen, moralischen Kern und die für die Bearbeitung notwendige moralisch-nachhaltigen Kompetenzen hin reflektiert werden, sondern eher auf die Gewichtung von Nachhaltigkeitsaspekten unter bspw. materialbezogenen Lösungsstrategien abzielen:

---

39 Der Beitrag wurde nachfolgend abgedruckt in: lernen & lehren, 27, H. 3, S. 117-124.

40 Im Modellprojekt „Nachhaltige Bildungskarrieren in der Chemieindustrie" wurde das Fischerei-Spiel „Tragödie im Ozean" von Linda Booth Sweeney und Dennis Meadows als Bildungsmaterial integriert (siehe www.dblernen.de/BNE/material/fischfang.pdf). Das Spiel hebt klassisch auf die Allmende-Problematik bei Allgemeingütern ab.

> „Wenn etwa eine Fassade gedämmt werden soll, liegt der Gebrauchswert darin, die Energieverluste des Gebäudes zu reduzieren (...). Dieser Gebrauchswert lässt sich mit verschiedenen Materialien und Konstruktionen ermöglichen, die unter Nachhaltigkeitsgesichtspunkten unterschiedliche Qualitäten aufweisen. (...). Berufliche Bildung muss Fachkräfte dazu befähigen, bei der Transformation von Gebrauchswertwünschen in technische Lösungen solche Dilemmata [zwischen Kosten- und Umweltgesichtspunkten, Anmerk. d. Verfass.] zu erkennen und die Kunden entsprechend beraten zu können." (aus: Kuhlmeier/Vollmer 2013, 8)

Auch grundsätzlich scheint es so zu sein, dass überfachliche bzw. berufsübergreifende Kompetenzen in den betreffenden Modellprojekten eher weniger Beachtung gefunden haben (siehe BIBB 2013).

Grundsätzlich finden sich kaum Hinweise auf spezifische Methoden zum moralischen Aspekt. Zwar dominiert, ausgehend von der Teilkompetenz zur Bewältigung individueller Entscheidungsdilemmata von DE HAAN et al. (2008), das Thema Dilemma auch in der BBNE (siehe bspw. Kuhlmeier et al. 2014, 205, 215f.), aber bis auf „Dilemmaspiele" als Bildungsmethode scheint der moralische Aspekt in der BBNE didaktisch nicht weiter reflektiert zu werden.

Hinweise, wie die Kluft zwischen Wissen/Intention und Handeln didaktisch bearbeitet werden kann, finden sich ebenfalls schwerlich. Mit Blick auf die vorgeschlagenen Leitlinien (siehe Tabelle 5) bildet das Prinzip der Handlungsorientierung insofern einen fruchtbaren Ansatzpunkt, als dass sich methodische Hinweise für die konkrete Ausgestaltung pädagogischer Interventionen finden – situiert und selbstgesteuert sollte das Lernen sein (vgl. BIBB 2013, 6). Auch das Prinzip der „Gestaltungsorientierung" bietet Erkenntnispotenzial. Während die Aspekte Interaktion und Kommunikation als methodische Hinweise verstanden werden können, verweisen die Aspekte Handlungsbereitschaft und Selbstwirksamkeit[41] auf innerpsychische Prozesse, die handlungswirksam sein könnten.

Zwischenfazit – Lern- und handlungstheoretisch-relevante Hinweise für die Förderung moralisch-nachhaltigen Handelns:

- Der moralische Aspekt findet sich nur sehr vereinzelt auf didaktisch-methodischer Ebene wieder. Die Dilemmata-Thematik dominiert den Diskurs, wird methodisch aber nicht ausreichend aufgegriffen.

---

41 Bedauerlicherweise wird hierzu nicht mehr erläutert.

- Handlungstheoretisch verwertbar ist das Prinzip der Handlungsorientierung. Das Prinzip der Handlungsorientierung nach dem Verständnis der KMK (2011) bezieht sich auf das selbstständige Planen, Durchführen und Beurteilen von Arbeitsaufgaben im Unterricht (vgl. KMK 2011, 32) und bietet einen potenziellen Anknüpfungspunkt für lerntheoretische Überlegungen (Hypothese: KÖNNEN, WOLLEN und DÜRFEN werden erst durch Handeln initiiert; Handeln als Ausgangspunkt des Prozesses).
- Ebenso verwertbar erscheint das Prinzip der Gestaltungsorientierung, sofern hier tatsächlich innerpsychische Vorgänge angesprochen sind.

3.1.3 Psychologische Dimension — handlungstheoretische Überlegungen zur Förderung von nachhaltigem Handeln

Die Problematik hinsichtlich des nicht linearen Verhältnisses zwischen Wissen und Handeln oder Intention und Handeln wird in Nachhaltigkeits-Kontexten wenn, dann zumeist nur allgemein angerissen — welche handlungstheoretischen Hinweise sind für die handlungstheoretische Fundierung einer Förderung moralisch-nachhaltigen Handelns verwertbar?

Im Kontext von Nachhaltigkeit finden sich nur vereinzelt Bearbeitungsvorschläge, und diese sind dann in der Regel nicht pädagogischer Natur — die Hinweise dazu gehen weniger auf didaktische Interventionsmöglichkeiten ein, sondern verbleiben zumeist auf der Ebene allgemeiner Hinweise zum Umweltbewusstsein (siehe Rieß 2010, siehe bspw. ausführlich Lehmann 1999) oder aus ökonomischen Verhaltenstheorien abgeleiteter Empfehlungen (siehe bspw. Hellwig 2008). Beispielsweise werden Maßnahmen auf der Basis von Kosten-Nutzen-Kalkülen wie das Setzen von (monetären) Anreizen zur Begünstigung von erwünschten Handlungsweisen empfohlen (siehe Mertineit et al. 2001, 114, die auf Krumm 1996 verweisen) oder auf strukturelle Anreize gesetzt — so fokussiert HELLWIG (2008) zur Habitualisierung von nachhaltigem Verhalten die Schaffung von natur- und sozialverträglichen Strukturen, die das Handeln im Alltag normieren sollen (vgl. Hellwig 2008, 132). Dabei kommt nach HELLWIG (2008) der Effekt dann „wie von selbst" und im Sinne eines Nebenproduktes daher[42]:

---

42 Im Rahmen eines solchen Vorgehens kommen die Lernenden somit vom Handeln zum Wissen, statt vom Wissen zum Handeln (vgl. auch Welzer 2009).

> „Derartige Strukturen ermöglichen, dass sich nicht nur die ‚Minderheit der Hochmotivierten' (...) nachhaltig verhält (...), sondern die Mehrheit der Menschen aufgrund der vorhandenen Strukturen zumindest partiell ein nachhaltiges Verhalten praktizieren kann – und zwar losgelöst vom jeweiligen Umweltbewusstsein und den individuellen ethischen Motivationen. Diese kommen sukzessive im Windschatten des nachhaltigen Verhaltens zur Entfaltung. Klima-, Umwelt- und Naturschutz sind dann erwünschte Nebenprodukte." (aus: Hellwig 2008, 133)

An einigen wenigen Stellen im BNE- und BBNE-Diskurs finden sich dann auch Konzepte, die mit Handlungsmodellen unterlegt werden und so eine handlungstheoretische Fundierung erfahren – sind diese Modelle für die Förderung moralisch-nachhaltigen Handelns verwertbar?
Grundsätzlich ist zunächst festzustellen, dass es nur eine sehr überschaubare Anzahl von Studien zur Erfassung konkreten Umwelthandelns (noch nicht: nachhaltiges Handeln) im Zusammenhang mit pädagogischen Interventionen gibt und dabei nur sehr selten auf Handlungstheorien und entsprechende -modelle zurückgegriffen wird (vgl. Rieß 2010, 145; kritisch zur Zusammenarbeit zwischen Umweltbildung und Umweltpsychologie bspw. auch Hellbrück/Kals 2012, 111). Selten wird für eine Bildung für Nachhaltigkeit explizit ein Einbezug von Modellen zur Verhaltensänderung im Sinne eines interdisziplinären Bildungsansatzes gefordert, wie dies unter anderem FRISK & LARSON (2011) tun (siehe Frisk/Larson 2011, 3). Die Handlungsmodelle, die in BNE und BBNE angetroffen werden, adressierten in der Regel auch nicht primär die Kluft zwischen Wissen/Intention und Handeln, bieten aber doch einen ersten Anknüpfungspunkt.
Ein näherer Blick auf die angetroffenen Handlungsmodelle zeigt, dass die für Nachhaltigkeitskontexte herangezogenen Modelle vornehmlich auf Umwelthandeln abheben und in der Umweltpsychologie thematisiert werden – wenngleich es sich mitunter um allgemeine Modelle zum Handeln ohne Umweltbezug handelt. Eine Klassifizierung von Modellen zum Umweltverhalten bietet RIEß (2010, 60; siehe Tabelle 6[43]).

---

[43] Abweichende Klassifizierungen der Modelle, siehe HELLBRÜCK & KALS (2012); LEHMANN (1999).

Modelltyp	Kennzeichen	Beispiele
Empirisch fundierte Strukturmodelle	geringer Theoriebezug, die untersuchten Variablen wurden von früheren Studien übernommen bzw. aufgrund von Plausibilitätsüberlegungen neu definiert; Vorgehensweise: zumeist Durchführung von Regressionsanalysen mit dem Ziel, einen Prädiktorensatz zu bestimmen, der möglichst viel Varianz der abhängigen Variable (= Umweltverhalten) auflöst	Modell von Sia, Hungerford & Tomera (1986) Modell ökologischen Handelns (Urban 1986) Modell umweltgerechten Verhaltens (Grob1991) Strukturmodell umweltverantwortlichen Handelns von Kastenholz (1994)
Theoretisch fundierte Strukturmodelle	Rückbezug auf allgemeine, psychologische (Handlungs-)Theorien, diese werden auf umweltrelevante Situationen angewandt	Theorie rationalen Handelns (Ajzen & Fishbein 1980) Theorie des geplanten Verhaltens (theory of planned behavior - TOPB) (Ajzen 1991, in Anwendung auf den Bereich Umwelt: Bamberg & Schmidt 1993, Bamberg 1999) Rational-Choice-Ansatz (bspw. Frey 1990, in Anwendung: Dieckmann & Preisendörfer 1992, Franzen 1997) Umweltschutzmodell (Kals 1996, in Anwendung auf Kinder und Jugendliche: Kals et al. 1999)
Heuristisch entwickelte Prozessmodelle	Es werden eine Reihe von einander beeinflussenden Variablen definiert, die zu einem tatsächlichen Umweltverhalten führen sollen; das Modell und die getroffenen Kausalitätsannahmen werden nicht weiter theoretisch begründet	Prozessmodell umweltbewussten Verhaltens (Stern & Oskamp 1987)
Theoretisch entwickelte Prozessmodelle	Rückgriff auf z. B. aus der Sozialpsychologie stammende Prozessmodelle. Ziel: Erklärung des Prozesses der Umsetzung von Umweltbewusstsein in tatsächliches Umweltverhalten	Norm-Aktivationsmodell von Schwartz (1970, 1977; Schwartz & Howard 1981, in Anwendung auf den Bereich Umwelt: Blöhbaum et al. 1997, Bamberg 1999) Rahmenmodell zur Erklärung von Umwelthandeln (Fuhrer 1995) Integriertes Handlungsmodell (Rost et al. 1994; Rost & Lehmann 1997; Martens & Rost 1998)

Tabelle 6: Struktur- und Prozessmodelle zum Umwelthandeln (aus: Rieß 2010, 60)

Aus dieser Fülle von Modellen wurden einige wenige für den BNE-Kontext herangezogen. Hier sind bspw. MÜLLER & FISCHER (2013) zu nennen, welche ausgehend von der „Theorie des geplanten Verhaltens" ein Domänenmodell für ein nachhaltiges Wirtschaften bei kaufmännischen Auszubildenden entwickelt haben (siehe Müller/Fischer 2013; siehe kritisch zur Eignung des Modells im Umweltbereich Hellbrück/Kals 2012, 101). Das zugrunde liegende Modell von AJZEN (1991) fokussiert dabei auf subjektive Normen. Die subjektive Wahrnehmung des Handlungsdrucks für oder gegen die Handlung bestimmt dabei neben allgemeinen Kosten-Nutzen-Erwartungen und spezifischen Kontrollüberzeugungen die Handlungsabsicht (siehe Abbilung 10).

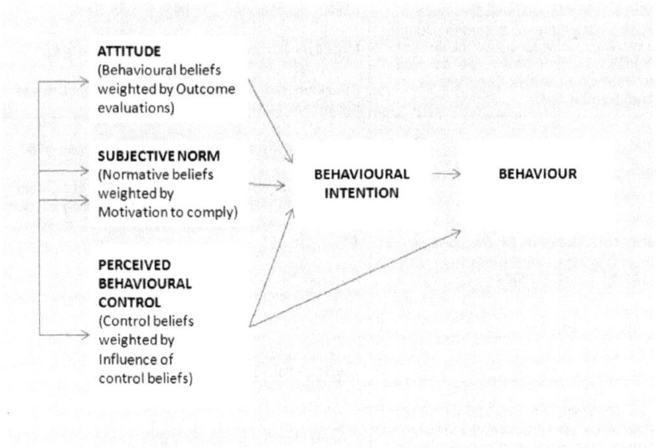

Abbildung 10: Modell „theory of planned behaviour" (nach Ajzen 1991, 182)

Das Modell adressiert dabei nicht, inwieweit Wissen oder Intention hinsichtlich eines umweltgerechten Verhaltens eine Rolle spielen, und ist damit zur Erhellung der besagten Kluft weniger geeignet. Des Weiteren fehlen Hinweise für pädagogische Interventionsmöglichkeiten. Auch fehlt der Faktor der persönlichen Normen und damit neben den subjektiven Normen[44] ein wichtiger potenzieller pädagogischer Ansatzpunkt des moralischen Aspekts.
Hier helfen Modelle weiter, die auf Normaktivation abheben und auch persönliche Normen im Sinne eines „internalized moral value system" in der Motivationsphase einer Handlungsevaluation berücksichtigen (siehe Matthies 2005, 69). Das Modell von SCHWARTZ/HOWARD (1981, siehe Abbildung 11) wurde in Forschungsarbeiten für die Erklärung nachhaltigen Konsums[45] am Arbeitsplatz herangezogen (siehe Matthies/Thomas 2011).

44 Während soziale bzw. subjektive Normen die wahrgenommenen Erwartungen von bedeutsamen Dritten darstellen, beziehen sich persönliche (hier: ökologische) Normen auf das Individuum selbst.

45 Konsum wird hierbei ganz allgemein als Inanspruchnahme von Gütern definiert (vgl. Matthies/Thomas 2011, 229).

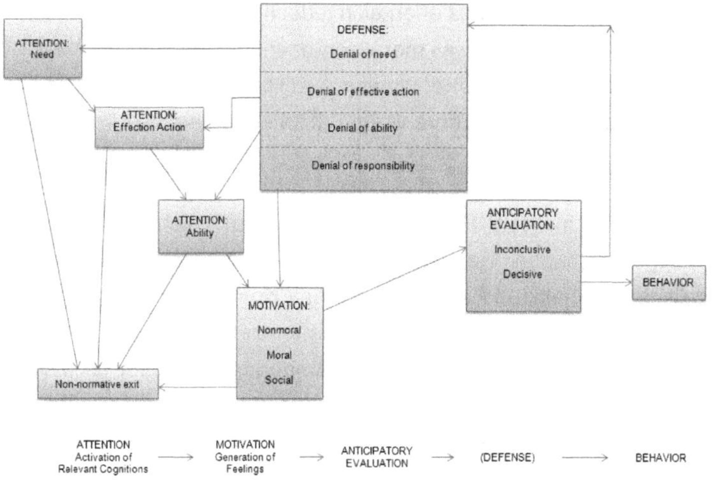

Abbildung 11: Normative decision-making model (aus: Schwartz/Howard 1981, 204)

Bildungsmaßnahmen spielen aber auch hier eine untergeordnete Rolle, fokussiert wird auf die Verhaltensänderung durch handlungsunterstützende Techniken, wie bspw. Steckerleisten zum Energiesparen (vgl. Matthies/Thomas 2011, 240). Der Einfluss und die Wirksamkeit von pädagogischen Interventionen bleibt unklar, wie schon MERTINEIT et al. (2001) grundsätzlich resümieren (vgl. Mertineit et al. 2001, 120). Für die Konzipierung von pädagogischen Interventionsmöglichkeiten zur Förderung moralisch-nachhaltigen Handelns ist das Modell daher nur bedingt geeignet.

Zwischenfazit – Lern- und handlungstheoretisch-relevante Hinweise für die Förderung moralisch-nachhaltigen Handelns:

- Die meisten Erkenntnisse sind von Handlungsmodellen zu erwarten, die handlungswirksame Faktoren abbilden und eine erste Orientierung zu den Einflussgrößen moralisch-nachhaltigen Handelns geben.

- Die vereinzelten Beispiele beziehen sich jedoch überwiegend auf Umwelthandeln, was nur einen Teil moralisch-nachhaltigen Handelns abdecken kann. Auch werden explizit verwertbare Hinweise vermisst, aus denen sich pädagogische Interventionen ableiten ließen.

3.1.4 Fazit

Eine erste Orientierung in der BNE und BBNE zeigt, dass sich durchaus verwertbare Ansatzpunkte finden, die aber lose nebeneinanderstehen: Was fehlt, sind auf moralisch-nachhaltiges Handeln bezogene Kompetenzen (hier gibt es bereits gute Ansätze), eine handlungstheoretisch fundierte Didaktik zur Förderung einer moralisch-nachhaltigen Handlungskompetenz (hier gibt es bislang wenig Erkenntnisse) sowie die Thematisierung des moralischen Aspekts und der Kluft zwischen Wissen/Intention und Handeln in den Curricula von BNE und BBNE (hier gibt es kaum Erkenntnisse). Unverknüpft daneben stehen Handlungsmodelle, die pädagogisch bislang zu wenig genutzt werden, da sie keine unmittelbar verwendbaren Hinweise liefern.
Als potenziell verwertbare Anschlussaspekte zur Annäherung an eine handlungstheoretisch fundierte Didaktik zur Förderung moralisch-nachhaltigen Handelns wurden die vorhandenen didaktischen Prinzipien „Handlungs- und Gestaltungsorientierung" der beruflichen Bildung identifiziert.
Wo im bestehenden Diskurs sollte nun zunächst angesetzt werden, um einer handlungstheoretisch fundierten Förderung moralisch-nachhaltigen Handeln näherzukommen? Die Handlungsmodelle scheinen den breitesten Ansatzpunkt zu bieten. Gerade Prozessmodelle des Handelns erhellen unterschiedliche Phasen des potenziellen Handlungsprozesses und geben Einblick in das Zusammenspiel handlungswirksamer Variablen. Solange nicht klar wird, welche Faktoren den Ausschlag geben, ob moralisch-nachhaltig gehandelt wird oder nicht, ist auch die Ausformulierung einer moralisch-nachhaltigen Handlungskompetenz sowie einer diese Kompetenz fördernden Didaktik mit assoziierten Inhalten und Bildungsmethoden verfrüht.

3.2 Problemstellung

Benötigt wird ein Handlungsmodell, welches die handlungswirksamen Variablen moralisch-nachhaltigen Handelns aufzeigt und die Ableitung von pädagogischen Interventionen ermöglicht. Es soll dabei nachhaltiges Handeln als moralisch-nachhaltiges Handeln abbilden, sich demzufolge nicht alleinig auf Umwelthandeln beziehen, sondern dem moralischen Kern nachhaltigen Handelns gerecht werden.

3.3 Erkenntnisinteresse

- **Welches sind die handlungswirksamen Faktoren, die moralisch-nachhaltiges Können, Wollen, Dürfen und Handeln beeinflussen?**

In Hinblick auf das Erkenntnisinteresse ist, wie herausgearbeitet wurde, vor allem von Interesse, welche pädagogisch-psychologischen Erkenntnisse etwas zur Erklärung und didaktischen Reflexion folgender beider Phänomene beitragen: Ein Subjekt kann etwas und/oder will etwas und/oder darf etwas, handelt aber (dennoch) nicht moralisch-nachhaltig (siehe Abbildung 12). Und weiter: Durch moralisch-nachhaltiges Handeln werden erst Fähigkeiten/Fertigkeiten entwickelt und/oder Wille initiiert und/oder äußere Rahmenbedingungen verändert (Element DÜRFEN).

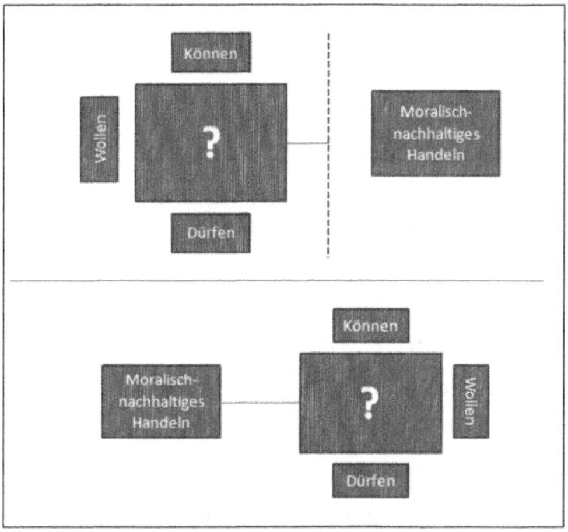

Abbildung 12: Oben – ein Subjekt kann etwas und/oder will etwas und/oder darf etwas, handelt aber (dennoch) nicht moralisch-nachhaltig; unten – durch moralisch-nachhaltiges Handeln werden Fähigkeiten/Fertigkeiten entwickelt und/oder Wille initiiert und/oder äußere Rahmenbedingungen verändert (Element Dürfen) (Quelle: eigene)

Sind die handlungswirksamen Variablen identifiziert, schließt sich die Frage nach der pädagogischen Reflexion an – welche pädagogischen Interventionen können zur Förderung einer positiven Ausprägung genutzt werden?

3.4 Vorgehen/Methodik

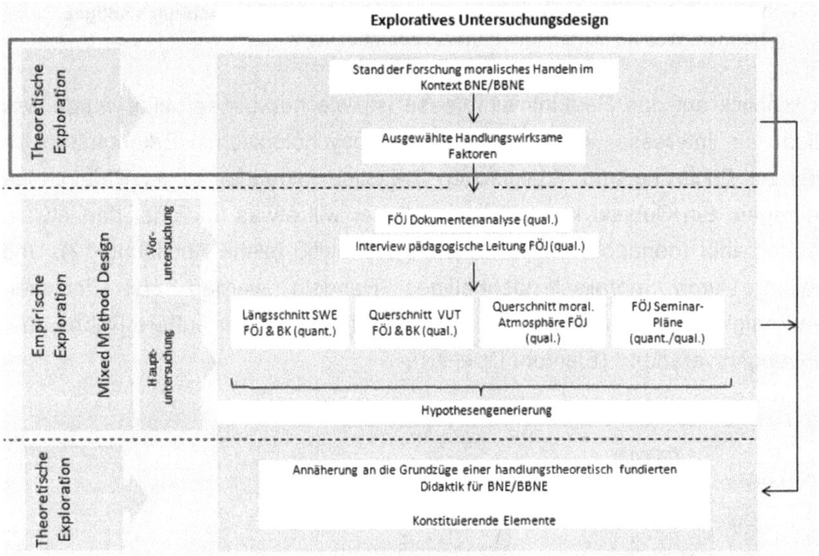

Abbildung 13: Forschungsdesign in der Übersicht, theoretische Exploration Phase I (Quelle: eigene)

Nachdem der Stand der Forschung zu moralisch-nachhaltigem Handeln im Kontext von BNE/BBNE erhellt und gezeigt wurde, dass sich hier Defizite offenbaren, erfolgt nun die Hinwendung zur Identifizierung handlungswirksamer Faktoren (siehe Abbildung 13). Entlang des Erkenntnisinteresses zu den handlungswirksamen Faktoren ergeben sich zwei Arbeitsstränge.

Zum einen sind handlungswirksame Faktoren, die moralisch-nachhaltiges KÖNNEN, WOLLEN, DÜRFEN und Handeln beeinflussen, zu identifizieren. Hier werden Handlungsmodelle der Umwelt- und Moralpsychologie und assoziierte Interventionen konsultiert. Ziel ist die Identifizierung von handlungswirksamen

Faktoren für moralisch-nachhaltiges Handeln. Den Ausgangspunkt bilden Modelle der Umweltpsychologie, da diese traditionell zur Konzipierung von Modellvorstellungen zu NE herangezogen wurden.
Zum anderen werden ausgewählte handlungswirksame Faktoren lerntheoretisch vor dem Hintergrund von Erkenntnissen aus Umweltbildung und Moralpädagogik reflektiert, um sich möglichen pädagogischen Interventionen für die Förderung moralisch-nachhaltigen Handelns anzunähern. Die Auswahl begründet sich nach der pädagogischen Verwertbarkeit.
Gewählt wird ein interdisziplinärer, pädagogisch-psychologischer Zugang mit Fokus auf lern- und handlungstheoretischen Erkenntnissen (siehe Abbildung 14).

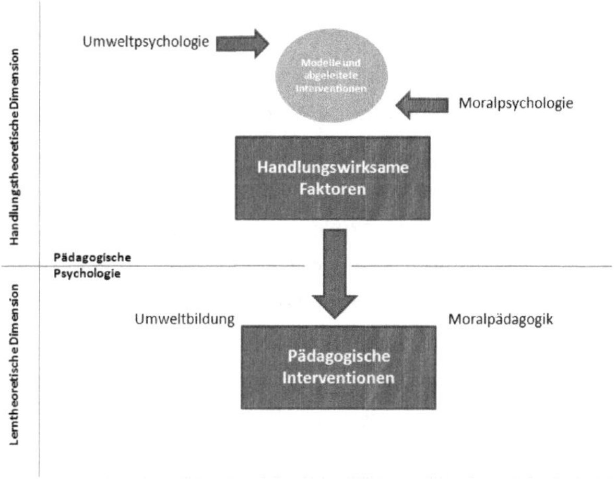

Abbildung 14: Identifizierung pädagogischer Interventionen zur Förderung moralisch-nachhaltigen Handelns (Quelle: eigene)

Unter „Umweltbildung" werden auch Ansätze und Konzepte verwandter Bildungsrichtungen gefasst, wie bspw. globale Bildung. Damit wird dem Umstand Rechnung getragen, dass Umweltbildung als Grundlage von BNE und BBNE in der Praxis begrifflich offener gehandhabt wird.

3.5 Ergebnisse

3.5.1 Handlungswirksame Faktoren

3.5.1.1 Umweltpsychologische Modelle – Normaktivation als Ansatzpunkt

3.5.1.1.1 Orientierung

Umweltpsychologische[46] Erkenntnisse liefern seit den 70er-Jahren Hinweise auf die Wechselwirkungen zwischen den physischen sowie sozio-kulturellen Umweltbedingungen eines Subjekts und dessen Verhalten, bzw. einer Gruppe und deren Verhalten (vgl. Hellbrück/Kals 2012, 13; vgl. Graumann/Kruse 2008, 4f.). Unterschieden wird hierbei in die „natürliche Umwelt“, die „räumlich-soziale Umwelt“ und die „kulturell-zivilisatorische Umwelt“ (vgl. Hellbrück/Kals 2012, 16f.). Der Fokus auf „Umwelt“ im Sinne des natürlichen, ökologischen[47] Aspekts stellt eine Schwerpunktsetzung dar, die für den Diskurs um Nachhaltigkeit relevant ist, da hiermit eine ethisch-moralische Komponente angesprochen wird – ökologische Umwelt wird durch die zivilisatorische Entwicklung des Menschen gestaltet und ist veränderbar (vgl. Hellbrück/Kals 2012, 15). Die Umweltpsychologie wurde als „pluridisziplinäres Unternehmen“ (vgl. Graumann/Kruse 2008, 10) von Erkenntnissen der Nachbardisziplinen beeinflusst und so finden sich folgerichtig in ihren Ansätzen, Konzepten und Modellen Elemente, die ggf. anderenorts erstmals aufkamen.
Ausgelöst durch die Ölkrise ging es bei der Forschung zu Interventionsansätzen in den 70er-Jahren verstärkt um Fragen der Energienutzung (vgl. Hellbrück/Kals 2012, 105). Nachdem zunächst lose mögliche Prädikatoren gesammelt wurden, wandte man sich in den 90ern der Theorieentwicklung zu und untersuchte das Zusammenspiel von Umweltbewusstsein und weiteren

46 GRAUMANN & KRUSE (2008) verweisen darauf, dass auf begrifflicher Ebene mitunter auch folgende deckungsgleiche oder zumindest überlappende Forschungsbereiche gemeint sind: Ökologische Psychologie, Environment-Behavior-Research, Umweltsoziologie, Umweltanthropologie (vgl. Graumann/Kruse 2008, 7). Hinsichtlich der Umweltsoziologie sehen die Autorinnen und Autoren eine eindeutige Abgrenzbarkeit der Umweltpsychologie nur dann gegeben, wenn diese sich auf Mensch-Umwelt-Wechselwirkungen auf *individueller* Ebene begrenzt (vgl. Graumann/Kruse 2008, 10).

47 Für eine ausführliche Behandlung und historische Einordnung ökologischer Ansätze in der Psychologie siehe GRAUMANN & KRUSE (2008, 31-39).

Determinanten wie bspw. Normen (vgl. Matthies 2005, 63). Im Zentrum stand und steht die Frage nach der Verhaltensprognose.
Die Kluft zwischen Umweltwissen und Umwelthandeln wird in der Umweltbewusstseinsforschung beziffert: Erkenntnissen zufolge machen Personen mit einem hohen Umweltbewusstsein[48], die sich aber nicht entsprechend umweltgerecht verhalten, sog. „Umweltrhetoriker", 22 %[49] der Befragten in Deutschland aus – die größte Gruppe machen die „Umweltignoranten" aus, die ein niedriges Umweltbewusstsein aufweisen und sich zudem auch nicht umweltgerecht verhalten (vgl. UBA 2007, 25)[50]. Das Ziel, „Umweltignoranten" durch Maßnahmen zur Bewusstseinsbildung zu umweltgerechten Taten zu bewegen, kann demnach nur ein Teil der Lösung sein, wie die Befunde zu den „Umweltrhetorikern" deutlich machen.
In der umweltpsychologischen Forschung zur Kluft zwischen Wissen/Intention und Handeln findet sich eine kaum zu überblickende Anzahl von Hinweisen auf mögliche Interventionen zur Verringerung der Kluft, die allerdings nur begrenzt theoretisch rückgebunden und selten pädagogischer Natur sind (vgl. Matthies 2005, 65; siehe auch Frey 2002; Gruber et al. 2002; Müller 2002; Kals et al. 2002). Sie sind das Ergebnis psychologischer Interventionsforschung, die sich mit der Frage nach den Möglichkeiten der Verhaltensänderung befasst (vgl. Matthies 2005, 64). HUNECKE (2001) hält einschränkend

48 Für Umweltbewusstsein als Konstrukt existiert keine allgemein verbindliche wissenschaftliche Operationalisierung, wie SCHAHN & MATTHIES (2008) feststellen (vgl. Schahn/Matthies 2008, 663).

49 Umweltrhetoriker (22 %); Umweltignoranten (38 %); einstellungsungebundene Umweltschützer (14 %); konsequente Umweltschützer (26 %) (vgl. UBA 2007, 25, ergänzt nach UBA 2007, 25-28).

50 Die milieuspezifische Perspektive wird über alle Befunde hinweg auch weiter ausdifferenziert, um „Traditionelle Arbeiter", „Konventionalisten", „Konservativ Gehobene", „Heimzentrierte", „Aufstiegsorientierte", „Liberal Gehobene", „Unterhaltungssuchende", „Hedonisten" sowie „Reflexive" über Umweltkommunikationsmaßnahmen adressatengerecht zu erreichen (vgl. BMU/UBA 2013). Soziodemographischen Merkmalen wie Alter, Geschlecht, sozialer Schichtung, politischer Orientierung, Wohnort usw. kommt demnach eine besondere Bedeutung zu (vgl. auch Kals 1996, 133; Lehmann 1999, 71ff.) und die Lebensstilforschung verweist auf die Notwendigkeit einer zielgruppengerechten Ausrichtung von Interventionen. Die untersuchten Themenfelder sind klassische Aspekte des Konsumverhaltens: Mobilität, Lebensmitteleinkauf, Haushaltsorganisation und größere Anschaffungen sowie Wohnen und Wohnumfeld (siehe BMU/UBA 2013). Umweltbewusstsein oder -verhalten im beruflichen Umfeld ist nicht Teil dieser Art von repräsentativen Umfragen.

fest, dass empirische Studien, in denen die Wirksamkeit von Interventionen in Zusammenhang mit den dahinterstehenden handlungstheoretischen Hypothesen überprüft wird, selten sind (vgl. Hunecke 2001, 18). Systematische Zusammenstellungen von Interventionsformen für die Förderung umweltgerechten Verhaltens sind schwerlich auszumachen (vgl. Matthies 2005, 65; siehe Mosler/Gutscher 1998; als Beispiel: Mosler/Tobias 2007). Konsensfähig scheint es zu sein, die Fokusse der einzelnen Interventionsstrategien zu unterscheiden (siehe Tabelle 7).

Ausrichtung des Ansatzes	**Personenzentriert**				**Situationszentriert**	
Intervention zielt auf ...	Interne Motivatoren				Externe Motivatoren	
Ausprägung	Wissens-orientiert	Emotions-orientiert	Einstellungs-orientiert	Normenorientiert	voraus-gehende Ver-änderung von Be-dingungen	nach-folgende Ver-änderung von Be-dingungen
Interventi-ons-techniken	Umweltbildung hinsichtlich Umwelt-problemen, Handlungs-möglichkeiten und -folgen; Vermittlung von: System-wissen, Hand-lungs-wissen, Wirksamkeits-wissen	Adressierung von Angst und Bedrohung bei gleichzeitiger Präsentation konkreter Hand-lungs-möglichkeiten; positive Natur-erlebnisse schaffen	Argumente, Vorbilder (Halo-Effekt), Erinnerungs-hilfen (promps & reminders), Selbst-verpflichtung, „Foot-in-the-door", Verhal-tens-ziele setzen	Reflexion und Verän-derung individueller Normen, Werte, Ve-rantwortungs-zuschreibungen; bspw. Einsatz von „Blockleadern" (siehe bspw. Burn 1991), Nutzung von Feed-backformen (siehe bspw. Schultz 1998), Technik der Selbstver-pflichtung (siehe bspw. Bachman & Katzev 1982; aktueller auch Homburg et al. 2013, 186)	Verhaltens-angebote (bspw. Müll-container)	Rück-meldung (bspw. ein-gesparter Strom)
					Handlungs-anreize (bspw. Flaschen-pfand)	Belohnung

Tabelle 7: Personenzentrierte vs. situationsorientierte Interventionsstrategien (Quelle: eigene Darstellung basierend auf Hellbrück/Kals 2012, 106; Hunecke 2001, 29; Fietkau/Kessel 1981; Gardner/Stern 1996; Matthies 2005, 70ff.; Scheuthle et al. 2010)

So stehen wahlweise situative oder personenzentrierte Faktoren im Fokus der Interventionen. Während Maßnahmen zur externen Motivation vorwiegend kurz- und mittelfristige Strategien verfolgen und die (ggf. beliebigen) Effekte mitunter nach Ende der Intervention verschwinden können, können interne Motivatoren auch langfristig angelegt werden, wie bspw. Bildungsmaßnahmen. Diese allein sind aber auch nicht voraussetzungsfrei: Eine reine Wissensver-

mittlung kann auch lähmend wirken, sofern gleichzeitig keine Handlungsmöglichkeiten wahrgenommen werden (vgl. Hellbrück/Kals 2012).
Der Erfolg der einzelnen Interventionsstrategien ist auch deswegen schwer zu bestimmen, da der Einsatz bestimmter Techniken abhängig ist von den Bedingungen des Einsatzes, wobei die Zielgruppe eine ebenso große Rolle wie der Kontext des Einsatzes spielt – KALS (1996) und GARDNER & STERN (1996) formulieren folgende Empfehlungen für die Entwicklung von Interventionsprogrammen im Umweltschutzkontext (vgl. Hellbrück/Kals 2012, 109f.; Kals 1996, 140-149; Gardner/Stern 1996, 159-170, übersetzt; vgl. Scheuthle et al. 2010, 660):

- Kombination mehrerer Interventionsstrategien, da die hemmenden Faktoren unterschiedlich, akteurs-, situations- sowie zeitabhängig sind und einander beeinflussen[51]
- Klare Definition der Ziele, Rahmenbedingungen und Zielpersonen
- Konkretisierung der Interventionsziele zur Förderung ökologieschützender Bereitschaften und Verhaltensweisen nach bestimmten Regeln (Angemessenheit der Ziele, breite Palette von Handlungsmöglichkeiten offen halten, Handlungssets statt einzelner Verhaltensweisen anvisieren, Automatisierung neu erlernter Verhaltensweisen anstreben, Handlungen fördern, die nicht zu stark von situativen Bedingungen abhängen)
- Ziel- und adressatenspezifische Bestimmung von Interventionsmethoden unter Berücksichtigung von Wissen zu Merkmalsveränderungen und -stabilität sowie den psychologischen Grundlagen von Evaluationsprozessen, schrittweises Vorgehen
- Private, gesellschaftliche bzw. wirtschaftliche „Funktionen“ beachten, die das jeweilige umweltschädigende Verhalten erfüllt, welches verändert werden soll
- Beachtung von Barrieren außerhalb des Individuums
- Einbeziehen der zu Adressierenden (partizipativer Ansatz) und Beachtung der Toleranzgrenzen der Adressatinnen und Adressaten hinsichtlich möglicher Interventionen („Prinzip dosierter Diskrepanzen“ verhindert Reaktanz und Demotivierung) bzw. Abwägen von „Foot-in-the-door-Technik“ vs. „Door-in-the-face-Technik“
- Phasen der Verhaltensänderung beachten: Unfreezing, Changing, Freezing
- Realistische Zielvorstellungen hinsichtlich des Interventionserfolgs
- Einrichtung von Evaluationsmöglichkeiten, Monitoring der Rückmeldungen und ggf. Anpassung der Strategien
- Langfristige Strategien favorisieren, da dort eher Transfereffekte auf mehrere Verhaltensbereiche möglich sind als bei kurzfristigen Anreizstrategien

Ohne Prozessabbildung auf Modellebene ist es allerdings schwer, diejenigen Elemente gezielt zu beeinflussen, die handlungshemmend auf moralisch-nachhaltiges Handeln wirken. Es sind demnach Handlungsmodelle zu konsul-

51 Das ausschließliche Anwenden von Anreizstrategien kann eine intrinsische Motivation untergraben; das ausschließliche Anwenden von Techniken der Normaktivation kann zu Reaktanz führen (vgl. Schahn/Matthies 2008, 683).

tieren, die für die Forschungstradition der Modellforschung stehen und nach dem Zusammenhang zwischen Umweltbewusstsein und tatsächlichem umweltschonenden Verhalten fragen (vgl. Matthies 2005, 63).
Der Fokus von Handlungsmodellen ist die Handlungsregulation. In der allgemeinen Handlungspsychologie finden sich Inhalts- und Prozesstheorien sowie integrierende Theorievorstellungen zur Handlung, wie bspw. die Handlungsregulationstheorie[52] (siehe Hacker 1986) oder die Rubikon-Theorie[53] (siehe Heckhausen et al. 1987). In den Handlungsmodellen bzw. bei der Interpretation ihrer Annahmen spiegeln sich die großen Ansätze der Psychologie wider (siehe Winter 2000) – Einflüsse der tiefenpsychologischen Konzepte (bspw. Verdrängungsmechanismen), der „behavioral approaches“ (bspw. Stimuli und Rational-Choice), der sozialpsychologischen Ansätze (bspw. soziale Normen, Situationsdefinition) sowie kognitive Ansätze (bspw. Problemwahrnehmung).
Vielfach wurden Modelle aus der allgemeinen Handlungsforschung auf unterschiedliche Kontexte, wie unter anderem den beruflichen Handlungsrahmen, angewandt (siehe Rosenstiel 2000, 115f.) und eben auch für die Umweltpsychologie herangezogen. So haben „*Umweltpsychologische* Handlungsmodelle“ ihren Ursprung mitunter nicht zwingend in der Umweltpsychologie, sondern wurden auch aus dem allgemeinen Bereich der sozialpsychologischen Handlungsmodelle herangezogen und ggf. modifiziert (vgl. bspw. Kals 1996, 53). Modelle zu Umweltverhalten/-handeln lassen sich verschiedentlich kategorisieren[54]. HELLBRÜCK & KALS (2012) schlagen eine Unterscheidung von Rational-Choice-Modellen, allgemeinen sozialpsychologischen Handlungsmodellen

52 „Geleitet durch das Ziel als Vorwegnahme und Vornahme des Ereignisses entsteht in der Tätigkeit ein Resultat, das zum Vergleich rückgekoppelt wird zu der Gedächtnisrepräsentation des Ziels. Die Tätigkeit wird fortgesetzt bis zur hinreichenden Übereinstimmung des rückgemeldeten Resultats mit dem Ziel. Der Vergleich erfolgt nicht nur abschließend, sondern er wird bereits auch vorweggenommen.“ (aus: Hacker 1986, 141, zitiert bei Keller 1999, 726)

53 Im Rubikon-Modell wird Motivation mit Willensentscheidung verbunden. Wird der Rubikon überschritten, erfolgt die Handlung. Das Subjekt wägt dabei zunächst ab (erste motivationale Phase), plant dann (willensbestimmte Phase), handelt (willensbestimmte Phase) und evaluiert (zweite motivationale Phase) (vgl. Keller 1999, 727).

54 In der umweltpsychologischen Literatur ist überwiegend von „Umweltverhalten“ oder umweltgerechtem Verhalten die Rede, weniger von Handeln, welches aber auch hier mit Zielgerichtetheit und dem Vorhandensein einer Intention in Verbindung gebracht wird (vgl. Graumann/Kruse 2008, 30; Schahn/Matthies 2008, 663).

sowie umweltspezifischen Modellen vor, welche sich in komplexe Handlungsmodelle und empirisch fundierte Strukturmodelle teilen lassen (vgl. Hellbrück/Kals 2012, 100; siehe bspw. abweichend Lehmann 1999).
Über die Modelle hinweg lassen sich mehrheitlich als gesetzt betrachtete Bestandteile eines umweltbezogenen Handlungsmodells identifizieren (vgl. Hunecke 2001, 15; Matthies 2005, 71; Rieß 2010, 56; Homburg/Matthies 1998; Krömker 2008, 725ff.):

Zur Beschreibung eines im Wesentlichen bewussten Entscheidungsprozesses:

- Wissen um die ökologische Problematik als Voraussetzung für Problembewusstsein und Problemwahrnehmung
- Problemwahrnehmung (räumlich, zeitlich, sinnlich usw.)
- Subjektive Einschätzung der eigenen Fähigkeiten bzgl. umweltschonenden Verhaltens in Form von Kontroll- und Wirksamkeitserwartungen als wahrgenommener Verhaltensspielraum und wahrgenommene Handlungskonsequenzen
- Verantwortungsattributionen – Verantwortungsüberzeugungen und die ihnen zugrunde liegenden Urteile
- Einstellungsvariablen, die die Bewertung einer Situation, eines Gegenstandes oder eines Verhaltens bestimmen – bspw. normative Erwartungen, Kosten-/Nutzenerwartungen
- Individuumexterne Einflussfaktoren, bspw. situativer Kontext

Zur Beschreibung eines unbewussten Entscheidungsprozesses:

- Gewohnheiten („habits"), automatisierte Routinen, positives/negatives Verhaltensskript

Das Zusammenwirken individuuminterner und -externer sowie bewusster und unbewusster Prozesse ist dabei noch unzureichend erforscht (vgl. Hunecke 2001, 15). Manche Aspekte werden dabei als „moderierende" Variablen bezeichnet. Mitunter wird auch unterschieden in objektbezogene Komponenten (Phänomene selbst) und handlungsbezogene Komponenten (vgl. Krömker 2008, 725).
Über die Gewichtung der genannten Bestandteile herrscht Dissens (vgl. Hunecke 2001, 15; siehe auch Homburg/Matthies 1998, bspw. 146ff.). Während HARMS & TRUFFER (2005) sowie LOHMANN & RÖLLE (2005) die Bedeutung situativer Kontextveränderungen und Verhaltensangebote/Handlungsspielräume (hier: Car-Sharing sowie Fahrradfahren) betonen (vgl. Harms/Truffer 2005; Lohmann/Rölle 2005) und auch ARMITAGE & CONNER (2001) den Hebel der Kosten-Nutzenabwägung als zentraler als normative Komponenten betrachten (vgl. Armitage/Conner 2001), findet HUNECKE

(2001), dass die personale Norm genauso viel Varianz eines beobachtbaren Verhaltens (hier: Verkehrsmittelwahl) erklärt wie eine Situationsvariation (hier: Freiticket verschenken) (vgl. Schahn/Matthies 2008, 675; Hunecke 2001).
Im Folgenden werden einige Handlungsmodelle vorgestellt, die im derzeitigen Diskurs um NE in Erscheinung treten[55]. Ziel ist es, jene Handlungsmodelle aufzuzeigen, die für die Förderung eines moralisch-nachhaltigen Handelns die entsprechenden Ansatzpunkte bieten. Hierbei geht es vor allem um die Frage, ob moralische Motivationen oder Situationsbedingungen entscheidend für ein entsprechendes Handeln sind – „Moral vs. Ökonomie", wie SCHAHN & MATTHIES (2008) es ausdrücken (vgl. Schahn/Matthies 2008, 664).
Grundsätzlich ist vorwegzuschicken, dass „Bildung" als Einflussvariable in Modellen zur Erklärung von Umweltbewusstsein (und dem Zusammenhang zum Verhalten/Handeln) fast gänzlich fehlt, wie LEHMANN (1999) erstaunt feststellt (vgl. Lehmann 1999, 44). Dieses Desiderat scheint auch (noch) nicht explizit auf der Agenda der Umweltpsychologie auf dem Weg zu einer Nachhaltigkeitspsychologie zu stehen – so sehen CERVINKA & SCHMUCK (2010) eher vor, in Fragen ethischer und theoretischer Reflexionen vornehmlich soziologisches Wissen zurate zu ziehen, wenngleich sie auch auf die Relevanz anthroposophischen Wissens verweisen (vgl. Cervinka/Schmuck 2010, 630).
Des Weiteren ist festzustellen, dass eine gewisse Gewichtung auf sozialwissenschaftliche Handlungstheorien vorhanden ist. Dies hängt mitunter auch schlicht mit den jüngeren Förderschwerpunkten im Nachhaltigkeitsdiskurs zusammen (siehe Cervinka/Schmuck 2010, 621-624; siehe Hunecke 2003), wie etwa mit dem BMBF-Themenschwerpunkt „Vom Wissen zum Handeln – neue Wege zum nachhaltigen Konsum" im Rahmen einer sozial-ökologischen Forschung (siehe Defila et al. 2011), die sich erstmals komprimiert mit der Konsultierung von Handlungsmodellen befassen. CERVINKA & SCHMUCK (2010) bezeichnen dieses Programm als „Nachhaltigkeitsforschungsprogramm" (vgl. Cervinka/Schmuck 2010, 627).

---

55 Die Auswahl beansprucht dabei in keiner Art und Weise Vollständigkeit, sondern deutet auf die Bandbreite jener Theorien und Modelle hin, die derzeit als relevant für die noch junge Forschung zu BNE und BBNE erscheinen und somit anschlussfähig an den derzeitigen Diskurs sind. Dass dabei weniger „populäre", aber ggf. gleichermaßen geeignete Ansätze, Konzepte und Modelle, auch anderer Herkunftsdisziplinen, an dieser Stelle nicht berücksichtigt werden können, muss dabei in Kauf genommen werden.

Betrachtet man Handlungsmodelle, die im Kontext Nachhaltigkeit herangezogen werden, so ergibt sich folgendes, keine Vollständigkeit beanspruchendes Bild:

- Handlungsmodell der „theory of planned behaviour“ nach AJZEN[56] (1991), im Rahmen des Nachhaltigkeitsdiskurses angeführt bzw. rezipiert bspw. bei/von MÜLLER & FISCHER (2013), KAUFMANN-HAYOZ et al. (2011, 107ff.), KRÖMKER (2008, 724), HUNECKE (2001, 14)
- „Normative-decision-making model“ nach SCHWARTZ & HOWARD (1981), im Rahmen des Nachhaltigkeitsdiskurses angeführt bzw. rezipiert bspw. bei/von MATTHIES & THOMAS (2011), KRÖMKER (2008, 724), HUNECKE (2001, 14), KAUFMANN-HAYOZ et al. (2011, 108f.)
- „Integratives Einflussschema umweltgerechten Alltagshandelns“ nach MATTHIES (2005), im Rahmen des Nachhaltigkeitsdiskurses angeführt bzw. rezipiert bspw. bei/von STENGEL et al. (2008)
- „Value-Belief-Norm-Theory“ nach STERN (2000), im Rahmen des Nachhaltigkeitsdiskurses angeführt bzw. rezipiert bspw. bei/von KAUFMANN-HAYOZ et al. (2011, 109)
- Rubikon-Modell, im Rahmen des Nachhaltigkeitsdiskurses angeführt bzw. rezipiert bspw. bei/von KAUFMANN-HAYOZ et al. (2011, 110[57])
- „Rational-choice-Ansatz“, im Rahmen des Nachhaltigkeitsdiskurses angeführt bzw. rezipiert bspw. bei/von KAUFMANN-HAYOZ et al. (2011, 105f.[58])
- „Prozessmodell des (Umwelt-)Handelns in alltäglichen Anforderungssituationen“ nach RIEß (2010), im Rahmen des Nachhaltigkeitsdiskurses angeführt bzw. rezipiert bspw. bei/von RIEß (2010)

Was die empirische Bewährung der genannten Modelle angeht, gelten manche Modelle als besser, andere als weniger gut bestätigt für den Umweltbereich. Wie auch HOMBURG & MATTHIES (1998, 61) kritisiert LEHMANN (1999) in diesem Zusammenhang die schlechte Datenlage und das heterogene Vorgehen:

---

56 Sowohl AJZEN als auch SCHWARTZ werden zusammen mit FIETKAU und KESSEL von CERVINKA & SCHMUCK (2010) als wichtige Vorarbeiter von Nachhaltigkeitsfragen in der Umweltpsychologie gewürdigt (vgl. Cervinka/Schmuck 2010, 615).

57 Dort nicht explizit, sondern allgemein im Rahmen von Stufenmodellen zur freiwilligen Verhaltensänderung.

58 Dort nicht explizit, sondern allgemein im Rahmen von Rational-choice-Ansätzen.

> „Ihre Ergebnisse widersprechen sich weitgehend, (...), d.h. es gibt in den verschiedenen Untersuchungen ähnliche Items zu völlig unterschiedlichen Variablen oder völlig verschiedene Items zu angeblich gleichen Variablen. Die Items, die in einer Untersuchung ökologische Handlungsbereitschaft messen sollen, werden in der anderen Studie als ökologische Einstellungsmessung verwandt. Viele Studien mit ‚positiven' Ergebnissen haben eine Fülle von Artefakten produziert, in dem Sinne, daß sie faktisch (fast) nur Einstellungsitems verwandten." (aus: Lehmann 1999, 45)[59]

Mit Blick auf die Fragestellung sind vor allem Modelle relevant, die zusätzlich zum Umweltaspekt dem moralischen Moment Rechnung tragen, soll doch ein Modell für moralisch-nachhaltiges Handeln gefunden werden. Von den genannten Modellen trifft dies auf drei Modelle zu: Das „Normative-decision-making model" (Schwartz/Howard 1981), das „Integrative Einflussschema umweltgerechten Alltagshandelns" (Matthies 2005) und die „Value-Belief-Norm-Theory" (Stern 2000). Betrachtet man die drei Modelle genauer, so wird deutlich, dass sich STERN (2000) an die Normaktivationsforschung von SCHWARTZ & HOWARD (1981) anlehnt, und auch MATTHIES (2005) nutzt die Erkenntnisse von SCHWARTZ & HOWARD (1981) für ihr Modell. MATTHIES (2005) ist dabei das einzige Modell, welches nicht nur für den NE-Kontext, sondern sogar für BNE herangezogen wurde (siehe Stengel et al. 2008, siehe auch Bliesner et al. 2014). Aus diesem Grund soll es hier näher betrachtet werden.

3.5.1.1.2 Integratives Einflussschema umweltgerechten Alltagshandelns

Das Modell von MATTHIES (2005, siehe Abbildung 15) bezieht sich im Wesentlichen auf die „Theorie moralischer Entscheidungen" und die entsprechende Modellvorstellung[60] (siehe Schwartz & Howard 1981) und legt den Fokus auf ein moralisches, ökologisches Motiv (vgl. Matthies 2005, 72). Das Modell soll zur Erklärung jeglichen Handelns dienen, welches durch ein Gefühl

---

59 Aus diesem Grund denkt LEHMANN (1999) über eine Abwendung vom Begriff des Umweltbewusstseins nach (vgl. Lehmann 1999, 47) und HOMBURG & MATTHIES (1998) reflektieren grundsätzlich zum Sinn, beobachtbares Verhalten auf psychische Dispositionen zurückzuführen (vgl. Homburg/Matthies 1998, 61).

60 Das „Normative-decision-making model" von SCHWARTZ & HOWARD (1981) wird anderenorts auch als „Normaktivationsmodell" oder in seiner Vorgängerversion als „Normaktivationsmodell altruistischen Verhaltens" nach SCHWARTZ (1977) angeführt (siehe Lehmann 1999, 16ff.; Schahn/Matthies 2008, 676).

moralischer Verpflichtung, eine aktivierte personale Norm, erwächst (vgl. Schahn/Matthies 2008, 676).

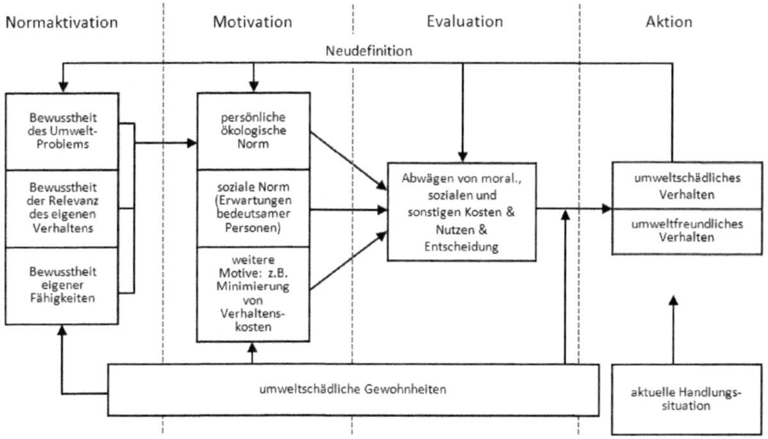

Abbildung 15: **Integratives Einflussschema umweltgerechten Alltagshandelns (aus: Matthies 2005, 73)**

In der Aktivierungsphase werden relevante Kognitionen aktiviert – relevant, da ein Problem, ein Handlungsbedarf wahrgenommen wird sowie die Möglichkeit, wirksame Handlungsmöglichkeiten zu haben und auch einsetzen zu können (vgl. Schahn/Matthies 2008, 676f.). Ist dies der Fall, wird eine moralische Motivation generiert, aber auch „nonmoral" und „social" Motive können angeregt werden (vgl. Schahn/Matthies 2008, 676). In der Evaluationsphase werden Kosten und Nutzen einer entsprechenden Handlung abgewogen – Schuldgefühle vs. Zufriedenheit, Sanktionen, Prestigegewinn entscheiden über die Handlung (vgl. Schahn/Matthies 2008, 676). Sind die Kosten subjektiv so groß, dass der moralischen Motivation nicht gefolgt werden kann, oder ist die moralische Motivation in der Gesamtbilanz zu gering, erfolgt ein Abwehren mit unterschiedlicher Begründung (denial of need, effective action, ability, responsibility).

MATTHIES (2005) hat für ihr „Integratives Einflussschema umweltgerechten Alltagshandelns" wesentliche Elemente von SCHWARTZ & HOWARD (1981) übernommen, andere noch weiter spezifiziert und neue Elemente hinzugefügt. Zwischen Wissen und Handeln stehen dem Modell zufolge eine Motivations- und Evaluationsphase (siehe Abbildung 15), in denen das Subjekt Urteile fällt, die ihr bzw. sein Verhalten bestimmen. Während der Normaktivation wird dabei das Umweltproblem zunächst überhaupt bewusst und die Relevanz des eigenen Verhaltens sowie die Relevanz eigener Fähigkeiten zum Handeln werden im Kontext persönlicher ökologischer Normen wahrgenommen, die in der Motivationsphase wirken. Neben diesen persönlichen Normen kommen in diesem Abschnitt soziale Normen (Erwartungen bedeutsamer Personen) und weitere Motive wie z. B. die Minimierung von Verhaltenskosten zum Tragen (vgl. Matthies 2005, 73). Wie bei SCHWARTZ & HOWARD (1981) sind auch „Redefinitionsschleifen" möglich, die im Fall einer nicht-moralischen Entscheidung aktiviert werden, um Schuldgefühle abzuwehren (vgl. Matthies 2005, 72). Normen werden hier zwar aktiviert, können aber aufgrund von stark konkurrierenden Motiven nicht umgesetzt werden, was zu Verantwortungsabwehr führt (vgl. Matthies 2005, 74).

Normen werden als spezifische Verhaltensvorschriften verstanden (vgl. Schahn/Matthies 2008, 664). SCHAHN & MATTHIES (2008) vermuten, dass in Handlungsmodellen weniger von Moral die Rede ist, da der Begriff mit philosophischen Zugängen in Beziehung gesetzt wird (vgl. Schahn/Matthies 2008, 664). Moral verstehen sie mit DORSCH (1994) als „Gesamtheit der das Urteil und Verhalten bestimmenden Normen" (siehe Schahn/Matthies 2008, 663). Subjektive Normen sind der wahrgenommene antizipierte Handlungsdruck durch relevante andere; persönliche Normen hingegen sind das aktuelle Gefühl der Verpflichtung zum umweltgerechten Handeln (vgl. Matthies 2005, 70).

Ergänzt wurde bei MATTHIES (2005) der Aspekt der umweltschädlichen Gewohnheiten (vgl. Matthies 2005, 73). Sie legt dar, dass umweltschädliche Gewohnheiten (vgl. Matthies 2005, 73):

- die Normaktivation von vorneherein verhindern können, indem kognitive Prozesse gar nicht erst in Gang kommen.
- indirekt über Verhaltenskosten wirken können, da ein gewohntes Verhalten leichter auszuführen ist als ein ungewohntes.

- den Zusammenhang zwischen aktivierten Motiven und dem Verhalten moderieren, sodass Normen nur dann in Verhalten münden, wenn keine Gewohnheiten dagegenstehen.

MATTHIES (2005) führt mit Verweis auf FUJII & GÄRLING (2003) aus, dass Routinen durch temporäre starke Veränderungen der Handlungssituation, in der sich das Individuum befindet, „aufgetaut" und somit veränderbar werden können (vgl. Matthies 2005, 76).
MATTHIES (2005) benennt zudem aus dem Modell ableitbare Interventionsansätze (siehe Abbildung 16).

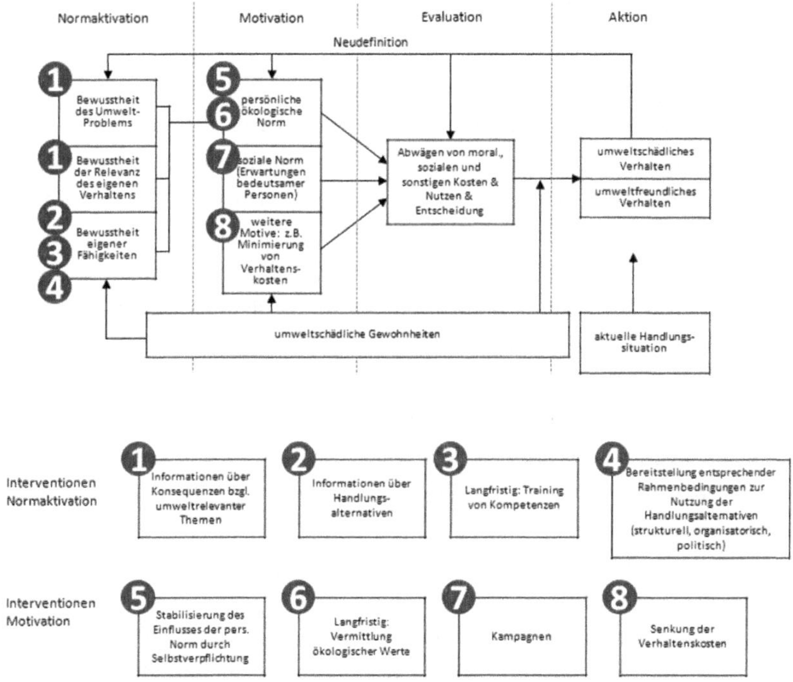

Abbildung 16: Integratives Einflussschema umweltgerechten Alltagshandelns mit Übersicht potenzieller Interventionsansätze (Quelle: eigene Darstellung nach Matthies 2005, 73, 75f.)

Positiven Einfluss auf die Phase der Normaktivation haben demnach Informationen zu umweltrelevanten Themen und dem eigenen Anteil bspw. an der Verursachung von Umweltproblemen (siehe Abbildung 16, Punkt 1). MATTHIES (2005) geht von der Variable „Bewusstheit eigener Fähigkeiten“ aus, d. h. „Bewusstheit, dass Handlungsalternativen zur Verfügung stehen und beherrscht werden“ (siehe Matthies 2005, 73, 75). Sie schlägt also als pädagogische Intervention vor, zur Förderung dieser Variable Informationen zu Handlungsalternativen bereitzustellen (2), Kompetenzen zu trainieren (3) und entsprechende Rahmenbedingungen zur Nutzung zur Verfügung zu stellen (Abbildung 16, Punkt 4, vgl. Matthies 2005, 75). Hier bezieht sie sich auf die Ausführungen von SCHWARTZ (1975; 1977) zur Aktivationsphase. Diese erste Phase („perception of need and responsibility“) umfasst vier Schritte (vgl. Schwartz 1975, 115; Schwartz 1977, 241; Schwartz/Howard 1981, 195ff.). Dabei wird unter anderem die “own ability to make one or more of the responses which could alleviate consequences for the needy”[61] beschrieben (vgl. Schwartz 1975, 115). SCHWARTZ (1975) unterscheidet zwischen den tatsächlichen Fähigkeiten („actual ability“) und den wahrgenommenen Fähigkeiten („self-perceived ability“), ohne allerdings zu bestimmen, welche der beiden Ausprägungen im Modell wann wirksam werden (vgl. Schwartz 1975, 119). SCHWARTZ (1975) verweist darauf, dass die Datenlage zum Einfluss tatsächlicher Fähigkeiten rar ist, sich die Förderung der wahrgenommenen Fähigkeit in Studien als unterstützend für das Zeigen helfenden Verhaltens gezeigt hat (vgl. Schwartz 1975, 119f.). Im Weiteren wird davon gesprochen, dass es ausschlaggebend ist, ob das Subjekt sich in der Lage fühlt, relevante Handlungen auszuführen („feels capable of performing these actions“)[62] (vgl. Schwartz/Howard 1981, 198). HUNECKE (2000) verweist auf SCHWARTZ (1977) und bezieht diese Ausführungen auf das Konstrukt der „Wirksamkeitserwartung“ oder Selbstwirksamkeitserwartung (vgl. Hunecke 2000). Diese ist pädagogisch interessant, da sie Interventionen zugänglich ist (siehe Kapitel 3.5.2.1.2).

61 Später dann: „ability to provide relief“ (vgl. Schwartz 1977, 241) oder „ability to engage in these actions“ (vgl. Schwartz/Howard 1981, 197).

62 Anderenorts wird von „Erkennen der eigenen Fähigkeiten“ oder von „Fähigkeiten zum Eingreifen“ gesprochen (vgl. Lehmann 1999, 18f).

In der Motivationsphase können die Vermittlung ökologischer Werte (6) und die Stabilisierung persönlicher Normen (5) eine günstige Ausgangsbasis für die Evaluationsphase schaffen. KRÖMKER (2008) unterstreicht die Relevanz persönlicher Normen:

> „Angesichts vieler widriger situativer Umstände, die es so schwer machen, mit globalen Umweltproblemen umzugehen, wie die häufig höheren Kosten, die oft niedrige unmittelbare Wirksamkeit von Handlungen, die geringe Sichtbarkeit negativer Folgen durch Handlungen oder das oft zeitlich und räumlich entfernt liegende Auftreten der Probleme, kommt dieser normativen handlungsregulierenden Komponente eine wichtige Rolle zu (...)." (aus: Krömker 2008, 733)

Günstig wirken sich zudem Kampagnen aus, die zu umweltgerechten sozialen Normen führen (7), sowie Maßnahmen zur Senkung der Verhaltenskosten im Allgemeinen (siehe Abbildung 16, Punkt 8).

Wie bereits an anderer Stelle dargelegt, empfiehlt auch MATTHIES (2005) eine Kombination der Interventionsansätze und eine gewissenhafte Prüfung der Rahmenbedingungen. So sind Strategien zur direkten Aktivierung von Normen oder zur Stabilisierung aktivierter Normen aufgrund der Möglichkeit der Redefinition der Situation nur dann sinnvoll, wenn keine übermächtig stark konkurrierenden Motive (bspw. sehr hohe Verhaltenskosten) zu erwarten sind (vgl. Matthies 2005, 74).

Die Interventionen Nr. 5 und Nr. 6 richten sich an das Individuum, die Interventionen Nr. 7 und Nr. 8 beziehen sich auf die Veränderung der situativen Bedingungen (siehe Abbildung 16). Während die Selbstverpflichtung als von außen kommende pädagogische Intervention zur Stärkung der Handlungsmotivation im Vergleich wenig vielversprechend erscheint (vorrangig extrinsische Motivation), bietet die Förderung ökologischer Werte mehr Erkenntnisgewinn. SCHAHN & MATTHIES (2008) verweisen darauf, dass davon ausgegangen werden kann, dass ein sehr ausgeprägtes Umweltbewusstsein, welches mit hohen ökologischen Werten einhergeht, zur Akzeptanz jeweils höherer Verhaltenskosten führt (vgl. Schahn/Matthies 2008, 674). Hier wäre nun weiterführend von Interesse, ab wann die Ausprägung von Werten, oder anders – ein moralisches Bewusstsein, ein moralischer Reifegrad, mehr oder weniger unabhängig von situativen Rahmenbedingungen und „störenden" Verhaltenskosten dennoch zur Handlung führt.

STENGEL et al. (2008) nutzen MATTHIES' (2005) Modell für den Kontext nachhaltigen Handelns[63] und greifen den Aspekt des Reifegrads auf. Die Autorinnen und Autoren legen dar, dass die Förderung reflexiver und methodischer Kompetenzen zur BNE helfen kann, die Phasen des Entscheidungsprozesses für oder gegen nachhaltiges Handeln pro Nachhaltigkeit ablaufen zu lassen, indem das Subjekt auf einen höheren Kompetenzstand gebracht wird (siehe Abbildung 17; vgl. Stengel et al. 2008, 36). Eine „moralbezogene Kompetenz" verorten sie dabei auf einer reflexiven Kompetenzdimension und postulieren:

> „In der Evaluationsphase sind erneut die in der reflexiven Dimension verorteten Kompetenzen, speziell die Güte des eigenen moralischen Urteils ausschlaggebend, denn die Bewertung der jeweiligen Kosten hängen [sic] eng mit der Qualität des eigenen moralischen Urteils zusammen (Kohlberg, 1996)." (aus: Stengel et al. 2008, 35)

Leider gehen die Verfasser/-innen des Beitrags nicht weiter auf den Aspekt des moralischen Urteilens ein. Aus diesem Grund werden diesbezüglich auch keine pädagogischen Interventionen (außer allgemein: Kompetenzförderung) abgeleitet, die sich daraus ergeben könnten. Zu der Frage, warum Handlungen trotz vorhandener Kompetenzen nicht erfolgen, finden sich auch in der Modellvorstellung von STENGEL et al. (2008) keine direkten Ansatzpunkte – der Verweis auf den Reifegrad von Kompetenzen ist aber richtungsweisend.

---

63 Dass das Modell sich auf Faktoren bezieht, die umweltgerechtes Handeln, nicht nachhaltiges Handeln, fokussieren, stellt für die Autorinnen und Autoren kein Problem dar: „Diese [Faktoren] können auch auf nachhaltiges Handeln übertragen werden, da sie sich auf Handlungen im Allgemeinen auswirken und eine umweltverantwortliche Handlungsweise außerdem elementar für eine nachhaltige Handlungsweise ist." (aus: Stengel et al. 2008, 33)

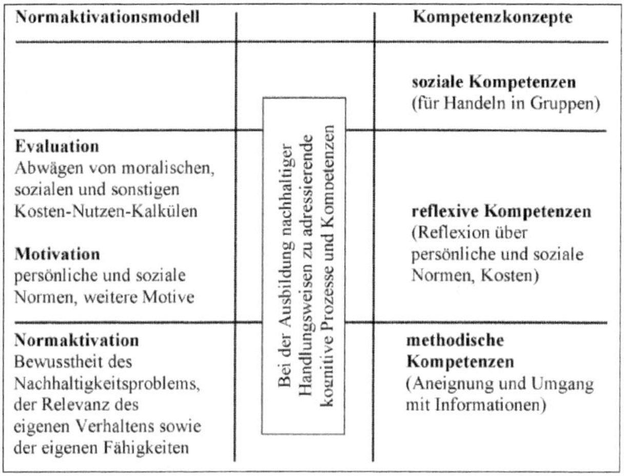

Abbildung 17: **Integration des Kompetenzansatzes in das Modell von MATTHIES (2005), (aus: Stengel et al. 2008, 37)**

3.5.1.1.3 Ausgewählte Faktoren

Ziel ist es, handlungswirksame Faktoren, die moralisch-nachhaltiges KÖNNEN, WOLLEN, DÜRFEN und Handeln beeinflussen, zu identifizieren und pädagogische Interventionen abzuleiten. Dabei interessiert vor allem, warum eine Handlung trotz entsprechendem KÖNNEN oder WOLLEN oder DÜRFEN dennoch nicht erfolgt bzw. inwiefern Handlungen auf KÖNNEN, WOLLEN und DÜRFEN zurückwirken.

Aus der umweltpsychologischen Modellforschung wurden zur weiteren Betrachtung vor allem zweierlei pädagogisch verwertbare Erkenntnisse gewonnen: Ob ein Subjekt moralisch-nachhaltig handelt, hängt unter anderem von ihrer bzw. seiner Selbstwirksamkeitserwartung (SWE) ab und davon, ob es einen moralischen Reifegrad erreicht hat, der es ermöglicht, auch gegen widrige situative Rahmenbedingungen eine positive Handlungsentscheidung zu treffen. Beide Faktoren sollen im Weiteren näher betrachtet werden (siehe Kapitel 3.5.2).

3.5.1.1.4 Kritik

Kritikpunkte am „Integrativen Einflussschema umweltgerechten Alltagshandelns“ sind zum einen grundsätzlicher Natur. So ist kritisch anzumerken, dass es sich um ein kognitives Modell handelt, welches traditionell Elemente wie Emotionen ausspart (vgl. auch Hellbrück/Kals 2012, 101). Es konnten valide Aussagen dazu getroffen werden, dass Emotionen, vor allem solche mit Verantwortungs- und Gerechtigkeitsbezug sowie „emotionale Verbundenheit mit der Natur“, umweltbezogenes Handeln ebenso gut vorhersagen wie entsprechende Kognitionen (vgl. Hellbrück/Kals 2012, 103; siehe auch Kals/Maes 2002; Greve 1994, 16).

Auch fehlen situative Kontextfaktoren (vgl. Hunecke 2001, 17; vgl. Schahn/Matthies 2008, 681). KRÖMKER (2008) hält dazu fest, dass diese in den meisten Modellen lediglich indirekt, oft durch die Variable der wahrgenommenen externen Handlungskontrolle berücksichtigt werden (vgl. Krömker 2008, 734). Was fehlt, seien „kontextualisierte Handlungsmodelle“ (vgl. Krömker 2008, 735). KRÖMKER (2008) bemängelt in diesem Zusammenhang, dass die Rolle subjektiver sozialer Normen noch nicht systematisch mit Faktoren wie bspw. Gruppenzugehörigkeit in Verbindung gebracht wurde (vgl. Krömker 2008, 733). So fehlen MATTHIES‘ (2005) Handlungsmodell ggf. Elemente, die es für den Einsatz im beruflichen Kontext qualifizieren (siehe Kapitel 5).

Zum anderen gibt es mit Blick auf die hier spezifisch interessierende Fragestellung anzumerken, dass das moralische Urteil, wie STENGEL et al. (2008) es formulieren, in MATTHIES‘ (2005) Modell selbst zu unterbelichtet ist, soll es für die Erklärung der Genese moralisch-nachhaltigen Handelns herangezogen werden. Hier ist eine Ergänzung und Präzisierung vonnöten.

Grundsätzlich liefert das „Integrative Einflussschema umweltgerechten Alltagshandelns“ dennoch wesentliche Hinweise auf handlungswirksame Faktoren moralisch-nachhaltigen Handelns (siehe Abbildung 18). Werden KÖNNEN, WOLLEN und DÜRFEN als gesetzt betrachtet, so bleiben als Erklärung für Nicht-Handeln aus pädagogisch relevanter Perspektive eine zu geringe SWE und ein zu geringer Reifegrad des moralischen Urteils übrig.

Auf die Frage, wie durch moralisch-nachhaltiges Handeln erst ein KÖNNEN, WOLLEN und DÜRFEN entstehen, gibt das Modell von MATTHIES (2005) keine Hinweise.

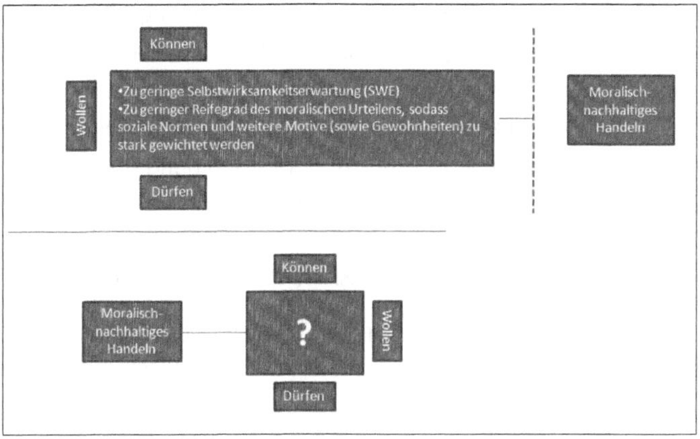

Abbildung 18: Beitrag zur Fragestellung (Quelle: eigene)

3.5.1.2 Moralpsychologische Modelle – moralisches Urteilen als Ansatzpunkt

3.5.1.2.1 Orientierung

Die Moralpsychologie ist ein weites Feld und befasst sich vor allem mit dem moralischen Sein und versucht die Frage nach dem Wie und Warum moralischen Handelns zu ergründen (vgl. Heidbrink 2008, 43). Der Begriff „Moral" wird in der Moralpsychologie zumeist deskriptiv, also wertfrei, verwendet (vgl. Heidbrink 2008, 14). HEIDBRINK (2008) identifiziert drei Hauptperspektiven der Moralpsychologie (aus: Heidbrink 2008,14):

- Die kognitive Perspektive: Wie beeinflusst das Denken unsere Moral?
- Die situative Perspektive: Wie beeinflussen die Umstände unsere Moral?
- Die emotionale Perspektive: Wie beeinflussen die Gefühle unsere Moral?

Für die vorliegende Fragestellung sind besonders Erkenntnisse zum moralischen Urteil und seine Rolle bei der Handlungsgenese von Interesse. Hier kann man sich auf das Forschungsfeld der Moralentwicklungsforschung bewegen. Die Moralentwicklungsforschung ist eng mit der sozialen Entwicklung und Sozialisation verknüpft, da es stets auch um eine Anpassung an Normen geht, die kulturellen Ursprungs sind (vgl. Kohlberg 1968, 7). Dabei wurden hinsichtlich der Internalisierung von Normen vor allem drei Dimensionen in den Fokus genommen – die Verhaltens-, die Gefühls- und die Urteilsdimension moralischer Handlungen (vgl. Kohlberg 1968, 8). Die Forschungen bedienen sich dabei unterschiedlicher Ansätze (vgl. Kasten 1981, 97):

- entwicklungspsychologische und entwicklungstheoretische Ansätze (Vertreter/-innen: Piaget 1973; Kohlberg 1974)
- lerntheoretische Ansätze (Vertreter/-innen: Aronfreed 1961; Eysenck 1960; Mowrer 1941)
- psychoanalytische Ansätze (Vertreter/-innen: Blum 1949; Brenner 1973; Erikson 1966)
- ethologische Ansätze (Vertreter/-innen: Eibl-Eibesfeldt 1967; Rosenberg & Sutton-Smith 1972; Uexküll 1960)
- rollentheoretische Ansätze (Vertreter/-innen: Goffman 1963; Krappmann 1973; Parsons 1964)
- interaktionistische Ansätze (Vertreter/-innen: Habermas 1976; Mead 1968)

Starken Einfluss genommen haben KOHLBERG & CANDEE (1984a;b) sowie SELMAN (1984), die aus einer kognitivistisch-konstruktivistischen Position heraus eine Theorie moralischen Urteilens entwickelten und damit eine Alternative zur klassischen Tugendlehre anboten (vgl. Pfeifer 2009, 289). KOHLBERGs (bspw. 1968) Werk ist heute noch Gegenstand des Diskurses. So hält BAUMGART (2007) fest, dass die Erklärungen KOHLBERGs

> „sowohl im aktuellen sozialphilosophischen Diskurs über Fragen gesellschaftlicher Moral und Gerechtigkeit als auch in den gegenwärtigen bildungspolitischen Kontroversen über moralische Erziehung in der Schule diskutiert werden." (aus: Baumgart 2007, 16)

Ebenso wird KOHLBERG (1968) im Nachhaltigkeitsdiskurs thematisiert, wenn es um die Frage geht, wie die Kluft zwischen Umweltwissen und Umwelthandeln geschlossen werden kann (siehe Stengel 2011, 276). Im Folgenden soll sein Ansatz nähere Betrachtung erfahren.

3.5.1.2.2 Prozessmodell zu moralischem Urteilen und Handeln nach KOHLBERG & CANDEE

KOHLBERGs (bspw. 1968) Ansatz basiert auf den Annahmen von DEWEY (bspw. 1964), der als Erster kognitive Entwicklung mit moralischer Erziehung zusammenbrachte (vgl. Kohlberg 1981, 108). Zudem fußt seine Arbeit auf dem Werk von PIAGET (1954), der praktische Beobachtungen zur Stufenidee anstellte (vgl. Kohlberg 1981, 108).

DEWEY (1964) beschrieb auf theoretischer Ebene ein prämoralisches, ein konventionelles und ein autonomes Niveau des moralischen Verhaltens, welche bei PIAGET (1954) auf Basis praktischer Analysen als prämoralische, heteronome und autonome Stufe bezeichnet werden (siehe Kohlberg 1981). KOHLBERG (1976) selbst unterscheidet dann ein präkonventionelles Niveau (Stufen 1-2), ein konventionelles Niveau (3-4) und ein postkonventionelles Niveau (5-6), die er wie folgt charakterisiert (aus: Kohlberg 1976, 127):

- 1-2: Präkonventionell: „ein Selbst, dem die sozialen Normen und Erwartungen äußerlich bleiben"
    - 1 Orientierung an Strafe und Gehorsam
    - 2 Naiver instrumenteller Hedonismus
- 3-4: Konventionell: „ (...) Person, deren Selbst mit den Regeln anderer, speziell der Autoritäten, identifiziert ist bzw. diese internalisiert hat"
    - 3 Moral des guten Kindes, das gute Beziehungen aufrechterhält und die Anerkennung der anderen sucht
    - 4 Moral der Aufrechterhaltung von Autorität
- 5-6: Postkonventionell: „ (...) Person, die ihr Selbst von den Regeln und Erwartungen anderer unabhängig gemacht hat und die ihre Werte im Rahmen selbstgewählter Prinzipien definiert"
    - 5 Moral des Vertrages, der individuellen Rechte und des demokratisch anerkannten Gesetzes/Rechtssystems
    - 6 Moral der individuellen Gewissensprinzipien

Die Stufen 1-3 beziehen sich vornehmlich auf die Genese der moralischen Urteilsfähigkeit im Kind/Jugendlichen, die Stufen 4-6 beinhalten moralphilosophische Lehren wie Utilitarismus, kantianischer Idealismus bzw. RAWLSscher (1971) Liberalismus (vgl. Pfeifer 2009, 291). Die Stufen sind dabei in sich konsistent, sie sind invariante Sequenzen, die nicht übersprungen werden können und normalerweise auf die jeweils nächsthöhere Stufe weisen, sowie hierarchische Integrationen, die jeweils ein Denken auf jeweils untergeordneten Stufen einschließen, wobei dieses dann aber nicht bevorzugt wird (vgl. Kohlberg 1987).

Neben der Stufentheorie entwickelten KOHLBERG & CANDEE (1984b) ein vierstufiges Modell zum Verhältnis zwischen moralischem Urteil und moralischem Handeln (siehe Abbildung 19), welches sie in zahlreichen Studien untermauerten (siehe u. a. Haan et al. 1968; Krebs/Rosenwald 1977).

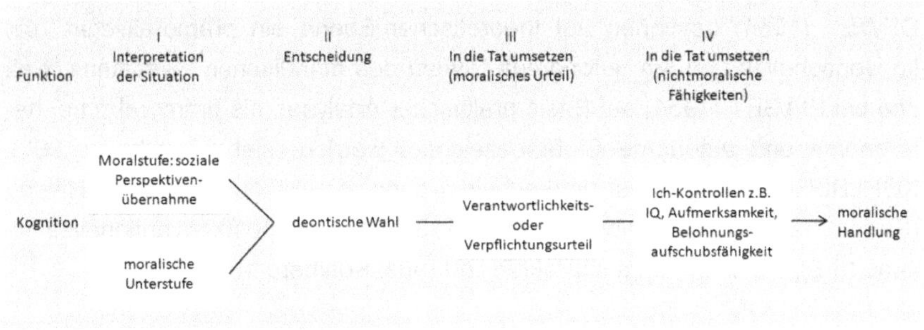

Abbildung 19: Modell der Beziehung zwischen moralischem Urteil und moralischem Handeln (aus: Kohlberg/Candee 1984b, 430)

Das Modell umfasst vier psychologische Funktionen, die jeweils eine oder mehrere Kognitionen umfassen. Dabei ist der Verlauf wie folgt zu beschreiben (vgl. Oser/Althof 1992, 234; Garz 1996, 101; Pfeifer 2009, 304f.):

- (I): Von seiner moralischen Ausgangsposition (Stufe) interpretiert das Subjekt die Situation und die Auswahl von Regeln oder Prinzipien, die auf die Situation anwendbar sind, falls es sich um eine moralische Situation handelt. Die kognitive Interpretation, die Identifizierung normativer Komponenten und der weitere kognitive Prozess wird dabei determiniert von der moralischen Entwicklungsstufe, die das Subjekt bislang erreicht hat.
- (II): Das Subjekt beantwortet für sich die Frage, was in der Situation getan werden soll. Dies ist die deontische Wahl, also die aus der Sicht des Subjekts optimale Entscheidung, die nach der Sollensvorstellung getroffen wird.
- (III): Das Subjekt beantwortet für sich die Frage, welche Verantwortung es in der Situation tragen muss bzw. ob es dazu verpflichtet ist: Soll es von mir getan werden? Diese Entscheidung zeigt, in welchem Maße sich das Subjekt „auf eine als notwendig verstandene Handlung verpflichtet weiß“ (aus: Oser/Althof 1992, 234).
- (IV): In die Bewertung, ob die Handlung ausgeführt werden soll bzw. kann, werden weitere nicht-moralische Aspekte einbezogen: Kann ich es tun? - u. a.: Willensstärke, Konzentrationsfähigkeit, instrumentelle Intelligenz, Triebverzicht (Belohnung aufschieben).

Von besonderem Interesse für die vorliegende Fragestellung ist, welche Beziehung zwischen moralischem Urteilen und moralischem Handeln besteht, wurde doch herausgestellt, dass dem moralischen Urteil eine weitreichende Bedeutung zukommt:
In den 60ern vertraten KOHLBERG & CANDEE (1984b) die Ansicht, das Handeln sei durch das Urteil determinierbar, in den 70ern nahmen sie eine lineare Beziehung („monotonic relationship") an – später betonten sie, das Handeln müsse durch Erziehung an den moralischen Entscheidungsprozess rückgebunden werden (vgl. Kohlberg/Candee 1984a; Oser/Althof 1992, 226; Steffek 2000, 133). Dabei gilt:

> „Wenn das logische Denken eine notwendige, aber nicht hinreichende Bedingung für ein reifes moralisches Urteil ist, so ist auch reifes Urteilen eine notwendige, aber nicht hinreichende Bedingung für ein reifes moralisches Handeln." (aus: Kohlberg 1978, 112)

Basierend auf der Stufentheorie und der Modellvorstellung von KOHLBERG (1976) ist eine Handlung anzustreben, die mit objektiven universellen Standards und zugleich mit der eigenen Verantwortlichkeit übereinstimmt – nicht grundsätzlich eine Handlung, die lediglich mit der deontischen Entscheidung des Subjekts, was moralisch korrekt ist, konsistent ist (vgl. Oser/Althof 1992, 229; Pfeifer 2009, 303f.). Je nachdem, welche Stufe die betreffende Person erreicht hat, fühlt sie sich mit ansteigender Stufe öfter dazu verpflichtet, ihre deontischen Urteile auch in die Tat umzusetzen (vgl. Oser/Althof 1992, 229; siehe Helkama 1979; siehe McNamee 1977; Candee 1976; Blasi 1984; Pfeifer 2009, 303f.).

3.5.1.2.3 Ausgewählte Faktoren

Ziel ist es, handlungswirksame Faktoren, die moralisch-nachhaltiges KÖNNEN, WOLLEN, DÜRFEN und Handeln beeinflussen, zu identifizieren und pädagogische Interventionen abzuleiten. Dabei interessiert vor allem, warum eine Handlung trotz entsprechendem KÖNNEN oder WOLLEN oder DÜRFEN dennoch nicht erfolgt bzw. inwiefern Handlungen auf KÖNNEN, WOLLEN und DÜRFEN zurückwirken.
In Ergänzung zu den bislang herausgearbeiteten Erkenntnissen aus der Umweltpsychologie wurde die moralpsychologische Forschung zum Aspekt des moralischen Urteils konsultiert. Dabei wurde basierend auf dem Modell von

KOHLBERG & CANDEE (1984b) vor allem die pädagogisch verwertbare Erkenntnis gewonnen, dass ein Subjekt vor allem dann moralisch-nachhaltig handelt, wenn es ein positives Verantwortungsurteil gefällt hat. Dies hängt wiederum mit der erreichten moralischen Entwicklungsstufe, der moralischen Urteilsfähigkeit, zusammen. Dieser Faktor soll später näher betrachtet werden (siehe Kapitel 3.5.2).

3.5.1.2.4 Kritik

Das Modell von KOHLBERG & CANDEE (1984b) ist nach wie vor populär und wurde oft und leidenschaftlich kritisch reflektiert. BECKER (2011) fasst zusammen, dass sich die mannigfaltige Kritik auf vier Ebenen systematisieren lässt (vgl. Becker 2011, 403):

- Kritik an der Annahme zu empirischen Werten
- Kritik an den methodischen Verfahren zur Erfassung des Urteils
- Kritik an der Stufendefinition und deren theoretische Konzeption
- Kritik am Entwicklungskonzept als solchem

Grundsätzliche Kritik bezieht sich bspw. darauf, dass KOHLBERG (1968) die Ethik von Kant genutzt hat und damit unrechtmäßigerweise eine idealistische Philosophie mit einer empirischen Entwicklungstheorie verknüpft hat (siehe Beck 1990, 13-21, bei Horlebein 1998, 4). Im Zusammenhang mit grundsätzlicher Kritik an einem kognitiven Modell findet sich auf der Detailebene Kritik, etwa hinsichtlich des Fehlens emotionaler Aspekte (siehe hierzu Rest & Narváez 1994; siehe Deutschle/Sonnenberger 2009, 16) oder der Rolle des Gewissens (vgl. Oser/Althof 1992, 242, 216). Auch wird die Berücksichtigung situativer Elemente im Allgemeinen (bspw. Situationsspezifität vieler Handlungsweisen) sowie im Besonderen die situativ empfundenen Zwänge und der äußere Handlungsdruck vermisst (vgl. Pfeifer 2009, 305; Oser/Althof 1992, 236). Letztgenannte Punkte stehen im Zusammenhang mit der Kritik, KOHLBERGs (1976) Entwicklungskonzept vernachlässige Bereichs- und Kontextspezifitäten sowie Sozialisationseffekte (siehe Becker 2011, 405). Hierauf wird noch Bezug zu nehmen sein (vgl. Kapitel 5).

Grundsätzlich kann eingewendet werden, dass mit KOHLBERG (1968) ein Vertreter des „»alten« rationalistischen Paradigmas“ und nicht etwa Erkennt-

nisse des „»neuen« emotional-intuitiven Moralverständnisses der Neuropsychologie“ ausgewählt wurden (vgl. Heidbrink 2008, 10).
Noch grundsätzlicher kann KOHLBERGs & CANDEEs (1984b) deontologische Ausrichtung kritisiert werden. Der utilitaristischen Position zugetane Vertreter/-innen wie bspw. MILL (1879) würden kritisieren, dass die Konsequenzen einer Handlung bei der Entscheidung hinsichtlich des Kriteriums richtig/falsch in einer deontologischen Betrachtung keine Beachtung finden.
Mit Blick auf die vorliegende Fragestellung kann resümierend festgehalten werden, dass das Prozessmodell zu moralischem Urteilen und Handeln von KOHLBERG & CANDEE (1984b) eine sinnvolle Ergänzung zu MATTHIES‘ (2005) „Integrativem Einflussschema umweltgerechten Alltagshandelns“ darstellt, da es die Genese moralischer Urteile präzisiert. Zudem ermöglicht die hinterlegte Stufentheorie KOHLBERGs (1976), den Aspekt des Reifegrads zu thematisieren, den STENGEL et al. (2008) als Niveaustufen von Kompetenzentwicklung, hier: moralischer Kompetenz, in Zusammenhang gebracht haben. Da KOHLBERG (1968) auch heute noch aktuell ist (vgl. Baumgart 2007, 16) und BECKER (2011) resümiert, dass viele der heutigen Kritiker seinem Werk nicht gerecht werden (vgl. Becker 2011, 403), soll sein Modell als Präzisierung für MATTHIES‘ (2005) Modellvorstellung als für den vorliegenden Zweck akzeptabel gewertet werden. Auf die Frage, wie durch moralisch-nachhaltiges Handeln erst ein KÖNNEN, WOLLEN und DÜRFEN entsteht, gibt das Modell von KOHLBERG & CANDEE (1984b) keine Hinweise (siehe Abbildung 20).

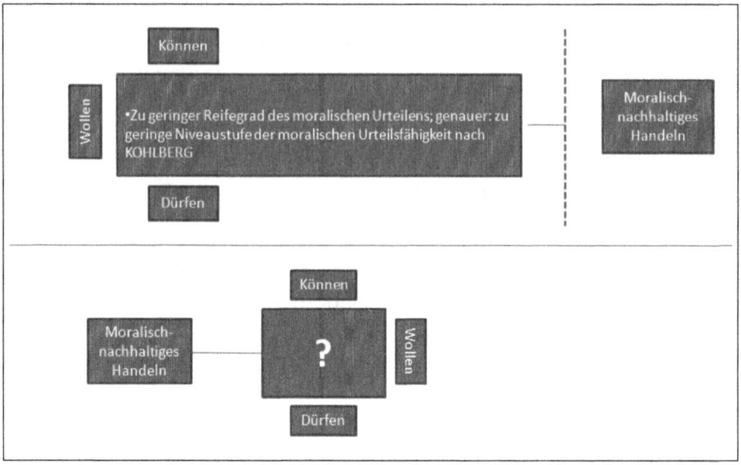

Abbildung 20: Beitrag zur Fragestellung (Quelle: eigene)

3.5.2 Ausgewählte Faktoren – pädagogische Reflexion

3.5.2.1 Selbstwirksamkeitserwartung

3.5.2.1.1 Beschreibung

Das von BANDURA (1998) im Kontext des sozialen Lernens begründete Konzept der Selbstwirksamkeitserwartung (siehe bspw. Bandura 1998; Kwak/Bandura 1998) liefert wertvolle Hinweise darauf, warum Menschen sich motiviert fühlen, bestimmte Dinge zu tun bzw. nicht zu tun, und ob sie sich einen Handlungserfolg selbst zuschreiben. Im Vergleich zu anderen Faktoren kommt der Selbstwirksamkeit als Faktor im Selbstregulationsprozess eine herausragende Bedeutung zu (vgl. Schwarzer/Jerusalem 2002, 49f.).

Allgemeine Selbstwirksamkeitserwartung wird wie folgt definiert:

> „Selbstwirksamkeitserwartung wird definiert als die subjektive Gewissheit, neue oder schwierige Anforderungssituationen auf Grund eigener Kompetenzen bewältigen zu können. Dabei handelt es sich (...) um solche [Anforderungssituationen], deren Schwierigkeitsgrad Handlungsprozesse der Anstrengung und Ausdauer für die Bewältigung erforderlich macht." (aus: Schwarzer/Jerusalem 2002, 35)

Daneben gibt es bereichsspezifische SWE wie beispielsweise berufsbezogene SWE oder die SWE von bestimmten Berufsgruppen sowie situationsspezifische SWE (siehe Bandura 1998). Neben diesen Formen der individuellen SWE beschreibt die kollektive SWE die Überzeugung von der Handlungskompetenz einer bestimmten Gruppe von Individuen (vgl. Schwarzer/Jerusalem 2002, 41).
Selbstwirksamkeitserwartungen haben eine Bedeutung als Motive, deswegen sind sie für die Motivationsforschung von Interesse (vgl. Lefrancois 2006, 302). Der Faktor Motivation[64] spielt in BANDURAs (1998) Verhaltensmodell eine wesentliche Rolle. Die Motivation entsteht seinem Modell zufolge durch folgende Erwartungen hinsichtlich der Fragen (vgl. Bodenmann et al. 2011, 231):

- Wie gut kann ich diese Handlung ausführen? (Kompetenzerwartung)
- Welche Konsequenzen hat diese Handlung? (Erfolgserwartung)
- Werde ich mit dieser Handlung zufrieden sein? (Erwartete Selbstbekräftigung)

BANDURA (bspw. 1977) stärkt in seinem Modell damit die Bedeutung von Selbstwirksamkeits- und Handlungsergebniserwartung (vgl. Bodenmann et al. 2011, 230). Die Motivation, ein bestimmtes Verhalten zu zeigen, erhöht sich mit der Erwartung, eigene Standards erreichen zu können und dafür intern oder extern Verstärkung zu erfahren (vgl. Bodenmann et al. 2011, 234; Schunk 1984). Das Erreichen eigener Standards ist mit der Kompetenzerwartung verbunden. Der Ausführung einer Handlung werden bestimmte Kompetenzen zugeschrieben und geprüft, inwieweit das entsprechende Verhalten aufgrund der zur Verfügung stehenden eigenen Kompetenzen ausgeführt werden kann (vgl. Bodenmann et al. 2011, 234)[65].
Grundsätzlich korrelieren Kompetenz- und Erfolgserwartung nur bei Personen, die sich Handlungserfolge selbst zuschreiben (vgl. Bodenmann et al. 2011, 234; Lefrancois 2006, 301). Dieser Sachverhalt wird in der Attributionstheorie

64 Motivation (lat.: movere) ist „die *Summe sämtlicher Beweggründe*, die zu einem zielgerichteten Verhalten führen. Diese Beweggründe entstehen aufgrund einer Wechselwirkung von personeninternen (Ziele, Bedürfnisse der Person) und personenexternen Faktoren (Gelegenheiten, Anforderungen der Umwelt)." (aus: Bodenmann et al. 2004, 30, Hervorhebungen aus dem Original übernommen)

65 Dabei ist zu berücksichtigen, dass Menschen bei der Einschätzung ihrer Selbstwirksamkeitserwartung nicht objektiv sind und mitunter auch „falsch liegen", was die Einschätzung ihrer Fähigkeiten betrifft (vgl. Lefrancois 2006, 321).

aufgegriffen – Menschen, die dazu neigen, die Resultate ihrer Handlungen externen Einflussfaktoren zuzuschreiben, übernehmen dabei weniger Verantwortung für ihr Handeln und spüren auch keinen so starken Einfluss kognitiver Dissonanzen (vgl. Lefrancois 2006, 301). Der Theorie kognitiver Dissonanz zufolge sind Menschen bestrebt, den Widerspruch zwischen zwei unvereinbaren Informationen zu verringern – Dissonanzen werden mit unterschiedlichen psychischen Strategien verringert (vgl. Lefrancois 2006, 297f.):

- Einstellungsänderung
- Bereichsbildung, bspw. indem ein „Sonderfall" gebildet wird
- Informationssuche oder -abruf, sodass die Dissonanz im positiven Falle hinfällig wird
- Verhaltensänderung
- Wahrnehmungsverzerrung, bspw. Herunterspielen des Wertes von Informationen

Die Erwartungskomponenten motivationaler Überzeugungen wie Selbstwirksamkeit, aber auch das Konstrukt des Selbstkonzepts müssen domänenspezifisch ausdifferenziert werden – so ist die Selbstwirksamkeitserwartung beispielsweise in Hinblick auf mathematische Leistungen stark durch den schulischen Kontext geprägt (vgl. Möller 2008, 293) und das Selbst als kognitive Repräsentation der eigenen Person umfasst bereichsspezifische Selbstkonzepte (vgl. Möller 2008, 272), wie beispielsweise ein „ökologisches Selbstkonzept", welches u. a. durch Erfahrungen im naturwissenschaftlichen Unterricht in Schule und Berufsschule geprägt wird: Hier erhält ein Subjekt Rückmeldungen auf individuelle Leistungen, diese werden entsprechend attribuiert und in das Selbstkonzept modelliert – im Ergebnis hat das Subjekt eine Vorstellung von sich, ob es ökologische Themen „gut kann" (evaluativer Aspekt) und „Ökologie gerne mag" (affektiver Aspekt) oder nicht (vgl. Möller 2008, 272).
KRÖMKER (2008) bezieht Wirksamkeitsüberzeugungen konkret auf das Problem – es steht also weniger die Frage im Fokus, ob ich denke, dass ich etwas kann, sondern ob ich denke, dass mein Handeln (also mein KÖNNEN) für die Lösung einer bestimmten Problematik geeignet ist (vgl. Krömker 2008, 729; siehe auch UBA 2007, 29). Den Aspekt des „Könnens" fasst sie unter „Handlungskontrolle" (siehe Krömker 2008, 731), verweist aber darauf, dass Kontrollüberzeugungen oftmals auch als Konstrukt der Selbstwirksamkeitsüberzeugungen gefasst werden (vgl. Krömker 2008, 731). Wichtig ist ihr in dem

Zusammenhang die Unterscheidung von subjektiv wahrgenommenen internen bzw. externen Handlungshemmnissen in Bezug auf Kontrollüberzeugungen (vgl. Krömker 2008, 731). KRÖMKER (2008) schlussfolgert daraus vice versa, dass die „potentiell Handelnden (...) ihre eigene Handlung als relevant und bedeutsam bei der Entstehung eines Problems [ansehen]“ (aus: Krömker 2008, 729). Sie verweist darauf, dass dies ein zentrales Problem bei nachhaltigkeitsrelevanten Handlungsbereichen ist – oftmals sind die Zusammenhänge so komplex und es liegen zu wenig oder unvollständige Informationen vor, um das eigene Handeln als Ursache für ökologische und/oder soziale Probleme zu erkennen (vgl. Krömker 2008, 729). Gerade bei kumulierten Effekten nicht-nachhaltiger Entwicklung erscheint der eigene Beitrag oft irrelevant (vgl. Krömker 2008, 731).

3.5.2.1.2 Förderung durch pädagogische Interventionen

BANDURA (1998) hat Hinweise zur Förderung von Selbstwirksamkeitserwartungen gemacht. Kompetenzerwartungen werden nach BANDURA (1998) auf viererlei Weise erworben bzw. beeinflusst (aus: Schwarzer/Jerusalem 2002, 42; siehe Bandura 1998, 80ff.):

1. Handlungsergebnisse in Gestalt eigener Erfolge und Misserfolge
2. stellvertretende Erfahrungen durch Beobachtung von Verhaltensmodellen
3. sprachliche Überzeugungen (z. B. Fremdbewertung oder Selbstinstruktion)
4. Wahrnehmung eigener Gefühlsregung

Erfolgserfahrungen, die sich das betreffende Subjekt selbst zuschreiben kann, wirken sich dabei vergleichsweise stark aus (vgl. Schwarzer/Jerusalem 2002, 42). Pädagogische Interventionen, die solche positiven Erfahrungen begünstigen, sind das Setzen von Nahzielen und das Unterstützen von Bewältigungsstrategien (vgl. Schwarzer/Jerusalem 2002, 42).
Verhaltensmodelle können eine ähnlich große Wirkung auf die eigene Wirksamkeitserwartung entfalten, sofern das Subjekt sich in ausreichender Weise mit dem Modell identifizieren kann (vgl. Schwarzer/Jerusalem 2002, 43). Eine Person, die mit ähnlichen Herausforderungen zu kämpfen hat, dies offenbart und ihre Lösungswege der Selbstregulation beschreibt, ermöglicht eine stell-

vertretende Erfahrung (vgl. Schwarzer/Jerusalem 2002, 43). Eine erfolgreiche Imitation kann dabei durch die Bewusstmachung von Ressourcen oder „konstruktive Selbstgespräche" gefördert werden (vgl. Schwarzer/Jerusalem 2002, 44).

Überredung bzw. Überzeugung durch das Subjekt selbst oder Dritte stellt die dritte Form der Förderung von positiven Selbstwirksamkeitserwartungen dar. Rückmeldungen zu geben und Coachings durchzuführen kann helfen, sofern diese in einem individuell abgestimmten realistischen Rahmen erfolgen (vgl. Schwarzer/Jerusalem 2002, 44f.). Das Subjekt benötigt dazu geeignete Leistungsanforderungen und muss sich den Erfolg des Erreichten auch selbst zuschreiben (vgl. Schwarzer/Jerusalem 2002, 45). Bei Misserfolgen wirkt sich die Rückmeldung, das Subjekt habe sich nicht genug angestrengt, anders aus, als wenn auf die mangelnden Fähigkeiten verwiesen wird (vgl. Schwarzer/Jerusalem 2002, 44).

Wie hoch ein Subjekt seine Selbstwirksamkeit erwartet, hängt schließlich davon ab, wie es die eigenen Gefühlsregungen wahrnimmt. Aufregung in herausfordernden Situationen kann blockieren und an den eigenen Kompetenzen zweifeln lassen (vgl. Schwarzer/Jerusalem 2002, 45).

Kritisch zu betrachten ist die Reichweite von pädagogischen Interventionen, die auf die Förderung von SWE zielen. So sind der Förderung einer positiven Selbstwirksamkeitserwartung Grenzen gesetzt. LEFRANCOIS (2006) stellt dazu mit DWECK (1986) fest, dass die Tendenz, überwiegend auf internale oder externale Ursachen zu attribuieren, vermutlich ein eher stabiles Persönlichkeitsmerkmal ist (vgl. Lefrancois 2006, 306). Subjekte, die dazu neigen, die Resultate eigener Handlungen externen Einflussfaktoren zuzuschreiben, übernehmen weniger Verantwortung für ihr Handeln und spüren keinen so starken Einfluss kognitiver Dissonanzen (vgl. Lefrancois 2006, 301). Wie die Attributionen gewählt werden, bestimmen die Emotionen, die in diesem Zusammenhang auftreten (vgl. Lefrancois 2006, 302). Im Rahmen pädagogischer Interventionen kann versucht werden, gezielt kognitive Dissonanzen zu erzeugen, um damit ein Subjekt zu aktivieren, diese wieder zu reduzieren (vgl. Lefrancois 2006, 306). Auch Reattributionstraining kann Einfluss ausüben (vgl. Bodenmann et al. 2011, 227), ist aber vor allem in therapeutischen Kontexten angezeigt.

3.5.2.2 *Moralische Urteilsfähigkeit*

3.5.2.2.1 Beschreibung

Nach dem Modell von KOHLBERG & CANDEE (1984b) bezieht sich die Fähigkeit, moralische Urteile zu bilden, auf verschiedene Ebenen. Zum einen werden Kenntnisse benötigt, um ein ontologisches Urteil zu bilden — was soll in einer moralisch relevanten Situation getan werden? Zum anderen wird ein Urteil gefällt, ob sich das Subjekt verantwortlich bzw. verpflichtet fühlt, das als moralisch angemessen befundene Handeln auch auszuführen (vgl. Kohlberg/Candee 1984b, 404ff.). Der Fähigkeitsaspekt bei dieser zweigeteilten Urteilsfindung liegt auf einer qualitativen Dimension — je nach erreichtem Entwicklungsstadium der moralischen Urteilsfähigkeit fallen die beiden Urteile moralisch mehr oder weniger „reif" aus.

Entsprechend verstehen KOHLBERG & CANDEE (1984b) unter moralischem Handeln ein Handeln, welches einerseits die Auffassung des Subjekts über die Richtigkeit einer Handlung und andererseits ein Urteil über die individuelle Verantwortlichkeit zur Handlungsausführung enthält (vgl. Kohlberg/Candee 1984b, 403).

Wie sich diese beiden Urteile bspw. bei einer ökologischen Moral im Einzelnen praktisch ausgestalten, lässt sich bei STENGEL (2011) erahnen. Hier werden die unterschiedlichen Begründungszusammenhänge sichtbar und inwieweit sie sich in Handeln ausdrücken (siehe Tabelle 8):

Die moralischen Entwicklungsstadien nach Kohlberg	Ökologische Moral
(1) *Egozentrischer Standpunkt & Orientierung an Bestrafung und Gehorsam* (2) *Konkret-individualistische Perspektive & instrumentell-relativistische Orientierung*	Umweltfreundliche Handlungen erfolgen, wenn sie dies tun, nicht um der Umwelt willen, sondern aus egoistischen Motiven: Entweder aus Angst vor Strafe oder weil derartige Handlungsweisen einen Gewinn für den Akteur nach sich ziehen. Bereit, Kosten in Kauf zu nehmen, um einen Beitrag zum Umweltschutz zu leisten, sind Akteure dieses moralischen Niveaus nicht. Eine Gemeinwohlorientierung ist nicht ausgebildet; man ist auf die unmittelbare Befriedigung der eigenen Bedürfnisse fixiert. Dauerhaftes umweltfreundliches Verhalten ist nur möglich, solange dies persönliche Vorteile oder hohe Strafen bei Devianz mit sich bringt.
(3) *Primärgruppenperspektive &Orientierung an personengebundener Zustimmung; ›gute Tochter-/guter Freund‹-Modell*	Umweltverhalten kann wie oben auch aus persönlichen Nutzenerwägungen erfolgen, aber auch wenn es in der sozialen Bezugsgruppe, der man zugehörig sein möchte (etwa wegen persönlicher Sympathien zu einem Mitglied), einen hohen Stellenwert hat. Wegen der subjektiv hohen Bedeutung der Gemeinschaft übernimmt man deren Normen, ist aber zu ihrer Umsetzung freiwillig zur Inkaufnahme persönlicher Kosten bereit. Umweltfreundlichkeit ist abhängig von den Normen der Bezugsgruppe, an die man sich anpasst. Wechselt man in eine andere Gruppe, in der umweltfreundliches Verhalten keine Rolle spielt, werden sie für das eigene Verhalten kaum noch Bedeutung haben.
(4) Perspektive eines Kollektivs & Orientierung an Recht und Ordnung	Allgemein gilt: Moralisch ist, was formal oder informell nicht verboten ist. Umweltfreundliches Verhalten erfolgt in jenen Bereichen, in denen Gesetze dies verlangen oder wenn die Mehrheit mitmacht (z. B. beim Boykott von Shell, Mülltrennung). Man passt sich an, macht, was sich gehört, und ist dabei auf gesellschaftliche Akzeptanz und Anerkennung bedacht. Wird die Umweltproblematik in den Medien marginalisiert, wird sie dies auch in den alltäglichen Handlungen. Die ökologische Verantwortung wird an den Gesetzgeber abgegeben, nicht aber eigenständig übernommen. Temporär und situativ ist stabile Umweltfreundlichkeit möglich, da man an der Mehrheit orientiert ist. Dazu müssen die Umwelthandlungen aber dauerhaft von anderen wahrgenommen und mit Wertschätzung bedacht werden. Sonst: Abschiebung der eigenen Verantwortung an andere, wenn die Mehrheit nicht mitmacht. In Fragebögen zum Umwelthandeln wird oft sozial erwünscht geantwortet.
(5) Die legalistische Sozialvertrags-Orientierung *(6) Orientierung an allgemeingültigen ethischen Prinzipien*	Allgemein gilt: Nicht das Recht, ein System oder eine Autorität sagt, was richtig ist, sondern allgemeingültige Prinzipien. Diese werden von einem depersonalisierten Standpunkt aus autonom entwickelt, wobei man sich auch an Diskursen bzw. den Argumenten anderer orientiert, selbige aber nicht unreflektiert übernimmt. Man ist aufgrund von Einsicht in die Notwendigkeit bereit, nicht nur geringe persönliche Kosten in Kauf zu nehmen, um das Richtige zu tun. Das Denken erfolgt in globalen Kontexten (think globally, act locally). Größtes Maß an Gemeinwohlorientierung. Da man seinen Standpunkt zu ändern bereit ist und nicht allein auf die Realisierung privater Interessen ausgerichtet ist, sind Veränderungen der gewohnten Handlungsweise keine Barriere. Stabiles Umwelthandeln ist möglich, wenn es die Normativität des Faktischen erforderlich macht. Dazu muss ein hinreichendes Umweltwissen vorhanden sein.

Tabelle 8: Kohlbergs Moralstufen und daraus abgeleitete Stufen der ökologischen Moral (aus: Stengel 2011, 276f.)

Anzustreben ist demnach ein Niveau moralischer Urteilsfähigkeit, bei welcher das Subjekt nach individuellen moralischen Prinzipien handelt, die an Gerechtigkeit und Gemeinwohlorientierung ausgerichtet sind.

An dieser Stelle ist ein Rückbezug zu der in der vorliegenden Untersuchung zugrunde gelegten Arbeitsdefinition moralisch-nachhaltigen Handelns angebracht. Moralisch-nachhaltiges Handeln wurde definiert als absichtliches, wenigstens teilbewusstes Handeln, welches nach moralischen Prinzipien erfolgt und als Wertorientierungen soziale, ökologische und ökonomische Aspekte umfasst (vgl. Kapitel 2.5.3.2.2). KOHLBERG & CANDEE (1984b, 404ff.) zeigen hier, was unter moralischen Prinzipien zu verstehen ist, und dies kann als Ergänzung zur hier gewählten Definition moralisch-nachhaltigen Handelns verstanden werden. Die durch die Stufentheorie KOHLBERGs (1976) hinzugetretene Fokussierung des Entwicklungsziels – individuelles Urteilen nach Aspekten der Gerechtigkeit und der Gemeinwohlorientierung – steht nicht im Widerspruch zu der Orientierung an sozialen, ökologischen und ökonomischen Wertorientierungen, sondern weist große Schnittmengen auf. Gleichwohl ist mit der gleichzeitigen Berücksichtigung von sozialen, ökologischen und ökonomischen Wertorientierungen eine inhaltliche Erweiterung moralischen Handelns zu moralisch-nachhaltigem Handeln verbunden.

Ebenso wie die Begründung moralischer Urteile auf einer qualitativen Dimension beschrieben werden kann, kann das Verantwortungsurteil auf qualitativ sich steigernden Stufen, hier: Modi, abgebildet werden. Im Rahmen einer Weiterentwicklung ändert sich vor allem die soziale Perspektive. Die Beschreibung der Modi der Verantwortung lautet wie folgt (siehe Tabelle 9):

Beschreibung der Modi der Verantwortung	Modus
Verantwortung und Verpflichtung werden von der Person als dasselbe angesehen.	1
Verantwortung und Verpflichtung werden unterschieden. Die Person fühlt sich aber nur sich selbst gegenüber verantwortlich.	2
Es wird anerkannt und gefordert, dass jeder für sich und sein Wohlergehen verantwortlich ist.	2/3
Verantwortung heißt, das „Gute" zu tun, unabhängig vom Urteil anderer, aber sie ist auf persönliche Bekannte beschränkt.	3
Verantwortung bedeutet vor allem die Achtung der Gefühle anderer. Wer keine Rücksicht auf die Gefühle nimmt, verdient keine Achtung.	3/4
Verantwortung als ein gegenseitiges Gefüge von Gefühlen und Übereinkünften zwischen Menschen in einer Partnerschaft oder einer Gemeinschaft.	4

Tabelle 9: Modi der Verantwortung (aus: Handke-Tiedemann 2011, 226, dort nach Kohlberg 1997, 221)

Die moralische Urteilsfähigkeit kann nach KOHLBERG (1974) sowie nach KOHLBERG et al. (1978) vor allem durch zwei Strategien gefördert werden – durch die Initiierung kognitiver Konflikte durch Dilemma-Diskussionen und die Schaffung einer geeigneten Lernumgebung, der „gerechten Gemeinschaft", wie im nachfolgenden Kapitel gezeigt werden wird.

3.5.2.2.2 Förderung durch pädagogische Interventionen

3.5.2.2.2.1 Grundannahmen

BENDER (1988) fasst Modelle ethischer Theoriebildung zusammen (vgl. Bender 1988, 66-125; siehe auch Ach/Siep 2008, 21-24):

- Ethik im kritischen Rationalismus (K. R. Popper, H. Albert)
- Diskursethik (J. Habermas); hier auch Kategorischer Imperativ, Diskurs- und Universalisierungsgrundsatz
- Vertragstheorie der Gerechtigkeit (J. Rawls)
- Ontologische Begründung der Verantwortung (H. Jonas)
- Pragmatische Ethik (H. Lübbe)
- Praxisanalytische Ethik (H. Fleischer)

KOHLBERGs (1968) Ansatz ist in den diskursethischen Kontext einzuordnen. KOHLBERG (1968; 1976) geht davon aus, dass das heranwachsende Subjekt Stufen der Moralentwicklung durchmacht, wobei die Entwicklung der kognitiven Komplexität mit einem adäquateren moralischen Urteil einhergeht (vgl.

Becker 2008, 63; Pfeifer 2009, 30f.). Dabei wird davon ausgegangen, dass die Entwicklung durch moralische Diskurse befördert werden kann.
Zentrale metaethische Annahmen, die KOHLBERGs (1968) moralkognitiven Entwicklungsansatz prägen, sind (vgl. Kohlberg 1984, 289-308; Becker 2008, 63; Pfeifer 2009, 30f.):

- Kognitivismus im Sinne der Betonung des Elements der Vernunft und des vernunftgemäßen Begründens (im Gegensatz zum Emotivismus) — Handlungsmotive, Gefühle und das Handeln selbst werden maßgeblich durch Denkprozesse beeinflusst
- Prinzipienorientiertheit in dem Sinne, dass Prinzipien die leitenden Regeln des moralischen Urteilens sind (im Gegensatz zur auf einzelne Handlungen bezogenen Akttheorie)
- Konstruktivismus (im Gegensatz zum Empirismus, aber auch Apriorismus) — die nächsthöhere Stufe des Denkens wird durch kognitive Konflikte initiiert, die durch konstruktives Lernen bewältigt werden
- Genetischer Strukturalismus: Das Denken entwickelt sich entlang von aufeinander aufbauenden Strukturen/Stufen
- Kontextübergreifende Geltung: Die Sequenzen der Stufen sind nicht abhängig von bestimmten Problembereichen oder sozialen Schichten oder Kulturen

Moralerziehung hat sich dabei einerseits der Entwicklungslogik anzupassen, andererseits soll sie den Übergang zur nächsthöheren Stufe stimulieren (vgl. Becker 2008, 63). Den metaethischen Annahmen zufolge sollen sich pädagogische Interventionen dazu auf das Denken beziehen, können unabhängig von Problembereichen oder sozialen Einheiten erfolgen und sollten moralische Konflikte als Diskurspunkte anbieten (vgl. Becker 2008, 63). Sein Ansatz ordnet sich wie folgt in alternative Konzepte der Moralpädagogik ein (siehe Tabelle 10):

Konzept	Moralphilosophische Position	Bild vom Kind/von menschlicher Entwicklung
Wertübermittlung	materiale Werteethik, der Kritik entzogen, durch Mythos oder Tradition geheiligt, „wahr"	kindliche Natur als roh und unbehandelt, bedarf notwendig der Führung, nicht selbstverantwortlich, wird mit einem Normensystem gefüllt
Wertklärung	Moral wird hauptsächlich in ihrer psychologischen Funktion als Orientierungssystem gesehen; eine klare individuelle Moral ist besser als gar keine	optimistische Auffassung: allmählich kommt die „an sich" gute Natur des Kindes hervor; Recht auf Selbstbestimmung
Wertanalyse	kognitive Klarheit über Normen/Normenkonflikte steht im Mittelpunkt; Verpflichtung auf Regeln rationalen Entscheidens; keine Aussage zur Substanz	rationalistisches Menschenbild; Entwicklung der Kognition und des Regelbewusstseins als Garanten von Moralität
Moralkognitive Entwicklung	zwischen Wertdogmatismus und -relativismus bzw. -individualismus kann allein noch das Prinzip „Gerechtigkeit" universelle Gültigkeit für sich beanspruchen; die Beurteilung von Gerechtigkeitsfragen ist zuvorderst ein kognitives Problem	die Heranwachsenden machen Stufen der Moralentwicklung durch; Entwicklung der kognitiven Komplexität geht einher mit adäquaterem Urteil

Tabelle 10: Konzepte der Moralpädagogik (Quelle: eigene Darstellung nach Becker 2008, 63; Pfeifer 2009, 30f.)

Während die lehrende Person bspw. in der Wertklärung als Animateurin bzw. Animateur, in der Wertübermittlung als Autorität fungiert, nimmt sie im Ansatz der moralkognitiven Entwicklung die Rolle des Stimulierenden ein (vgl. Becker 2008, 183). Auf methodischer Ebene kommen zur Stimulierung der Moralentwicklung moralische Dilemmata und das Praktizieren von „gerechten Gemeinschaften" zum Einsatz, die im Folgenden als pädagogische Interventionen näher vorgestellt werden.

3.5.2.2.2.2 Kognitive Konflikte: Dilemma-Diskussion

KOHLBERGs (1976) Ansatz ist konstruktivistisch geprägt und folgerichtig kann die moralische Urteilsfähigkeit auf eine nächsthöhere Stufe gehoben werden, wenn bestehende Strukturen zur kognitiven Bewältigung einer Anforderungssituation nicht mehr ausreichen (vgl. Pfeifer 2009, 292), also eine Perturbation erfolgt. Mit Blick auf PIAGET (1954) kann man hier von einem Akkomodationsprozess sprechen (vgl. Pfeifer 2009, 292). Um dies zu provozieren, werden Dilemma-Diskussionen eingesetzt (DD). Ein moralisches Dilemma liegt vor, wenn „moralische Prinzipien oder Ideale miteinander in Konflikt geraten" (aus: Lind 2009, 16). Die Erkenntnis, dass das Diskutieren von Dilemmatas einen Effekt auf die Moralentwicklung hat, hat ein Doktorand von

KOHLBERG (1986) entdeckt, Moshe Blatt. KOHLBERG (1986) wollte damit ursprünglich nur die moralische Urteilsfähigkeit von Personen messen und nannte den Einfluss von Dilemma-Diskussionen auf die Moralentwicklung den „Blatt-Effekt“ (siehe Kohlberg 1986).

Das wohl bekannteste Dilemma ist das „Heinz-Dilemma“ (aus: Kohlberg 1974, 66):

> „Irgendwo in Europa stand eine krebskranke Frau kurz vor dem Tode. Es gab ein Medikament, das sie hätte retten können, eine Radiumverbindung, die ein Apotheker in der Stadt vor kurzem entdeckt hatte. Der Apotheker verlangte dafür 2000 Dollar, das Zehnfache dessen, was ihn die Herstellung des Medikaments kostete. Der Mann der kranken Frau, Heinz, bat alle seine Bekannten, ihm Geld zu borgen, aber er konnte nur etwa die Hälfte des Preises zusammenbringen. Er sagte dem Apotheker, daß seine Frau im Sterben liege, und bat ihn, ihm das Medikament billiger zu verkaufen oder ihn später bezahlen zu lassen. Aber der Apotheker sagte ‚Nein‘. In seiner Verzweiflung brach der Ehemann in die Apotheke ein und stahl das Medikament für seine Frau.“

Die Methode DD wurde vor allem im schulischen Kontext reflektiert (vgl. bspw. Aufenanger et al. 1981, 109-134). Neuere Arbeiten zur DD hat vor allem LIND (2009) vorgelegt. Er praktiziert die „Konstanzer Methode der Dilemma-Diskussion“ (KMDD), welche sich von der „Blatt-Kohlberg-Methode“ dadurch unterscheidet, dass die Auseinandersetzung mit Gegenargumenten in den Fokus gestellt wird, weniger die Konfrontation mit Argumenten der nächsthöheren Stufe – im Sinne der „Plus-1-Konvention“ (vgl. Lind 2009, 73; siehe dazu auch Oser 1981). Gleichzeitig sollen sich im Diskussionsverlauf Phasen der Unterstützung durch die lehrende Person und Phasen der Herausforderung abwechseln (siehe Tabelle 11):

Zeit	Aktivität	Lernziele [Motivationsphase]
0 Min.	Das Dilemma kennenlernen (vortragen, lesen und nacherzählen lassen) und den „Dilemma-Kern" herausarbeiten [...].	[Unterstützung] 1. Die Teilnehmenden werden mit den Fakten vertraut gemacht und 2. lernen die Natur eines moralischen Dilemmas kennen
15	Probe-Abstimmung: War das Verhalten der zentralen Person eher richtig oder eher falsch? Pro- und Contra-Gruppen bilden; falls keine etwa gleich starken Gruppen zustande kommen: Die Behandlung des Dilemmas (ohne Bedauern!) beenden [...}. Keine Scheinkontroversen zulassen; Teilnehmer nicht auffordern, eine andere Rolle zu spielen oder eine andere Meinung zu übernehmen [...].	[Herausforderung] 3. Sich öffentlich mit einer Meinung zu einer Kontroverse exponieren können 4. Lernen, den Unterschied zwischen Entscheidung unter Druck und druckfreier Meinungsbildung zu verstehen 5. Die Vielfalt von Meinungen zu einem moralischen Problem anerkennen lernen
30	In jedem Meinungslager werden *kleine* Gruppen von 3-4 Teilnehmer/-innen gebildet, die ihre Gründe für bzw. gegen das Verhalten der Person im Dilemma austauschen und weitere Argumente suchen und diese nach ihrer Wichtigkeit und Bedeutung ordnen [...]	[Unterstützung] 6. Andere Menschen als Quelle der Unterstützung sehen lernen 7. Begründungen als Quelle der Stärkung der eigenen Position sehen lernen 8. Entdecken, dass Argumente eine unterschiedliche (moralische) Qualität haben können
40	Diskussion von Pro und Contra im *Plenum*: Die Lehrperson erläutert die Diskussionsregeln: a) Jedes Argument ist zulässig, alles darf gesagt werden; aber keine Person darf angegriffen oder bewertet werden - auch nicht positiv [...] b) die Teilnehmer rufen sich gegenseitig auf (Argumente-Ping-Pong) [...] Danach beginnt das Argumente-Ping-Pong: Aus einer Gruppe [...] trägt ein Teilnehmer zunächst die eigene Meinung und die (wichtigsten) Gründe hierfür vor. Nach seinem Beitrag folgt eine Entgegnung aus der anderen Gruppe. Wer geantwortet hat, ruft aus der *ersten* Gruppe eine Person auf, die sich zu Wort meldet. Und so weiter. Pro- und Contra-Argumente sollen an der Tafel verschriftlicht werden [...].	[Herausforderung] 9. Öffentliche Diskussionen über wirkliche moralische Probleme schätzen lernen 10. Sich Gehör verschaffen lernen; die eigenen Argumente pointiert vortragen lernen; Argumente nach ihrer Wichtigkeit ordnen und sich auf die wichtigsten konzentrieren lernen 11. Anderen genau zuhören lernen 12. Lernen, zwischen der Qualität von Argumenten (über die man heftig streiten kann) und der Qualität von Menschen (die man immer respektieren sollte) zu unterscheiden.

70	Jede Gruppe bringt die Argumente der anderen Gruppe in eine Rangreihe: Was waren die [...] besten Argumente der Gegenseite? Welche Argumente haben mich nachdenklich gemacht?	[Unterstützung] 13. Entdecken, dass Argumente unterschiedliche moralische Qualität haben können 14. Entdecken, dass auch Gegner gute Argumente haben können. Gute Argumente auch dann schätzen lernen, wenn sie von der Gegenseite kommen
80	Schluss-Abstimmung: War das Verhalten der Person in dem Dilemma eher richtig oder eher falsch? [...]; die Bedeutung der Abstimmung relativieren („Wenn Sie in eine solche Situation geraten würden, müssten Sie vermutlich ganz neu entscheiden").	[Herausforderung] 15. Kritik an der eigenen Position schätzen lernen 16. Lernen, dass auch die kontroverse Diskussion über ernsthafte Probleme zur Qualität des Lebens beiträgt
85	Nachfragen: Wie haben die Teilnehmer diese Diskussion empfunden? Was haben sie daraus gelernt? War es ein Gewinn? Was fanden sie störend? [...].	[Unterstützung] 17. Sich der Entwicklung bewusst werden, die man durch die Dilemma-Diskussion selbst durchgemacht hat. Die Lernsituation (...) wertschätzen lernen. Wozu kann sie mir und anderen helfen?
90	Ende der Dilemma-Stunde	

Tabelle 11: Ablaufschema einer Dilemma-Diskussion nach der „Konstanzer Methode der Dilemma-Diskussion" (aus: Lind 2009, 83-85, gekürzt und begrifflich angepasst, Kursivierungen aus dem Original übernommen)

PFEIFER (2009) fasst das Potenzial der Methode DD für den Ethikunterricht zur Kompetenzförderung zusammen (aus: Pfeifer 2009, 299, Kursivierungen aus dem Original übernommen):

- *Selbstreflexion*: Die Schüler werden sich ihrer Werthaltungen bewusst.
- *Empathie*: Die Schüler fühlen sich durch Perspektivwechsel in fremde Wahrnehmungen, Einstellungen ein.
- *Kommunikation*: Die Schüler verbalisieren ihre Positionen, nehmen andere auf und setzen sich damit auseinander.
- *Argumentation*: Die Schüler untersuchen Gründe auf ihre Relevanz und Triftigkeit. Sie setzen Prioritäten und nehmen Güterabwägungen vor. Sie urteilen kontextsensitiv, indem sie die Besonderheiten des Einzelfalls berücksichtigen. Sie suchen konstruktiv nach Lösungen und entwickeln moralische Phantasie.
- *Argumentierhaltung*: Die Schüler entwickeln eine rationale Argumentierhaltung. Sie werden sich bewusst, einer rationalen Diskursgemeinschaft anzugehören, in der ein „milder Zwang des besseren Arguments" herrscht.
- *Ambiguitätstoleranz*: Die Schüler lernen, mit Zweideutigkeiten, Widersprüchen und Aporien umzugehen.

Die Durchführung von DD stellt hohe Ansprüche an die leitende Person (vgl. Pfeifer 2009, 99). Neben moralphilosophischem, psychologischem und pädagogischem Grundlagenwissen soll die leitende Person vor allem nicht vorgeben, was „richtig" oder „falsch" sei (vgl. Lind 2009, 86). Kritisch wird reflektiert, dass die Zuordnung von Schüler/-innen-Äußerungen zu einer bestimmten Stufe selten eindeutig ist und die Lehrperson subjektiv urteilt (vgl. Pfeifer 2009, 301). Weitere Kritikpunkte führen an, dass die Stufenbeschreibungen keine bereichsübergreifende Gültigkeit haben, da die Entwicklung des Urteilens zu verschiedenen Problembereichen qualitativ unterschiedlich verläuft (vgl. Pfeifer 2009, 301). Somit muss sich auch die Förderung der Urteilsentwicklung in Abhängigkeit vom jeweiligen Problembereich gestalten (siehe bspw. Oser/Althof 1992, 247). Zudem wird angemerkt, dass DD moralischen Relativismus fördern und die Schüler/-innen bereits vorhandene Orientierungssicherheiten verlieren (vgl. Pfeifer 2009, 301; Uhl 1996, 93). Auch der alleinige Fokus auf Gerechtigkeit sei zu eng gefasst, „Fürsorge" und „Anteilnahme" würden unterschätzt (vgl. Gilligan 1982).
Alternativ wird Urteilsbildung auch über „konkrete Diskurse" zu fördern versucht. DIETRICH et al. (2008) schlagen dazu bspw. die Methode der „reflexiven Beratung" vor. Dabei handelt es sich um ein Rollenspiel, in welchem die Lernenden zu einer ethischen Fragestellung in unterschiedliche Rollen schlüpfen, bspw. „Fallberichterstatter/-in", „Berater/-in", „Expertin/Experte". Ziel ist die Förderung der Argumentationsfähigkeit (siehe Dietrich et al. 2008). Ein Dilemma-Charakter ist bei dieser Methode nicht zu erkennen. Die Schüler/-innen sollen lernen, Argumente danach zu beurteilen, ob diese deskriptiv oder normativ, d. h. wertend, sind (siehe Dietrich et al. 2008, 56).

3.5.2.2.2.3 Lernumgebung: „Gerechte Gemeinschaft" („just community")

Während DD semi-real sind, tauchen in der gelebten „gerechten Gemeinschaft" reale Dilemmata auf, die beobachtbare Konsequenzen haben (vgl. Lind 2009, 97). Der Ansatz der „gerechten Gemeinschaft", „demokratischen Gemeinschaft" oder „just community" (im folgenden: JC) kann als empirisch gesichert betrachtet werden (siehe Gilbert 1997; Ehman 1980; Reinhardt 1980; Berkowitz/Bier 2006). Der Ansatz wurde mehrfach schulpraktisch erprobt (vgl. Higgins 1980; Higgins 1987; Mauermann 1988; Power et al. 1989; Lind 2002)

und für die Unterrichtsgestaltung herangezogen (bspw. Aufenanger et al. 1981, 102-107).
KOHLBERG et al. (1984) haben Forschungen zur Beziehung zwischen moralischer Atmosphäre und Verantwortlichkeitsurteilen in Schulen durchgeführt (siehe Higgings et al. 1984). Sie bauen dabei auf einer Reihe von Forschungen auf (vgl. Kohlberg et al. 1984, 76-81):

- Classical and Practical Moral Dilemmas (siehe Leming 1973)
- Responsibility and deontic Reasoning on Practical Moral Dilemmas (siehe Gilligan & Belenky 1980)
- Moral Atmosphere (siehe Scharf 1973)

Zur Relevanz der moralischen Atmosphäre haben sich auch HIGGINGS et al. (1984) ausgesprochen. Da Werte durch Lern- und Sozialisationserfahrungen erworben und durch situative Umstände geprägt werden (vgl. Krömker 2008, 727), kommt dem Lernen in einer moralischen Atmosphäre eine besondere Bedeutung zu. Eine solche Atmosphäre ist geprägt durch eine bewusste, offene und kommunikative sowie demokratische Struktur (vgl. Higgings et al. 1984, 74-104). Bei der JC steht dabei nicht so sehr die rationale Qualität erzielter Konsense im Vordergrund, sondern die Tatsache, dass in die Diskurse die Interessen und Bedürfnisse der Schüler/-innen eingehen (vgl. Pfeifer 2009, 316). Grundlage des Ansatzes ist DEWEYs (1964) Erkenntnis[66], dass die Faktoren Autonomie und Verantwortung sowie Demokratie und Erziehung in einem wechselseitigen Bedingungsverhältnis stehen (vgl. Lind 2009, 99) und demzufolge nur im praktischen Tun und der Möglichkeit der ernsthaften Partizipation und Auseinandersetzung mit Normen erlernt werden können (vgl. Lind 2009, 99). Der Ansatz basiert somit auf einer interaktionistischen Anthropologie (vgl. Lind 2009, 99) und folgt den Grundlagen des Erfahrungslernens (vgl. Steffek 2000, 117). Der Sinn für Verantwortung und die eigene Urteilsfähigkeit werden dabei in idealer Weise im direkten Zusammenleben und -arbeiten erworben (vgl. Lind 2009, 98). KOHLBERG et al. (1978) gingen davon aus, dass das Gruppenklima die Qualität der moralischen Urteile der einzelnen Subjekte

66 KOHLBERG (1981) führt aus, dass bereits DEWEY (1964) demokratische Modellschulen forderte, also der Gedanke der JC nicht neu ist (vgl. Kohlberg 1981, 116).

beeinflusst, es also nicht nur um die Förderung individueller Kompetenzen gehen kann, sondern dass moralisches Handeln i. d. R. in einem Gruppenkontext stattfindet (vgl. Pfeifer 2009, 308). Im Wesentlichen geht es bei der JC um die Praktizierung von demokratischen Entscheidungsfindungsprozessen, die unterschiedliche Form annehmen können (vgl. Pfeifer 2009, 308). Ziel aller Bemühungen ist es, eine moralische Kultur zu schaffen (vgl. Pfeifer 2009, 308). Dabei machen die JC vor allem zwei Aspekte aus (vgl. Lind 2009, 97):

- das Herrschen einer moralischen Atmosphäre
- die demokratische Organisation

Mehrfach wurden die Lernziele und Prinzipien einer JC dargelegt, die sich alle mehr oder weniger gleichen (siehe bspw. Lind 2009, 89; Oser/Althof 1992, 353f.). Nach KOHLBERG et al. (1978) bedarf eine moralischen Atmosphäre vor allem zweier Dimensionen. Zum einen der Möglichkeit zur Rollenübernahme und des Ausmaßes der Ermutigung, einen Perspektivwechsel zu vollziehen. COLBY & KOHLBERG (1978) betonen ebenfalls die Relevanz der Rollenübernahme:

> „Man kann nicht moralisch urteilen, ohne Rollen zu übernehmen (...). Das Niveau der sozialen Kognition kommt im Niveau der Rollenübernahme zum Ausdruck. Dieses wiederum ist ein Bindeglied zwischen dem logischen oder kognitiven Niveau und dem moralischen Niveau." (aus: Colby & Kohlberg 1978, 362f.)

Zum Zweiten ist die Dimension der Gerechtigkeit zu beachten, auf der sich die Umwelt oder die Institution verorten lassen (vgl. Kohlberg 1981, 116). Eine Gerechtigkeitsstruktur lässt sich dabei durch Regeln oder Prinzipien bzgl. Belohnung/Bestrafung sowie der Verantwortung und den Privilegien der Mitglieder wahrnehmen (vgl. Kohlberg 1981, 116). In der Praxis kann sich dies etwa in Schulen darin äußern, dass Schüler/-innen und Lehrende eine Verfassung erarbeiten und jedes Mitglied Versammlungen einberufen und dort die eigene Meinung äußern kann (vgl. Kohlberg et al. 1978, 216f.; vgl. Lind 2009, 101f.). Die Zusammenfassung der Elemente einer JC in der Schulpraxis von EDELSTEIN et al. (2001) gehen darüber hinaus (vgl. Edelstein et al. 2001, 247):

- Inhaltsbezug: Aus der Schulpraxis stammende Inhalte werden diskutiert. Die Schüler/-innen erhalten die Möglichkeit, die jeweils höhere Stufe des moralischen Urteilens auszuprobieren.
- Urteil und Handeln: Durch die aktive Teilnahme sollen Schüler/-innen dazu gebracht werden, ihre reflektierten Urteile mehr und mehr institutionell in Handeln umzusetzen. Die Handlungsausführung wird kontrolliert, auf diese Weise soll kongruentes Handeln habitualisiert werden.
- Geteilte Normen: Die Schüler/-innen einigen sich auf Normen, die eine Minimalmoral darstellen. Die normativen Leitlinien, wie Gerechtigkeit, werden durch die Praxis stets appliziert und weiter konkretisiert, was die differenzierende Urteilsfähigkeit schult.
- Demokratisierung: Schüler/-innen sehen, wie sich ihre Entscheidungen in der Schulgemeinschaft auswirken, und lernen, geduldig an Kompromissen zu arbeiten und deren Zerbrechlichkeit auszuhalten.
- Rollenübernahme: Schüler/-innen erhalten die Möglichkeit, Rollen- und Perspektivübernahme zu praktizieren. Dabei identifizieren sich die Schüler/-innen mit „ihrer Schule".
- Selbstwirksamkeitsüberzeugung: Die Schüler/-innen machen die Erfahrung, selbst Einfluss nehmen zu können, Veränderungen zu bewirken, auch wenn dies manchmal viel Zeit und Kraft erfordert.

Sowohl der Ansatz der JC als auch DD wurden kritisch reflektiert.
Für den pädagogischen Kontext ist festzuhalten, dass der Ansatz der JC, ebenso wie das Stufenkonzept KOHLBERGs (1976), psychologisch und philosophisch fundiert ist; die erziehungswissenschaftliche Fundierung sei schwächer ausgeprägt, so resümiert LIND (1987) zusammenfassend (vgl. Lind 1987, 9). Auch REKUS (1993) ordnet den Ansatz den organisationstheoretisch akzentuierten Ansätzen zu und grenzt von bildungstheoretisch und erziehungstheoretisch orientierten Ansätzen ab (siehe Rekus 1993, 155-165). In der pädagogischen Realität ergeben sich Schwierigkeiten, den Ansatz entsprechend umzusetzen; es scheint schwierig zu sein, keine „Pseudo-Demokratie", aber auch kein „Laisser-faire" zu praktizieren (vgl. Lewin/Lewin 1941).
Dies ist im Zusammenhang mit den hohen Anforderungen an leitende Personen zu sehen. Dies wird auch bei der DD kritisiert. So wurde kritisch angemerkt, dass der Ansatz der JC von Lehrenden (zu) viel verlangt, der Zusammenhang zum „normalen" Unterricht nicht geklärt ist, das Prinzip der Gleichberechtigung aller nicht zwangsläufig nur über Partizipation laufen müsste, akademische Ziele zu stark in den Hintergrund rücken usw. (vgl. bspw. Leschinsky 1987). Wesentliche kritische Rückfragen ergaben sich auch aus der Schulorganisation (vgl. Pfeifer 2009, 314). Lehrende und ggf. Eltern befürchten ein Zukurzkommen des Fachunterrichts (vgl. Pfeifer 2009, 314).

3.6 Kritische Würdigung

3.6.1 Methodik

Ausgehend von einem pädagogisch-psychologischen Zugang mit Fokus auf lern- und handlungstheoretische Erkenntnisse wurden Ansätze und Konzepte der BNE und BBNE betrachtet. Kritisch anzumerken wäre, dass hierbei der Rahmen der bildungspolitisch beeinflussten Erkenntnisse nicht verlassen wurde, somit nur ein kleiner Ausschnitt der nachhaltig ausgerichteten Bildungsarbeit in non-formalen und formalen Kontexten erfasst wurde. Die Bildungslandschaft ist hier mannigfaltig und zum Teil bereits schon sehr lange auf Bildung zu Themen nachhaltiger Entwicklung ausgerichtet, wenn dies auch nicht offiziell so bezeichnet wurde (etwa in älteren Strömungen der globalen Bildung).

Ebenfalls ist anzumerken, dass Normen als wichtiger Teil des moralischen Moments in Handlungsmodellen vorrangig auch in der Soziologie betrachtet werden (siehe bspw. Bonß et al. 2013). Hier werden auch entsprechende Handlungstheorien und -modelle hinterlegt; die Wahl eines pädagogisch-psychologischen Zugangs hat also eine deutlich begrenzte Reichweite.

Nachfolgend wurde der Fokus auf Modelle der Umweltpsychologie gelegt und ein Handlungsmodell für das weitere Vorgehen ausgewählt. In die Betrachtung einbezogen wurden lediglich Modelle, die sich bereits in NE-Kontexten finden; dies hat zur Folge, dass Modelle, die einen wichtigen Beitrag zum Erkenntnisinteresse leisten könnten, aber für BNE und BBNE im Rahmen der bildungspolitischen Programme noch nicht in Erscheinung getreten sind, unsichtbar bleiben. Dies gilt vermutlich vor allem für den beruflichen Kontext.

Eine als relevant identifizierte Schwachstelle des ausgewählten Modells von MATTHIES (2005) wurde durch eine gezielte Suchbewegung in der moralpsychologischen Modellforschung bearbeitet. Hier kann kritisch reflektiert werden, dass bei der Suche nach einer modellgestützten theoretischen Fundierung moralisch-nachhaltigen Handelns auch ein umgekehrtes Vorgehen interessant gewesen wäre. Zunächst den Blick in die Moralpsychologie zu werfen und sodann die Umweltpsychologie zurate zu ziehen, hätte ebenfalls fruchtbare Erkenntnisse liefern können.

Die Auswahl von vereinzelten handlungswirksamen Faktoren für moralisch-nachhaltiges Handeln kann als Verkürzung betrachtet werden. Denn ihre vergleichsweise unmittelbar eingängige pädagogische Nutzbarkeit darf nicht verdecken, dass andere handlungswirksame Faktoren ggf. gewichtiger sind. Auch soll nicht der Blick darauf versperrt werden, dass auch Faktoren, die zunächst einmal nicht pädagogisch zugänglich erscheinen, dies durch innovative Designs doch sein könnten.

3.6.2 Ergebnisse

Die Bildungsarbeit, die im Kontext der bildungspolitischen Programme seit Beginn der UN-Dekade geleistet wurde, ist mannigfaltig und reich an Ansätzen unterschiedlichster Couleur, wenn sich auch gewisse Konzepte, wie etwa jenes der Gestaltungskompetenz (siehe de Haan et al. 2008), wie ein roter Faden darstellen. Die Modellprojekte und ihre Arbeit sind unzählbar und so muss die Darstellung des Status quo zwangsweise unvollständig sein. Erfasst wurden einige konstituierende Elemente, es soll aber nicht vergessen werden, dass insbesondere abseits des „Mainstream" sicherlich fruchtbare Ansätze entwickelt wurden.

Die ausgewählten Modelle aus der Umwelt- und Moralpsychologie sind für *allgemeine* Handlungskontexte konzipiert. Bei beiden Modellen wird bemängelt, dass sie situative und kontextgebundene Aspekte zu wenig berücksichtigen. Das Erkenntnisinteresse umfasst neben der BNE auch die noch in der Entwicklung befindliche BBNE, sodass angenommen werden muss, dass der berufliche Kontext mit den ausgewählten Modellen noch nicht abgebildet werden kann. Somit ist auch der Aspekt des DÜRFENs, der sich auf die Rahmenbedingungen einer Handlungssituation bezieht, bislang unterbelichtet und wird lediglich in der „positiven Wendung", in den Maßnahmen zur Förderung der Selbstwirksamkeitserwartung und der moralischen Kompetenz, deutlicher. Hierauf wird zurückzukommen sein (siehe Kapitel 5).

Die Hinweise aus der lerntheoretischen Reflexion der handlungswirksamen Faktoren bedienen sich vornehmlich traditioneller Formen der pädagogischen Intervention – bis auf die DD als vergleichsweise innovative Methode werden Techniken vorgestellt, die schon seit Langem in der Fachliteratur bekannt sind. Interessant ist, dass die JC als Ansatz nicht nur die moralische Urteilsfähigkeit zu fördern in der Lage ist, sondern auch zu einer Stärkung der SWE führen kann (vgl. Edelstein et al. 2001, 247).

Schlussendlich kann kritisiert werden, dass es sich beide Male um Prozessmodelle und Modelle handelt, die den kognitiven Aspekt bei der Handlungsgenese betonen. Hier gelten die Hauptkritikpunkte der jeweils anderen Modellvorstellungen.

3.7 Konklusion

Das Erkenntnisinteresse lautete: Welches sind die handlungswirksamen Faktoren, die moralisch-nachhaltiges KÖNNEN, WOLLEN, DÜRFEN und Handeln beeinflussen? Das übergeordnete Ziel ist es dabei, sich einer Didaktik anzunähern, die moralisch-nachhaltiges Handeln befördert.
Dazu wurden bestehende Ansätze und Konzepte der BNE und BBNE auf fruchtbare Erkenntnisse hin betrachtet und weiterer Fundierungsbedarf festgestellt. Aus der umwelt- und moralpsychologischen Forschung heraus ergaben sich wichtige handlungswirksame Faktoren, die moralisch-nachhaltiges Handeln bedingen und die pädagogischen Interventionen zugänglich sind (siehe Abbildung 21).

Abbildung 21: Strategien zur Förderung moralisch-nachhaltigen Handelns (Quelle: eigene)

Eine zu geringe SWE kann dazu führen, dass trotz moralisch-nachhaltig relevanten Fähigkeiten und Kenntnissen (KÖNNEN) und ggf. geeigneten Rahmenbedingungen des Handelns (DÜRFEN) im kognitiven Entscheidungsprozess keine Motivation, kein Wille entsteht (WOLLEN), sodass als Folge der Evaluationsphase in einer moralisch-nachhaltig relevanten Handlungssituation kein Handeln bzw. ein nicht moralisch-nachhaltiges Handeln erfolgt. Hier können pädagogische Interventionen greifen, die das Formulieren und Erreichen von Nahzielen sowie Bewältigungsstrategien für herausfordernde Situationen ermöglichen, sodass vor allem Erfolgserfahrungen gemacht und positiv attribuiert werden können (siehe Kapitel 3.5.2.1).

Ebenso kann sich eine zu geringe Niveaustufe der moralischen Urteilsfähigkeit negativ auf die Fähigkeiten und Kenntnisse (KÖNNEN) in einer moralisch-nachhaltig relevanten Handlungssituation auswirken, indem trotz ggf. günstiger Handlungsbedingungen (DÜRFEN) keine Motivation, kein Wille entsteht (WOLLEN), das deontische Urteil somit keine Entsprechung im Verantwortungsurteil findet und kein entsprechendes Handeln erfolgt. Hier können pädagogische Interventionen greifen, die die Diskussion moralischer Dilemmata anregen, um hypothetisch, also in Gedanken, das Dilemma auf der Ebene höherwertiger Pro-/Contra-Argumente durchzuspielen. Ebenso ermöglicht eine gelebte JC, moralisch-nachhaltiges Handeln als Probe durchzuführen und durch Erfahrungen einen Kompetenzzuwachs zu erzielen (siehe Kapitel 3.5.2.2).

Interessanterweise wurden zwar keine Befunde zu handlungshemmenden Faktoren des DÜRFENS gefunden, da sowohl MATTHIES‘ (2005) Modell als auch das Modell von KOHLBERG & CANDEE (1984b) die situativen Rahmenbedingungen unterbelichtet lassen – bei den Hinweisen zur pädagogischen Förderung der SWE und der moralischen Kompetenz aber wurde mit der Methode der JC eine Intervention gefunden, die sich auf die Schaffung positiver äußerer Bedingungen bezieht. Diese ermöglicht es demnach zum Teil, ein moralisch-nachhaltiges KÖNNEN und WOLLEN überhaupt erst herbeizuführen, welche dann ihrerseits positiv zurückwirken. So können Rahmenbedingungen, die Lernen durch Erfahrung und „Probehandeln“ ermöglichen, dazu beitragen, dass die SWE gesteigert und eine höhere Moralstufe erreicht werden kann.

Nun wäre ein Rückbezug auf die BNE und BBNE von Interesse, um zu sehen, ob und wie didaktisch eingebettet passende pädagogische Interventionen ggf. bereits umgesetzt werden. Auf diese Weise könnte das Ziel, sich einer Konzeption einer Didaktik zur Förderung moralisch-nachhaltigen Handelns anzunähern, anschlussfähig und praxisnah gestaltet werden. Bislang stehen die erarbeiteten Erkenntnisse „nackt“ und recht allgemein ohne klaren Bezug zu BNE und BBNE und dem „Moralisch-Nachhaltigen“ im Handeln in diesen Kontexten. Wie bereits festgestellt (siehe Kapitel 3.1), bieten BNE und BBNE auf der Ebene der Modellprogramme und -versuche bislang begrenzte Ansatzpunkte zur Behebung dieses Desiderats.

Fruchtbarer scheint es zu sein, didaktische Arbeit abseits der Förderstrukturen zu betrachten. Kontexte, die sich zwar seit jeher BNE-relevanten Inhalten widmen, aber weniger von den typischen Förderstrukturen beeinflusst sind, zeigen ggf. interessante didaktische Ansatzpunkte für die Förderung von moralisch-nachhaltigem Handeln auf.

Mit Blick auf geeignete Analysefelder stellt sich die Frage, wo nachhaltige Inhalte mit Bezug zu Moral behandelt werden. Wo werden Umweltmoral, Wirtschaftsmoral, Moral in sozialen Kontexten — bzw. die entsprechenden „Bindestrichethiken“ — thematisiert? Durch die Bildungsbereiche hindurch ist dies im schulischen Umfeld zu erwarten, auch in der beruflichen Ausbildung, in der Weiterbildung wohl eher vereinzelt oder sehr berufsspezifisch, weniger auch in der allgemeinen Weiterbildung, bspw. an Volkshochschulen. Nun zeigt BUDDEBERG (2014) für den schulischen Bereich auf, dass bislang eher von einer vereinzelten Einbindung nachhaltigkeitsrelevanter Themen in wenigen Unterrichtsfächern die Rede sein kann (siehe Buddenberg 2014). Dies kann auch für die berufliche Aus- und Weiterbildung gelten (vgl. Baedeker et al. 2014).

Dies lenkt den Blick auf den außerschulischen Bildungsbereich, der sehr vielfältig in seiner Art ist. Hier finden sich Ansätze und Konzepte sehr unterschiedlichen Niveaus, was die theoretische Fundierung der Bildungsarbeit betrifft. Ein geeignetes Fallbeispiel aus der Praxis sollte nicht zu individuell sein und eine gewisse konzeptionelle Ebene bedienen sowie an das BNE-Feld anschlussfähig sein.

Ein geeignetes Feld könnten Freiwilligendienste darstellen, deren Bildungsarbeit eine lange Tradition hat. Während der Bundesfreiwilligendienst (BFD) erst seit dem Jahr 2011 angeboten wird und noch kein qualifiziertes pädagogisches Konzept aufweist, blicken das „Freiwillige Soziale Jahr“ (FSJ) und das „Freiwillige Ökologische Jahr“ (FÖJ) auf über 50 bzw. über 10 Jahre Bildungsarbeit zurück. Ansatzpunkte für moralische Themen finden sich bei beiden Diensten. So ist es sowohl im FSJ als auch im FÖJ das Ziel,

> „(...)soziale, kulturelle und interkulturelle Kompetenzen zu vermitteln und das Verantwortungsbewusstsein für das Gemeinwohl zu stärken." (aus: JFDG § 3; § 4, Abschn. 2)

Die pädagogische Begleitung des FÖJ durch die Träger erfolgt unter anderem durch Seminare (siehe JFDG § 5, Abschn. 2). In Nordrhein-Westfalen sind die Landschaftsverbände Rheinland und Westfalen-Lippe mit der Umsetzung des FÖJ beauftragt. Die durchgeführte Bildungsarbeit könnte ein fruchtbares Praxisbeispiel darstellen, zumal BNE ausdrücklich als Bestandteil der FÖJ-Bildungsarbeit bezeichnet wird (vgl. BMFSFJ/Bundesländer 1997, 5f.) und auch die Frage nach dem Zusammenhang von Wissen und Handeln bereits im Kontext des FÖJ gestellt wurde. So hatte man hier die

> „Einsicht, daß umweltgerechtes Handeln nur dann dauerhaft stabil hergestellt werden kann, wenn Wissen, Einstellungen und Verhaltensangebote, Verhaltensanreize und die Wahrnehmbarkeit der Konsequenzen eigenen Handelns miteinander verknüpft werden." (aus: Arnold/Wüstendörfer 1996, 4)

Neben der Kompetenzentwicklung im Rahmen der pädagogischen Arbeit sind auch Persönlichkeitsentwicklung sowie berufliche Orientierung und berufliche Vorqualifizierung erklärte Ziele des FÖJ, die durch entsprechende pädagogische Konzeptionen verschiedenenorts auch erreicht werden (vgl. Düx/Sass 2011, 11). Dieser Sachverhalt macht diesen Bereich zusätzlich zu einem potenziell fruchtbaren Forschungsfeld für die noch defizitär entwickelte BBNE. Denn das FÖJ kann mit seiner Zielausrichtung in den Kontext der BNE eingeordnet werden, ihm kommt aber durch das Ziel der beruflichen Vorqualifizierung eine wichtige Funktion für die BBNE zu.

Es wäre demnach zu klären, ob und wenn ja, in welcher Weise die Bildungsarbeit des FÖJ als geeignetes Good-practice-Beispiel Ansätze bietet, die für die Konzipierung einer Didaktik zur Förderung moralisch-nachhaltigen Handelns nutzbar sind.

4 Empirischer Teil – Annäherung an eine handlungstheoretisch fundierte Didaktik zur Förderung moralisch-nachhaltigen Handelns

4.1 Status quo/Problemstellung

Im Vorangegangenen wurden aus der umwelt- und moralpsychologischen Forschung handlungswirksame Faktoren, die moralisch-nachhaltiges Handeln bedingen und die pädagogischen Interventionen zugänglich sind, identifiziert. Die Faktoren SWE und die jeweils vorhandene Niveaustufe der moralischen Urteilsfähigkeit wirken sich in der günstigen Ausprägung positiv auf die Wahrscheinlichkeit aus, moralisch-nachhaltig zu handeln. Um die günstige Ausprägung beider Faktoren zu fördern, können „just communities" auf didaktischer Ebene und die Durchführung von Dilemmadiskussionen auf methodischer Ebene umgesetzt werden (siehe Kapitel 3.5.2).

Um die Förderung dieser handlungswirksamen Faktoren in der Praxis näher kennenzulernen, wurde das FÖJ NRW als ein geeignetes Explorationsfeld identifiziert. Es ist bislang aber unklar, ob und, wenn ja, in welcher Weise die Bildungsarbeit des FÖJ ein geeignetes good-practice-Beispiel darstellt, sich einer Didaktik zur Förderung moralisch-nachhaltigen Handelns in der Praxis noch weiter anzunähern. Hierzu muss das didaktische Konzept des FÖJ NRW auf Hinweise untersucht werden, dass dort tatsächlich eine Förderung der SWE und der moralischen Urteilsfähigkeit betrieben wird. Gibt es hierfür Anzeichen, ist ein entsprechendes Forschungsinstrumentarium zu konzipieren, um beide handlungswirksamen Faktoren in ihrer Ausprägung zu erfassen.

4.2 Erkenntnisinteresse

- **Finden sich fördernde Einflussfaktoren für moralisch-nachhaltiges Handeln im didaktischen Konzept des FÖJ NRW?**

Mit Blick auf das vorangegangene Kapitel kann das Erkenntnisinteresse präzisiert werden: Gibt es Anzeichen, dass das didaktische Konzept des FÖJ NRW die SWE der Teilnehmenden fördert? Gibt es Anzeichen, dass die moralische Urteilsfähigkeit gefördert wird?

Dies ist in einer Voruntersuchung zu klären. Falls es erste Hinweise darauf gibt, ist mit einem geeigneten Forschungsinstrumentarium Näheres dazu zu erfassen (Hauptuntersuchung). Von Interesse ist dabei auch, wie sich das didaktische Konzept des FÖJ NRW grundsätzlich gestaltet, wie also die Förderung der genannten handlungswirksamen Faktoren, falls vorhanden, didaktisch eingebettet wird.

4.3 Voruntersuchung: FÖJ NRW als geeignetes Explorationsfeld?

4.3.1 Einführung: das FÖJ Rheinland — Fakten

Das FÖJ gehört zu den Formen des bürgerschaftlichen Engagements und besteht in einem freiwilligen Dienst, der ohne Erwerbsabsicht und außerhalb einer Berufsausbildung für die Dauer von in der Regel zwölf zusammenhängenden Monaten, vergleichbar mit einer Vollzeitbeschäftigung, durchgeführt wird (vgl. § 2 JFDG 2008; § 5 JFDG 2008). Mit dem Gesetz zur Förderung des Freiwilligen Ökologischen Jahres (FÖJ) wurde 1993 die Grundlage für eine bundesweite Einführung des FÖJ gelegt (vgl. Arnold/Wüstendörfer 1996, 1)[67]. Im Herbst 1995 wurde das FÖJ in Nordrhein-Westfalen eingeführt (vgl. Arnold/Wüstendörfer 1996, 1).

Jugendliche müssen bei Antritt eines FÖJ die Vollzeitschulpflicht erfüllt haben und dürfen das 27. Lebensjahr noch nicht vollendet haben (vgl. § 2 JFDG 2008). FÖJler/-innen sind in sog. Einsatzstellen im Natur- und Umweltschutz ganztägig überwiegend für praktische Hilfstätigkeiten einzusetzen (vgl. § 4 Abschnitt 1 JFDG 2008). Für ihren Dienst erhalten die FÖJler/-innen eine unentgeltliche Unterkunft (oder eine Geldersatzleistung bzw. einen Zuschuss), Verpflegung und Arbeitskleidung sowie ein angemessenes Taschengeld (vgl. § 2 Abschnitt 3 JFDG 2008).

Die Organisation des FÖJ wird von einem Träger sichergestellt, der auch die pädagogische Begleitung übernimmt (vgl. § 4 Abschnitt 2 JFDG 2008). Diese umfasst die an Lernzielen orientierte fachliche Anleitung der Freiwilligen durch die Einsatzstelle, die individuelle Betreuung durch pädagogische Kräfte des Trägers und durch die Einsatzstelle sowie die Seminararbeit (vgl. § 5 Abschnitt

[67] Das FÖJ-Gesetz von 1993 wurde im Jahr 2002 aktualisiert (vgl. BMFSFJ o. J.) und im Jahr 2008 in das Gesetz zur Förderung von Jugendfreiwilligendiensten („Jugendfreiwilligendienstegesetz“, JFDG 2008) integriert.

2 JFDG 2008). Die Teilnahme an den sog. „Bildungsseminaren" ist für FÖJler/-innen verpflichtend und zählt zur Dienstzeit (vgl. § 5 Abschnitt 2 JFDG 2008). Dabei handelt es sich um fünf pädagogisch ausgestaltete Seminarwochen mit entsprechenden Fachinhalten, der Möglichkeit zur beruflichen Orientierung sowie zum persönlichem Erfahrungsaustausch in der FÖJler/-innen-Gruppe (vgl. Werner 2011b, 41).

In NRW sind zwei Institutionen mit der Durchführung beauftragt. Für das FÖJ im Rheinland ist der Landschaftsverband Rheinland (LVR) zuständig (siehe www.foej.lvr.de), für das Einzugsgebiet Westfalen-Lippe ist dies der Landschaftsverband Westfalen-Lippe (siehe www.foej-wl.de). Die folgende Darstellung bezieht sich auf das FÖJ im Rheinland[68].

Finanziert wird das FÖJ im Rheinland aus Mitteln des Bundesministeriums für Familie, Senioren, Frauen und Jugend (BMFSFJ), des Ministeriums für Familien, Kinder, Jugend, Kultur und Sport in Nordrhein-Westfalen (MFKJKS NRW) und des Landschaftsverbands Rheinland (vgl. Werner 2011b, 41).

Im FÖJ Rheinland absolvierten im Jahr 2016 über 170 FÖJler/-innen ihr FÖJ in über 70 Einsatzstellen[69]. Für das FÖJ in NRW gilt eine Quote bei der Besetzung der Einsatzstellen, um Chancengleichheit und Inklusion zu ermöglichen (vgl. Liebig 2009, 56f.). Auf die Gesamtheit aller freien Plätze in den Einsatzstellen gesehen müssen 50 % der Plätze an FÖJler/-innen ohne Schulabschluss bzw. Sek. I-Abschluss vergeben werden (vgl. Lonny 2014, 8). Damit wirkt das FÖJ in NRW dem Faktum entgegen, dass in der Vergangenheit überwiegend junge Frauen mit einem vergleichsweise hohen Bildungsabschluss ein FÖJ angetreten haben und Jugendliche mit niedrigen oder fehlenden Abschlüssen keinen Zugang zum FÖJ gefunden haben (vgl. BMFSFJ o. J.). Die Teilnehmenden sind zwischen 16 und 27 Jahre alt. Die Motivationslage der Jugendlichen, ein FÖJ zu beginnen, liegt vor allem in beruflichen und persönlichen Motiven begründet. Hier stehen die Möglichkeiten zur beruflichen Orientierung und zum Erlernen von Selbstständigkeit im Vordergrund — ökologische Motive sind nicht entscheidend, wenngleich viele „noch ein Grundinteresse an der Natur und Umweltschutzthemen haben" (aus: Werner 2008, 30).

---

68 Die Institution wurde aus Gründen des Zugangs zum Feld ausgewählt.

69 Siehe: http://www.lvr.de/de/nav_main/jugend_2/jugendfrderung/fj/fj_1.jsp; 11/2016

4.3.2 Vorgehen/Methodik

Erwartungen

> „Die qualitative Methodologie kann aber ihrerseits nicht weiterhin dem Selbstbild anhängen, über einen spezifischen, von Vorwissen freigehaltenen Zugang zu sozialen Phänomenen zu verfügen (...). Sie muss kommunizierbare Möglichkeiten entwickeln, um die auch bei ihr auftretende Vorstrukturierung des Gegenstandsbereiches zu reflektieren und explizit zu machen." (aus: Meinefeld 1997, 32)

Schon MEINEFELD (1997) verweist darauf, dass die Formulierung von Erwartungen, Vorwissen oder gar Ex-ante-Hypothesen in qualitativen methodischen Zusammenhängen signifikante Vorteile haben kann (siehe ausführlicher Kapitel 4.4.2).

Die Erwartungen zu Beginn der vorliegenden Untersuchung sind durch den Umstand geprägt, dass die Forschende bereits über Vorkenntnisse zum Untersuchungsgegenstand des FÖJ verfügte. Im Jahr 2000/2001 war sie selbst Absolventin eines FÖJ im Rheinland. Die Vorkenntnisse bezogen sich auf die damalige Ausgestaltung der Seminare und haben den Zugang zum Feld erleichtert. Die Erwartungen waren durch die nunmehr über 15 Jahre zurückliegenden Kenntnisse zu den Inhalten einer BNE in den Seminaren geprägt. Konkret wurde angenommen, dass sich das FÖJ Rheinland in der Zwischenzeit nicht vom Themenkomplex der BNE abgewandt hat.

Instrumente: Dokumentenanalyse und Interviews

Angezeigt ist zunächst ein engeres Suchraster in Hinblick auf die identifizierten handlungswirksamen Faktoren SWE und moralische Urteilsfähigkeit. Diese sind zu operationalisieren und es ist auf effiziente Weise zu überprüfen, ob sich eine nähere Betrachtung der pädagogischen Konzeption des FÖJ im Rheinland in Hinblick auf das Erkenntnisinteresse lohnt. Diesen Zweck soll eine Dokumentenanalyse erfüllen. Ein bzw. mehrere nachgeschaltete Interviews sollen vertiefende, präzisierende und weiterführende Informationen zum pädagogischen Konzept der Bildungsseminare liefern und dürfen inhaltlich breiter gestaltet sein. Adressatinnen und Adressaten der Interviews wären die pädagogischen Leitungen der Seminare.

Dokumentenanalyse

Bildungsarbeit hinterlässt in der Regel Spuren in Form von Dokumentationen – Beschreibungen der Arbeit, Pläne zur Durchführung, Materialien, verwendete Sachbücher, Arbeitsblätter u. Ä. Diese Dokumente[70] geben Aufschluss über Inhalte und die Art und Weise der Gestaltung didaktischer Arbeit. Dies kann auch für die Bildungsarbeit im FÖJ Rheinland angenommen werden. Es ist also zu prüfen, inwieweit und in welcher Form (bspw. elektronisch, schriftlich) entsprechende Dokumente vorliegen und inwiefern sie einer Analyse zugänglich sind.

Interview

Um auf der Grundlage der ersten Erkenntnisse aus der Dokumentenanalyse ergänzende, ggf. präzisierende und weiterführende Informationen zum pädagogischen Konzept des LVR zu erhalten, scheint der zusätzliche Einsatz von Interviews geeignet. Im Anschluss daran kann dann die Entscheidung getroffen werden, ob eine nähere Untersuchung des FÖJ im Rheinland angezeigt ist – Voraussetzung hierfür wäre, dass sich ausreichend viele Hinweise darauf finden, dass SWE und moralische Urteilsfähigkeit adressiert werden.
Geleistet werden soll dabei, gemäß dem explorativen Charakter der Untersuchung, eine möglichst umfassende Berücksichtigung des zu erfragenden Realitätsausschnittes, aber auch eine ausreichend ausgeprägte Orientierung an der Problemstellung der vorliegenden Untersuchung (vgl. Mayer 2008, 43; „theoretische Relevanz", vgl. Stigler/Felbinger 2005, 130). Hierin liegt die Herausforderung: Gefunden werden muss eine Interviewform, die dem/der/den Befragten die Gelegenheit gibt, (ggf. nicht antizipierte relevante) Themen einzubringen, andererseits muss dazu angehalten werden, die Problemstellung der jeweiligen Untersuchung nicht aus dem Fokus zu verlieren (vgl. Mayer 2008, 44, der auf Friebertshäuser 1997, 377 verweist). In einer explorativen Untersuchung wie der vorliegenden sind grundsätzlich wenig bzw. halb standardisierte Interviewformen angezeigt, die einer qualitativen Ausrichtung entsprechen. Im Bereich qualitativer Interviews findet sich entsprechend der Viel-

70 Da davon ausgegangen werden kann, dass es sich um Materialien von entsprechender Aktualität handelt, wird nach GLASER (2010) der Begriff „Dokument" und nicht „Quelle" verwendet (vgl. Glaser 2010, 367).

zahl von Forschungsinteressen eine große Anzahl von Herangehensweisen, Formen und Ausprägungen (vgl. Lamnek 2002, 172[71]).
Zum Zweck der vorliegenden Untersuchung erscheint ein halb standardisiertes Interview angezeigt. Eine breit einsetzbare Interviewform ist hierbei das Leitfadeninterview (vgl. Friebertshäuser/Langer 2010, 439[72]). MAYER (2008) bietet eine besondere Form des Leitfadeninterviews an, welches als „Experteninterview" konzipiert ist (siehe Mayer 2008, 37-57). Hierbei sind „Experten" zu identifizieren, deren „praxisgesättigtes Erfahrungswissen", welches mit der jeweiligen Funktion im Tätigkeitsbereich einhergeht, erfasst werden soll (vgl. Meuser/Nagel 2010, 457f.). So geht es bspw. um die Entscheidungsmaximen der Personen, die — im vorliegenden Falle — die pädagogischen Programme der FÖJ-Bildungsseminare gestalten (vgl. Meuser/Nagel 2010, 457).

4.3.3 Ergebnisse: Vorsondierung FÖJ – Hinweise

4.3.3.1 Analytische Definitionen

Von Interesse ist, ob sich in der Bildungsarbeit des FÖJ Rheinland didaktische Elemente finden, die eine positive Ausprägung der SWE und der moralischen Urteilsfähigkeit fördern können — beides handlungswirksame Faktoren für ein moralisch-nachhaltiges Handeln.
An dieser Stelle der Untersuchung ist eine erste Orientierung gefordert, sodass die folgenden analytischen Definitionen (vgl. Bortz/Döring 2006, 61) als ausreichend betrachtet werden sollen (vgl. Kapitel 3.5.2):
Anzeichen für die Förderung einer positiven Ausprägung der SWE (vgl. Schwarzer/Jerusalem 2002, 42ff.):

- Förderung einer internalen Attributionsstrategie
- Setzen von Nahzielen
- Unterstützen von Bewältigungsstrategien

---

71 LAMNEK (2002) bietet in seinem Beitrag eine Meta-Perspektive auf die wissenschaftstheoretische Ebene (Legitimation wissenschaftlichen Erkennens), die methodische Ebene (Prinzip der Offenheit, Kommunikation, Prozesscharakter, Flexibilität, Exploration, Reflexivität) und die inhaltlich-theoretische Ebene (Interpretatives Paradigma, Natural Sociology, Natural History, Symbolischer Interaktionismus, Ethnomethodologie) (siehe Lamnek 2002, 162-171).

72 Zu weiteren Interviewformen im halb standardisierten Bereich siehe bspw. auch LAMNEK (2002), SCHEELE & GROEBEN (1988).

- Ermöglichung stellvertretender Erfahrungen durch Beobachtung von Verhaltensmodellen
- Anwendung sprachlicher Überzeugungen durch Fremdbewertung (Rückmeldungen geben, coachen)
- Anwendung sprachlicher Überzeugungen durch Selbstinstruktion (anregen von „konstruktiven Selbstgesprächen")
- Anregung der Wahrnehmung eigener Gefühlsregung (Aufregung drosseln)

Anzeichen für die Förderung einer positiven Ausprägung der moralischen Urteilsfähigkeit (vgl. Lind 2009; Pfeifer 2009, 299; Edelstein et al. 2001, 247):

- Durchführung von Dilemma-Diskussionen
- Schaffung einer JC:
    - Inhaltsbezug: Aus der FÖJ-Praxis stammende Inhalte werden diskutiert. Die FÖJler/-innen erhalten die Möglichkeit, die jeweils höhere Stufe des moralischen Urteilens auszuprobieren.
    - Urteil und Handeln: Durch die aktive Teilnahme sollen FÖJler/-innen dazu gebracht werden, ihre reflektierten Urteile mehr und mehr institutionell in Handeln umzusetzen. Die Handlungsausführung wird kontrolliert, auf diese Weise soll kongruentes Handeln habitualisiert werden.
    - Geteilte Normen: Die FÖJler/-innen einigen sich auf Normen, die eine Minimalmoral darstellen. Die normativen Leitlinien, wie Gerechtigkeit, werden durch die Praxis stets appliziert und weiter konkretisiert, was die differenzierende Urteilsfähigkeit schult.
    - Demokratisierung: FÖJler/-innen sehen, wie sich ihre Entscheidungen in der Gemeinschaft auswirken, und lernen, geduldig an Kompromissen zu arbeiten und deren Zerbrechlichkeit auszuhalten.
    - Rollenübernahme: FÖJler/-innen erhalten die Möglichkeit, Rollen- und Perspektivübernahme zu praktizieren. Dabei identifizieren sich die FÖJler/-innen mit ihrer Gruppe.
    - Selbstwirksamkeitsüberzeugung: Die FÖJler/-innen machen die Erfahrung, selbst Einfluss nehmen zu können, Veränderungen zu bewirken, auch wenn dies manchmal viel Zeit und Kraft erfordert.

4.3.3.2 Dokumentenanalyse

4.3.3.2.1 Zur Durchführung

Die Dokumentenanalyse fand im März 2013 statt. Zum einen wurde das Intranet des LVR, welches eine Dokumentensammlung der FÖJ-Zentralstelle enthält, betrachtet. Zum anderen wurden Veröffentlichungen des LVR auf Hinweise zu den genannten Faktoren untersucht.

Elektronische Dokumentensammlung im Intranet

Die Dokumente, die für die Bildungsarbeit zu den fünf Seminaren pro FÖJ-Bildungsjahr genutzt werden, werden im LVR-Intranet abgelegt. Angelehnt an die Ausführungen von WOLFF (2012) wird davon ausgegangen, dass die LVR-Dokumente als „institutionelle Spuren" lesbar sind, aus denen „legitimerweise Schlussfolgerungen über Aktivitäten, Absichten und Erwägungen der Verfasser bzw. der von ihnen repräsentierten Organisationen gezogen werden können" (aus: Wolff 2012, 503).

Eine erste Orientierung vor Ort ergab, dass sich eine mannigfaltige elektronische Ordnerstruktur vorfinden lässt, die von mindestens fünf Mitarbeiter/-innen der FÖJ-Zentralstelle stetig bearbeitet wird. Dabei haben die dort abgelegten Dokumente den Charakter einer Materialsammlung, eines streckenweise lose zusammengestellten, teils grob kategorisierten Ideenpools. Insgesamt fanden sich 9.193 elektronische Pfade.

Neben Dokumenten verwaltungstechnischer und organisatorischer Art (elektronische Ordner „Adressen", „Bewerbung FÖJ", „Büroverwaltung", „Vorlagen") konnten zwölf Ordner identifiziert werden, deren Inhalte ggf. von potenzieller Relevanz für die Fragestellung sein könnten (Quelle: LVR, FÖJ Zentralstelle, Stand 18.03.2013):

- Berufliche Orientierung
- Bescheinigungen-Zeugnisse
- Ehemalige
- Einsatzstellen
- Evaluation
- FÖJ bundesweit
- Gremien-Öffentlichkeitsarbeit
- Materialien
- Projekte
- Seminare
- Team
- Teilnehmer-Infos-Austausch

Teil der Dokumentkritik als wissenschaftlichem Arbeitsschritt ist die Darstellung des Informationswertes hinsichtlich Autorenschaft, Echtheit, Entstehungszeitpunkt sowie -zusammenhang eines Dokuments (vgl. Glaser 2010, 369f.). Dieser Vorgang hat der Deutung eines Dokuments vorauszugehen, um die wissenschaftliche Analyse des Dokuments transparent und nachvollziehbar zu machen (vgl. Glaser 2010, 369, 371) – mit Blick auf den vorgefundenen Status quo muss festgestellt werden, dass die zentralen Elemente einer Dokumentkritik im klassischen Sinne bei den vorgefundenen Dokumenten der zwölf genannten elektronischen Ordner nicht umgesetzt werden können, da bspw. Autorenschaften nicht bestimmbar sind, nicht ersichtlich ist, ob ein Dokument tatsächlich für die Bildungsarbeit eingesetzt wurde oder lediglich Teil des Ideenpools ist, ob ein Dokument für einen bestimmten Zweck eigens erstellt wurde oder ob es sich um eine Fremdquelle handelt usw. Eine Analyse einzelner Dokumente scheint, etwa mittels qualitativer Inhaltsanalyse oder mit Techniken objektiver Hermeneutik, in Anbetracht der zu erfüllenden Gütekriterien und der Funktion des Arbeitsschritts (erste Orientierung) demnach nicht angezeigt.

Veröffentlichungen des LVR

Die FÖJ-Zentralstelle veröffentlicht Beiträge zum FÖJ in zwei Medien – dem „Jugendhilfe Report" und dem „Bericht der Fachberatung Jugendförderung", beides Veröffentlichungen des LVR-Landesjugendamtes Rheinland.

Betrachtet wurden die Veröffentlichungen beider Medien der letzten fünf Jahre (Zeitraum 2008-2013). Es konnten dabei vier Beiträge der FÖJ-Zentralstelle identifiziert werden. Die anderen Beiträge stammten von anderen Organisationseinheiten des LVR und befassten sich mit Themen wie etwa Inklusion, Ganztag, Kinderarmut oder Schulsozialarbeit.

Die folgenden vier Beiträge sind in die Auswertung eingeflossen:

- Werner, S. (2008): Das FÖJ - ein Sprungbrett in die Zukunft? In: Landschaftsverband Rheinland (LVR), (Hrsg.): Bericht der Fachberatung Jugendförderung im LVR-Landesjugendamt. S. 29-36.
- Werner, S. (2011a): Heterogenität als Chance - Ein Jahr für mich und die Umwelt. Das FÖJ im Rheinland. In: Landschaftsverband Rheinland (LVR), (Hrsg.): Jugendhilfereport 1/2011, S. 15-18.
- Werner, S. (2011b): Jugendliche wollen echte Teilhabe und keine Mogelpackung. In: Landschaftsverband Rheinland (LVR), (Hrsg.): Berichte der Fachberatung Jugendförderung 2011. S. 41-45.
- Werner, S. (2012): Förderung im Freiwilligen Ökologischen Jahr im Rheinland. In: Landschaftsverband Rheinland (LVR), (Hrsg.): Jugendhilfereport, 3/2012, S. 19-22.

Methodik zur Auswertung

Mittels MAXQDA wurde auf Basis der analytischen Definitionen eine entsprechende Auswertung vorgenommen.

Die Codierung erfolgte im Sinne einer „strukturierenden Inhaltsanalyse“ (angelehnt an Mayring 2012, 473), ausgehend von den analytischen Definitionen, die den Codierleitfaden darstellten (Kategorie, Definition, Ankerbeispiel, Codierregel). Ziel war es, lediglich bestimmte Aspekte – falls vorhanden – aus dem Material herauszufiltern. Die Kategorien wurden entsprechend unverändert beibehalten und ihre Ausprägung im Material beschrieben.

4.3.3.2.2 Ergebnisse

Die folgende Tabelle zeigt das Codesystem und die Anzahl der jeweiligen Codings (Summe: 62) in den vier analysierten Beiträgen (siehe Tabelle 12).

Tabelle 12: Summary-Tabelle MAXQDA zur Verteilung der Codings zu den Codes SWE und moralische UF in den vier analysierten Dokumenten (Quelle: eigene, MAXQDA)

Codesystem	fachberaterbericht_jugendfoerderung_2011	fachberaterbericht2008	JugendhilfeReport_1_2011	Jugendhilfereport_3_2012	SUM
moralische UF					0
UF-Durchführung von DD					0
UF-CJ					0
UF-JC-Inhaltsbezug_höhere Stufe moralisches Urteil	1				1
UF-JC-Urteil und Handeln	10		1		11
UF-JC-Geteilte Normen	2				2
UF-JC-Demokratisierung	10	1		1	12
UF-JC-Rollenübernahme	4	2			6
UF-JC-Selbstwirksamkeitsüberzeugung	4	2		3	9
SWE					0
SWE-Förderung einer internalen Attributionsstrategie				1	1
SWE-Setzen von Nahzielen	1	3	1		5
SWE-Unterstützen von Bewältigungsstrategien		4	1	3	8
SWE-Ermöglichung stellvtr. Erfahrungen		1	3		4
SWE-Anwendung sprachl. Überz. durch Fremdbewertung	1		1	1	3
SWE-Anwendung sprachl. Überz. durch Selbstinstruktion					0
SWE-Anregung d. Wahrn. eigener Gefühlsregung					0
Σ SUM	33	13	7	9	62

Hinweise auf die Förderung von SWE

Für alle Teile der analytischen Definition bis auf zwei[73] konnten entsprechende Codings identifiziert werden (siehe Tabelle 12). Dabei werden in der Bildungsarbeit der FÖJ-Zentralstelle vor allem Bewältigungsstrategien gefördert und das Setzen von Nahzielen verfolgt.

Das Setzen von Nahzielen findet dabei vor allem im Rahmen der beruflichen Orientierung seinen Niederschlag, welche während der Bildungsseminare und auch begleitend durchgeführt wird:

> „Berufsträume werden mitgesponnen, Adressen und Beratungsstellen werden im Bedarfsfall vermittelt, Infomaterialien verteilt und Bewerbungen werden Korrektur gelesen. Ein konkreter Ablaufplan der nächsten Schritte wird gemeinsam vereinbart und die FÖJ-Stelle fragt auch nach den Seminaren immer wieder bei den Betroffenen nach – „ ... schon wieder ein Anruf“.“ (aus: Werner 2008, 32)

Das Unterstützen von Bewältigungsstrategien findet neben dem Seminarbetrieb auch im Rahmen spezieller Formate statt. Aus Geldern des „Kinder- und Jugendförderplans NRW“ wurde bspw. das Projekt „Stark durch Kompetenzerweiterung im FÖJ Rheinland“ durchgeführt (vgl. Werner 2012, 20). Unter anderem durch erlebnispädagogische Maßnahmen, in denen die ganze Gruppe vor ein Problem gestellt wird, werden Bewältigungsstrategien gefördert:

> „Insbesondere die Kommunikation und die aktive Übernahme von Verantwortung für sich und die Gruppe waren eine große Herausforderung für die jungen Menschen. Die Knackpunkte wurden im laufenden Prozess herausgearbeitet und reflektiert. Dabei kristallisierten sich eigene Stärken und Schwächen heraus, und es wurde der konstruktive Umgang damit geübt.“ (aus: Werner 2012, 20)

Im Rahmen dieser die Bildungsseminare ergänzenden Formate wird auch die Ausprägung einer internalen Attributionsstrategie gefördert:

> „»Ich muss mir Ziele setzen und dran bleiben, weil ich sie erreichen kann.« (Luka, 17 Jahre) – Insgesamt nahmen die jungen Menschen wichtige Impulse für Alltag und Zukunft mit. Die Einsatzstellen berichteten, dass die Freiwilligen selbstbewusster wirkten und sich mehr einbrachten. Auch in den Seminaren war eine positive Entwicklung zu spüren.“ (aus: Werner 2012, 20)

Die Beobachtung von Verhaltensmodellen und die damit einhergehende Möglichkeit der stellvertretenden Erfahrung ist potenziell während der Seminarar-

[73] Für die Elemente „Anwendung sprachlicher Überzeugung durch Selbstinstruktion (Anregen von „konstruktiven Selbstgesprächen“)“ sowie „Anregung der Wahrnehmung eigener Gefühlsregung (Aufregung drosseln)“ konnten keine Codings vergeben werden.

beit möglich, die die Teilnehmenden mitgestalten, aber auch in den Einsatzstellen, wo FÖJler/-innen mit unterschiedlichen Bildungsabschlüssen aufeinandertreffen:

> „In der täglichen Arbeit in der Einsatzstelle profitieren die Freiwilligen ebenfalls voneinander. Die Plätze werden immer paritätisch nach Sek1- und Sek2-Abschluss vergeben." (aus: Werner 2011a, 17)

Die Anwendung sprachlicher Überzeugung durch Fremdbewertung verortet sich vor allem im Rahmen der Reflexions- und Feedbackanteile auf den Bildungsseminaren, welche von den FÖJler/-innen mitgestaltet werden:

> "All abendlich werden der gesamte Ablauf des Tages und die Einheiten reflektiert und gegenseitig Feedback gegeben." (aus: Werner 2011b, 43)

4.3.3.2.2.1 Hinweise auf die Förderung von moralischer Urteilsfähigkeit

Mit Blick auf die Förderung einer positiv ausgeprägten moralischen Urteilsfähigkeit kann festgestellt werden, dass es eine Vielzahl von Anzeichen dafür gibt, dass die Urteilsfähigkeit gefördert wird, der moralische Bezug aber in den identifizierten Dokumenten kaum zu finden ist. Mit Blick auf die analytische Definition der moralischen Urteilsfähigkeit zeigt sich, dass vor allem der Bereich der Demokratisierung, der Förderung von Urteil und Handeln sowie der Aspekt der Selbstwirksamkeitsüberzeugung in der pädagogischen Arbeit der FÖJ-Zentralstelle bedient werden. Das Treffen eigener Entscheidungen die Gruppe betreffend findet vor allem in den Bildungsseminaren statt, in denen Partizipation und Mitbestimmung praktiziert werden. Dies findet bspw. in den sog. „Vorbereitungstagen" seinen Ausdruck, in denen die FÖJler/-innen Entscheidungen zur Gestaltung ihrer Seminare treffen und entsprechend eigenverantwortlich umsetzen:

> „Dazu trifft sich die Vorbereitungsgruppe des Seminars einen Tag lang in Köln. Bei dem Treffen werden relevante Themen gesammelt sowie Schwerpunkte gesetzt und überlegt, welche Aspekte zur Seminargestaltung wichtig sind." (aus: Werner 2011b, 43)

Neben inhaltlichen Themen gestalten die FÖJler/-innen auch den Essensplan in den Selbstversorgerhäusern während der Bildungsseminare mit (vgl. Werner 2011b, 43).

Während des Bildungsjahres werden FÖJ-Sprecher/-innen gewählt und es wird eine aktive Ehemaligenarbeit im Rahmen eines Vereins betrieben, sodass die FÖJler/-innen auch hier auf das FÖJ einwirken können (vgl. Werner 2011b, 43f.).

Die Partizipationskompetenz der FÖJler/-innen entwickelt sich dabei im Verlauf des FÖJ:

> „Gleichzeitig brauchen die Freiwilligen auch die Befähigung zur Partizipation und müssen erst in die Aufgaben und Mitbestimmung hineinwachsen. Insbesondere für benachteiligte junge Menschen mit geringerem Schulabschluss liegt darin eine große Chance." (aus: Werner 2011b, 45)

Der Aspekt des Urteilens und Handelns scheint beim FÖJ stark mit der Partizipationsthematik auf den Bildungsseminaren verknüpft:

> „Während des Seminars übernehmen die Mitwirkenden der Vorbereitungsgruppe eine tragende Rolle. Sie stellen das Programm vor und führen die vorbereiteten Teile durch. Ferner bringen sie sich bei der Gesamtorganisation und Gestaltung der Woche mit ein." (aus: Werner 2011b, 43)

Aber auch abseits der Bildungsseminare sehen FÖJler/-innen die Früchte ihrer Entscheidungen etwa in Form von mitgestalteten Aktionstagen, FÖJ-Zeitungen, Ausstellungen oder Flyern zum FÖJ (vgl. Werner 2011b, 44).

Ein aktives Tun ist auch im Kontext der Selbstwirksamkeitsüberzeugung relevant. Die Selbstwirksamkeitsüberzeugung wird während der Bildungsseminare, aber auch während spezieller Formate gefördert. Dabei geht es zum einen allgemein um das positive Erleben, etwas erreicht zu haben:

> „Sie erleben, dass es sich lohnt, sich für eine Sache einzusetzen und ihren Teil zur Gesellschaft beizutragen." (aus: Werner 2008, 36)

Zum anderen geht es um die Überwindung von Schwierigkeiten im Rahmen von Kompetenztrainings für FÖJler/-innen mit besonderem Förderbedarf:

> „Dadurch überwanden sie in den Bereichen der Kommunikation, Kooperation und Zielerreichung größere Hindernisse als sonst und überraschten sich selbst und andere positiv." (aus: Werner 2012, 21)

Ein Hinweis auf die Förderung von Urteilsfähigkeit mit ansatzweise moralischem Bezug findet sich im Kontext Nachhaltigkeit, welche auf den Bildungsseminaren zum Thema gemacht wird. Hier wird die Eigenverantwortung der FÖJler/-innen adressiert:

> „Die Betrachtung und Untersuchung der Themen erfolgt immer im Hinblick darauf, welchen Anteil man selber trägt und welche alternativen Handlungsmöglichkeiten es gibt. Dabei werden lieb gewonnene Gewohnheiten in Frage gestellt und überlegt, wie man den eigenen Ressourcenverbrauch vermindern kann.“ (aus: Werner 2011b, 42)

Die FÖJler/-innen stellen Regeln für die Bildungsseminare auf und sind angehalten, diese einzuhalten, was den Aspekt der „geteilten Normen“ bedient (siehe analytische Definition von moralischer Urteilsfähigkeit):

> „Dies ist auch der Fall, wenn unbeliebte aber pädagogisch wichtige Entscheidungen im Seminar getroffen werden müssen. Die Einhaltung von Regeln sind ein Beispiel dafür. Diese Grenzen gilt es mit den Freiwilligen zusammen auszuloten und abzustecken.“ (aus: Werner 2011b, 43)

Das Übernehmen von unterschiedlichen Rollen und das Erleben eines Perspektivwechsels findet in den identifizierten Dokumenten an mehreren Stellen Erwähnung. Zum einen wird den FÖJler/-innen dies im Rahmen der Bildungsseminare ermöglicht, wenn sie selbst die Rolle von Leitenden und Dozierenden übernehmen (vgl. Werner 2011b, 43). Zum anderen werden Rollenspiele gezielt im Rahmen der beruflichen Orientierung eingesetzt. So wird bspw. ein Bewerbungsgespräch durchgespielt und die FÖJler/-innen können auch in die Rolle des Arbeitgebers schlüpfen (vgl. Werner 2008, 33).
Für die Durchführung von Dilemma-Diskussionen als eine Intervention zur Förderung der moralischen Urteilsfähigkeit konnte in den identifizierten Dokumenten kein Anhaltspunkt gefunden werden.

4.3.3.2.3 Fazit

Aus der Dokumentenanalyse ergaben sich erste Hinweise darauf, dass die Bildungsarbeit der FÖJ-Zentralstelle didaktische Elemente enthält, die zur Förderung einer positiven Ausprägung der SWE und einer moralischen Urteilsfähigkeit beitragen können. Der Bezug auf Moral war allerdings kaum expliziert, sodass ein Interview zu dieser und zu weiteren Fragen nähere Klärung bringen soll.

4.3.3.3 Interview

4.3.3.3.1 Zur Durchführung

Ausrichtung

Eine für die Interviewform Experteninterview charakteristische Zielstellung ist es, das „Überindividuelle" im Gesagten herauszufiltern und mit anderen Experteninterviews zu vergleichen (vgl. Meuser & Nagel 2010, 466-467). Da zum Zeitpunkt der Befragung aber lediglich die pädagogisch-konzeptionelle Leiterin der FÖJ-Zentralstelle zur Verfügung stand, konnte ein Vergleich von Interviewergebnissen nicht geleistet werden. Es wurde demnach lediglich ein Interview statt mehrerer geführt[74]. Aus diesem Grund wurde das zu führende Leitfrageninterview lediglich an ausgewählte Elemente der Konzipierung und Durchführung eines Experteninterviews angelehnt.

Das Interview fand am 29.11.13 in den Räumlichkeiten der FÖJ-Zentralstelle in Köln statt[75]. Die Interviewpartnerin, Frau Scarlett Werner, wurde aufgrund ihres Tätigkeitsbereichs und ihrer beruflichen Position als „Expertin"[76] für die pädagogische Konzeptionierung der Bildungsseminare befragt (vgl. auch Meuser/Nagel 2010, 464). Frau Werner wurde als Repräsentantin einer Gruppe des Teams der FÖJ-Zentralstelle einbezogen (vgl. Mayer 2008, 38).

Die Fragen, die während des Leitfadeninterviews zu den einzelnen Themen gestellt wurden, sollten auf ein überpersönliches und funktionsbezogenes Wissen abzielen (vgl. Meuser/Nagel 2010, 465). Entsprechend diesen Ausführungen wurde ein Interviewleitfaden konzipiert. Wesentlich ist die Dokumentation des Vorverständnisses sowie die Erwartungen an die Forschungsergebnisse (vgl. Steinke 2012, 324-325): Das Leitfadeninterview fußte auf den Erkenntnissen aus der Dokumentenanalyse der FÖJ-Zentralstelle. Das darin begründete Vorverständnis spiegelt sich teilweise in den Leitfragen wider, es

---

74 Das Team der FÖJ-Zentralstelle bestand zum betreffenden Zeitpunkt aus Frau Werner sowie vier hauptamtlichen Mitarbeiter/-innen, die zusammen mit freien Mitarbeitern die Bildungsseminare durchführen.

75 Das Interview war für das erste Quartal 2013 angesetzt. Da die Interviewpartnerin sich zum geplanten Interviewzeitpunkt allerdings in Mutterschutz/Elternzeit befand, wurde der Interviewtermin auf einen Zeitpunkt nach ihrer geplanten Rückkehr verschoben.

76 Für eine ausführliche Auseinandersetzung mit der Frage, was eine Person als „Experten" ausweist und damit als Kandidat für ein Experteninterview siehe bspw. MEUSER & NAGEL (2010).

wurde aber auch Raum gelassen für mögliche Irritationen. So finden sich Fragen-Elemente, die sich aus den als relevant identifizierten Dokumenten der FÖJ-Zentralstelle (siehe Kapitel 4.3.3.2) oder Theorien und Konzepten der theoretischen Exploration (siehe Kapitel 3) direkt ableiten, aber auch Fragestellungen, die die Erfassung eines ganzheitlichen, didaktischen Bildes ermöglichen sollen – solche, wie sie auch in anderen Kontexten gestellt werden würden (bspw. im Schulkontext). Grundsätzlich wurde der Vermeidung von Fragen mit ergebnisgeschlossenem Charakter, die durch eigene Interpretation entstehen könnten, besondere Aufmerksamkeit geschenkt (vgl. Bortz/Döring 2006, 245).

Leitfaden

Das Leitfadeninterview wurde durch einen kurzen Abriss der Zielstellung eingeleitet (siehe Anhang 4a). „Sozialstatistische" Angaben wie Name und Position wurden zu Beginn des Interviews abgefragt (siehe abweichend Bortz/Döring 2006, 314). Der Leitfaden umfasst 17 Leitfragen, die nach inhaltslogischen Überlegungen platziert wurden (vgl. Stigler/Felbinger 2005, 131). Das Interview sollte dazu dienen, nähere Informationen zur Förderung der SWE und der moralischen Urteilsfähigkeit zu liefern, die zum besseren Verständnis in rahmende Informationen zur Gesamtkonzeption eingebettet sind.

Im Einzelnen beziehen sich zwei Leitfragen auf die Kontexteinbettung der Bildungsseminare, zwei Fragen adressieren die theoretische Fundierung, acht Fragen richten sich auf die praktische Umsetzung der Bildungsseminare, fünf Leitfragen zielen auf das Sozialklima ab (siehe Tabelle 13). Das Interview enthält „Erzählaufforderungen" (vgl. Stigler/Felbinger 2005, 132) in dem Sinne, als dass die Befragte aufgefordert wird, ihre Äußerungen mit Beispielen aus den Bildungsseminaren zu unterlegen. An neun Stellen enthält der Fragebogen einleitende Worte zu bestimmten Leitfragen. Abschließend erhält die Befragte die Möglichkeit, ihren Äußerungen noch etwas hinzuzufügen. Der Interviewleitfaden endet mit einem Dank und einem Hinweis auf die Verwendung des Gesagten in der Untersuchung. Der Leitfaden wurde in der Interviewsituation als strukturierendes Element und als „Checkliste" für die Interviewerin genutzt (vgl. Stigler/Felbinger 2005, 132).

Einstieg
1. Welche Bedeutung haben die Bildungsseminare in der Gesamtkonzeption „FÖJ"?
Pädagogisches Konzept (Theorie & Praxis)
2. Welches pädagogische „Leitbild" bestimmt die Oberthemen und Lernziele der Bildungsseminare? 3. Welche didaktischen Konzepte werden für die Seminargestaltung genutzt? 4. Welche Bildungsmethoden werden angewandt? 5. Wie ist das Verhältnis zwischen fachlicher Qualifizierung und Persönlichkeitsentwicklung in den Bildungsseminaren? 6. Wie ist das Verhältnis von Wissensaufnahme und aktivem praktischen Umsetzen im Programm der Bildungsseminare? 7. Welche Rolle nehmen die FÖJler/-innen auf den Bildungsseminaren ein? 8. Welche Förderung gibt es für FÖJler/-innen, die Anforderungen in bestimmten Bereichen nicht bewältigen können? 9. Inwieweit hat die Beschäftigung mit den behandelten Themen im Seminar Auswirkungen auf die Art und Weise, wie sich das Zusammenleben vor Ort ausgestaltet? 10. Was wird im Bildungsseminar unter „Nachhaltiger Entwicklung" verstanden? 11. Welche Rolle spielt der Austausch über Normen, wie bspw. Gerechtigkeit oder Verantwortung?
Atmosphäre auf den Bildungsseminaren
12. Wie ist das Selbstverständnis des Leitungsteams im Umgang mit den FÖJler/-innen? 13. Wie geht die Seminargruppe mit FÖJler/-innen um, die in Hinblick auf ihre Fähigkeiten hinter den anderen zurückbleiben? 14. Wie entwickelt sich die Gruppendynamik in den Seminargruppen über die Zeit der Bildungsseminare hinweg? 15. Wie ist der Umgang bei Konflikten – rechtlich sowie zwischenmenschlich – zwischen Leitungsteam und FÖJler/-innen? 16. Wie ist der Umgang bei Konflikten zwischen den FÖJler/-innen?
Ausstieg
17. Welche pädagogischen Tätigkeiten führt die FÖJ-Zentralstelle abseits der Bildungsseminare aus? 18. Möchten Sie noch etwas hinzufügen?

Tabelle 13: Übersicht der Interviewfragen, exkl. Erzählaufforderungen (Quelle: eigene)

Pretest

Der Interviewleitfaden wurde einem Pretest unterzogen. SCHNELL et al. (2005) halten fest, dass es selbst für quantitative Fragebögen bislang kaum standardisierte oder kodifizierte Pretest-Techniken gibt (vgl. Schnell et al.

2005, 348). Es wurde als sinnvoll erachtet, den eingesetzten Interviewleitfaden auf folgende Kriterien zu überprüfen: Kontinuität des Fragenverlaufs, Effekte der Fragenanordnung, Wiederholungen von Frageinhalten, Dauer der Befragung sowie Vollständigkeit, Umfang und Überflüssigkeit – jede einzelne Frage wurde zudem auf Verständlichkeit, Eindeutigkeit, Schwierigkeit, Relevanz, Suggestiv-Wirkung und Verständnis geprüft (vgl. Schnell et al. 2005, 347; Bortz/Döring 2006, 244f.; Mayer 2008, 98). Zudem wurde „Probing" (gezieltes Nachfragen) als Methode der Validierung der Leitfragen und des Interviewaufbaus genutzt (vgl. Schnell et al. 2005, 348). Der Pretest wurde mit einer Angestellten der FÖJ-Zentralstelle am 22.11.2013 in den Räumlichkeiten des Landschaftsverbands Rheinland durchgeführt. Der festgestellte Überarbeitungsbedarf wurde in einem Protokoll festgehalten und war nicht signifikant, sodass von einem erneuten Pretest abgesehen werden konnte (siehe Anhang 4b). Es wurden einige wenige sprachliche Präzisierungen sowie Präzisierungen zielgruppenspezifischer Begrifflichkeiten bei den Leitfragen vorgenommen. Darüber hinaus wurde eine Leitfrage ergänzt, was eine Änderung in der Fragenreihenfolge nach sich zog. Zudem wurden drei Leitfragen offener formuliert.

Postskriptum

Das angefertigte Postskriptum (siehe Anhang 4c) enthält keine signifikanten Hinweise, die die Auswertung des Interviews bereichern könnten (vgl. Friebertshäuser/Langer 2010, 451; vgl. Bortz/Döring 2006, 309, 311).

Methodik zur Auswertung

Das Interview wurde aufgezeichnet und anschließend wörtlich transkribiert (vgl. Meuser/Nagel 2010, 466; siehe Dittmar 2002, 81). Prosodische und parasprachliche Ereignisse wurden nicht notiert (vgl. Meuser/Nagel 2010, 466). Die Auswertung erfolgte vermittels MAXQDA. Die Auswertungsschritte haben sich an der „Angemessenheit der Methode für das Material" orientiert (vgl. Mayring 2012, 474) und wurden hier entsprechend dem Erkenntnisinteresse gestaltet. Auf der Basis des transkribierten Interviews wurden anhand der analytischen Definitionen entsprechende Codierregeln formuliert und im Sinne einer strukturierenden Inhaltsanalyse durch Verwendung deduktiver Technik codiert (vgl. Mayring 2012, 473).

4.3.3.3.2 Ergebnisse

Codesystem	Interview_SW_Transkript_151230	SUM
moralische UF		0
UF-Durchführung von DD		0
UF-CJ		0
UF-JC-Inhaltsbezug_höhere Stufe moralisches Urteil	5	5
UF-JC-Urteil und Handeln	1	1
UF-JC-Geteilte Normen	4	4
UF-JC-Demokratisierung	2	2
UF-JC-Rollenübernahme		0
UF-JC-Selbstwirksamkeitsüberzeugung	2	2
SWE		0
SWE-Förderung einer internalen Attributionsstrategie		0
SWE-Setzen von Nahzielen	1	1
SWE-Unterstützen von Bewältigungsstrategien	3	3
SWE-Ermöglichung stellvtr. Erfahrungen	1	1
SWE-Anwendung sprachl. Überz. durch Fremdbewertung	1	1
SWE-Anwendung sprachl. Überz. durch Selbstinstruktion		0
SWE-Anregung d. Wahrn. eigener Gefühlsregung		0
Σ SUM	20	20

Tabelle 14: Summary-Tabelle MAXQDA zur Verteilung der Codings zu den Codes SWE und moralische UF im Interview – nur neue Fundstellen (Quelle: eigene, MAXQDA)

Inhalte, die sich bereits in den analysierten Quellen gefunden hatten, wurden als Wiederholungen betrachtet und nicht erneut codiert.

4.3.3.3.2.1 Hinweise auf die Förderung von SWE

Für alle Teile der analytischen Definition bis auf drei[77] konnten entsprechende Codings identifiziert werden. Präzisierungen in Hinblick auf die bereits dargestellten Fundstellen in den analysierten Quellen (siehe Kapitel 4.3.3.2) ergaben sich vor allem im Bereich der Förderung von Bewältigungsstrategien.

Das Unterstützen von Bewältigungsstrategien bezieht sich demnach auch auf den Konfliktkontext. Zum einen werden die FÖJler/-innen darin unterstützt, Konflikte innerhalb der Seminargruppe selbst zu lösen (siehe Interview Zeilen 245-250), zum anderen wird Toleranz gefördert, wenn es zwischen den FÖJ-

[77] Für die Elemente „Förderung einer internalen Attributionsstrategie“, „Anwendung sprachlicher Überzeugung durch Selbstinstruktion (Anregen von „konstruktiven Selbstgesprächen“)“ sowie „Anregung der Wahrnehmung eigener Gefühlsregung (Aufregung drosseln)“ konnten keine Codings vergeben werden (siehe Tabelle 14).

ler/-innen auf der Einsatzstelle zu Konflikten kommt (siehe Zeilen 430-435). Dabei wird die Eigenverantwortung betont:

> „So nach der Devise, ja, aber du bist doch jetzt für mich da, dass du meinen Konflikt klärst an der Einsatzstelle. Und da muss ich natürlich immer widerspiegeln, nee, ich kann dir Hilfestellung geben, wie du den klären kannst. Ich kann auch dich mal da besuchen, aber die Klärung musst du selber herbeiführen, weil, du bist jetzt erwachsen und bist selbstständig." (aus: Interview, Zeilen 503-508)

Im Bereich der Förderung einer positiv ausgeprägten SWE durch das Setzen von Nahzielen zeigte das Interview, dass es im FÖJ Rheinland strukturell verankerte Abläufe gibt, die FÖJler/-innen in ihrer persönlichen und beruflichen Orientierung zu unterstützen:

> „Und machen eben auch im gewissen Umfang Förderpläne mit denen, dass wir halt noch mal genau besprechen, na, was bis wann, und das kann auch wirklich ganz konkret sein. In den nächsten drei Wochen fünf Bewerbungen und, such dir ein Praktikum." (aus: Interview, Zeilen 569-572)

Die Beobachtung von Verhaltensmodellen und die damit einhergehende Möglichkeit der stellvertretenden Erfahrung ist, wie die Interviewte darstellte, nicht nur zwischen den FÖJler/-innen möglich, sondern bezieht sich auch auf die Leitenden in den Bildungsseminaren[78], die die Herausforderungen mit den FÖJler/-innen teilen, die der Versuch einer nachhaltigen Lebensweise mit sich bringt:

> „Das heißt, wenn ich jetzt mit meiner Person versuche mich nachhaltig zu bewegen - diese Authentizität ist ja ein ganz großer Teil -, dann beschäftigen sie sich natürlich auch mit einem und gucken sich das an." (aus: Interview, Zeilen 349-352)

Die Anwendung sprachlicher Überzeugung durch Fremdbewertung wurde im Interview anders als in den bislang analysierten Quellen weniger im Sinne eines regelmäßigen, allgemeinen Feedbacks dargestellt, sondern findet sich im Kontext des Umgangs mit Konflikten. Zusammen mit den FÖJler/-innen wird Konfliktprävention und -bearbeitung thematisiert, bestehende Konflikte werden angesprochen und der Umgang damit nachgehalten und reflektiert, woraus die FÖJler/-innen für sich persönlich einen Mehrwert ziehen:

78 Allerdings fehlt hier der Aspekt des „In-derselben-Situation"-Seins, was eine stellvertretende Erfahrung erschweren kann.

„Wie kann ich mit meinem Mit-FÖJler sprechen, wenn ich Schwierigkeiten habe. (...) Und dann ist das eine Form von Prävention, um da ein bisschen mit umzugehen. Und oft können wir dann im dritten Seminar noch mal andocken und nochmal sagen, ja, wie hast du das denn gelöst. Oder auch in der Beratung, wenn wir merken, da sind Konflikte, wo hast du noch was mitgenommen. Und die Erfahrung zeigt eben, dass die dann doch ein bisschen was mitnehmen auch." (aus: Interview, Zeilen 147-155)

4.3.3.3.2.2 Hinweise auf die Förderung von moralischer Urteilsfähigkeit

Mit Blick auf die Förderung einer positiv ausgeprägten moralischen Urteilsfähigkeit kann festgestellt werden, dass zahlreiche Präzisierungen der Inhalte aus den analysierten Quellen identifiziert werden konnten. Allein die Aspekte Rollenübernahme und Selbstwirksamkeitserwartung erfuhren im Interview keine weitere Präzisierung. Hinweise auf die Durchführung von Dilemma-Diskussionen als methodisches Mittel zur Förderung einer moralischen Urteilsfähigkeit konnten weiterhin nicht identifiziert werden.

Der moralische Bezug bleibt aber weiterhin wenig explizit. Dies zeigt sich besonders eindrücklich hinsichtlich des Faktors, die „nächsthöhere Stufe des moralischen Urteilens" ausprobieren zu können (siehe Kapitel 4.3.3.1). Es ist festzustellen, dass durchaus Inhalte mit moralischem Bezug behandelt werden, wie bspw. das globale Nord-Süd-Gefälle im Konsumkontext. Hierbei geht es dann um den eigenen Anteil an diesem Sachverhalt und nachhaltige Handlungsalternativen:

„Bei der nachhaltigen Entwicklung, bei dem Seminar, wollen wir noch mal ein bisschen schauen, wie sind Zusammenhänge zwischen Nord und Süd, ist mein eigenes Konsumverhalten, das geht eher so um Konsum. Und Nord-/Süd-Zusammenhänge. Das heißt wenn ich hier dieses Produkt kaufe, was hat das für Auswirkungen, was gibt es für Alternativen, also fairer Handel ist da immer Thema." (aus: Interview, Zeilen 298-303)

Und weiter:

„Und natürlich auch zu gucken, ja, was kann ich denn tun. Also jetzt habe ich als Freiwilliger natürlich wenig Geld, also ich kann jetzt nicht irgendwie alle Klamotten fair gehandelt kaufen und in Bioqualität. Aber ich kann vielleicht mal überlegen, wie viele Klamotten ich brauche. Also brauche ich 16 Kilo wie der Bundesbürger im Durchschnitt pro Jahr? Oder kann ich vielleicht auf Sachen verzichten und dafür dann sozusagen was für die Nachhaltigkeit tun?" (aus: Interview, Zeilen 323-333)

Inwieweit der moralische Moment expliziert und thematisiert wird, bleibt unklar.

Auch, ob moralische Urteile unterschiedlicher Niveaustufen angeboten und in die Diskussion eingebracht werden, kann nicht festgestellt werden. In diesem Kontext ist festzuhalten, dass die Bildungsarbeit des FÖJ Rheinland vor allem auf eine unabhängige Meinungsbildung abzielt und Wert darauf gelegt wird, keine Meinung oder Lösung hinsichtlich einer Problemlage vorzugeben:

> „Also es geht ja darum, dass sie die Dinge bewerten und dass sie eben auch selber sich Meinungen bilden sollen. (...) Und wir versuchen eigentlich auch, keine Lösung vorzugeben, dass sie selber sozusagen sich die Meinung bilden." (aus: Interview, Zeilen 175-183)

Und weiter im Kontext eines Planspiels:

> „Die Meinung muss sich aber jeder selber bilden. Und wir machen oft auch dann Abstimmungen danach oder dass man so Meinungsbildungen macht und dann mal guckt und dann auch mal auszuhalten, ja, dass es unterschiedliche Meinungen dazu gibt. Und da wurde eigentlich auch zurückgemeldet, dass das alle sehr positiv finden, dass wir die nicht überzeugen wollen." (aus: Interview, Zeilen 342-347)

Die „Meinungen" der FÖJler/-innen, die als moralische Urteile interpretiert werden können, bleiben hier nebeneinander bestehen, ein Austausch dazu kann grundsätzlich zur Auseinandersetzung mit einem nächsthöheren Urteil dienen.

Der Aspekt des Urteilens und Handelns erfährt eine methodische Ausprägung. In Planspielen (siehe Interview, Zeilen 198-191) fällen die FÖJler/-innen Entscheidungen (Urteile hinsichtlich der Situation) und sehen die Folgen ihres Handelns. Es geht hier weniger um die Kontrolle der Handlungsausführung und um die Habitualisierung kongruenten Handelns initiiert von einer lehrenden Person (siehe Kapitel 4.3.3.1), sondern um das Umsetzen eines reflektierten Urteils und das Beobachten der Folgen, was als Vorstufe betrachtet werden kann.

Für das Vorhandensein einer Minimoral (geteilte Normen) finden sich mehrere Anhaltspunkte[79]. Zum einen beziehen sich diese auf die Gruppe, die Konflikte und Herausforderungen, unterstützt von der Leitung, zum Teil eigenständig

[79] In einem informellen Kontext erwähnte die Interviewpartnerin zusätzlich, dass die FÖJler/-innen im ersten Bildungsseminar „Seminarregeln" aufstellen würden, die sie selbst gestalten. Inhalte seien bspw. „Den anderen aussprechen lassen" oder „Nicht zu spät kommen".

bewältigt und auch FÖJler/-innen mit Lernschwierigkeiten oder psychosozialen Einschränkungen mitträgt:

> „Wir haben aber auch viele, die im psychosozialen Bereich Schwierigkeiten haben, (...). Und da sind dann einige irritiert, sprechen uns dann auf das Thema an, aber wir gucken halt auch immer, dass das dann von der Gruppe mit getragen wird und die passen auch einfach ganz gut aufeinander auf." (aus: Interview, Zeilen 308-386)

Und weiter:

> „Das heißt wenn ich sehr schwache Teilnehmer habe, dann muss man auch zusehen, wie kann der sich auch noch anderweitig einbringen. Oder irgendwann haben die ja eben auch das Verständnis dafür, okay, der kann noch nicht so viel leisten. Das muss natürlich eine Gruppe auch aushalten. Oft regeln die das selber." (aus: Interview, Zeilen 410-414)

Hierbei geht es um die Norm, dass sich jede/r nach seinen Möglichkeiten im Seminaralltag (Kochen, Saubermachen, Vorbereiten usw.) für die Gemeinschaft einbringen soll.
Zum anderen herrscht in den Bildungsseminaren eine Diskussionskultur vor, die das Aushandeln von Regeln ermöglicht. Die Mitbestimmung der FÖJler/-innen hat dort ihre Grenze, wo die Grundausrichtung der Bildungsseminare als Teil des FÖJ infrage gestellt wird. Wenn Teilnehmer „fünfmal die Woche Fleisch essen" wollen (aus: Interview, Zeile 469), wird dies als Diskussionsimpuls zum Einstieg in das Thema Nachhaltigkeit genutzt und mit den FÖJler/-innen normativ reflektiert (siehe Interview, Zeilen 470-473).
Mit Blick auf den Aspekt der Demokratisierung schließlich wird darauf verwiesen, dass dies je nach Fähigkeiten der FÖJler/-innen flexibel gehandhabt werden muss:

> „Und man kann natürlich auch nur den Jugendlichen so viel Raum geben wie sie auch selber damit umgehen können. (...) Ich persönlich traue den manchmal auch zu viel zu und muss dann manchmal zurückrudern und noch mal sagen, okay, ich muss noch mal mehr Normen und noch mehr Grenzen setzen, weil die im Grunde damit überfordert sind." (aus: Interview, Zeilen 444-450)

4.3.3.3.3 Fazit

Die Ergebnisse aus dem Interview haben die Anzeichen untermauert, dass in der pädagogischen Arbeit der FÖJ-Zentralstelle im Rheinland Elemente vorkommen, die geeignet sind, sowohl eine positiv ausgeprägte SWE als auch eine moralische Urteilsfähigkeit zu fördern, wenngleich der moralische Aspekt weitgehend implizit bleibt. Es erscheint hinreichend begründet, im Rahmen einer empirischen Exploration nähere Untersuchungen anzustellen.

4.4 Hauptuntersuchung – Vorgehen/Methodik

4.4.1 Untersuchungsdesign

Im Anschluss an die theoretische Exploration (siehe Kapitel 3) erfolgt nun die empirische Exploration, welche sich in eine Vor- und eine Hauptuntersuchung gliedert (siehe Abbildung 22).

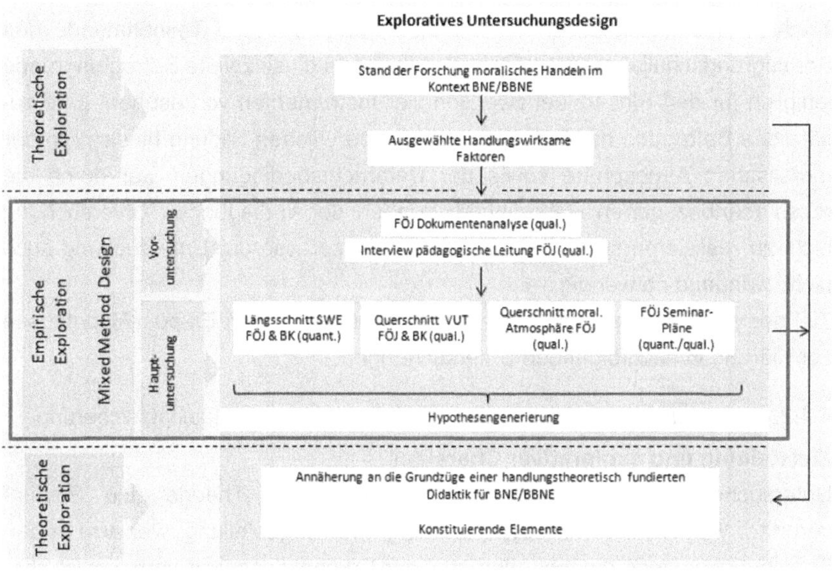

Abbildung 22: **Forschungsdesign in der Übersicht, empirische Exploration (Quelle: eigene)**

Die Voruntersuchung besteht aus zwei qualitativen Instrumenten. Die Hauptuntersuchung kombiniert ein quantitativ auszuwertendes Instrument (Befragung SWE) mit zwei qualitativen Instrumenten (Fragebogen VUT, Fragebogen moralische Atmosphäre) und einem Instrument, in welchem quantitative und qualitative Auswertungstechniken angewandt werden (Excel-Fragebogen Seminarpläne). Bei der Auswertung der qualitativen Instrumente werden im Rahmen der Inhaltsanalyse sowohl deduktive als auch induktive Techniken angewandt. Dieses Vorgehen ergibt sich aus dem Erkenntnisinteresse heraus, einerseits Erkenntnisse zu einer spezifischen Fragestellung erhalten zu wollen (bspw. VU), andererseits darüber hinaus Neues zum Forschungsgegenstand erfahren zu wollen (wie ist das didaktische Design der FÖJ-Bildungsseminare konzipiert?) (siehe auch Reichertz 2012, 279).

Bei der Erfassung der SWE und des VUT wird eine weitere Befragtengruppe hinzugenommen. Befragt werden sollen neben den FÖJler/-innen der beiden ausgewählten Gruppen Schüler/-innen aus der beruflichen Bildung – hier Tischler/-innen-Auszubildende im ersten Lehrjahr sowie Teilnehmende des Berufsgrundschuljahrs (BGJ) Holz. Damit wurde diese zweite Befragtengruppe lediglich für den Einsatz bei zwei von vier Instrumenten vorgesehen. Eine zusätzliche Befragung der Personen aus der beruflichen Bildung hinsichtlich der moralischen Atmosphäre sowie der Unterrichtsbedingungen war durch die ressourcenbezogenen Rahmenbedingungen der vorliegenden Untersuchung nicht zu realisieren sowie für das Erkenntnisinteresse der Untersuchung auch nicht zwingend notwendig.

Ziel der empirischen Exploration ist die Generierung von Ex-post-Hypothesen zur Klärung in nachfolgenden Untersuchungen.

4.4.2 Überlegungen grundsätzlicher Art – Methodik und Qualitätssicherung

Zielstellung und explorativer Charakter

Untersuchungen müssen sich zwischen den Polen „Theorie“ und „Praxis“" verorten: Woher nimmt die Untersuchung ihre Fragestellung, wer wird in den Forschungsprozess eingebunden, soll der Erkenntnisgewinn vornehmlich theoretisch verwertet werden oder Praktiker/-innen zugutekommen (vgl. Einsiedler 2011)? Die Untersuchung ist grob in den Komplex der Unterrichtsforschung einzuordnen, deren Kernbereich u. a. die didaktische Gestaltung von Unterricht und Lernprozessen ist (vgl. Böhme 2010, 734). Dabei ist es das Ziel, ein praktisch beobachtetes Phänomen (Kluft zwischen Intention und Handeln) theoretisch zu fundieren und Lösungen in der didaktischen Praxis zu identifizieren, die Einfluss auf das Phänomen haben können.

Da bislang keine Forschung zum Thema Moral im handlungstheoretischen Kontext beim FÖJ im Rheinland (und auch darüber hinaus) vorliegt, ist ein exploratives Vorgehen angezeigt, an dessen Ende die Formulierung erster Hypothesen steht, welche dann in weiteren Forschungsarbeiten zu prüfen wären. Angewandt werden in explorativen Kontexten typischerweise vor allem qualitative Methoden, bei dem hier vorliegenden dezidierten Erkenntnisinteresse scheint eine Ergänzung durch quantitative Methoden legitim (siehe Bortz & Döring 2006, 380-389 sowie 369-380). Damit wird LAMNEK (2002) gefolgt, der resümiert, dass „der Gegenstand die Methode bestimmen soll und nicht umgekehrt" (aus: Lamnek 2002, 191), und auch BOS & KOLLER (2002) vertreten die Meinung, dass methodische Entscheidungen in Abhängigkeit von der Fragestellung und dem Gegenstand der Forschung zu treffen sind (vgl. Bos/Koller 2002, 283).

Das Forschungsinstrumentarium ist derart zu gestalten, dass es einerseits dezidiert prüft, inwieweit sich in der Bildungspraxis des FÖJ Rheinland plausibel darlegen lässt, dass die SWE und die moralische Urteilsfähigkeit der FÖJler/-innen gefördert werden. Andererseits sollen Informationen zur didaktischen Einbettung dieser Fördermaßnahmen gewonnen werden – Zielstellung der Untersuchung ist letztlich die Annäherung an eine handlungstheoretisch fundierte Didaktik zur Förderung moralisch-nachhaltigen Handelns.

Der Einsatz quantitativer Methoden zur Klärung einer dezidierten Fragestellung erfolgt aber weiterhin in einem explorativen Kontext. Es ist der Charakter der Orientierung und Vorläufigkeit zu betonen, da sich das Vorgehen von einem Verfahren zur statistischen Hypothesenprüfung abgrenzt (siehe dazu Bortz & Döring 2006, 379). So können Signifikanztests durchgeführt werden, die aber nicht den Charakter eines Hypothesentests innehaben (vgl. Bötz & Döring 2006, 379).

Der Hauptuntersuchung ist zudem eine gewisse Prozesshaftigkeit zuzugestehen. Der Untersuchungsaufbau ist durch die Fragestellung geleitet und notwendigerweise an einigen Stellen pragmatisch geprägt und muss aufgrund der Ausgangsbedingungen so angelegt sein, dass er im Verlauf der Untersuchung entwickelt und jeweils angepasst wird. Ziel des Vorhabens ist es, Orientierung zu geben – Aufgabe kann es deswegen nicht sein, Kausalbeziehungen aufzudecken, es muss vielmehr darum gehen, Plausibilität zu erzeugen.

Mixed-method Design

Die Kombination von qualitativen und quantitativen Methoden beinhaltet vielschichtige grundlagentheoretische Probleme (vgl. bspw. Bos/Koller 2002, 271). Wohl auch aus diesem Grund halten BOS & KOLLER (2002) fest:

> „Die Verknüpfung qualitativer und quantitativer Vorgehensweisen wird häufig propagiert, aber selten praktiziert." (aus: Bos/Koller 2002, 272)

Dementsprechend werden Erfahrungen mit der Kombination von qualitativen und quantitativen Methoden eher selten in wissenschaftlichen Veröffentlichungen geschildert (vgl. Engler 2003, 118). Bei mixed-method Designs prallen die – zu Recht oder Unrecht – angenommenen Unvereinbarkeiten des quantitativen und qualitativen Paradigmas besonders offenkundig aufeinander[80] (siehe Groeben 2006; vgl. Kelle/Erzberger 2012, 299)[81].

In der Literatur zu mixed-methods trifft man auf zahlreiche Bezeichnungen und Beschreibungen unterschiedlicher Untersuchungsdesigns. Entscheidend ist, wo, wie und zu welchem Zweck qualitative und quantitative Methoden im Forschungsdesign eingesetzt werden. Hierbei können sich unterschiedliche Probleme der Vermischung der Forschungslogiken ergeben (vgl. bspw. Krüger/Pfaff 2008, 161)[82]. Eine systematische Metaperspektive, die eine gute Orientierung ermöglicht, bieten GÜRTLER & HUBER (2012) mit Verweis auf TEDDLIE & TASHAKKORI (2006). So lassen sich auf einer Vier-Felder-Tafel Mono- bzw. Multisequenzdesigns und Mono- bzw. Multimethodendesigns darstellen (vgl. Gürtler/Huber 2012, 38).

---

80 Der Positivismusstreit zwischen Vertreter/-innen empirisch-analytischer bzw. qualitativ-hermeneutischer Positionen verdeutlicht dies besonders eindrucksvoll (hierzu siehe bspw. Lassahn 2000, 60 ff.).

81 Im angelsächsischen Raum wird der Diskurs um quantitative vs. qualitative Methoden weniger scharf geführt.

82 In Untersuchungsdesigns, die qualitativ und quantitativ getrennt voneinander durchgeführte Forschungsschritte enthalten und am Ende aufeinander beziehen, können sich die qualitativen und quantitativen Methoden entweder auf dasselbe zu untersuchende Merkmal beziehen, verschiedene Aspekte desselben Merkmals erfassen oder aber auf unterschiedliche Merkmale abheben (vgl. Kelle/Erzberger 2012, 303). Solche Kombinationen sind im Wesentlichen durch zwei Perspektiven motiviert. Zum einen soll durch möglichst übereinstimmende Befunde die Validität von Forschungsergebnissen gesteigert werden (bspw. Schründer-Lenzen 2010; siehe Gläser-Zikuda et al. 2012, 8; siehe Konvergenzmodelle), zum anderen soll durch die Kombination von unterschiedlichen Methoden das Erfassen eines vollständigeren Gesamtbildes erreicht werden (vgl. bspw. Krüger/Pfaff 2008, 160).

Im vierten Quadranten finden sich Untersuchungsdesigns, die *mehr als einen* Strang von Forschungsphasen sowie qualitative *und* quantitative Methoden vorsehen (vgl. Gürtler/Huber 2012, 38). Als wesentliche Arten von Untersuchungsdesigns, die diesem Quadranten zugeordnet werden können, nennen GÜRTLER & HUBER (2012) Simultan-Designs, Sequenz-Designs[83], Konversionsdesigns und „Voll integrierte Designs“ (vgl. Gürtler/Huber 2012, 38).
Ein sequenzieller Einsatz beider Methodenarten, bei welchem die Methoden gesondert voneinander eingesetzt werden, erscheint vergleichsweise unproblematisch (vgl. Krüger/Pfaff 2008, 161, der auf Bryman 1992 und Treuman 2000 verweist). Das hier zugrunde gelegte Untersuchungsdesign kann am ehesten als Simultan-Design bezeichnet werden. Beide Stränge – qualitativer und quantitativer Methodeneinsatz – werden zeitlich simultan realisiert. Häufig werden Simultan-Designs in Form von Komplementaritätsmodellen realisiert, bei denen eine strikte Trennung der untersuchten Gegenstände für die qualitativen und quantitativen Teile grundlegend ist; eine solche Trennung wurde für die vorliegende Untersuchung jedoch als nicht zielführend erachtet. Vielmehr war es das Ziel, ein möglichst präzises Gesamtbild ausgehend vom formulierten Erkenntnisinteresse zu erhalten und hierfür ressourcengerechte Forschungsmethoden auszuwählen und ihre jeweiligen Stärken zu nutzen. Es findet sich auch eine gewisse Nähe zu „Voll integrierten Designs“, bei denen qualitative und quantitative Elemente in einem dynamisch-interaktiven Zusammenhang stehen (vgl. Gürtler/Huber 2012, 40), denn die auf unterschiedlichem methodischem Wege erlangten Erkenntnisse wurden, wo plausibel, aufeinander bezogen. Die Elemente der vorliegenden Untersuchung, so wie sie sich aus dem Erkenntnisprozess abgeleitet haben, betrachten den Forschungsgegenstand demnach aus unterschiedlicher Perspektive, um ein möglichst präzises Gesamtbild zu erfassen. Dabei wurde keine strikte Trennung der Fokusse der Methodenstränge durchgeführt.

[83] Sequenz-Designs werden anderenorts als Vorstudienmodell, Verallgemeinerungsmodell, Vertiefungsmodell oder Triangulationsmodell ausdifferenziert (vgl. Gürtler/Huber 2012, 39; siehe Gläser-Zikuda et al. 2012, 8).

Befragte Personen

Da es sich um eine explorative Studie handelt, wird keine Repräsentativität angestrebt, die ohnehin durch den Einzelfall des FÖJ Rheinland nicht zu gewährleisten wäre.

Im Bildungsjahr 2013/2014, in welchem die Untersuchungen durchgeführt wurden, gab es fünf FÖJ-Gruppen im FÖJ Rheinland. Eine Anzahl von zwei Gruppen wurde als ausreichend für das Erkenntnisinteresse und den Zeit-/Arbeitsrahmen der Untersuchung betrachtet. Die Auswahl erfolgte auf Basis der Leitungen der Gruppen – die leitenden Personen waren am längsten beim FÖJ Rheinland beschäftigt und repräsentieren das didaktische Konzept der Bildungsseminare deshalb am ehesten. Die Auswahl der Stichprobe erfolgte nicht-randomisiert.

Die handlungswirksamen Elemente SWE und moralische Urteilsfähigkeit sind personenimmanente Faktoren, bei denen nicht ausgeschlossen werden kann, dass diese bei Personen, die ein FÖJ antreten, in besonderer Ausprägung vorhanden sind und sich somit von der Grundgesamtheit der Jugendlichen der entsprechenden Altersstufe unterscheiden. Es stellt sich die Frage, ob bspw. Jugendliche, die eine Ausbildung statt eines FÖJ beginnen, ähnliche Ausgangsbefunde hinsichtlich der SWE und moralischen Urteilsfähigkeit aufweisen. Um erste Hinweise zu erhalten, inwieweit die FÖJler/-innen eine spezifische Zielgruppe darstellen, soll eine weitere Gruppe aus der beruflichen Bildung herangezogen werden. Diese fungiert nicht etwa als Kontrollgruppe, da die Unterschiede beider Gruppen offensichtlich sind, liefert aber erste Anhaltspunkte hinsichtlich der erwähnten Ausgangsbefunde und bietet – nicht weniger wichtig – einen Einblick in die berufliche Bildung, in der eine handlungstheoretisch fundierte Didaktik zur Förderung moralisch-nachhaltigen Handelns schließlich auch Anwendung finden soll. Befragt wurden neben den FÖJler/-innen der beiden ausgewählten Gruppen Schüler/-innen aus der beruflichen Bildung – hier Tischler/-innen-Auszubildende im ersten Lehrjahr sowie Teilnehmende des Berufsgrundschuljahrs (BGJ) Holz des Berufskollegs Ulrepforte in Köln, die sich damit von der Altersstruktur her nicht zu sehr von den FÖJler/-innen unterscheiden. Die Befragten aus der beruflichen Bildung wurden aufgrund des ökologischen Bezugs (Werkstoff Holz, handwerkliche Tätigkeit, Thematik Nachhaltigkeit) ausgewählt. Die Schüler/-innen aus dem BGJ stellen ähnlich wie die FÖJler/-innen ohne Schulabschluss bzw. Sek. I-Abschluss (siehe Kapitel 4.3.1) eine Gruppe von Personen mit besonderem Förderungsbedarf dar.

Qualitätssicherung

In einer Untersuchung mit mixed-method Design kommen Qualitätskriterien beider Forschungsparadigmen zum Tragen. Dabei unterscheiden sich nicht nur die Qualitätskriterien, sondern die eingesetzten Instrumente und ihre Art der Auswertung spiegeln unterschiedliche Ziele, Herangehensweisen, Merkmale und Einstellungen des Forschenden wider. ATTESLANDER (2010) zeigt die unterschiedlichen Tendenzen der quantitativen sowie qualitativen Forschung, wie viele andere Autorinnen und Autoren, in tabellarischer Gegenüberstellung auf (siehe Tabelle 15)[84].

	Quantitative Sozialforschung	**Qualitative Sozialforschung**
Ziele	erklären nomothetisch Theorien-prüfend	verstehen idiographisch Theorie-entwickelnd
Vorgehen (Methodik)	deduktiv objektiv ätiologisch ahistorisch geschlossen	induktiv subjektiv interpretativ historisierend offen
Verhalten der Forscher	Prädetermination des Forschers Distanz statisch starres Vorgehen partikularistisch Zufallsstichprobe	Relevanzsysteme der Betroffenen Identifikation dynamisch-prozessual flexibles Vorgehen holistisch theoretical sampling
Merkmale	Datenferne Unterschiede reduktive Datenanalyse hohes Messniveau	Datennähe Gemeinsamkeiten explikative Datenanalyse niedriges Messniveau

Tabelle 15: Analysekriterien quantitativer und qualitativer Erhebungen (aus: Atteslander 2010, 350)

Während die Gütekriterien quantitativer Forschung recht klar beschrieben sind, sich nämlich über Objektivität, Reliabilität und Validität der unterschiedli-

84 Diese Form der Darstellung suggeriert eine absolute Trennschärfe beider Bereiche. In der Praxis finden sich ebenso Mischformen.

chen Untersuchungselemente definieren, sind die Qualitätskriterien qualitativer Forschung weniger deutlich einzugrenzen.
STEINKE (2012) schlägt Kernkriterien qualitativer Forschung vor, die sich bewusst auch begrifflich von den Gütekriterien der quantitativen Forschung unterscheiden (vgl. Steinke 2012, 323-331):

- Intersubjektive Nachvollziehbarkeit:
  - Dokumentation des Forschungsprozesses: Vorverständnis und Erwartungen, Erhebungsmethoden und Erhebungskontext, Transkriptionsregeln, Auswertungsmethoden, Informationsquellen (wörtliche Wiedergabe vs. eigene Interpretation), Entscheidungen und (ungelöste) Probleme, Kriterien, denen die Arbeit genügen soll (vgl. Steinke 2012, 324-325).
  - Anwendung von kodifizierten Verfahren, wo möglich (vgl. Steinke 2012, 326).
- Indikation des Forschungsprozesses (vgl. Steinke 2012, 326-328):
  - Indikation des qualitativen Vorgehens (Hätte man nicht quantitativ vorgehen sollen?)
  - Indikation der Methodenwahl (Sind die Methoden angemessen? Auch: Ist eine Irritation des Vorwissens möglich?)
  - Indikation der Samplingstrategie (Ist die Auswahl der Befragten zweckgerichtet?)
  - Indikation der methodischen Einzelentscheidungen im Kontext der gesamten Untersuchung (Passen Methoden von Erhebung und Auswertung zueinander? Sind die Methoden den Rahmenbedingungen, Zeit/Geld/usw., angemessen?)

Die STEINKEschen (2012) Kriterien sollen Berücksichtigung finden. Dennoch sollen, wo möglich, zusätzlich auch bei den qualitativen Instrumenten und Arbeitstechniken Reflexionen zu den üblichen Gütekriterien durchgeführt werden, da diese oftmals ein gutes Grundgerüst für die Aufdeckung sensibler Punkte in der Beurteilung von Methodik und Ergebnis eines Forschungsprozesses bieten.

Instrumentarium

Mit Blick auf das Erkenntnisinteresse und den Zeit-/Arbeitsrahmen der Untersuchung scheint es gerechtfertigt, wo möglich auf bewährte, bestehende Instrumente zur Erfassung der SWE und der moralischen Urteilsfähigkeit zurückzugreifen.

4.4.3 Instrumentarium zur Erfassung der Selbstwirksamkeitserwartung

Instrument

Zur Erfassung der Selbstwirksamkeitserwartung liegt mit dem Instrument von SCHWARZER & JERUSALEM (1999) eine weitgehend anerkannte Skala vor, deren Güte in verschiedenen Studien nachgewiesen werden konnte (siehe bspw. Hinz et al. 2006; Luszczynska et al. 2005; Luszczynska/Schwarzer 2005; Leganger et al. 2000; Schwarzer 2001; Schwarzer/Jerusalem 1999; Schwarzer et al. 1999). Der Fragebogen erfasst die „allgemeine“ Selbstwirksamkeitserwartung, was für das Erkenntnisinteresse ausreichend ist[85]. Beim Instrument handelt es sich um einen 10 Items umfassenden, eindimensionalen Fragebogen (siehe Schwarzer/Jerusalem 1999, 13):

1. Wenn sich Widerstände auftun, finde ich Mittel und Wege, mich durchzusetzen.
2. Die Lösung schwieriger Probleme gelingt mir immer, wenn ich mich darum bemühe.
3. Es bereitet mir keine Schwierigkeiten, meine Absichten und Ziele zu verwirklichen.
4. In unerwarteten Situationen weiß ich immer, wie ich mich verhalten soll.
5. Auch bei überraschenden Ereignissen glaube ich, dass ich gut mit ihnen zurechtkommen kann.
6. Schwierigkeiten sehe ich gelassen entgegen, weil ich meinen Fähigkeiten immer vertrauen kann.
7. Was auch immer passiert, ich werde schon klarkommen.
8. Für jedes Problem kann ich eine Lösung finden.
9. Wenn eine neue Sache auf mich zukommt, weiß ich, wie ich damit umgehen kann.
10. Wenn ein Problem auftaucht, kann ich es aus eigener Kraft meistern.

Die Items werden mithilfe einer vierstufigen Ratingskala vermittels verbaler Marken beantwortet: „stimmt nicht“ (zugeordneter Testwert 1), „stimmt kaum“ (Testwert 2), „stimmt eher“ (Testwert 3), „stimmt genau“ (Testwert 4). Der individuelle Testwert ergibt sich durch Summenbildung aller 10 Antworten, sodass ein Score zwischen 10 und 40 resultiert. Ein hoher Testwert steht in der Skala für ein starkes Vertrauen, schwierige Situationen meistern zu können, wobei dieser Erfolg der eigenen Kompetenz zugeschrieben wird. Jedes Item bringt dabei eine internal-stabile Attribution der Erfolgserwartung zum Ausdruck (vgl. Jerusalem/Schwarzer o. J., 2).

---

[85] Zusätzlich werden bspw. Skalen für die schulische SWE angeboten.

Die SWE-Skala wird in der vorliegenden Untersuchung im Sinne eines Längsschnitt-Verfahrens eingesetzt (Vorher-Nachher-Vergleich).
Die Befragten generierten zur Wahrung der Anonymität einen persönlichen Code, bestehend in einer Buchstaben- und Zahlenkombination (siehe Anhang 4d, am Beispiel des FÖJ-Fragebogens zum ersten Messzeitpunkt). Zudem wurden Geschlecht sowie Schulabschluss erfasst.
Die beiden Befragungsgruppen des FÖJ wurden abhängig von personellen Bedingungen ausgewählt. Ausgewählt wurden jene Gruppen, die von Personen geleitet werden, die im Vergleich zu den anderen Seminarleitungen die längste Zugehörigkeit zur FÖJ-Zentralstelle aufweisen. Zugrunde gelegt wurde die Annahme, dass diese Personen das pädagogische Konzept der FÖJ-Zentralstelle besser repräsentieren als weniger erfahrene Seminarleitungen.
Die beiden Befragungsgruppen der beruflichen Bildung wurden zufällig ausgewählt. Befragt wurden jene Auszubildenden und BGJler/-innen, die am Tag der ersten Befragung vor Ort waren.
Die Datenschutzvereinbarungen/Einverständniserklärungen (siehe Anhang 4e und 4f) wurden jeweils im Vorfeld der Befragungen durch die FÖJ-Zentralstelle sowie das Berufskolleg Ulrepforte ausgegeben. Bei Minderjährigen wurde das Einverständnis der Eltern/Erziehungsberechtigten eingeholt. Ein entsprechendes Anschreiben ordnete die Befragungen thematisch ein und verwies darauf, dass bei Nicht-Teilnahme kein Nachteil entsteht (siehe Anhang 4g, am Beispiel des Anschreibens für die FÖJler/-innen).

Methodik der Auswertung

Die Auswertung des Fragebogens erfolgt gemäß SCHWARZER & JERUSALEM (1999) auf Intervallskalenniveau unter Verwendung von Operationen der deskriptiven Statistik. Ziel ist es, Tendenzen und Richtungen möglicher Zusammenhänge durch bestimmte Darstellungsformen sichtbar zu machen und damit Anregungen für die weitere Forschung zu geben.
Der Fragebogen wurde zu zwei Messzeitpunkten eingesetzt (Vorher-Nachher-Vergleich). Vier Gruppen haben den Fragebogen zu zwei Messzeitpunkten beantwortet – daraus resultieren insgesamt acht Datensets. Die Datensets wurden gruppenspezifisch ausgewertet.

Bestimmt wurden für alle acht Messzeitpunkte der Mittelwert als Lageparameter sowie die Standardabweichung als Parameter der Streuung. Die Bestimmung von Cronbachs Alpha informiert jeweils über die interne Konsistenz. Wölbungs- und Schiefeparameter zeigen sich in einer Prüfung auf Normalverteilung, die mittels eines entsprechenden Histogramms und eines Q-Q-Plots umgesetzt wird. Da sich als negatives Ergebnis der Prüfung auf Normalverteilung lediglich nicht-parametrische statistische Verfahren empfehlen und es sich bei den vier Vorher-Nachher-Vergleichen um abhängige Stichproben handelt, wird jeweils ein einseitiger Wilcoxon-Vorzeichen-Rang-Test durchgeführt.

4.4.4 Instrumentarium zur Erfassung der moralischen Urteilsfähigkeit

4.4.4.1 Einführung

Es lassen sich eine ganze Reihe Messverfahren zum Thema Moral identifizieren. Einige Instrumente wollen das moralische Urteil auf direktem Wege erfassen, wie bspw. das „Moral Judgement Interview“ von KOHLBERG (2001) und anderen (Colby et al. bei Oser/Althof 2001) oder der „Moralische Urteil Test“[86] von LIND (2009). Gemeinsam ist nahezu allen Tests, dass sie in Hinblick auf die klassischen Gütekriterien als ungenügend beurteilt werden (siehe bspw. Hinder 1987, 204), oder aber es werden theoretisch fundierte Kritikpunkte angebracht (siehe bspw. Steffek 2000). Neben den älteren Verfahren lassen sich neuere, empirisch noch nicht ausreichend bestätigte Instrumente identifizieren, wie etwa der „Index zur Messung der moralischen Urteilsfähigkeit (IMU)“ von STEFFEK (2000).

4.4.4.2 Moralische Atmosphäre

Instrument

Auch für die Erfassung einer moralischen Atmosphäre stehen eine Reihe von Tests zur Verfügung, die sich empirisch unterschiedlich gut bewährt haben und der quantitativen Forschung zuzuordnen sind. Hier sind vor allem der „Moralische Atmosphäre Fragebogen“ (MAF) von LIND & LINK (1987)[87] und die „Landauer Skalen“ zur Erfassung des Sozialklimas (LASSO) zu nennen,

---

86 Nun: „Moralische Kompetenz-Test“ (MKT), Stand Feb. 2016

87 Bei LIND 2002, 162-314

wenngleich letztere nicht auf ein *moralisches* Sozialklima gemünzt sind (siehe Saldern/Littig 1999). Während der MAF empirisch nur eingeschränkt bestätigt ist (siehe Hinder 1987), sind die LASSO gut bestätigt, aber stark auf den schulischen Kontext gemünzt. So spielen die Themen Leistungsdruck und Notengebung eine wesentliche Rolle[88].

In Hinblick auf das Erkenntnisinteresse und den explorativen Charakter der Untersuchung scheint der Einsatz eines quantitativen Instruments zur Erfassung der moralischen Atmosphäre wenig geeignet, da auf diese Weise keine zusätzlichen Informationen zur konzeptionellen Ausrichtung der FÖJ-Bildungsseminare gesammelt werden können.

Aus diesem Grund wurde, angelehnt an den MAF und die LASSO, ein qualitativ ausgerichtetes Instrument konzipiert. Der Fragebogen umfasst jeweils drei Items zu fünf Themenkomplexen (siehe Tabelle 16) und stellt die Essenz der im MAF und in den LASSO behandelten thematischen Schwerpunkten dar (exkl. der nur für den schulischen Kontext geeigneten Items der LASSO; zur Übersicht der vernachlässigten Inhalte vgl. Saldern/Littig 1999; Lind 2002, 162-314).

88 Dies wird bspw. in den folgenden zwei Items deutlich: „Bei uns hilft es wenig, mit dem Lehrer über die Noten zu reden, da man doch nichts erreicht." (Skala: Autoritäres Führungsverhalten); „Wenn jemand in einer Klassenarbeit schlecht abschneidet, finden sich meistens Mitschüler, die ihn trösten." (Skala: Hilfsbereitschaft), siehe SALDERN & LITTIG (1999).

Beziehung zur Seminarleitung – Bitte begründen Sie jeweils Ihre Meinung und geben Sie wenn möglich Beispiele!
1. Fühlten Sie sich durch die Seminarleitung wertgeschätzt und anerkannt? 2. Wie bewerten Sie die Fürsorglichkeit der Seminarleitung? 3. Wurden FÖJler/-innen durch die Seminarleitung bevorzugt/benachteiligt?
Beziehung zu den Mit-FÖJler/-innen – Bitte begründen Sie jeweils Ihre Meinung und geben Sie wenn möglich Beispiele!
4. Waren Sie mit den Mit-FÖJler/-innen Ihrer Seminargruppe grundsätzlich zufrieden? 5. Wie würden Sie die Hilfsbereitschaft unter den FÖJler/-innen Ihrer Seminargruppe beurteilen? 6. Wie würden Sie das Konkurrenzverhalten unter den FÖJler/-innen Ihrer Seminargruppe beurteilen?
Umgang mit Konflikten – Bitte begründen Sie jeweils Ihre Meinung und geben Sie wenn möglich Beispiele!
7. Gab es Aggressionen der FÖJler/-innen der Seminargruppe untereinander? - Wenn ja, wie wurde damit umgegangen? 8. Gab es Diskriminierung von Mit-FÖJler/-innen in der Seminargruppe (bspw. jmd. auslachen, sich lustig machen, gemein sein)? - Wenn ja, wie wurde damit umgegangen? 9. Gab es Aggressionen der FÖJler/-innen gegen die Seminarleitung? - Wenn ja, wie wurde damit umgegangen?
Mitbestimmung und Eigenverantwortung – Bitte begründen Sie jeweils Ihre Meinung und geben Sie wenn möglich Beispiele!
10. Inwieweit gab es bei den Bildungsseminaren und deren Vorbereitung die Möglichkeit, mitzugestalten und mitzuentscheiden? 11. Inwieweit gab es bei den Bildungsseminaren und deren Vorbereitung die Möglichkeit, eigenständig Verantwortung zu übernehmen? 12. Wie würden Sie das Führungsverhalten der Seminarleitung beschreiben?
Gemeinschaft – Bitte begründen Sie jeweils Ihre Meinung und geben Sie wenn möglich Beispiele!
13. Wie würden Sie das Gruppengefühl in Ihrer Seminargruppe beurteilen? 14. Wie würden Sie das Ausmaß der Cliquenbildung innerhalb der Seminargruppe beurteilen? 15. Wie würden Sie das Ausmaß von Regelverstößen innerhalb der Seminargruppe beurteilen?

Tabelle 16: Items zur Erfassung der moralischen Atmosphäre in den FÖJ-Bildungsseminaren (Quelle: nach Lind & Link 1987 in Lind 2002, 303-314; Saldern/Littig 1999)

Die Items wurden in den obligatorisch zu erstellenden Abschlussbericht der FÖJler/-innen am Ende des Bildungsjahres eingearbeitet. Die Einverständniserklärung wurde in die Vorlage zur Erstellung des Abschlussberichts integriert – die Befragten konnten angeben, ob die betreffenden Daten für die FÖJ-Zentralstelle für die vorliegende Untersuchung genutzt werden dürfen oder nicht (siehe Anhang 4h).

Methodik der Auswertung

Die Auswertung erfolgt vermittels MAXQDA. Das Antwortverhalten wird gruppenspezifisch entlang der Items erfasst. Dabei erfolgt eine induktive Kategorienbildung innerhalb der itemspezifischen Antworten im Sinne einer zusammenfassenden Inhaltsanalyse (vgl. Abbildung 23).

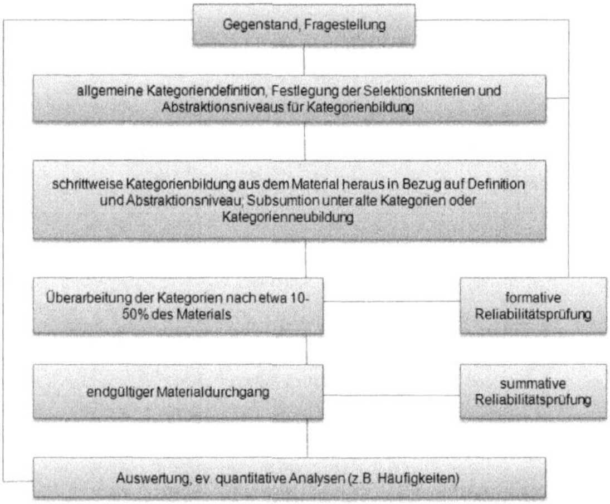

Abbildung 23: Ablaufmodell qualitativ-inhaltsanalytischer Verfahren am Beispiel induktiver Kategorienbildung (aus: Mayring 2012, 472; vgl. Mayring 1996)

4.4.4.3 Verantwortungsurteil

Bislang wurde die moralische Urteilsfähigkeit erfasst, indem untersucht werden sollte, ob eine moralische Atmosphäre vorherrscht, die die Ausbildung einer hoch ausgeprägten moralischen Urteilsfähigkeit bedingen kann.

Nunmehr bietet sich die Möglichkeit, in Rückbezug auf den Ansatz von KOHLBERG (1976) eine Annäherung an die individuell erreichte moralische Niveaustufe durchzuführen. In Kapitel 3 wurde die Erkenntnis gewonnen, dass ein Subjekt vor allem dann moralisch-nachhaltig handelt, wenn es ein positives Verantwortungsurteil (VUT) gefällt hat:

„Das Subjekt beantwortet für sich die Frage, welche Verantwortung es in der Situation tragen muss, ob es dazu verpflichtet ist: Soll es von mir getan werden? Diese Entscheidung zeigt, in welchem Maße sich das Subjekt ‚auf eine als notwendig verstandene Handlung verpflichtet weiß'." (aus: Oser/Althof 1992, 234)

Erfassung des VUT im MAF

Das VUT wird im bereits erwähnten MAF durch die Skalen „H", „K" und „L"[89] erfasst: Die vier Items der Skala H erfassen die Thematik „Helfen – Sollen und Tun" anhand einer Fallgeschichte (siehe Tabelle 17). In der Fallgeschichte geht es um Hilfsbereitschaft gegenüber dem unbeliebten Mitschüler „Chris". Die Befragten sollen Auskunft dazu geben, ob man „Chris" in dieser Situation helfen sollte („Sollen", Item 1), ob sie selbst ihm im Falle des Falles auch wirklich helfen würden („Tun – ich", Item 2) und wie ihre Einschätzung zur tatsächlichen Hilfsbereitschaft der Klassengemeinschaft generell ist („Tun – die anderen", Item 3). Schließlich bewerten die Befragten, ob sie sich im Falle einer unterlassenen Hilfe für „Chris'" Schicksal verantwortlich fühlen würden (Item 4).

Skala H	Itemausprägung
H	Freunde und Freundinnen helfen sich meistens gegenseitig. Manchmal gibt es aber auch einzelne Schülerinnen und Schüler, die zu keinem Freundeskreis gehören und die in der ganzen Klasse unbeliebt sind. Sollte man denen genauso helfen?
	Stelle Dir dazu folgende Situation vor: Chris ist ein ziemlich unbeliebter Mitschüler und hat in seiner Klasse keinen Freund. In einem Fach, in dem Du besonders gut bist, steht Chris „mangelhaft". Er muss die Klasse wiederholen, wenn das so weitergeht. Alle anderen kommen in diesem Fach gut mit.
	Die Lehrerin bittet Euch nun, dem Chris beim Lernen zu helfen. Er soll doch auch, wie die anderen, das Klassenziel erreichen.
H1	Sollte man Chris in dieser Situation helfen? „Ja/Nein/Weiß nicht"
H2	Würdest Du ihm in diesem Fall auch wirklich helfen? „Ja/Nein/Weiß nicht"
H3	Was glaubst Du, tun Deine Mitschülerinnen und Mitschüler? Wie viele würden dem Chris wohl in dieser Situation helfen? „Keiner/Wenige/Einige/Viele"
H4	Jetzt denken wir den Fall einmal ein wenig weiter. Nimm an, Du hast Chris nicht geholfen. Der ist nun sitzen geblieben und muss die Klasse wiederholen. Wie stark würdest Du Dich dafür verantwortlich fühlen? „Gar nicht/Etwas/Teilweise/Stark/Sehr stark"

Tabelle 17: Skala „Helfen – Sollen und Tun" des MAF (aus: Lind 2002, 310)

89 Insgesamt umfasst der MAF neunzehn Skalen.

Anschließend präsentieren die Items der Skalen K und L jeweils sechs Pro- und Contra-Argumente zur Fallgeschichte, die von den Befragten beurteilt werden sollen – die Befragten können hier befürwortende bzw. ablehnende Begründungen zur Hilfeleistung bewerten (siehe Lind 2002, 311f.). Die Argumente für bzw. gegen das Helfen spiegeln dabei jeweils unterschiedliche Modi der Verantwortung wider, die in sechs qualitativ unterschiedlichen Ausprägungen vorliegen (siehe Kapitel 3.5.2.2.1 sowie Kapitel 4.7.2.4.2).
LIND & LINK (1988) wollen über die Skalen K und L zweierlei messen (vgl. Lind & Link 1987, 22). Zum einen die inhaltlich-affektiven Aspekte des Urteilsverhaltens – diese zeigen sich im Antwortverhalten bei der Bewertung der Argumente für bzw. gegen das Helfen. Andererseits sollen die strukturell-kognitiven Aspekte des Urteilsverhaltens erfasst werden. Geprüft werden soll hierbei, inwieweit die Befragten in der Lage sind, Argumente, die nicht der eigenen Meinung entsprechen, zu beurteilen (vgl. Lind 2002, 172).
Das VU wird im MAF demnach durch drei Skalen erfasst, die quantitativ ausgewertet werden. Der Messwert für das Verantwortungsurteil wird dabei durch eine intraindividuelle Varianzkomponentenzerlegung und die Berechnung des Determinationskoeffizienten für die Designfaktoren „Richtung der Argumente (für oder gegen Helfen)“ und „Modi der Verantwortung“ generiert (vgl. Lind 2002, 172). Je stärker eine Person bei der Beurteilung der Argumente ihrem Modus der Verantwortung „treu bleibt“, desto höher fällt ihr Testwert aus.
Der VUT im MAF hat den Anspruch, kognitive und affektive Aspekte („Zwei-Aspekte-Modell“) des Verantwortungsurteils logisch unabhängig voneinander zu messen, wenngleich anhand desselben Verhaltensmusters einer Person (siehe Lind 2002, 42; 172) – dies wird besonders von Vertreter/-innen des Komponenten-Modells kritisch bewertet (vgl. Lind 2002, 41, der Nunner-Winkler 1989 anführt).

Eingesetztes Instrument

Wie bereits dargestellt (siehe Kapitel 4.4.4.2), soll von einer quantitativen Nutzung des VUT im MAF abgesehen werden. Zur Erfassung des VUT wurde aus diesem Grund in Anlehnung an den MAF die Fallgeschichte zum Thema Helfen und Verantwortung für den FÖJ-Kontext adaptiert; für die Anwendung in der Gruppe aus der beruflichen Bildung konnte die Geschichte unverändert beibehalten werden (siehe Tabelle 18). Das Item H3 (siehe Tabelle 17) wurde aus Kapazitätsgründen ausgespart.

VUT-Fallgeschichte FÖJ	VUT-Fallgeschichte Berufskolleg
Freunde und Freundinnen helfen sich meistens gegenseitig. Manchmal gibt es aber auch einzelne FÖJlerinnen und FÖJler, die zu keinem Freundeskreis gehören und die in der ganzen Seminargruppe unbeliebt sind. Sollte man denen genauso helfen? Stellen Sie sich dazu folgende Situation vor: Sie sind auf dem Bildungsseminar. Sie bekommen den Auftrag, bis zum nächsten Seminartag eine Reihe von kurzen Präsentationen zu einem Thema vorzubereiten. Jeder erhält einen spezifischen Arbeitsauftrag. Chris ist ein ziemlich unbeliebter Mit-FÖJler und hat in Ihrer Seminargruppe keinen Freund. Ihnen fällt es sehr leicht, Ihren Teil für die Präsentationen vorzubereiten, Chris hat dabei aber augenscheinlich große Schwierigkeiten. Er kommt nicht voran und wenn nichts geschieht, kann er nicht mit auf die geplante Exkursion gehen, auf die sich jedermann schon freut. Alle anderen haben bei ihren Vorbereitungen keine Probleme. Die Seminarleitung bittet die Seminargruppe nun, dem Chris beim Vorbereiten seines Teils zu helfen. Er soll doch auch, wie die anderen, auf die Exkursion gehen können.	Freunde und Freundinnen helfen sich meistens gegenseitig. Manchmal gibt es aber auch einzelne Schülerinnen und Schüler, die zu keinem Freundeskreis gehören und die in der ganzen Klasse unbeliebt sind. Sollte man denen genauso helfen? Stellen Sie sich dazu folgende Situation vor: Chris ist ein ziemlich unbeliebter Mitschüler und hat in Ihrer Klasse keinen Freund. In einem Fach, in dem Sie besonders gut sind, steht Chris „mangelhaft". Er muss die Klasse wiederholen, wenn das so weitergeht. Alle anderen kommen in diesem Fach gut mit. Die Lehrerin bzw. der Lehrer bittet Sie alle, dem Chris beim Lernen zu helfen. Er soll das Klassenziel erreichen.
Fragen	**Fragen**
Sollte man Chris in dieser Situation helfen? Begründen Sie Ihre Meinung!	Sollte man Chris in dieser Situation helfen? Begründen Sie Ihre Meinung!
Falls Sie der Meinung sind, man solle Chris in dieser Situation helfen: Würden Sie selbst ihm in diesem Fall auch tatsächlich helfen?	Falls Sie der Meinung sind, man solle Chris in dieser Situation helfen: Würden Sie selbst ihm in diesem Fall auch tatsächlich helfen?
Jetzt denken wir den Fall mal ein wenig weiter. Nehmen Sie an, Sie haben dem Chris nicht geholfen. Der muss nun im Seminarhaus bleiben und kann nicht mit auf die Exkursion. Würden Sie sich dafür verantwortlich fühlen? Wenn ja, wie stark? Begründen Sie Ihre Meinung!	Jetzt denken wir den Fall mal ein wenig weiter. Nehmen Sie an, Sie haben dem Chris nicht geholfen. Der ist nun sitzen geblieben und muss die Klasse wiederholen. Würden Sie sich dafür verantwortlich fühlen? Wenn ja, wie stark? Begründen Sie Ihre Meinung!

Tabelle 18: Fallgeschichte und Fragen zur Erfassung des Verantwortungsurteils (Quelle: angelehnt an Lind 2002, 310)

Die Fragen sind offen gestellt und die Antworten können einer Auswertung vermittels MAXQDA unterzogen werden. Die beiden Aspekte des Urteilsverhaltens nach LIND (2002), die die moralische Urteilsfähigkeit ausmachen, werden in adaptierter Weise erfasst. Im Antwortverhalten spiegelt sich einerseits der inhaltlich-affektive Aspekt wider – sollte „man" helfen, würde „ich" auch tatsächlich helfen und „fühle ich mich verantwortlich" für „Chris'" Schicksal. Andererseits kann aus dem Antwortverhalten zu Item 3 ein Rückschluss auf den individuellen strukturell-kognitiven Modus der Verantwortung gezogen werden. Während sozial erwünschtes Antwortverhalten bei den ersten beiden

Items relativ wahrscheinlich ist, kann durch die Klassifizierung der Antwortausprägung zum Verantwortungsurteil eine weniger anfällige Größe hinsichtlich Gefälligkeitsantworten geschaffen werden. Der jeweilige Modus der Verantwortung steht im Zusammenhang mit der Wahrscheinlichkeit der tatsächlichen Handlungsumsetzung durch die Person.

Methodik der Auswertung

Die Auswertung der qualitativen Daten erfolgt separat je Gruppe. Jede der vier Gruppen wird zunächst einer quantifizierenden Typenbildung unterzogen. Die Typen ergeben sich je nach Antwortverhalten zu den Items 1-3 des Fragebogens zum Verantwortungsurteil. So wird bspw. bestimmt, wie viele Befragte einer Gruppe in ihrem Antwortverhalten ein positives Urteil voranstellen – alle Items werden in diesem Fall bejaht: Ja, man sollte Chris helfen/Ja, ich würde selbst helfen/Ja, ich würde mich verantwortlich fühlen.

Von Interesse sind nur jene grundsätzlich positiv ausgerichteten, konsistenten Urteile. Je höher die moralische Stufe ist, die das antwortende Individuum erreicht hat, desto häufiger wird ein positives Verantwortungsurteil gefällt (vgl. bspw. Oser/Althof 1992, 229), weswegen gerade diese Fälle hier einer näheren Betrachtung zugeführt werden. Die Antworten zu Item 1, die sich auf das deontische Urteil beziehen, werden induktiv kategorisiert. Ebenso geschieht dies mit den Items 2 und 3, die zusammengenommen ausgewertet werden, da sie sich beide auf das VUT beziehen.

In einem abschließenden Schritt soll die Ausprägung der Argumente beschrieben und mit den Modi der Verantwortung in Beziehung gesetzt werden. Hier gehen induktive und deduktive Arbeitsweisen ineinander über.

4.4.5 Ergänzendes Instrument: Seminarpläne

Instrument

Die bisher eingesetzten Instrumente geben nur indirekt Aufschluss über die tatsächliche didaktische Ausgestaltung der FÖJ-Bildungsseminare. Eine teilnehmende Beobachtung könnte Erkenntnisse liefern, erscheint einerseits angesichts des Zeit-/Arbeitsrahmens aber zu aufwendig und andererseits durch alternative Instrumente mit weit geringerem, aber ausreichendem Erkenntnisgewinn ersetzbar.

So soll eine quantitative Erfassung der Seminarpläne eine Vorstellung von der didaktischen Gestaltung der Bildungsseminare liefern. Zu diesem Zweck wurden bei den beiden befragten Seminargruppen bei allen fünf Seminaren des Bildungsjahres 2013/2014 ausgewählte Aspekte der Seminargestaltung erfasst. Die Seminarleitungen dokumentierten jeweils die Dauer einer Seminareinheit, den Zweck/das Ziel der Seminareinheit, die angewandte Methode, die genutzten Medien, den Ort (drinnen/draußen) sowie, ob die jeweilige Seminareinheit von den Jugendlichen oder dem Leitungsteam durchgeführt wurde (siehe Anhang 4i). Von besonderem Interesse ist dabei, inwieweit die FÖJler/-innen die Seminare tatsächlich mitgestalten und welche Methoden angewandt werden. Die Angaben zum Ort ermöglichen einen zusätzlichen Einblick in die jeweilige Lernumgebung. Ziel ist das Gewinnen von zusätzlichen Informationen abseits der Erfassung der SWE und der moralischen Urteilsfähigkeit.

Methodik der Auswertung

Die Daten liegen in Form von Excel-Sheets vor, die mithilfe von Excel-Funktionen (bspw. Filter) ausgewertet werden können. Während die Angaben zum zeitlichen Umfang, zum Zweck/Ziel, zum Ort und zur Durchführung (durch wen) direkt erfasst werden können, werden die angegebenen Methoden klassifiziert. Für die Klassifizierung werden die zusätzlichen Informationen zu angewandten Medien genutzt und etwaige Informationen in der Kategorie „Anmerkungen“ genutzt. Durch interpretative Techniken können so auch namentlich unbekannte Methoden klassifiziert werden.

Folgendes Auswertungsraster wird angewandt:

- Seminareinheiten (eine Einheit entspricht einer zeitlich abgrenzbaren, inhaltlich gestalteten Aktivität während des Seminarverlaufs; Mahlzeiten stellen keine Seminareinheiten dar)
  - Klassifizierung der Seminareinheiten mittels Bildung zweckdienlicher, da im Material vorzufindender Klassen
  - Quantifizierung der Seminareinheiten hinsichtlich Anzahl und Dauer
- Quantifizierung der Seminareinheiten zur Beruflichen Orientierung
- Quantifizierung der durch FÖJler/-innen geleiteten Seminareinheiten

- Methoden

   - Klassifizierung der angewandten Methoden unter Zuhilfenahme der Kategorien „Medium/Medien“ sowie „Anmerkungen“
   - Quantifizierung der angewandten Methoden
- Quantifizierung der draußen durchgeführten Seminareinheiten

Für den letztgenannten Punkt werden interpretative sowie Techniken der quantitativen Inhaltsanalyse (siehe bspw. Brunner/Tschacher 1995) angewandt.
Die Quantifizierungen beziehen sich auf den zeitlichen Anteil in Minuten an der Gesamtseminarzeit (nur inhaltlich gestaltete Zeit, exkl. Mahlzeiten).
Für die Klassifizierung der Methoden wird eine allgemeine, unspezifische Systematik verwandt. Mit KNOLL (1991, 2007) wird folgende Klassifizierung zugrunde gelegt (siehe Tabelle 19):

Methoden-Klassifikation						
METHODEN	Methoden mit darbietendem Charakter	Stofforientierte Methoden	Kommunikativ orientierte Methoden	Gestalterisch orientierte Methoden	Meditativ orientierte Methoden	Spielerisch orientierte Methoden
BEISPIELE	Vortrag/Vorlesung/Referat Impulsreferat Sandwitch-Methode 4-Stufen-Methode Podiumsdiskussion Sachverständigenbefragung Lehrgespräch	Einzelarbeit Arbeit mit Texten/ Textarbeit Leittext Brainstorming Situationsvorgabe mit Fragestellung Fallarbeit Projektmethode Moderationstechnik Teamteaching Gruppenarbeit Mind mapping	Diskussion/ Rundgespräch Pro und Kontra Angefangene Sätze vollenden Innenkreis-Außenkreis („Fish-Bowl“)	Arbeit mit Fotos/Bildern Bildlich gestalten Collage Texte schreiben	Metapher-Meditation Fantasiereise Suggestopädagogische Methoden	Pantomime Lebendes Bild Rollenspiel Planspiel

Tabelle 19: Methoden-Klassifikation nach KNOLL 2007 (Quelle: eigene Darstellung nach Knoll 1991; 2007)

Während ARNOLD et al. (2005) die Systematik von KNOLL (dort: 1991) so auslegen, dass ein und dieselbe Methode jeweils mehreren Klassen angehö-

ren kann (bspw.: Planspiel als stofforientierte als auch als spielerisch orientierte Methode, siehe Arnold et al. 2005, 103), sollen die Klassen hier trennscharf gehandhabt werden. Dieses Vorgehen ist dem Ansinnen geschuldet, quantitative Aussagen zur Methodenanwendung in den Bildungsseminaren treffen zu wollen; wohl wissend, dass damit eine Verkürzung einhergeht.
Die in den Seminarplänen aufgefundenen Methoden werden der KNOLLschen (1991; 2007) Systematik gemäß den jeweiligen Klassen zugeordnet. Methoden, die bei KNOLL (2007) nicht im Rahmen der Beispiele behandelt werden, werden der Systematik nach ergänzt. So ist beispielsweise eine Power-Point-Präsentation den darbietenden Methoden zuzuordnen, ebenso wie das Zeigen eines Films.

4.5 Hauptuntersuchung – Ergebnisteil

4.5.1 Selbstwirksamkeitserwartung

4.5.1.1 Stichprobenübersicht

Genutzt wurde der Fragebogen zur Erfassung der „Allgemeinen Selbstwirksamkeitserwartung“ von SCHWARZER & JERUSALEM (1999). Die folgende Tabelle 20 zeigt eine Übersicht zur Stichprobe und enthält detaillierte Angaben zur Panelmortalität.

Befragte	Grund-gesamtheit	Verlust	n zu t1	Verlust nach t1	Gründe für Verlust			Stichprobe:
					Ausscheiden	Abwesenheit zum Befragungszeitpkt.	Code-Error	n zu t2
FÖJler/-innen Gruppe A	29	3 (keine EV)	26	3	1	-	2	**23**
FÖJler/-innen Gruppe C	31	3 (2 keine EV, 1 erkrankt)	28	6	5	-	1	**22**
Auszubildende	35	1 (keine EV)	34	15	7	5	3	**19**
BGJler/-innen	21	0	21	8	3	4	1	**13**

Tabelle 20: Übersicht über die Stichprobe inkl. Angaben zur Panelmortalität (Quelle: eigene)

4.5.1.2 Seminargruppe A FÖJ

4.5.1.2.1 Ausgangsbedingungen, Panelmortalität und Stichprobe

Ausgangslage

Die Seminargruppe umfasste 29[90] FÖJler/-innen mit einem ausgewogenen Geschlechterverhältnis (15m/14w). 3 FÖJler/-innen haben keine Einverständniserklärung (EV) abgegeben, alle waren weiblich und minderjährig. Die EV musste entsprechend von den Erziehungsberechtigten unterschrieben und zum Seminar mitgebracht werden, was offensichtlich eine Hürde dargestellt hat. Die minderjährigen Befragten sind demzufolge in der Erfassung der SWE in Gruppe A womöglich unterrepräsentiert[91].

Panelmortalität

Die Vorher-Befragung wurde mit 26 Personen durchgeführt (Ausgangsmenge t1). Die Panelmortalität bis zum Messzeitpunkt t2 betrug 11,5 % (3 Befragte mit 30 Werten, siehe Tabelle 21), 2 männliche Personen mit Abitur und Realschulabschluss und 1 weibliche Abiturientin. Die Gründe für das Ausscheiden lagen im Abbruch des FÖJ durch 1 befragte Person und 2 fehlerhafte Generierungen des anonymen Codes bei den verbleibenden Befragten.

Als Stichprobe können im Folgenden alle Teilnehmer betrachtet werden, für die neben t1 auch zum Zeitpunkt t2 vollständige Fragebogenwerte vorliegen (23 Teilnehmer mit 230 Fragebogenwerten). Vergleicht man die Häufigkeitsverteilung der jeweiligen Wertausprägungen für die 3 ausgeschiedenen Befragten und die Stichprobe (siehe Tabelle 21), so verursacht die Panelmortalität lediglich marginale Unterschiede. Daher kann festgehalten werden, dass die reduzierte Anzahl an Bewertungen zu keinem signifikanten Informationsverlust führt und somit ähnliche Veränderungen für die vollständige Ausgangsmenge unterstellt werden dürfen.

---

90 Zum Zweck der besseren Lesbarkeit werden Zahlen im folgenden statistischen Textteil nicht ausgeschrieben.

91 Der Aspekt des Alters stand im weiteren Untersuchungsverlauf nicht im Vordergrund.

FÖJ-Gruppe A Testwerte	Absolute Zahl			Relative Zahl		
	Ausgangsmenge	Panelmortalität	Stichprobe	Ausgangsmenge	Stichprobe	Gesamt
1	2	0	2	0,0 %	0,9 %	0,8 %
2	47	6	41	20,0 %	17,8 %	18,1 %
3	149	18	131	60,0 %	57,0 %	57,3 %
4	62	6	56	20,0 %	24,3 %	23,8 %
Summe	**260**	**30**	**230**	**100,0 %**	**100,0 %**	**100,0 %**

Tabelle 21: Auswirkungen der Panelmortalität SWE Gruppe A (Quelle: eigene)

Stichprobe

Als Stichprobe verblieben 23 Befragte, 56,5 % männliche und 43,5 % weibliche Personen (vgl. im Folgenden Tabelle 22). In Hinblick auf die Verteilung der Schulabschlüsse ergibt sich folgendes Bild: 60,9 % Abiturientinnen und Abiturienten[92], 34,8 % Befragte mit Realschulabschluss sowie eine Person mit Hauptschulabschluss (4,3 %). Während sich die Gruppe der männlichen Befragten vor allem aus Abiturienten und Realschülern zusammensetzt, sind unter den weiblichen Befragten überwiegend Abiturientinnen.

Stichprobe FÖJ-Gruppe A	Schulabschluss				Summe
Geschlecht	Hauptschulabschluss	Realschulabschluss	Abitur	Anderer	
m	1	5	6	1	13
w	0	2	8	0	10
Summe	1	7	14	1	**23**

Tabelle 22: Anzahl der Befragten nach Geschlecht und Schulabschluss in absoluten Zahlen Stichprobe FÖJ-Gruppe A (Quelle: eigene)

92 Fachabitur und Abitur werden im Folgenden als Kategorie „Abitur“ zusammengefasst.

4.5.1.2.2 Wertevergleich der beiden Messzeitpunkte

Vorher-Befragung Stichprobe t1

Die befragten FÖJler/-innen der Gruppe A erreichten beim vierstufigen Antwortformat von 1-4 einen Mittelwert von 3,04 mit einer Standardabweichung in Höhe von 0,67 (im Folgenden: Ø 3,04 ± 0,67).

Die männlichen Befragten schätzten ihre SWE mit einem errechneten Mittelwert von 3,2 ± 0,65 höher ein als ihre weiblichen Kolleginnen (Ø 2,85 ± 0,65).

Die männlichen Befragten mit Abitur schätzten ihre SWE mit einem errechneten Mittelwert von 3,4 ± 0,56 nur leicht höher ein als ihr Kollege mit Hauptschulabschluss (Ø 3,3 ± 0,46). Die männlichen Befragten mit Realschulabschluss lagen mit einem errechneten Mittelwert von 2,98 ± 0,71 ebenfalls nur leicht vor ihrem Kollegen mit einem nicht näher bezeichneten anderen Abschluss (Ø 2,8 ± 0,4). Bei den weiblichen Befragten zeigt sich dieser Unterschied in der Bewertung der SWE nicht – sowohl die weiblichen Befragten mit Realschulabschluss erreichten einen errechneten Mittelwert von 2,85 ± 0,65 ähnlich wie ihre Kolleginnen mit Abitur (Ø 2,86 ± 0,65)[93].

Cronbachs Alpha erreicht mit α = 0,75 eine akzeptable bis gute interne Konsistenz (siehe Darren/Mallery 2012). Die Berechnung erfolgte anhand folgender Formel:

$$\alpha = \frac{p}{p-1} \cdot \left(1 - \frac{\sum_{i=1}^{p} S_{Item(i)}^2}{S_{Testwert}^2}\right)$$

Formel 1: Berechnung von Cronbachs α (vgl. Bortz/Döring 2006, 199)

Nachher-Befragung Stichprobe t2

Die Werte der Befragten aus der Seminargruppe A erreichten in der zweiten Befragung einen errechneten Mittelwert von 3,17 mit einer Standardabweichung in Höhe von 0,58 (im Folgenden: Ø 3,04 ± 0,58).

93 Die Interpretationsfähigkeit dieses Befundes ist allerdings mit großen Einschränkungen verbunden, da lediglich 2 befragte FÖJler/-innen einen Realschulabschluss vorweisen, hingegen 9 FÖJler/-innen ein Abitur.

Die männlichen Befragten schätzten ihre SWE dabei mit einem errechneten Mittelwert von 3,33 ± 0,52 höher ein als ihre weiblichen Kolleginnen (Ø 2,98 ± 0,6).

Die männlichen Abiturienten schätzten ihre SWE mit einem errechneten Mittelwert von 3,45 ± 0,53 höher ein als ihre Kollegen mit Realschulabschluss (Ø 3,32 ± 0,55). Der Befragte mit Hauptschulabschluss erreichte beim zweiten Messzeitpunkt ebenso wie sein Kollege mit einem nicht näher bezeichneten Abschluss einen errechneten Mittelwert von 3 ± 0.

Bei den weiblichen Befragten zeigte sich, dass die Abiturientinnen mit 3,02 ± 0,61 einen höheren errechneten Mittelwert erreichten als ihre Kolleginnen mit Realschulabschluss (Ø 2,8 ± 0,51).

Cronbachs Alpha erreicht mit α = 0,76 eine akzeptable bis gute interne Konsistenz (siehe Darren/Mallery 2012).

Es zeigt sich bei ausschließlicher Betrachtung der durchschnittlichen Stichprobenwerte je Schulabschluss von t2, dass ein höherer Schulabschluss mit einer höher ausgeprägten SWE korreliert. Dies wird durch einen Korrelationseffizienten mit einem Wert von 0,97 bei den männlichen und einem Wert von 1 bei den weiblichen Befragten belegt. Für die Berechnung wurde folgende Formel 2 mit $i \in \{1,2,3\}$ verwendet, wobei x_i die Durchschnittswerte eines Schulabschlusses i und y_i Wertigkeiten eines durch eine metrisch skalierte Variable[94] abbildbaren Schulabschlusses i bezeichnen.

$$r_{xy} := \frac{\frac{1}{n}\sum_{i=1}^{n}(x_i - x)(y_i - y)}{\sqrt{\frac{1}{n}\sum_{i=1}^{n}(x_i - x)^2} \cdot \sqrt{\frac{1}{n}\sum_{i=1}^{n}(y_i - y)^2}}$$

Formel 2: Korrelationskoeffizient für den Zusammenhang zwischen zwei Variablen als normierte mittlere gemeinsame Streuung in der Stichprobe (vgl. Bortz/Schuster 2010, 157)

---

94 Hier als freie Skalierung gewählt: 3=Abitur, 2=Realschulabschluss, 1= Hauptschulabschluss. Die eine Person mit einem nicht näher bezeichneten Abschluss wurde von der Korrelationsbestimmung ausgenommen.

Wertevergleich der beiden Messzeitpunkte

Abbildung 24 zeigt die relative Verteilung aller Bewertungen des Testwerts 1 (niedrige Ausprägung der SWE) bis 4 (hohe Ausprägung der SWE, vgl. Kapitel 4.4.3) jeweils für den ersten und den zweiten Messzeitpunkt in der FÖJ-Seminargruppe A (23 Befragte mit 230 Itemwerten).

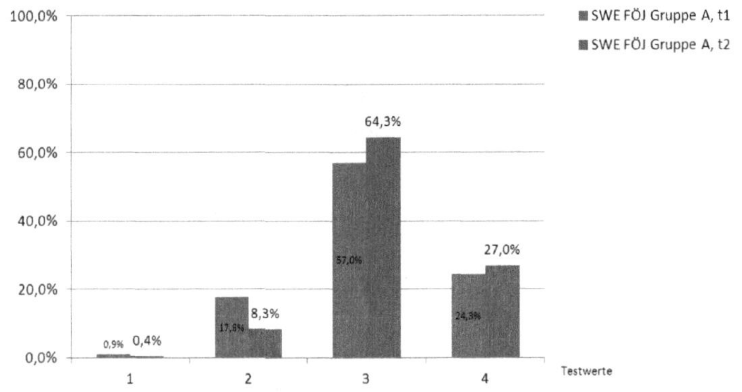

Abbildung 24: **Stichprobe Gruppe A, Ergebnisse Vorher-Nachher-Vergleich (Quelle: eigene)**

Es zeigt sich, dass die SWE der Befragten im Verlauf des FÖJ mehrheitlich angestiegen ist. Die relativen Häufigkeiten der Testwerte 1 und 2 sinken im Vergleich der Messpunkte t1 und t2 ab, während die relativen Häufigkeiten der Testwerte 3 und 4 ansteigen. Der Testwert 3 steigt dabei mit 7,3 Prozentpunkten (t1: 57 %, t2: 64,3 %) am stärksten und der Testwert 4 steigt noch um 2,7 Prozentpunkte (t1: 24,3 %, t2: 27 %).

Mit Blick auf die errechneten Mittelwerte in nachfolgender Tabelle 23 zeigt sich, dass lediglich der errechnete Mittelwert eines einzigen befragten männlichen Hauptschülers von 3,3 (t1) auf 3 (t2) und der errechnete Mittelwert von genau 2 weiblichen befragten Realschülerinnen von 2,85 (t1) auf 2,8 (t2) leicht absinkt. Für alle anderen Befragten steigt der errechnete Mittelwert der Werte zwischen dem ersten und zweiten Messzeitpunkt an.

FÖJ-Gruppe A	Mittelwert mit Standardabweichung Messzeitpunkt t1	Mittelwert mit Standardabweichung Messzeitpunkt t2	Anteil Befragte relativ	Anteil Befragte absolut
Stichprobe gesamt	Ø 3,04 ± 0,67	Ø 3,17 ± 0,58	100 %	23
		Summe	100 %	23
davon männliche Befragte	Ø 3,2 ± 0,65	Ø 3,33 ± 0,52	56,5 %	13
davon weibliche Befragte	Ø 2,85 ± 0,65	Ø 2,98 ± 0,6	43,5 %	10
Männliche Befragte nach Schulabschluss				
Abitur	Ø 3,4 ± 0,56	Ø 3,45 ± 0,53	46,2 %	6
Hauptschulabschluss	Ø 3,3 ± 0,46	Ø 3 ± 0	7,7 %	1
Realschulabschluss	Ø 2,98 ± 0,71	Ø 3,32 ± 0,55	38,5 %	5
Anderer Abschluss	Ø 2,8 ± 0,4	Ø 3 ± 0	7,7 %	1
		Summe	100 %	13
Weibliche Befragte nach Schulabschluss				
Abitur	Ø 2,86 ± 0,65	Ø 3,02 ± 0,61	80 %	8
Realschulabschluss	Ø 2,85 ± 0,65	Ø 2,8 ± 0,51	20 %	2
		Summe	100 %	10

Tabelle 23: Errechnete Mittelwerte und Standardabweichungen des Vorher-Nachher-Vergleichs in der Übersicht, FÖJ-Gruppe A (Quelle: eigene)

Die Steigerung der Mittelwerte über alle Items und Befragte liegt bei 0,13 Punkten (t1: Ø 3,04, t2: Ø3,17), wobei sich die männlichen Befragten im Gegensatz zu den weiblichen Befragten durch ein höheres Ausgangsniveau in t1 auszeichnen (männlich: Ø 3,2, weiblich: Ø 2,85).

4.5.1.3 Seminargruppe C FÖJ

4.5.1.3.1 Ausgangsbedingungen, Panelmortalität und Stichprobe

Ausgangslage

Die Seminargruppe umfasste 31 FÖJler/-innen mit einem relativ ausgewogenen Geschlechterverhältnis (17m/14w). 2 minderjährige FÖJler/-innen (1m, 1w) haben keine EV abgegeben, 1 männlicher Teilnehmer war zum Befragungszeitpunkt erkrankt. Die EV musste entsprechend von den Erziehungsberechtigten unterschrieben und extra zum Seminar mitgebracht werden, was offensichtlich eine Hürde dargestellt hat. Die minderjährigen Befragten sind demzufolge in der Erfassung der SWE in Gruppe C womöglich unterrepräsentiert[95].

Panelmortalität

Die Vorher-Befragung wurde mit 28 Personen durchgeführt (Ausgangsmenge t1). Die Panelmortalität betrug 21,4 % (6 Befragte). Davon waren 3 männliche Befragte mit Abitur (2 Personen) und Realschulabschluss (1 Person) sowie 3 weibliche Personen mit Realschulabschluss (2 Personen) und Hauptschulabschluss (1 Person). Die Gründe für das Ausscheiden aus dem Panel lagen mehrheitlich im Abbruch des FÖJ (5 Personen), lediglich ein Fragebogen wies einen fehlerhaft generierten Code auf.

Als Stichprobe können alle Teilnehmer betrachtet werden, für die neben t1 auch zum Zeitpunkt t2 vollständige Fragebogenwerte vorliegen (22 Teilnehmer mit 220 Fragebogenwerten). Vergleicht man die Häufigkeitsverteilung der jeweiligen Wertausprägungen für die Ausgangsmenge und die Stichprobe (siehe Tabelle 24), so ergeben sich Unterschiede in den Testwerten 2 und 3. Der unterrepräsentierte Stichprobenanteil für den Testwert 2 in Höhe von 19,1 % (im Vergleich zur Ausgangsmenge: 23,6 %) wird durch den überrepräsentierten Stichprobenanteil für den Testwert 3 in Höhe von 63,2 % (im Vergleich zur Ausgangsmenge: 58,9 %) nahezu ausgeglichen. Die reduzierte Anzahl an Bewertungen führt somit zu einer leicht positiven Verschiebung der Stichprobe, die jedoch mit 4,3 %-Punkten (entspricht umgerechnet ca. 10 positiveren Bewertungen) moderat ausfällt, und daher ähnliche Veränderungen für die vollständige Ausgangsmenge unterstellt werden dürfen.

[95] Der Aspekt des Alters wurde im weiteren Untersuchungsverlauf grundsätzlich nicht berücksichtigt.

FÖJ-Gruppe C Test-werte	Absolute Zahl			Relative Zahl		
	Ausgangsmenge	Panelmortalität	Stichprobe	Ausgangsmenge	Stichprobe	Gesamt
1	9	2	7	3,3 %	3,2 %	3,2 %
2	66	24	42	40,0 %	19,1 %	23,6 %
3	165	26	139	43,3 %	63,2 %	58,9 %
4	40	8	32	13,3 %	14,5 %	14,3 %
Summe	**280**	**60**	**220**	**100,0 %**	**100,0 %**	**100,0 %**

Tabelle 24: Auswirkungen der Panelmortalität SWE Gruppe C (Quelle: eigene)

Stichprobe

Als Stichprobe verblieben 22 Befragte (siehe Tabelle 25), 54,5 % männliche und 45,5 % weibliche Personen.

In Hinblick auf die Verteilung der Schulabschlüsse ergibt sich folgendes Bild: Es sind nur noch Personen mit Abitur und Realschulabschluss vertreten, wobei die Personen mit Abitur deutlich überwiegen. Sie machen mit 72,7 % die große Mehrheit der Befragten aus. Lediglich 27,3 % der Befragten haben einen Realschulabschluss.

Während sich die Gruppe der männlichen Befragten vor allem aus Abiturienten und Realschülern zusammensetzt, sind unter den weiblichen Befragten überwiegend Abiturientinnen.

Stichprobe FÖJ-Gruppe C	Schulabschluss				Summe
Geschlecht	Hauptschulabschluss	Realschulabschluss	Abitur	Anderer	
m	0	5	7	0	12
w	0	1	9	0	10
Summe	0	6	16	0	**22**

Tabelle 25: Anzahl der Befragten nach Geschlecht und Schulabschluss in absoluten Zahlen Stichprobe FÖJ-Gruppe C (Quelle: eigene)

4.5.1.3.2 Wertevergleich der beiden Messzeitpunkte

Vorher-Befragung Stichprobe t1

Die befragten FÖJler/-innen der Gruppe C erreichten beim vierstufigen Antwortformat von 1-4 einen Mittelwert von 2,89 mit einer Standardabweichung in Höhe von 0,67 (im Folgenden: Ø 2,89 ± 0,67).

Die männlichen Befragten schätzten ihre SWE mit einem errechneten Mittelwert von 2,94 ± 0,69 höher ein als ihre weiblichen Kolleginnen mit Ø 2,83 ± 0,63.

Die männlichen Befragten mit Abitur schätzten ihre SWE mit einem errechneten Mittelwert von 2,81 ± 0,76 deutlich niedriger ein als ihre Kollegen mit Realschulabschluss (Ø 3,12 ± 0,55).

Bei den weiblichen Befragten mit Abitur dagegen liegt der errechnete Mittelwert mit 2,87 ± 0,61 höher als bei ihrer einzigen Kollegin mit Realschulabschluss (Ø 2,5 ± 0,67).

Cronbachs Alpha erreicht mit α = 0,69 eine akzeptable interne Konsistenz (siehe Darren/Mallery 2012).

Nachher-Befragung Stichprobe t2

Die Befragten aus der Seminargruppe C, die beim zweiten Messzeitpunkt befragt wurden, erreichten einen Mittelwert von 3,15 mit einer Standardabweichung in Höhe von 0,58 (im Folgenden: Ø 3,15 ± 0,58).

Die männlichen Befragten schätzten ihre SWE mit einem errechneten Mittelwert von 3,27 ± 0,57 höher ein als ihre weiblichen Kolleginnen mit Ø 3 ± 0,54.

Die männlichen Befragten mit Abitur schätzten ihre SWE mit einem errechneten Mittelwert von 3,28 ± 0,53 nur geringfügig höher ein als ihre Kollegen mit Realschulabschluss (Ø 3,26 ± 0,62).

Bei den weiblichen Befragten mit Abitur liegt der errechnete Mittelwert mit 3 ± 0,57 genauso hoch wie bei ihrer einzigen Kollegin mit Realschulabschluss (Ø 3 ± 0).

Cronbachs Alpha erreicht mit α = 0,69 eine akzeptable interne Konsistenz (siehe Darren/Mallery 2012).

Zudem zeigt sich bei ausschließlicher Betrachtung der durchschnittlichen Stichprobenwerte je Schulabschluss von t2, dass ein höherer Schulabschluss lediglich bei den männlichen Befragten mit einer höher ausgeprägten SWE korreliert. Dies wird durch einen Korrelationseffizienten mit einem Wert von 1 bei den männlichen Befragten belegt. Bei den weiblichen Befragten kann keine Korrelation der Merkmale (Wert 0) nachgewiesen werden (verwendete Formel siehe Formel 2).

Wertevergleich der beiden Messzeitpunkte

Abbildung 25 zeigt die relative Verteilung aller Bewertungen des Testwerts 1 (niedrige Ausprägung der SWE) bis 4 (hohe Ausprägung der SWE) jeweils für den ersten und den zweiten Messzeitpunkt in der FÖJ-Seminargruppe C (22 Befragte mit 220 Itemwerten).

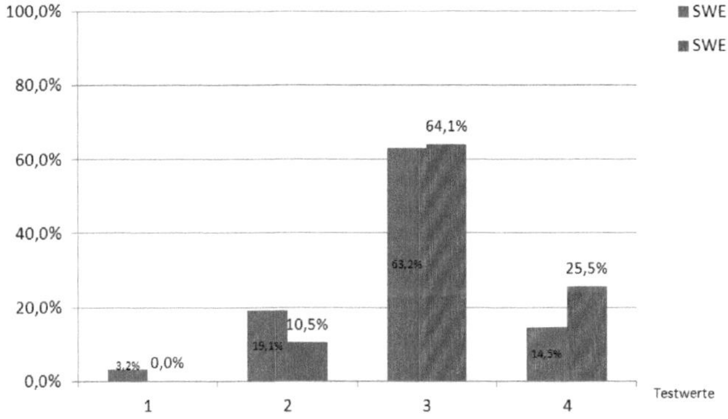

Abbildung 25: Stichprobe Gruppe C, Ergebnisse Vorher-Nachher-Vergleich (Quelle: eigene)

Es zeigt sich, dass die SWE der Befragten im Verlauf des FÖJ mehrheitlich angestiegen ist. Die relativen Häufigkeiten der Testwerte 1 und 2 sinken im Vergleich der Messpunkte t1 und t2 ab, während die relativen Häufigkeiten der Testwerte 3 und 4 ansteigen. Der Testwert 3 steigt dabei mit 0,9 Prozentpunkten (t1: 63,2 %, t2: 64,1 %) nur leicht und der Testwert 4 steigt deutlich um 11 Prozentpunkte (t1: 14,5 %, t2: 25,5 %).

Mit Blick auf die errechneten Mittelwerte in nachfolgender Tabelle 26 zeigt sich, dass für alle Befragten eine Steigerung der errechneten Mittelwerte festgestellt werden kann.

FÖJ-Gruppe C	Mittelwert mit Standardabweichung Messzeitpunkt t1	Mittelwert mit Standardabweichung Messzeitpunkt t2	Anteil Befragte relativ	Anteil Befragte absolut
Stichprobe gesamt	Ø 2,89 ± 0,67	Ø 3,15 ± 0,58	100 %	22
davon männliche Befragte	Ø 2,94 ± 0,69	Ø 3,27 ± 0,57	54,5 %	12
davon weibliche Befragte	Ø 2,83 ± 0,63	Ø 3 ± 0,54	45,5 %	10
Männliche Befragte nach Schulabschluss				
Abitur	Ø 2,81 ± 0,76	Ø 3,28 ± 0,53	58,3 %	7
Realschulabschluss	Ø 3,12 ± 0,55	Ø 3,26 ± 0,62	41,7 %	5
		Summe	100 %	12
Weibliche Befragte nach Schulabschluss				
Abitur	Ø 2,87 ± 0,61	Ø 3 ± 0,57	90 %	9
Realschulabschluss	Ø 2,5 ± 0,67	Ø 3 ± 0	10 %	1
		Summe	100 %	10

Tabelle 26: Errechnete Mittelwerte und Standardabweichungen des Vorher-Nachher-Vergleichs in der Übersicht, FÖJ-Gruppe C (Quelle: eigene)

Die Steigerung der Mittelwerte über alle Items und Befragte liegt bei 0,26 Punkten (t1: Ø 2,89, t2: Ø3,15), wobei sich die männlichen Befragten im Gegensatz zu den weiblichen Befragten durch ein höheres Ausgangsniveau in t1 auszeichnen (männlich: Ø 2,94, weiblich: Ø 2,83).

4.5.1.4 Auszubildende zum Tischler/zur Tischlerin

4.5.1.4.1 Ausgangsbedingungen, Panelmortalität und Stichprobe

Ausgangsbedingungen

Die Gruppe der Auszubildenden umfasste 35 Personen. Die Gruppe war durch den gewählten Ausbildungsberuf stark durch männliche Personen geprägt:

Der Anteil an männlichen Gruppenmitgliedern umfasste 82,9 % (29m/6w). Eine Person (w) hat keine EV abgegeben.

Panelmortalität

Die Vorher-Befragung wurde mit 34 Personen durchgeführt (Ausgangsmenge t1). Die Panelmortalität bis zum Messzeitpunkt t2 betrug 44,1 % (15 Befragte mit 150 Werten, siehe Tabelle 27). Davon waren 13 männliche Befragte mit Abitur (8 Befragte), Realschulabschluss (4 Befragte) und einem anderen, nicht weiter bezeichneten Abschluss (1 Befragter). Weitere 2 Befragte der ausgeschiedenen Personen waren weiblich und verfügten jeweils über das Abitur und den Realschulabschluss. Die Gründe für das Ausscheiden aus dem Panel lagen überwiegend im Abbruch der Ausbildung (7 Befragte) und im Fernbleiben vom Berufsschulunterricht zum Befragungszeitpunkt (5 Befragte). 3 Fragebögen wiesen zudem einen fehlerhaft generierten Code auf und konnten so nicht in der Auswertung berücksichtigt werden.

Als Stichprobe können im Folgenden alle Teilnehmer betrachtet werden, für die neben t1 auch zum Zeitpunkt t2 vollständige Fragebogenwerte vorliegen (19 Teilnehmer mit 190 Fragebogenwerten). Vergleicht man die Häufigkeitsverteilung der jeweiligen Wertausprägungen für die 15 ausgeschiedenen Befragten und die Stichprobe (siehe Tabelle 27), so verursacht die Panelmortalität lediglich marginale Unterschiede (größte Abweichung beim Testwert 2 mit überproportional +2,6 %-Punkten). Daher kann festgehalten werden, dass die reduzierte Anzahl an Bewertungen zu keinem signifikanten Informationsverlust führt und somit ähnliche Veränderungen für die vollständige Ausgangsmenge unterstellt werden dürfen.

Auszubildende Test-werte	Absolute Zahl			Relative Zahl		
	Ausgangsmenge	Panelmortalität	Stichprobe	Ausgangsmenge	Stichprobe	Gesamt
1	5	2	3	1,3 %	1,6 %	1,5 %
2	43	14	29	9,3 %	15,3 %	12,6 %
3	219	99	120	66,0 %	63,2 %	64,4 %
4	73	35	38	23,3 %	20,0 %	21,5 %
Summe	**340**	**150**	**190**	**100,0 %**	**100,0 %**	**100,0 %**

Tabelle 27: Auswirkungen der Panelmortalität SWE Auszubildende (Quelle: eigene)

Stichprobe

Als Stichprobe verblieben 19 Befragte (siehe Tabelle 28), 84,2 % männliche und 15,8 % weibliche Personen.

In Hinblick auf die Verteilung der Schulabschlüsse ergibt sich nach dem Ausscheiden der 15 Befragten folgendes Bild: Mehrheitlich verfügen die Befragten über ein Abitur (52,6 %). Lediglich jeweils 15,8 % der Befragten verfügen über einen Real- und Hauptschulabschluss. 2 männliche Befragte verfügten über einen nicht näher bezeichneten Abschluss, 1 männlicher Befragter machte keine Angabe zum erreichten Schulabschluss (missing data).

Stichprobe Auszubildende	Schulabschluss					Summe
Geschlecht	keine Angabe	Hauptschulabschluss	Realschulabschluss	Abitur	Anderer	
m	1	3	2	8	2	16
w	0	0	1	2	0	3
Summe	1	3	3	10	2	**19**

Tabelle 28: Anzahl der Befragten nach Geschlecht und Schulabschluss in absoluten Zahlen, Stichprobe Auszubildende (Quelle: eigene)

4.5.1.4.2 Wertevergleich der beiden Messzeitpunkte

Vorher-Befragung Stichprobe t1

Die befragten Auszubildenden erreichten beim vierstufigen Antwortformat einen Mittelwert von 3,01 mit einer Standardabweichung in Höhe von 0,64 (im Folgenden: Ø 3,01 ± 0,64).

Die männlichen Befragten schätzten ihre SWE mit einem errechneten Mittelwert von 2,96 ± 0,64 niedriger ein als ihre weiblichen Mitschülerinnen (Ø 3,3 ± 0,58).

Die männlichen Befragten mit Abitur schätzten ihre SWE mit einem errechneten Mittelwert von 2,9 ± 0,67 leicht niedriger ein als ihre Mitschüler mit Realschulabschluss (Ø 3 ± 0,77). Die männlichen Befragten mit Hauptschulabschluss lagen mit einem errechneten Mittelwert von 3,06 ± 0,51 vor allen anderen männlichen Befragten. 2 Befragte mit einem nicht näher bezeichneten anderen Abschluss lagen mit einem errechneten Mittelwert von 2,75 ± 0,53 nur knapp hinter dem einzigen männlichen Befragten mit unbekanntem Abschluss (missing data, Ø 2,8 ± 0,4).

Bei den weiblichen Befragten erreichten die 2 Abiturientinnen einen errechneten Mittelwert von 3,15 ± 0,57 und lagen damit deutlich hinter ihrer Mitschülerin mit Realschulabschluss (Ø 3,6 ± 0,48).

Cronbachs Alpha erreicht mit $\alpha = 0{,}82$ eine gute interne Konsistenz (siehe Darren/Mallery 2012). Die Berechnung erfolgte anhand der gängigen Formel (siehe Formel 1).

Nachher-Befragung Stichprobe t2

Die befragten Auszubildenden erreichten einen Mittelwert von 3,05 mit einer Standardabweichung in Höhe von 0,58 (im Folgenden: Ø 3,05 ± 0,58).

Die männlichen Befragten schätzten ihre SWE mit einem errechneten Mittelwert von 3,05 ± 0,57 nur leicht höher ein als ihre weiblichen Mitschülerinnen (Ø 3,03 ± 0,65).

Die männlichen Befragten mit Abitur schätzten ihre SWE mit einem errechneten Mittelwert von 3,15 ± 0,52 ebenso hoch ein wie ihre Mitschüler mit Realschulabschluss (Ø 3,15 ± 0,65). Die männlichen Befragten mit Hauptschulabschluss lagen mit einem errechneten Mittelwert von 2,9 ± 0,47 hinter den beiden Befragten mit einem nicht näher bezeichneten anderen Abschluss (Ø 3,05 ± 0,58). Der einzige männliche Befragte mit unbekanntem Abschluss (missing data) erreichte einen errechneten Mittelwert von 2,6 mit einer Standardabweichung in Höhe von 0,66.

Bei den weiblichen Befragten erreichten die 2 Abiturientinnen einen errechneten Mittelwert von 2,95 ± 0,49 und lagen damit hinter ihrer Mitschülerin mit Realschulabschluss (Ø 3,2 ± 0,87).

Cronbachs Alpha erreicht mit α = 0,65 eine akzeptable interne Konsistenz (siehe Darren/Mallery 2012). Die Berechnung erfolgte anhand der gängigen Formel (siehe Formel 1).

Bei ausschließlicher Betrachtung der durchschnittlichen Stichprobenwerte je Schulabschluss von t2 zeigt sich, dass ein höherer Schulabschluss nur bei den männlichen Befragten mit einer höher ausgeprägten SWE korreliert[96]. Dies wird durch einen Korrelationseffizienten mit einem Wert von 0,87 belegt. Bei den weiblichen Befragten fällt die Korrelation mit einem Wert von -1 negativ aus (verwendete Formel siehe Formel 2).

Wertevergleich der beiden Messzeitpunkte

Abbildung 26 zeigt die relative Verteilung aller Bewertungen des Testwerts 1 (niedrige Ausprägung der SWE) bis 4 (hohe Ausprägung der SWE) jeweils für den ersten und den zweiten Messzeitpunkt der Auszubildenden-Stichprobe (19 Befragte mit 190 Itemwerten).

96 Die Schulabschluss-Kategorien „Anderer“ sowie „keine Angabe“ wurden bei der Ermittlung des Korrelationseffizienten ausgespart.

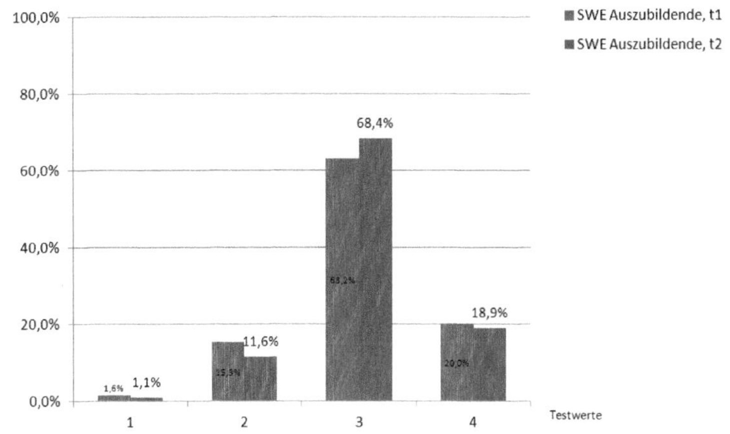

Abbildung 26: Stichprobe Auszubildende, Ergebnisse Vorher-Nachher-Vergleich (Quelle: eigene)

Es zeigt sich, dass die SWE der Befragten im Verlauf mehrheitlich nur marginal angestiegen ist. Die relativen Häufigkeiten der Testwerte 1, 2 und 4 sinken im Vergleich der Messpunkte t1 und t2 ab, während lediglich die relative Häufigkeit des Testwerts 3 um 5,2 Prozentpunkte ansteigt (t1: 63,2 %, t2: 68,4 %). Mit Blick auf die errechneten Mittelwerte in nachfolgender Tabelle 29 zeigt sich, dass für die Stichprobe lediglich eine marginale Steigerung der SWE zwischen den Messzeitpunkten festgestellt werden kann.

Auszubildende	Mittelwert mit Standardabweichung Messzeitpunkt t1	Mittelwert mit Standardabweichung Messzeitpunkt t2	Anteil Befragte relativ	Anteil Befragte absolut
Stichprobe gesamt	Ø3,01 ± 0,64	Ø 3,05 ± 0,58	100 %	19
		Summe	100 %	19
Männliche Befragte	Ø 2,96 ± 0,64	Ø 3,05 ± 0,57	84,2 %	16
Weibliche Befragte	Ø 3,3 ± 0,58	Ø 3,03 ± 0,65	15,8 %	3
		Summe	100 %	19
Männliche Befragte nach Schulabschluss				
Abitur	Ø 2,9 ± 0,67	Ø 3,15 ± 0,52	50 %	8
Realschulabschluss	Ø 3 ± 0,77	Ø 3,15 ± 0,65	12,5 %	2
Hauptschulabschluss	Ø 3,06 ± 0,51	Ø 2,9 ± 0,47	18,8 %	3
Anderer	Ø 2,75 ± 0,53	Ø 3,05 ± 0,58	12,5 %	2
keine Angabe (missing data)	Ø 2,8 ± 0,4	Ø 2,6 ± 0,66	6,3 %	1
		Summe	100 %	16
Weibliche Befragte nach Schulabschluss				
Abitur	Ø 3,15 ± 0,57	Ø 2,95 ± 0,49	66,7 %	2
Realschulabschluss	Ø 3,6 ± 0,48	Ø 3,2 ± 0,87	33,3 %	1
		Summe	100 %	3

Tabelle 29: Errechnete Mittelwerte und Standardabweichungen des Vorher-Nachher-Vergleichs in der Übersicht, Auszubildende (Quelle: eigene)

Die Steigerung der Mittelwerte über alle Items und Befragte liegt bei 0,04 Punkten (t1: Ø 3,01, t2: Ø 3,05), wobei sich die weiblichen Befragten im Gegensatz zu den männlichen Befragten durch ein höheres Ausgangsniveau in t1 auszeichnen (weiblich: Ø 3,3, männlich: Ø 2,96). Der errechnete Mittelwert für die Werte der weiblichen Befragten sinkt zwischen den beiden Messzeitpunkten um 0,27 Punkte (t1: Ø 3,3, t2: Ø 3,03, siehe rote Markierung). Auch die männlichen Auszubildenden mit Hauptschulabschluss und der Befragte ohne Angabe eines Schulabschlusses geben zum zweiten Messzeitpunkt niedrigere Werte in Hinblick auf ihre SWE an.

4.5.1.5 BGJler

4.5.1.5.1 Ausgangsbedingungen, Panelmortalität und Stichprobe

Ausgangsbedingungen

Die Gruppe der Schüler/-innen im Berufsgrundbildungsjahr (BGJ) umfasste 21 Personen. Die Gruppe war durch die gewählte Fachrichtung „Berufsgrundbildungsjahr Holz“, ähnlich wie bei den Auszubildenden, stark durch männliche Personen geprägt: Der Anteil an männlichen Personen umfasste 81 % (17m/4w).

Panelmortalität

Die Panelmortalität bis zum Messzeitpunkt t2 betrug 38,1 % (8 Befragte mit 80 Werten). Davon waren jeweils 3 männliche Befragte mit Abitur und Hauptschulabschluss sowie 1 männlicher Befragter mit Realschulabschluss. Die ausgeschiedene weibliche Befragte verfügte über einen Hauptschulabschluss. Die Gründe für das Ausscheiden aus dem Panel lagen überwiegend im Abbruch des BGJ (3 Befragte) und im Fernbleiben vom Berufsschulunterricht zum Befragungszeitpunkt (4 Befragte). Ein Fragebogen wies einen fehlerhaft generierten Code auf und konnte nicht in der Auswertung berücksichtigt werden.

Als Stichprobe können im Folgenden alle Teilnehmer betrachtet werden, für die neben t1 auch zum Zeitpunkt t2 vollständige Fragebogenwerte vorliegen (13 Teilnehmer mit 130 Fragebogenwerten). Vergleicht man die Häufigkeitsverteilung der jeweiligen Wertausprägungen für die 8 ausgeschiedenen Befragten und die Stichprobe (siehe Tabelle 30), so verursacht die Panelmortalität lediglich marginale Unterschiede. Daher kann festgehalten werden, dass die reduzierte Anzahl an Bewertungen zu keinem signifikanten Informationsverlust führt und somit ähnliche Veränderungen für die vollständige Ausgangsmenge unterstellt werden dürfen.

BGJler/-innen Testwerte	Absolute Zahl			Relative Zahl		
	Ausgangsmenge	Panelmortalität	Stichprobe	Ausgangsmenge	Stichprobe	Gesamt
1	1	1	0	1,3 %	0,0 %	0,5 %
2	31	10	21	12,5 %	16,2 %	14,8 %
3	126	50	76	62,5 %	58,5 %	60,0 %
4	52	19	33	23,8 %	25,4 %	24,8 %
Summe	210	80	130	100,0 %	100,0 %	100,0 %

Tabelle 30: Auswirkungen der Panelmortalität SWE BGJler/-innen (Quelle: eigene)

Stichprobe

Als Stichprobe verblieben 13 Befragte (siehe Tabelle 31), 77 % männliche und 23 % weibliche Personen. In Hinblick auf die Verteilung der Schulabschlüsse ergibt sich nach dem Ausscheiden der 8 Befragten folgendes Bild: Mehrheitlich verfügen die Befragten über einen Realschulabschluss (46,2 %, 5 männliche Befragte, 1 weibliche Befragte). Jeweils 3 Personen (23,1 %) verfügen über einen Hautschulabschluss (3 männliche Befragte) und ein Abitur (2 männliche und 1 weibliche Befragte). Die dritte weibliche Befragte verfügt über einen anderen, nicht weiter bezeichneten Abschluss.

Stichprobe BGJler/-innen	Schulabschluss				Summe
Geschlecht	Hauptschulabschluss	Realschulabschluss	Abitur	Anderer	
m	3	5	2	0	10
w	0	1	1	1	3
Summe	3	6	3	1	13

Tabelle 31: Anzahl der Befragten nach Geschlecht und Schulabschluss in absoluten Zahlen, Stichprobe BGJler/-innen (Quelle: eigene)

4.5.1.5.2 Wertevergleich der beiden Messzeitpunkte

Vorher-Befragung Stichprobe t1

Die befragten BGJler/-innen erreichten beim vierstufigen Antwortformat einen Mittelwert von 3,09 mit einer Standardabweichung in Höhe von 0,63 (im Folgenden: Ø 3,09 ± 0,63).

Die männlichen Befragten schätzten ihre SWE dabei mit einem Mittelwert von 3,06 ± 0,66 niedriger ein als ihre drei weiblichen Mitschülerinnen, die den Mittelwert 3,2 ± 0,54 erreichten.

Die 2 männlichen Befragten mit Abitur erreichten mit 3,05 ± 0,66 einen leicht erhöhten Mittelwert im Vergleich zu ihren Kollegen mit Realschulabschluss (Ø 3 ± 0,69). Die 3 männlichen Befragten mit Hauptschulabschluss liegen mit einem Mittelwert von 3,16 ± 0,58 vor ihren männlichen Mitschülern mit Abitur und Realschulabschluss.

Bei den weiblichen Befragten erreichte die weibliche Abiturientin einen errechneten Mittelwert von 3,4 ± 0,48 und liegt damit vor ihren weiblichen Mitschülerinnen mit Realschulabschluss (Ø 2,9 ± 0,53) und einem nicht näher bezeichneten anderen Abschluss (Ø 3,3 ± 0,45).

Cronbachs Alpha erreicht mit α = 0,67 eine akzeptable interne Konsistenz (siehe Darren/Mallery 2012).

Nachher-Befragung Stichprobe t2

Die befragten BGJler/-innen erreichten einen Mittelwert von 3,11 mit einer Standardabweichung in Höhe von 0,57 (im Folgenden: Ø 3,11 ± 0,57).

Die männlichen Befragten schätzten ihre SWE dabei mit einem Mittelwert von 3,12 ± 0,58 leicht höher ein als ihre 3 weiblichen Mitschülerinnen, die den Mittelwert 3,1 ± 0,53 erreichten.

Die 2 männlichen Befragten mit Abitur erreichten mit 3,3 ± 0,55 einen leicht erhöhten Mittelwert im Vergleich zu ihren Kollegen mit Realschulabschluss (Ø 3,1 ± 0,57). Die 3 männlichen Befragten mit Hauptschulabschluss liegen mit einem Mittelwert von 3,03 ± 0,60 hinter ihren männlichen Mitschülern mit Abitur und Realschulabschluss.

Bei den weiblichen Befragten erreichte die weibliche Abiturientin einen errechneten Mittelwert von 3,2 ± 0,04 und liegt damit vor ihrer weiblichen Mitschülerin mit Realschulabschluss (Ø 2,7 ± 0,45). Die weibliche Befragte mit einem nicht näher bezeichneten anderen Abschluss liegt mit einem errechneten Mittelwert von 3,4 ± 0,48 vor ihren weiblichen Mitschülerinnen mit Abitur und Realschulabschluss.

Cronbachs Alpha erreicht mit α = 0,61 eine knapp akzeptable interne Konsistenz (siehe Darren/Mallery 2012).

Bei ausschließlicher Betrachtung der durchschnittlichen Stichprobenwerte je Schulabschluss von t2 zeigt sich, dass ein höherer Schulabschluss sowohl bei den männlichen als auch bei den weiblichen Befragten mit einer höher ausgeprägten SWE korreliert[97]. Dies wird durch einen Korrelationseffizienten mit einem Wert von 0,96 bei den männlichen Befragten und einem Wert von 1 bei den weiblichen Befragten belegt (verwendete Formel siehe Formel 2).

Wertevergleich der beiden Messzeitpunkte

Abbildung 27 zeigt die relative Verteilung aller Bewertungen des Testwerts 1 (niedrige Ausprägung der SWE) bis 4 (hohe Ausprägung der SWE) jeweils für den ersten und den zweiten Messzeitpunkt der BGJler/-innen-Stichprobe (13 Befragte mit 130 Itemwerten).

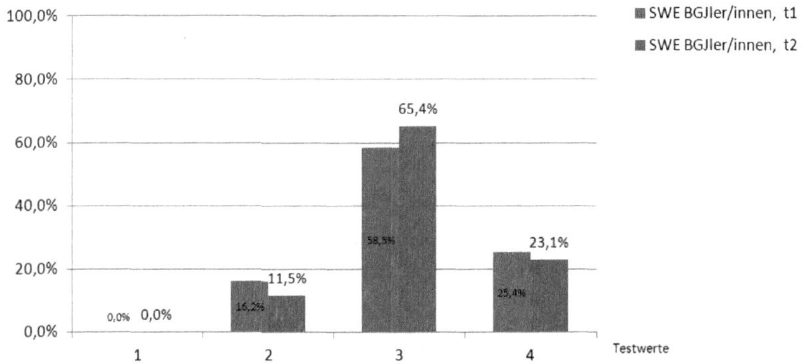

Abbildung 27: **Stichprobe BGJler/-innen, Ergebnisse Vorher-Nachher-Vergleich (Quelle: eigene)**

97 Die Schulabschluss-Kategorie „Anderer“ wurde bei der Ermittlung des Korrelationseffizienten ausgespart.

Es zeigt sich, dass die SWE der Befragten im Verlauf mehrheitlich nur marginal angestiegen ist. Die relativen Häufigkeiten der Testwerte 2 und 4 sinken im Vergleich der Messpunkte t1 und t2 ab, während lediglich die relative Häufigkeit des Testwerts 3 um 6,9 Prozentpunkte ansteigt (t1: 58,5 %, t2: 65,4 %). Mit Blick auf die errechneten Mittelwerte in nachfolgender Tabelle 32 zeigt sich, dass für die Stichprobe lediglich eine marginale Steigerung der SWE zwischen den Messzeitpunkten festgestellt werden kann.

BGJler/-innen	Mittelwert mit Standardabweichung Messzeitpunkt t1	Mittelwert mit Standardabweichung Messzeitpunkt t2	Anteil Befragte relativ	Anteil Befragte absolut
Stichprobe gesamt	Ø 3,09 ± 0,63	Ø 3,11 ± 0,57	100 %	13
		Summe	100 %	13
Männliche Befragte	Ø 3,06 ± 0,66	Ø 3,12 ± 0,58	76,9 %	10
Weibliche Befragte	Ø 3,2 ± 0,54	Ø 3,1 ± 0,53	23,1 %	3
		Summe	100 %	13
Männliche Befragte nach Schulabschluss				
Abitur	Ø 3,05 ± 0,66	Ø 3,3 ± 0,55	20 %	2
Realschulabschluss	Ø 3 ± 0,69	Ø 3,1 ± 0,57	50 %	5
Hauptschulabschluss	Ø 3,16 ± 0,58	Ø 3,03 ± 0,60	30 %	3
		Summe	100 %	10
Weibliche Befragte nach Schulabschluss				
Abitur	Ø 3,4 ± 0,48	Ø 3,2 ± 0,4	33,33 %	1
Realschulabschluss	Ø 2,9 ± 0,53	Ø 2,7 ± 0,45	33,33 %	1
Anderer	Ø 3,3 ± 0,45	Ø 3,4 ± 0,48	33,33 %	1
		Summe	100 %	3

Tabelle 32: Errechnete Mittelwerte und Standardabweichungen des Vorher-Nachher-Vergleichs in der Übersicht, BGJler/-innen (Quelle: eigene)

Die Steigerung der Mittelwerte über alle Items und Befragte liegt bei 0,02 Punkten (t1: Ø 3,09, t2: Ø 3,11), wobei sich die weiblichen Befragten im Gegensatz zu den männlichen Befragten durch ein höheres Ausgangsniveau in t1 auszeichnen (weiblich: Ø 3,2, männlich: Ø 3,06). Der errechnete Mittelwert für die Werte der weiblichen Befragten sinkt zwischen den beiden Messzeitpunkten um 0,1 Punkte (t1: 3,2, t2: Ø 3,1, siehe rote Markierung). Auch die männlichen Auszubildenden mit Hauptschulabschluss und die weiblichen Befragten mit Abitur und Realschulabschluss geben zum zweiten Messzeitpunkt niedrigere Werte in Hinblick auf ihre SWE an.

4.5.1.6 Signifikanztest für alle vier befragten Gruppen

4.5.1.6.1 Test auf Normalverteilung am Beispiel einer befragten Gruppe

Zur Auswahl eines geeigneten statistischen Testverfahrens auf Signifikanz der ermittelten Wertveränderungen zwischen t1 und t2 ist zunächst eine Prüfung der Normalverteilung des untersuchten Merkmals angezeigt (siehe Nachtigall/Wirtz 2002, 157f.).
Zur Prüfung auf Normalverteilung soll exemplarisch ein Datenset ausreichen. Für die Prüfung auf Normalverteilung werden die Daten der FÖJler/-innen der Gruppe A zum Zeitpunkt t2 herangezogen, da der Mittelwert dieses Datasets mit 3,18 am stärksten von dem Mittelwert 2,5 der Testwerte 1-4 abweicht. Die folgende Abbildung 28 zeigt die Antwortausprägungen der Testwerte 1-4 in einem Histogramm neben einer Normalverteilungskurve (SD = 1).

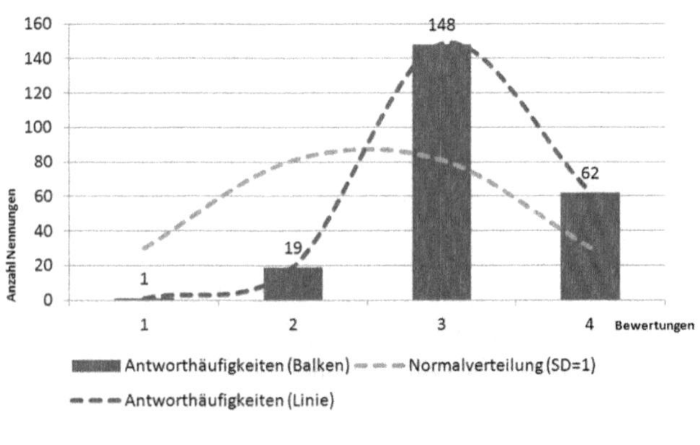

Abbildung 28: Histogramm Versuchsgruppe FÖJ A zum Zeitpunkt t2 mit Normalverteilungskurve (Quelle: eigene)

Eindeutig ist zu erkennen, dass die Fallanzahlen der Testwerte 1 und 2 gegenüber der Normalverteilung unterrepräsentiert und die Fallanzahlen der Testwerte 3 und 4 gegenüber der Normalverteilung überrepräsentiert sind. Die aus den Befragungsergebnissen resultierende Verteilung zeigt sich darüber hinaus als rechtsschiefe Verteilungsfunktion (Schiefe v = -0,175) und unterscheidet sich somit von einer Normalverteilung, deren Verteilung sich durch Symmetrie auszeichnet (Schiefe v = 0).

Ein weiteres gängiges Verfahren zur absichernden Überprüfung von Daten auf Normalverteilung besteht in der Betrachtung eines Q-Q-Plots. Auch dieser zeigt für die exemplarisch ausgewählte Versuchsgruppe ein eindeutiges Bild. Wären die Daten normalverteilt, so würden die Häufigkeiten der 4 Testwerte möglichst auf einer linearen Geraden liegen, was in nachfolgender Abbildung 29 des Q-Q-Plots nicht ersichtlich ist.

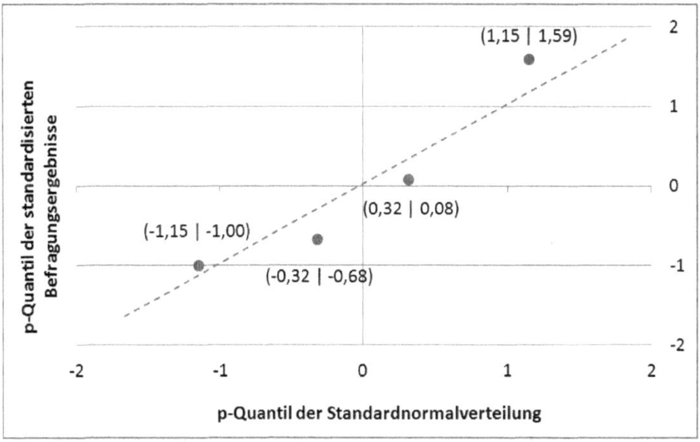

Abbildung 29: Q-Q-Plot der Normalverteilung im Vergleich zur standardisierten Verteilung der Befragungsergebnisse der Versuchsgruppe FÖJ A zum Zeitpunkt t2 (Quelle: eigene)

Ohne die Existenz einer Normalverteilung der übrigen sieben Befragungsdatensätze in analoger Form überprüft zu haben, ist mit dem Beispiel gezeigt, dass es mindestens eine nicht normalverteilte Verteilung gibt. Daher sind für die folgende statistische Auswertung lediglich verteilungsfreie Verfahren zulässig (vgl. Nachtigall/Wirtz 2002, 157).

4.5.1.6.2 Einseitiger Wilcoxon-Vorzeichen-Rang-Test

4.5.1.6.2.1 Beschreibung des Verfahrens

Da hier die Veränderung des Meinungsbildes innerhalb der verschiedenen vier Versuchsgruppen von t1 zu t2 von Interesse ist, wird ein einseitiger Wilcoxon-Vorzeichen-Rang-Test (siehe im Folgenden vor allem Siegel 1976, 72-80) für die 4 Versuchsgruppen durchgeführt.
Nach der generellen Beschreibung des Verfahrensablaufs wird der Test für die einzelnen Versuchsgruppen durchgeführt.
Zu Beginn des Testes wird ein Hypothesenpaar *H0* und *H1* formuliert, welches durch das angewendete Verfahren geprüft werden soll. Es werden verschiedene Parameter benötigt, mit deren Werten schließlich die Hypothese bewertet werden kann. Die verschiedenen Parameter werden im Folgenden kurz erläutert.
Es werden die absoluten Differenzen der Werte zweier zusammengehöriger Datenpunkte einer Versuchsperson *p* aus einer Versuchsgruppe *V* zu einem Item *i* zum Zeitpunkt t1 und t2 gebildet und der jeweilige Rang $R_{p,i}(V)$ dieser Differenzwerte $d_{p,i}(V) = x_{p,i,t_1} - x_{p,i,t_2}$ ermittelt (vgl. Siegel 1976, 73).

Die positiven und negativen Rangsummen ergeben sich anhand folgender Formel 3 sowie Formel 4, wobei I die Indikatorfunktion bezeichnet (siehe Siegel 1976, 73).

$$W_+ = \sum_{i=1}^{n} I(x_{i,1} - x_{i,2} > 0)R_i$$

Formel 3: Positive Rangsumme einseitiger Wilcoxon-Vorzeichen-Rang-Test (siehe Siegel 1976, 73)

$$W_- = \sum_{i=1}^{n} I(x_{i,1} - x_{i,2} < 0) R_i$$

Formel 4: Negative Rangsumme einseitiger Wilcoxon-Vorzeichen-Rang-Test (siehe Siegel 1976, 73)

Die Teststatistik *W* berechnet sich als das Minimum der negativen und der positiven Rangsummen zu folgender Formel 5:

$$W = \min(W_+, W_-)$$

Formel 5: Teststatistik W als Minimum der positiven und negativen Rangsumme (siehe Siegel 1976, 73)

Ergibt sich eine Differenz von Null, so können solche Datenpunkte entweder außen vor bleiben und n somit nach unten korrigiert werden oder aber diese Datenpunkte werden hälftig *W+* und *W-* zugeordnet (vgl. Marascuilo/McSweeney 1977). Existieren mehrere identische absolute Differenzen mit identischem Rang, werden jeder Differenz die Mittelwerte der entsprechenden Ränge zugeordnet (vgl. Siegel 1976, 73). Die Teststatistik W ist approximativ normalverteilt für n > 25, sodass für *z* folgende Formel 6 gilt:

$$z = \frac{W - \frac{1}{4}n(n+1)}{\sqrt{\frac{n(n+1)(2n+1)}{24}}} \approx N(0;1)$$

Formel 6: z-Wert der Standardnormalverteilung mit Teststatistik W (vgl. Siegel 1976, 76)

Mit dieser Formel lässt sich die Hypothese entsprechend prüfen. Für die vorliegenden vier Versuchsgruppen lassen sich folgende Hypothesen formulieren:

- *H0:* Die Befragungsergebnisse haben sich zum Zeitpunkt t2 im Vergleich zum Zeitpunkt t1 verschlechtert oder sind gleich geblieben

- *H1:* Die Befragungsergebnisse haben sich zum Zeitpunkt t2 im Vergleich zum Zeitpunkt t1 verbessert

Im Folgenden wird nun der Verfahrensdurchlauf exemplarisch für die Versuchsgruppe FÖJ A beschrieben. Für die übrigen Versuchsgruppen werden anschließend nur noch die analog ermittelten Werte genannt.
Für diese Gruppe liegen Befragungsergebnisse von 23 Personen (*p* = 1, ..., 23) mit jeweils 10 Items (*i* = 1, ..., 10) vor, also insgesamt n = 230 Datensätze. Diese sollen zum Zeitpunkt t1 und t2 verglichen werden.
Es ergeben sich insgesamt 134 Datensätze mit keinerlei Unterschied in der Bewertung zum Zeitpunkt t1 und t2, also mit $d_{p,i}(FÖJ\ A) = 0$. Weitere 92 Datensätze unterscheiden sich um einen Punkt, während 4 Datensätze sich sogar um 2 Punkte unterscheiden. Da die Rangbildung nicht eindeutig ist, müssen Mittelwerte der Ränge ermittelt werden. Es ergeben sich für die Datensätze mit $d_{p,i}(FÖJ\ A) = 0$ ein mittlerer Rang *R* = 67,5, für Datensätze mit $d_{p,i}(FÖJ\ A) = 1$ ein mittlerer Rang *R* = 180,5 und für Datensätze mit $d_{p,i}(FÖJ\ A) = 2$ ein mittlerer Rang *R* = 228,5.

Die oben beschriebenen Rangsummen ergeben sich zu *W+* = 15.858 und *W-* = 10.708, wobei die 134 Datensätze mit Nulldifferenz hälftig auf *W+* und *W-* verteilt wurden. *W* ergibt sich als Minimum von *W+* und *W-* zu *W* = 10.708. Berechnet man nun mit dem Wert *W* = 10.708 und n = 230 den normalverteilten *z*-Wert mit obiger Formel 6, so ergibt sich *z* = -2,549.
Aus der Tabelle der Standardnormalverteilung (siehe Nachtigall/Wirtz 2002, 223) ergibt sich für α = 0,55 % ein kritischer Wert von -2,54. Da der Prüfwert *z* = -2,549 kleiner als der kritische Wert ist, kann die Nullhypothese mit dem gewählten α-Wert abgelehnt werden. Damit haben sich die Befragungsergebnisse zum Zeitpunkt t2 im Vergleich zum Zeitpunkt t1 zu einem 0,55 % Signifikanzniveau verbessert.

4.5.1.6.2.2 Ergebnisse für die vier befragten Gruppen

Für die übrigen drei Versuchsgruppen FÖJ C, Auszubildende und BGJler/-innen ergeben sich bei analoger Berechnungsweise die folgenden *z*-Werte mit entsprechend aus der Standardnormalverteilung ermittelbarem Signifikanzniveau α:

- FÖJ Gruppe A: z = -2,549, α = 0,55 %
- FÖJ Gruppe C: z = -4,276, α ≈ 0 %

- Auszubildende: z = -0,942, α = 17,4 %
- BGJler/-innen: z = -0,425, α = 33,7 %

Die Veränderungen in den Versuchsgruppen FÖJ A und FÖJ C sind als sehr signifikant zu bewerten (α ≤ 1 %), die Veränderungen in der Gruppe FÖJ C sogar als hoch signifikant, da α ≤ 0,01 % (siehe Nachtigall/Wirtz 2002, 127). Dagegen sind in den Versuchsgruppen Auszubildende und BGJler/-innen im Vergleich der Befragungsergebnisse zum Zeitpunkt t2 und t1 keine signifikanten Veränderungen zu verzeichnen (α > 5 %).

4.5.1.6.2.3 Detaillierte Einzelbetrachtung der Wertveränderungen

FÖJ Gruppe A

Mit Blick auf die jeweilige Wertausprägung je Messzeitpunkt bei der FÖJ-Gruppe A zeigt sich, wie dynamisch die Veränderungen waren (siehe Tabelle 33).

FÖJ Gruppe A	Test-werte	Bewertung t2				
		1	2	3	4	Summe
Bewertung t1	1	1	1	0	0	2
	2	0	8	30	3	41
	3	0	9	94	28	131
	4	0	1	24	31	56
Summe		0	19	148	62	**230**

FÖJ Gruppe A	Test-werte	Bewertung t2				
		1	2	3	4	Summe
Bewertung t1	1	0,4%	0,4%	0,0%	0,0%	0,9%
	2	0,0%	3,5%	13,0%	1,3%	17,8%
	3	0,0%	3,9%	40,9%	12,2%	57,0%
	4	0,0%	0,4%	10,4%	13,5%	24,3%
Summe		0,4%	8,3%	64,3%	27,0%	**100,0%**

Tabelle 33: Anzahl der Wertausprägungen je Messzeitpunkt FÖJ-Gruppe A in absoluten und relativen Zahlen mit itemspezifischen Veränderungen im Detail (Quelle: eigene)

Die Diagonale zeigt Werthäufigkeiten je Testwert 1-4, die zum ersten und zweiten Messzeitpunkt gleich ausgefallen sind. Im unteren Bereich der Diagonale sind jene Fälle, in denen zum ersten Messzeitpunkt ein höherer Wert angegeben wurde als zum zweiten Messzeitpunkt. Diese Datenpunkte wurden mit entsprechendem Rangwert der negativen Rangsumme beim Wilcoxon-Vorzeichen-Rang-Test zugezählt (vgl. Kapitel 4.5.1.6.2.1). Oberhalb der Diagonale finden sich jene Fälle, in denen zum zweiten Messzeitpunkt ein höherer Wert angegeben wurde als zum ersten Messzeitpunkt (entsprechende Zuordnung zur positiven Rangsumme beim Wilcoxon-Vorzeichen-Rang-Test).
Es zeigt sich, dass der Testwert mit der Ausprägung 3 als stabil mit vergleichsweise geringer Dynamik erscheint (40,9 % auf Diagonale): Der Testwert „3" wurde in 40,9 % der Bewertungsfälle sowohl zum ersten als auch zum zweiten Messzeitpunkt vergeben. Haben sich Bewertungen verbessert, so sind sie mit nahezu der gleichen Häufigkeit vom Testwert 2 auf den Testwert 3 bzw. vom Testwert 3 auf den Testwert 4 gestiegen (13 % bzw.12,2 %). Haben sich Bewertungen verschlechtert, so sind sie in den meisten Fällen (10,4 %) vom Testwert 4 auf den Testwert 3 gefallen. Mit Blick auf die absoluten Zahlen zeigt sich, dass diese „Wertverschlechterungen" kaum ins Gewicht fallen (bei insgesamt 62 Wertnennungen liegt eine Steigerung der Werte vor, lediglich bei 34 Fällen von Wertnennungen ist eine Verringerung zu verzeichnen).

FÖJ-Gruppe C

Mit Blick auf die jeweilige Wertausprägung je Messzeitpunkt bei der FÖJ-Gruppe C zeigt sich, wie dynamisch die Veränderungen waren (siehe Tabelle 34).
Die Diagonale zeigt Werthäufigkeiten je Testwert 1-4, die zum ersten und zweiten Messzeitpunkt gleich ausgefallen sind. Im unteren Bereich der Diagonale sind jene Fälle, in denen zum ersten Messzeitpunkt ein höherer Wert angegeben wurde als zum zweiten Messzeitpunkt. Diese Datenpunkte wurden mit entsprechendem Rangwert der negativen Rangsumme beim Wilcoxon-Vorzeichen-Rang-Test zugezählt (vgl. Kapitel 4.5.1.6.2.1). Oberhalb der Diagonale finden sich jene Fälle, in denen zum zweiten Messzeitpunkt ein höherer Wert angegeben wurde als zum ersten Messzeitpunkt (entsprechende Zuordnung zur positiven Rangsumme beim Wilcoxon-Vorzeichen-Rang-Test).

FÖJ Gruppe C	Testwerte	Bewertung t2: 1	2	3	4	Summe
Bewertung t1	1	0	1	6	0	7
	2	0	14	21	7	42
	3	0	8	101	30	139
	4	0	0	13	19	32
Summe		0	23	141	56	**220**

FÖJ Gruppe C	Testwerte	Bewertung t2: 1	2	3	4	Summe
Bewertung t1	1	0,0%	0,5%	2,7%	0,0%	3,2%
	2	0,0%	6,4%	9,5%	3,2%	19,1%
	3	0,0%	3,6%	45,9%	13,6%	63,2%
	4	0,0%	0,0%	5,9%	8,6%	14,5%
Summe		0,0%	10,5%	64,1%	25,5%	**100,0%**

Tabelle 34: Anzahl der Wertausprägungen je Messzeitpunkt FÖJ-Gruppe C in absoluten und relativen Zahlen mit itemspezifischen Veränderungen im Detail (Quelle: eigene)

Es zeigt sich, dass der Testwert mit der Ausprägung 3 als stabil mit vergleichsweise geringer Dynamik erscheint (45,9 % auf Diagonale): Der Testwert „3" wurde in 45,9 % der Bewertungsfälle sowohl zum ersten als auch zum zweiten Messzeitpunkt vergeben. Haben sich Bewertungen verbessert, so sind sie in den häufigsten Fällen (13,6 %) vom Testwert 3 auf den Testwert 4 gestiegen. Haben sich Bewertungen verschlechtert, so sind sie in den meisten Fällen (5,9 %) vom Testwert 4 auf den Testwert 3 gefallen.

Auszubildende

Mit Blick auf die jeweilige Wertausprägung je Messzeitpunkt bei den Auszubildenden zeigt sich, wie dynamisch die Veränderungen waren (siehe Tabelle 35).

Die Diagonale zeigt Werthäufigkeiten je Testwert 1-4, die zum ersten und zweiten Messzeitpunkt gleich ausgefallen sind. Im unteren Bereich der Diagonale sind jene Fälle, in denen zum ersten Messzeitpunkt ein höherer Wert angegeben wurde als zum zweiten Messzeitpunkt. Diese Datenpunkte wurden mit entsprechendem Rangwert der negativen Rangsumme beim Wilcoxon-Vorzeichen-Rang-Test zugezählt (vgl. Kapitel 4.5.1.6.2.1). Oberhalb der Diagonale finden sich jene Fälle, in denen zum zweiten Messzeitpunkt ein höherer Wert angegeben wurde als zum ersten Messzeitpunkt (entsprechende Zuordnung zur positiven Rangsumme beim Wilcoxon-Vorzeichen-Rang-Test).

Azubis	Test-werte	Bewertung t2				Summe
		1	2	3	4	
Bewertung t1	1	0	1	2	0	3
	2	0	8	20	1	29
	3	1	10	92	17	120
	4	1	3	16	18	38
Summe		2	22	130	36	**190**

Azubis	Test-werte	Bewertung t2				Summe
		1	2	3	4	
Bewertung t1	1	0,0%	0,5%	1,1%	0,0%	1,6%
	2	0,0%	4,2%	10,5%	0,5%	15,3%
	3	0,5%	5,3%	48,4%	8,9%	63,2%
	4	0,5%	1,6%	8,4%	9,5%	20,0%
Summe		1,1%	11,6%	68,4%	18,9%	**100,0%**

Tabelle 35: Anzahl der Wertausprägungen je Messzeitpunkt Auszubildende in absoluten und relativen Zahlen mit itemspezifischen Veränderungen im Detail (Quelle: eigene)

Es zeigt sich, dass der Testwert mit der Ausprägung 3 als stabil mit vergleichsweise geringer Dynamik erscheint (48,4 % auf Diagonale): Der Testwert „3“ wurde in 48,4 % der Bewertungsfälle sowohl zum ersten als auch zum zweiten Messzeitpunkt vergeben. Haben sich Bewertungen verbessert, so sind sie in den häufigsten Fällen (10,5 %) vom Testwert 2 auf den Testwert 3 gestiegen. Haben sich Bewertungen verschlechtert, so sind sie in den meisten Fällen (8,4 %) vom Testwert 4 auf den Testwert 3 gefallen.

BGJler/-innen

Mit Blick auf die jeweilige Wertausprägung je Messzeitpunkt bei den BGJler/-innen zeigt sich, wie dynamisch die Veränderungen waren (siehe Tabelle 36). Die Diagonale zeigt Werthäufigkeiten je Testwert 1-4, die zum ersten und zweiten Messzeitpunkt gleich ausgefallen sind. Im unteren Bereich der Diagonale sind jene Fälle, in denen zum ersten Messzeitpunkt ein höherer Wert angegeben wurde als zum zweiten Messzeitpunkt. Diese Datenpunkte wurden mit entsprechendem Rangwert der negativen Rangsumme beim Wilcoxon-Vorzeichen-Rang-Test zugezählt (vgl. Kapitel 4.5.1.6.2.1). Oberhalb der Diagonale finden sich jene Fälle, in denen zum zweiten Messzeitpunkt ein höherer Wert angegeben wurde als zum ersten Messzeitpunkt (entsprechende Zuordnung zur positiven Rangsumme beim Wilcoxon-Vorzeichen-Rang-Test).

BGJ	Test-werte	Bewertung t2 1	2	3	4	Summe
Bewertung t1	1	0	0	0	0	0
	2	0	5	15	1	21
	3	0	8	52	16	76
	4	0	2	18	13	33
Summe		0	15	85	30	**130**

BGJ	Test-werte	Bewertung t2 1	2	3	4	Summe
Bewertung t1	1	0,0%	0,0%	0,0%	0,0%	0,0%
	2	0,0%	3,8%	11,5%	0,8%	16,2%
	3	0,0%	6,2%	40,0%	12,3%	58,5%
	4	0,0%	1,5%	13,8%	10,0%	25,4%
Summe		0,0%	11,5%	65,4%	23,1%	**100,0%**

Tabelle 36: Anzahl der Wertausprägungen je Messzeitpunkt BGJler/-innen in absoluten und relativen Zahlen mit itemspezifischen Veränderungen im Detail (Quelle: eigene)

Es zeigt sich, dass der Testwert mit der Ausprägung 3 als stabil mit vergleichsweise geringer Dynamik erscheint (40 % auf Diagonale): Der Testwert „3“ wurde in 40 % der Bewertungsfälle sowohl zum ersten als auch zum zweiten Messzeitpunkt vergeben. Haben sich Bewertungen verbessert, so sind sie in den häufigsten Fällen (11,5 %) vom Testwert 2 auf den Testwert 3 und vom Testwert 3 auf den Testwert 4 gestiegen (12,3 %). Haben sich Bewertungen verschlechtert, so sind sie in den meisten Fällen (13,8 %) vom Testwert 4 auf den Testwert 3 gefallen.

4.5.1.7 Fazit und Einordnung der Ergebnisse gesamt

Die Panelmortalität reichte von 11,5 % (FÖJ-Gruppe A) bis 44,1 % (Auszubildende) und ist im letzten Fall als signifikant zu betrachten.

Mit Blick auf die Ergebnisse kann resümiert werden, dass die SWE in den beiden FÖJ-Gruppen um 0,13 Punkte (FÖJ-Gruppe A) und um 0,26 Punkte (FÖJ-Gruppe C) angestiegen ist (errechneter Mittelwert t1: Ø 3,04 ± 0,67; t2: Ø 3,17 ± 0,58 sowie Ø 2,89 ± 0,67; Ø 3,15 ± 0,58). Bei den Auszubildenden ist eine Steigerung von 0,04 Punkten festzustellen (errechneter Mittelwert Ø3,01 ± 0,64; Ø 3,05 ± 0,58), bei den BGJler/-innen noch um 0,02 Punkte (errechneter Mittelwert Ø 3,09 ± 0,63; Ø 3,11 ± 0,57).

HINZ et al. (2006) halten für den verwendeten Fragebogen fest, dass der Mittelwert in den meisten Studien bei ca. 2,9 liegt und eine Standardabweichung von ca. 0,5 festgestellt wird (vgl. Hinz et al. 2006, 26; siehe auch Schwarzer &

Jerusalem, 1999; Schwarzer, Mueller & Greenglass, 1999) – die errechneten Mittelwerte bei den acht Befragungszeitpunkten des Vorher-Nachher-Designs bleiben somit im erwarteten Rahmen. Die errechneten Standardabweichungen hingegen fallen bei den beiden FÖJ-Gruppen zum ersten Befragungszeitraum mit einem Wert von 0,67 höher als erwartet aus. Zum Zeitpunkt der Vorher-Befragung neigte die Befragtengruppe somit zu einem heterogenen Antwortverhalten, was zum zweiten Befragungszeitpunkt nicht mehr festgestellt werden kann.

Der in der Literatur bestätigte Befund, dass die SWE eine geschlechtsspezifische Ausprägung annimmt, findet sich in den vier Befragungen nur teilweise bestätigt (siehe dazu bspw. Hinz et al. 2006). Eine Korrelation zwischen der Höhe des jeweils erreichten Schulabschlusses und der Ausprägung der SWE beim zweiten Messzeitpunkt für weibliche und männliche Befragte zeigt, dass lediglich bei den männlichen Befragten aller vier Gruppen eine positive Korrelation nachgewiesen werden kann. Bei den weiblichen Befragten der Seminargruppe C FÖJ war kein Zusammenhang zwischen den Merkmalen Schulabschluss und SWE-Ausprägung nachweisbar, bei den weiblichen Auszubildenden fiel die Korrelation mit einem Wert von -1 negativ aus.

Die internen Konsistenzen variierten zwischen einem mit 0,61 knapp akzeptablen und einem mit 0,82 guten Wert. In drei von vier Fällen war die interne Konsistenz beim zweiten Messzeitpunkt niedriger ausgeprägt. In der FÖJ-Seminargruppe C blieb die interne Konsistenz mit einem Wert von 0,67 konstant.

Im Anschluss an die deskriptiven Darstellungen zu den Veränderungen der errechneten Mittelwerte hat der einseitige Wilcoxon-Vorzeichen-Rang-Test gezeigt, dass lediglich die Veränderungen in den Versuchsgruppen FÖJ A und FÖJ C als signifikant zu bewerten sind ($\alpha \leq 1$ % bzw. $\alpha \leq 0{,}01$ %). Die SWE hat sich demnach nur in den befragten Gruppen des FÖJ Rheinland signifikant verbessert, nicht aber in den befragten Gruppen aus der beruflichen Bildung.

4.5.2 Moralische Urteilsfähigkeit

4.5.2.1 Klima/Atmosphäre

4.5.2.1.1 Einleitung

Der Fragebogen wurde einem Pretest unterzogen. Geprüft wurde der Fragebogen auf folgende Kriterien: Kontinuität des Fragenverlaufs, Effekte der Fragenanordnung, Wiederholungen von Frageinhalten, Dauer der Befragung sowie Vollständigkeit, Umfang und Überflüssigkeit – jede einzelne Frage wurde zudem auf Verständlichkeit, Eindeutigkeit, Schwierigkeit, Relevanz, Suggestiv-Wirkung und Verständnis geprüft (vgl. Schnell et al. 2005, 347; Bortz/Döring 2006, 244f.; Mayer 2008, 98). Der Pretest wurde mit einer ehemaligen FÖJlerin durchgeführt und ergab keine signifikanten Hinweise, sodass der Fragebogen unverändert beibehalten wurde.

Die Gruppe A umfasste zum Befragungszeitpunkt 23 FÖJler/-innen, die Gruppe C 22 FÖJler/-innen. Von der Gruppe A wurden 12 Abschlussberichte ausgewertet[98], dies entspricht einem Rücklauf von 52,2 %. Von der Gruppe C sind 19 Fragebögen in die Auswertung eingeflossen, folglich ergab sich ein Rücklauf von 86,4 %. Laut Aussage der FÖJ-Zentralstelle entsprechen diese Werte den durchschnittlichen Quoten der letzten Jahre.

Die FÖJ-Zentralstelle, die die – nicht anonymen – Abschlussberichte sammelte, erhielt lediglich einen Abschlussbericht, in welchem der Zustimmung zur Auswertung für die vorliegende Untersuchung widersprochen wurde.

4.5.2.1.2 Beziehung zur Seminarleitung – Wertschätzung und Anerkennung

Die FÖJler/-innen beider Seminargruppen haben ein hohes Maß an gefühlter Wertschätzung und Anerkennung zum Ausdruck gebracht (siehe Abbildung 30). Besonders oft wird herausgestellt, dass die Seminarleitung jederzeit ein „offenes Ohr“ hatte und sich für die einzelnen FÖJler/-innen interessiert und sich um sie bemüht hat.

---

[98] Drei FÖJler/-innen der Gruppe A haben ihren Abschlussbericht frühzeitig vor Zusendung der Vorlage gemacht und haben daher nicht an der Befragung teilgenommen. Bei zwei weiteren zugesandten Fragebögen der Gruppe A war nicht klar erkennbar, ob einer Auswertung durch die Untersuchungsleiterin zugestimmt wird (missing data) – die Fragebögen wurden daher von der Auswertung ausgeschlossen.

Lediglich eine Befragte aus Gruppe A fühlte sich erst weniger wertgeschätzt und anerkannt, was sie mit den spielerischen Methodenformen begründet. Sie antwortet auf das Item, ob sie sich wertgeschätzt und anerkannt gefühlt hat:

> „Um ehrlich zu sein bei den ersten Seminaren weniger. Einfach weil mir die Spiele zu bunt und kindisch waren. Aber es änderte sich und ich fühlte mich vor allem nach den letzten Seminaren gewertschätzt [sic] und respektiert.“ (Quelle: eigene, MAXQDA, Gruppe A)

Die FÖJler/-innen fühlten sich oftmals gut unterstützt und empfanden die Rückmeldungen der Seminarleitung als hilfreich und Ausdruck der Anerkennung. Sie empfanden den Umgang als angenehm und respektvoll und fühlten sich „wohl“, „aufgehoben“ und „umsorgt“. Ein Befragter der Gruppe C merkt in diesem Zusammenhang lobend an, dass die Seminarleitung ihre Wertschätzung auch darin ausdrückte, sich, wenn nötig, auch bei den FÖJler/-innen zu entschuldigen. Er antwortet auf das Item, ob er sich wertgeschätzt und anerkannt gefühlt hat:

> „Ja, denn sie gingen immer freundlich und höflich mit uns um. Wenn nötig, haben sie sich auch bei uns entschuldigt.“ (Quelle: eigene, MAXQDA, Gruppe C)

Das Antwortverhalten spiegelt wider, dass sich beide befragte Gruppen in etwa demselben Maße anerkannt und wertgeschätzt gefühlt haben.

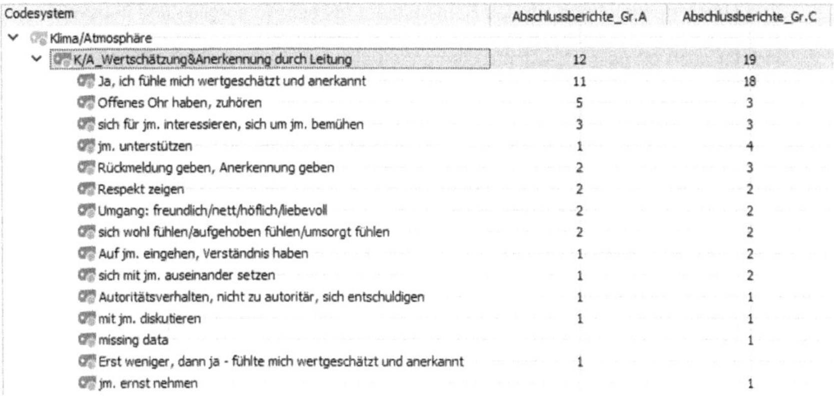

Codesystem	Abschlussberichte_Gr.A	Abschlussberichte_Gr.C
Klima/Atmosphäre		
K/A_Wertschätzung&Anerkennung durch Leitung	12	19
Ja, ich fühle mich wertgeschätzt und anerkannt	11	18
Offenes Ohr haben, zuhören	5	3
sich für jm. interessieren, sich um jm. bemühen	3	3
jm. unterstützen	1	4
Rückmeldung geben, Anerkennung geben	2	3
Respekt zeigen	2	2
Umgang: freundlich/nett/höflich/liebevoll	2	2
sich wohl fühlen/aufgehoben fühlen/umsorgt fühlen	2	2
Auf jm. eingehen, Verständnis haben	1	2
sich mit jm. auseinander setzen	1	2
Autoritätsverhalten, nicht zu autoritär, sich entschuldigen	1	1
mit jm. diskutieren	1	1
missing data		1
Erst weniger, dann ja - fühlte mich wertgeschätzt und anerkannt	1	
jm. ernst nehmen		1

Abbildung 30: Subcodes sowie Anzahl Codings je Gruppe für die Antworten zum Item „Fühlten Sie sich durch die Seminarleitung wertgeschätzt und anerkannt?" (Quelle: eigene, MAXQDA)

4.5.2.1.3 Beziehung zur Seminarleitung – Fürsorglichkeit

Die FÖJler/-innen beider Seminargruppen haben ein hohes Maß an gefühlter Fürsorglichkeit durch die Seminarleitung zum Ausdruck gebracht (siehe Abbildung 31). Jeweils eine Befragte/ein Befragter nehmen eine Differenzierung zwischen den betreuenden Personen vor, indem sie auf Stärken und Schwächen bzw. auf Schwankungen zwischen den Personen verweisen.

Als wichtiges Element von Fürsorglichkeit identifizieren die FÖJler/-innen die Tatsache, dass sich die Leitung bei Problemen beruflicher, privater und nicht weiter bezeichneter Art gekümmert hat. So antwortet eine Befragte der Gruppe C auf die Aufforderung, die Fürsorglichkeit der Seminarleitung zu bewerten:

> „Sie haben sich sehr gut um uns gekümmert. Egal ob es um die berufliche Zukunft ging oder um Probleme in der Einsatzstelle oder auch ganz privat." (Quelle: eigene, MAXQDA, Gruppe C)

Die Befragten bringen wiederholt zum Ausdruck, dass die Leitung stets ein offenes Ohr hatte und immer für die FÖJler/-innen da war. Individuelles Helfen gepaart mit dem Gefühl, sich auf das Leitungsteam verlassen zu können, hat ebenfalls einen hohen Stellenwert, wie das folgende Statement ausdrückt:

> „Wie schon gesagt, habe ich das Seminarteam als sehr fürsorglich und liebevoll wahrgenommen. Gerade Karin hat sich immer Mühe gegeben, alle zu beachten und hat auch oft gespürt, wenn es jemanden nicht so gut ging. Man könnte sich auf das Team verlassen.“ (Quelle: eigene, MAXQDA, Gruppe C)

In Seminargruppe A erinnern sich drei Befragte, dass die Seminarleitung bei gesundheitlichen Problemen (Grippe, eine Person musste zum Arzt gebracht werden, Beachtung von Allergien) eine gute Fürsorge gezeigt hat.
Zwei Befragte der Seminargruppe C haben keine Angaben gemacht („missing data“).
Ansonsten spiegelt das Antwortverhalten, dass sich beide befragte Gruppen in etwa demselben Maße fürsorglich behandelt gefühlt haben.

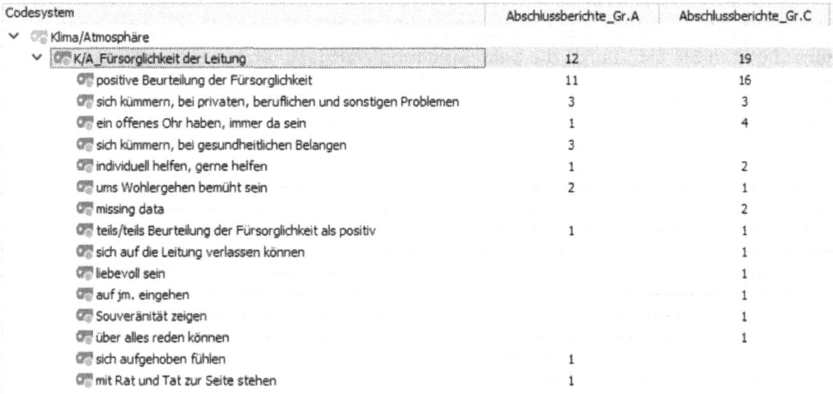

Codesystem	Abschlussberichte_Gr.A	Abschlussberichte_Gr.C
Klima/Atmosphäre		
K/A_Fürsorglichkeit der Leitung	12	19
positive Beurteilung der Fürsorglichkeit	11	16
sich kümmern, bei privaten, beruflichen und sonstigen Problemen	3	3
ein offenes Ohr haben, immer da sein	1	4
sich kümmern, bei gesundheitlichen Belangen	3	
individuell helfen, gerne helfen	1	2
ums Wohlergehen bemüht sein	2	1
missing data		2
teils/teils Beurteilung der Fürsorglichkeit als positiv	1	1
sich auf die Leitung verlassen können		1
liebevoll sein		1
auf jm. eingehen		1
Souveränität zeigen		1
über alles reden können		1
sich aufgehoben fühlen	1	
mit Rat und Tat zur Seite stehen	1	

Abbildung 31: Subcodes für die Antworten sowie Anzahl Codings je Gruppe zum Item „Wie bewerten Sie die Fürsorglichkeit der Seminarleitung?“ (Quelle: eigene, MAXQDA)

4.5.2.1.4 Beziehung zur Seminarleitung – Bevorzugung/Benachteiligung

Die FÖJler/-innen beider Seminargruppen haben ein hohes Maß an gefühlter Fairness in der Behandlung durch die Seminarleitung zum Ausdruck gebracht (siehe Abbildung 32). Drei Befragte machen Einschränkungen hinsichtlich der Fairness. So hält ein Befragter der Gruppe A fest, dass FÖJler/-innen bevorzugt bzw. benachteiligt wurden, „aber nie ungerechtfertigt“, während zwei Befragte der Gruppe C angeben, dass „eigentlich kaum“ bevorzugt bzw. benachteiligt wurde bzw. Sympathien/Antipathien gegenüber bestimmten FÖJler/-innen spürbar waren. Wenn es um die Einhaltung von Regeln ging, wurden aber alle fair behandelt:

> „Manchmal ließ es sich merken, mit wem die Seminarleitung gut klar kommt und mit wem nicht so gut. Aber bei Regelverstößen wurden alle gleichbehandelt." (Quelle: eigene, MAXQDA, Gruppe C)

Zwei Befragte der Gruppe C haben eine unklare Beurteilung abgegeben, sich bspw. mit den Worten „Das kann ich und möchte ich nicht beurteilen" enthalten.

Die Befragten bringen mehrheitlich ihr Gefühl zum Ausdruck, dass alle gleich behandelt wurden, wenngleich manche FÖJler/-innen mehr Betreuungszeit durch die Leitung in Anspruch genommen haben.

Eine Befragte aus Gruppe C ergänzt in diesem Zusammenhang, dass die Einschätzung der Seminarleitung in Hinblick auf die Teilnehmenden, die die Grundlage für Bevorzugung bzw. Benachteiligung sein können, veränderbar war:

> „Ich hatte nicht das Gefühl, dass bestimmte Personen bevor- oder benachteiligt wurden, natürlich hatte sich die Seminarleitung nach einiger Zeit ganz natürlicherweise ein Urteil über die Teilnehmer gebildet, aber dieses habe ich auch nicht als festgefahren wahrgenommen, man konnte sich durchaus aus seiner ‚Rolle' in der Gruppe herausentwickeln und es wurde bemerkt." (Quelle: eigene, MAXQDA, Gruppe C)

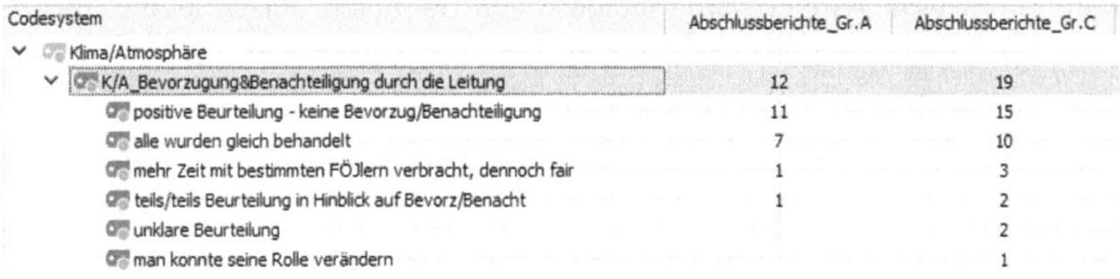

Codesystem	Abschlussberichte_Gr.A	Abschlussberichte_Gr.C
Klima/Atmosphäre		
K/A_Bevorzugung&Benachteiligung durch die Leitung	12	19
positive Beurteilung - keine Bevorzug/Benachteiligung	11	15
alle wurden gleich behandelt	7	10
mehr Zeit mit bestimmten FÖJlern verbracht, dennoch fair	1	3
teils/teils Beurteilung in Hinblick auf Bevorz/Benacht	1	2
unklare Beurteilung		2
man konnte seine Rolle verändern		1

Abbildung 32: Subcodes für die Antworten sowie Anzahl Codings je Gruppe zum Item „Wurden FÖJler/-innen durch die Seminarleitung bevorzugt/benachteiligt?" (Quelle: eigene, MAXQDA)

Ansonsten spiegelt das Antwortverhalten, dass sich beide befragte Gruppen in etwa demselben Maße fair behandelt gefühlt haben.

4.5.2.1.5 Beziehung zu den Mit-FÖJler/-innen – Zufriedenheit mit den FÖJler/-innen der Seminargruppe

Die FÖJler/-innen beider Seminargruppen haben ein hohes Maß an Zufriedenheit mit den FÖJler/-innen ihrer Seminargruppe zum Ausdruck gebracht. Lediglich 19 % der Befragten (alle Gruppe A) ergänzen ihre Aussage, dass sie grundsätzlich zufrieden waren, um die Erläuterung von Einschränkungen. Diese beziehen sich auf das Zusammenleben vor Ort (es störte, wenn jemand nicht zum vereinbarten Küchendienst erschien; es fehlte an Rücksicht; man ist einfach mit einigen Leuten „weniger zurechtgekommen“) und auf die Engagiertheit der Gruppe. So antwortet eine Befragte auf die Frage, ob sie mit den FÖJler/-innen ihrer Gruppe grundsätzlich zufrieden sei:

> „Grundsätzlich schon. Insgesamt denke ich, dass wir eine sehr engagierte Gruppe waren allerdings gab es auch Situationen die mich emotional sehr aufgebracht haben, weil es Seminarteilnehmer gab, die gegensätzlich zu unseren erarbeiteten Erkenntnissen gehandelt oder geäußert haben. (...)” (Quelle: eigene, MAXQDA, Gruppe A)

Die Befragten bezeichnen die Gruppe als „nett“ und „freundlich“, „vernünftig“, „sympathisch“ oder „zuverlässig“. Sie finden eine Reihe von positiven Beschreibungen auf individueller und kollektiver Ebene. Individuell betrachtet beschreiben die Befragten, dass die Gruppe ihnen „ans Herz gewachsen“ ist, sie sich wohlgefühlt haben und sich auch nach Ende des FÖJ gerne wiedersehen würden (letzterer Aspekt wurde lediglich von Befragten der Gruppe C geäußert). Auf kollektiver Ebene finden sich Äußerungen, die sich auf die Gruppe beziehen oder diese näher beschreiben (siehe Abbildung 33). Auf die Gruppe bezogen beschreiben die Befragten der Gruppe A und C vor allem, dass sie sich „gut verstanden“ haben, „viel Spaß“ und gemeinsam eine „gute Zeit“ hatten. Ein Aspekt wird von den Befragten beider Gruppen herausgestellt: Sie beschreiben ihre jeweilige Seminargruppe als „heterogene Gruppe“, „bunte Truppe“ oder „lustige Mischung“, die jedoch dennoch gut zusammen funktioniert hat und in der „dennoch niemand komplett alleine“ war. Die Heterogenität wird u. a. als „reizvoll“ wahrgenommen:

> „ (...) Wir waren eine bunte Truppe, die so unter anderen Umständen vermutlich nie zusammengekommen wäre. Das hat einen großen Reiz ausgemacht, und man konnte andere Blickwinkel auf Dinge erhalten, über die man zuvor gar nicht groß nachgedacht hat.“ (Quelle: eigene, MAXQDA, Gruppe C)

Codesystem	Abschlussberichte_Gr.A	Abschlussberichte_Gr.C
Klima/Atmosphäre		
K/A_Zufriedenheit mit den Mit-FÖJlerInnen	12	19
positive Beschreibungen	11	26
Ja, zufrieden	8	18
positive Attribute	6	3
neue Freunde gefunden	4	4
Schwierigkeiten/Einschränkungen	5	1
Ja, zufrieden, mit Einschränkungen	4	
unklare Beurteilung der Zufriedenheit		1

Abbildung 33: Subcodes für die Antworten sowie Anzahl Codings je Gruppe zum Item „Waren Sie mit den Mit-FÖJler/-innen Ihrer Seminargruppe grundsätzlich zufrieden?" (Quelle: eigene, MAXQDA)

Das Antwortverhalten spiegelt wider, dass die Zufriedenheit mit den Mit-FÖJler/-innen besonders in Gruppe C vergleichsweise stark ausgeprägt war.

4.5.2.1.6 Beziehung zu den Mit-FÖJler/-innen – Hilfsbereitschaft

Die FÖJler/-innen beider Seminargruppen haben eine ausgeprägte Hilfsbereitschaft in ihrer Seminargruppe zum Ausdruck gebracht, wenngleich 25 % der Befragten (überwiegend aus Gruppe A) beschreiben, dass die Hilfsbereitschaft von Person zu Person variierte.

Mehrheitlich wurde die Hilfsbereitschaft in den Gruppen A und C auf die gesamte Seminargruppe bezogen, seltener wurde beschrieben, dass sich vor allem Mitglieder einer Clique geholfen haben (siehe Abbildung 34). Werden Gründe für fehlende Hilfsbereitschaft genannt, so beziehen sie sich darauf, dass Mit-FÖJler/-innen „faul" waren, „die Bequemlichkeit größer" war oder man den „ein oder anderen etwas deutlicher auffordern" musste.

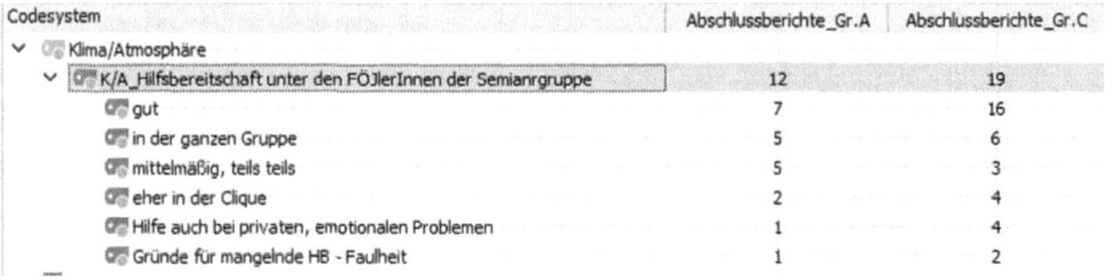

Codesystem	Abschlussberichte_Gr.A	Abschlussberichte_Gr.C
Klima/Atmosphäre		
K/A_Hilfsbereitschaft unter den FÖJlerInnen der Semianrgruppe	12	19
gut	7	16
in der ganzen Gruppe	5	6
mittelmäßig, teils teils	5	3
eher in der Clique	2	4
Hilfe auch bei privaten, emotionalen Problemen	1	4
Gründe für mangelnde HB - Faulheit	1	2

Abbildung 34: Subcodes für die Antworten sowie Anzahl Codings je Gruppe zum Item „Wie würden Sie die Hilfsbereitschaft unter den FÖJler/-innen Ihrer Seminargruppe beurteilen?" (Quelle: eigene, MAXQDA)

Vor allem Befragte der Gruppe C schildern, dass sich die Hilfsbereitschaft auch auf private Probleme oder emotionale Belange bezogen hat. Hierzu schildert eine Befragte aus Gruppe A die Hilfe bei einem privaten Problem:

> „(…) Im letzten Seminar verlor ich dann mein Handy bei einem Wettrennen über die Wiese. Sowohl Ton als auch Vibration waren ausgeschaltet und es war sehr dunkel. Auf Aufforderung einer Teilnehmerin aus meinem Zimmer halfen alle Anwesenden bei der Suche. Wir fanden das Handy erst nach 20 Minuten oder mehr und allein hätte ich es wahrscheinlich nie gefunden. Das alle bis zum Ende halfen hat mich beeindruckt (…)." (Quelle: eigene, MAXQDA, Gruppe A)

Eine Befragte aus Gruppe C schildert eine emotionale Problemlage:

> „Die [Hilfsbereitschaft, Anm. d. Verfass.] war definitiv riesig, denn immer, wenn irgendjemand Probleme oder Sorgen hatte, mich eingeschlossen, war immer jemand mit einem offenen Ohr zur Stelle, sei es ein Teamer oder ein Seminarkollege. Als ein Mädchen während des dritten Seminars aus Liebeskummer im Wald verschwand, suchte sofort die halbe Gruppe nach ihr." (Quelle: eigene, MAXQDA, Gruppe C)

Insgesamt scheint die Hilfsbereitschaft in Gruppe C tendenziell deutlicher ausgeprägt gewesen zu sein.

4.5.2.1.7 Beziehung zu den Mit-FÖJler/-innen – Konkurrenzverhalten

Codesystem	Abschlussberichte_Gr.A	Abschlussberichte_Gr.C
Klima/Atmosphäre		
K/A_Konkurrenzverhalten unter den FÖJlerInnen der Gruppe	12	19
nicht vorhanden	8	15
gering, niedrig, kaum vorhanden	3	2
warum hätte es das geben sollen	1	3
FÖJler/innen haben sich ergänzt	3	
keiner hat sich i.d. Vordergrund gespielt	1	1
das wurde nicht gefördert	1	1
Verweis auf Sportspiele		2
ja, vorhanden	1	1
missing data		1
man hat nicht gewertet	1	

Abbildung 35: Subcodes für die Antworten sowie Anzahl Codings je Gruppe zum Item „Wie würden Sie das Konkurrenzverhalten unter den FÖJler/-innen Ihrer Seminargruppe beurteilen?" (Quelle: eigene, MAXQDA)

Die FÖJler/-innen beider Seminargruppen haben mehrheitlich kein Konkurrenzverhalten in ihrer Seminargruppe festgestellt. 74 % beschreiben, dass kein solches Verhalten vorhanden war, 16 % stellen fest, dass es „kaum", „gering" oder „niedrig" ausgefallen ist (siehe Abbildung 35). Lediglich 6 % (zwei Befragte), jeweils eine Person aus den Gruppen A und C geben an, dass das Konkurrenzverhalten „klar" vorhanden oder zu Beginn „leider stark" ausgeprägt war.

Besonders in Gruppe C wird gefragt, warum es Konkurrenzverhalten denn hätte geben sollen, da „kein Wettbewerb" empfunden wurde und es „wenig Anlass zu Konkurrenz" gab. Ergänzt wurde der Hinweis, dass Konkurrenzverhalten auch nicht gefördert wurde und sich von sich aus keiner „besonders in den Vordergrund spielte". Besonders in Gruppe A wurde zum Ausdruck gebracht, dass die FÖJler/-innen sich stattdessen ergänzt haben, da die FÖJler/-innen „in verschiedenen Dingen beschäftigt waren" oder viele „so unterschiedliche Sachen" wollten, dass keine Konkurrenz aufkam. Eine Befragte beschreibt das „sich Ergänzen" wie folgt:

> „(...) Diejenigen, die am meisten mitgearbeitet haben, haben sich verstanden und eher ergänzt als gegeneinander gearbeitet." (Quelle: eigene, MAXQDA, Gruppe A)

Wenn Beispiele gefunden werden, verweisen bspw. die Befragten der Gruppe C auf Sportspiele, wo die Konkurrenz aber „nie als unangenehm“ empfunden wurde bzw. „nie über das Spiel hinaus“ reichte.
Das Antwortverhalten spiegelt wider, dass das Konkurrenzverhalten in beiden befragten Gruppen ähnlich gering ausgeprägt war. In Gruppe C gab es einen Fall mit „missing data“.

4.5.2.1.8 Umgang mit Konflikten – Aggressionen der FÖJler/-innen untereinander

Codesystem	Abschlussberichte_Gr.A	Abschlussberichte_Gr.C
Klima/Atmosphäre		
K/A_Aggressionen der FÖJlerInnen untereinander; Umgang damit	12	19
Nein, gab es nicht	7	9
Ja, gab es	5	10
Klärung durch Worte, Gespräche, Schlichtungsversuche	3	2
wir sind uns aus dem Weg gegangen	1	4
Aggress hat nicht lange angehalten	1	3
haben wir unter uns geklärt; auch: Deeskalation, Beschwichtigen	1	2
es gab Meinungsverschiedenenheiten		2
Intervention durch Leitung	1	1
Art des zugrundeliegenden Konflikts		
Streit eines Pärchens		4
Alkohol	1	1
Küchendienst	2	
Essen allgemein	1	
Langeweile		1
Machtkampf	1	

Abbildung 36: Subcodes für die Antworten sowie Anzahl Codings je Gruppe zum Item „Gab es Aggressionen der FÖJler/-innen der Seminargruppe untereinander? - Wenn ja, wie wurde damit umgegangen?“ (Quelle: eigene, MAXQDA)

Die FÖJler/-innen beider Seminargruppen haben zu ca. 50 % Aggressionen untereinander wahrgenommen, die andere Hälfte gibt an, keine Aggressionen bemerkt zu haben.
Werden Aggressionen beschrieben, handelt es sich um Probleme im Seminaralltag wie den Küchendienst („nicht erschienen“, „zu spät“), das Essen (sich „zu viel genommen“, Thema „Fleischkonsum“) oder nicht näher bezeichnete Konflikte aus Langeweile oder unter Alkoholeinfluss (siehe Abbildung 36). Ein Befragter aus Gruppe A beschreibt, dass einige wenige „Machtkampf gespielt“ haben. In Gruppe C verweisen mehrere Befragte auf einen Vorfall, in welchem

ein Pärchen in Streit geraten ist und dies Kreise in der ganzen Seminargruppe gezogen hat.

Die Befragten sagen aus, dass Aggressionen im Rahmen von Konflikten nicht lange angehalten haben. Werden Angaben dazu gemacht, wie die den Aggressionen zugrunde liegenden Probleme gelöst wurden, so wird in beiden befragten Gruppen zu gleichen Teilen ausgesagt, dass die FÖJler/-innen es einerseits unter sich geklärt haben, andererseits die Seminarleitung interveniert hat. Die Klärung erfolgte dabei mit Worten, durch Gespräche und „Schlichtungsversuche". Ein Befragter aus Gruppe C schildert die Lösung von Aggressionen untereinander wie folgt:

> „Nach einer Woche auf engsten Raum wirkt man schon mal ein wenig gereizt auf manche einzelne Personen jedoch wurde, besonders von den nicht im Konflikt involvierten, immer deeskalierend reagiert." (Quelle: eigene, MAXQDA, Gruppe C)

Mehrfach wird besonders in Gruppe C aber auch angegeben, dass FÖJler/-innen, die sich nicht mochten, sich nicht verstanden haben, sich aus dem Weg gingen.

Insgesamt erinnern sich mehr Befragte aus Gruppe C an Aggressionen untereinander, wobei der Konflikt des Pärchens besonders nachzuwirken scheint.

4.5.2.1.9 Umgang mit Konflikten – Diskriminierung von Mit-FÖJler/-innen

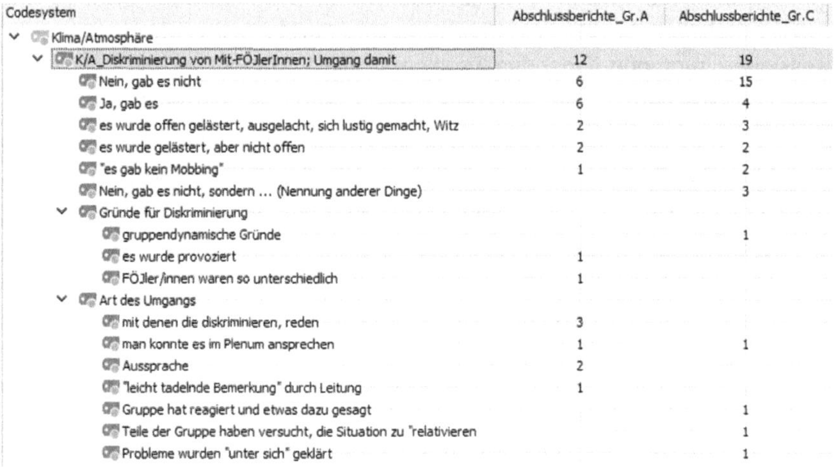

Codesystem	Abschlussberichte_Gr.A	Abschlussberichte_Gr.C
Klima/Atmosphäre		
K/A_Diskriminierung von Mit-FÖJlerInnen; Umgang damit	12	19
Nein, gab es nicht	6	15
Ja, gab es	6	4
es wurde offen gelästert, ausgelacht, sich lustig gemacht, Witz	2	3
es wurde gelästert, aber nicht offen	2	2
"es gab kein Mobbing"	1	2
Nein, gab es nicht, sondern ... (Nennung anderer Dinge)		3
Gründe für Diskriminierung		
gruppendynamische Gründe		1
es wurde provoziert	1	
FÖJler/innen waren so unterschiedlich	1	
Art des Umgangs		
mit denen die diskriminieren, reden	3	
man konnte es im Plenum ansprechen	1	1
Aussprache	2	
"leicht tadelnde Bemerkung" durch Leitung	1	
Gruppe hat reagiert und etwas dazu gesagt		1
Teile der Gruppe haben versucht, die Situation zu "relativieren		1
Probleme wurden "unter sich" geklärt		1

Abbildung 37: Subcodes für die Antworten sowie Anzahl Codings je Gruppe zum Item „Gab es Diskriminierung von Mit-FÖJler/-innen in der Seminargruppe (bspw. jmd. auslachen, sich lustig machen, gemein sein)? - Wenn ja, wie wurde damit umgegangen?" (Quelle: eigene, MAXQDA)

Das Ausmaß, in welchem die Befragten Diskriminierung von Mit-FÖJler/-innen empfunden haben, unterscheidet sich in den beiden befragten Seminargruppen. Während in Gruppe C lediglich 21 % der Befragten eine solche Diskriminierung beobachtet haben, sind es in Gruppe A 50 % der Befragten.

Sowohl in Gruppe A als auch in Gruppe B wird vereinzelt angegeben, dass nicht-öffentlich gelästert wurde, was durch die Befragten nicht als Diskriminierung bezeichnet wird. In Gruppe C wird beschrieben, dass „halt Scherze" gemacht, „scherzhafte Sticheleien" und „Kabbeleien" vorgekommen sind oder „mal ein blöder Spruch von der Seite" gemacht wurde – dies wird aber nicht als Diskriminierung gewertet, da der/die jeweils andere „das auch einschätzen" und sich „wehren" konnte. Sowohl in Gruppe A als auch in Gruppe C wird darauf hingewiesen, dass kein Mobbing vorgekommen ist (siehe Abbildung 37).

Wurde diskriminiert, so handelte es sich hierbei um lästern, auslachen, sich lustig machen sowie Witze über jemand Drittes machen.
Auslöser für Diskriminierung werden selten genannt. Lediglich in drei Fällen werden Angaben dazu gemacht. Als Gründe werden Provokation, die Heterogenität der Gruppe und das falsche Einschätzen von Äußerungen anderer genannt (gruppendynamischer Prozess).
Die Befragten nennen einige Arten des Umgangs mit Diskriminierungen der FÖJler/-innen untereinander. Am häufigsten wurde mit den Initiatoren der Diskriminierung gesprochen oder man konnte die Diskriminierung im Plenum ansprechen und es erfolgte eine Aussprache. Jeweils einmal wurde ebenfalls beschrieben, dass „leicht tadelnde Bemerkungen" der Seminarleitung erfolgten, die Gruppe selbst auf die Diskriminierung reagierte und etwas „dazu gesagt" hat. Ebenso wird beschrieben, dass Teile der Gruppe versuchten, „die Situation zu relativieren" und dass Probleme „unter sich geklärt" wurden.

4.5.2.1.10 Umgang mit Konflikten – Aggressionen gegen die Seminarleitung

Codesystem	Abschlussberichte_Gr.A	Abschlussberichte_Gr.C
Klima/Atmosphäre		
K/A_Aggressionen der FÖJlerInnen gegen die Leitung	12	19
ja, gab es	4	11
nein, keine	8	4
Betitelung registrierter Aggressionen		4
nein, eher... (was statt dessen registriert wurde)		4
Umgang mit den Aggressionen		
es wurde geredet, dann war wieder "alles gut"		3
FÖJler/innen haben nachgegeben, es "hingenommen"	1	1
Seminarleitung hat nachgegeben, es "eingesehen"	2	
Seminarleitung hat dazu Diskussionen initiiert, sogar zu viel		2
FÖJler/innen haben es nicht öffentlich gemacht	1	
es wurde unter 4 Augen gelöst		1
ein Teamer hat ebenso aggressiv reagiert		1
mal ganz ruhig und sachlich, meist mit Humor		1
Seminarleitung hat Regel erklärt, darauf bestanden	1	
Gründe für Aggressionen		
Zu viel Sojaprodukte im Essen, vegetarisches Essen	4	
Seminareinheit dauerte zu lang		2
Schlafmangel als Auslöser		1
Vorgaben zur Nachtruhe	1	
Verhalten eines Teamers		1

Abbildung 38: Subcodes für die Antworten sowie Anzahl Codings je Gruppe zum Item „Gab es Aggressionen der FÖJler/-innen gegen die Seminarleitung? - Wenn ja, wie wurde damit umgegangen?" (Quelle: eigene, MAXQDA)

Während sich mit 66 % die Mehrheit der Befragten aus Gruppe A an keine Aggressionen gegen ihre Seminarleitung erinnert, bejahen dies 57 % der Befragten aus Gruppe C. Die Aggressionen werden als „leichte verbale Aggression“, „dicke Luft“, „kleinere Unstimmigkeiten“ und „kurze verbale Auseinandersetzungen“ beschrieben.

Einige Befragte gaben an, dass FÖJler/-innen und die Seminarleitung „nicht immer einer Meinung“ waren, sich diese Meinungsverschiedenheiten aber „von selbst geklärt“ hätten, oder „man genervt“ war, was „eher am eigenen Befinden, an der Laune oder weil man zu wenig geschlafen hatte“ lag — dies betrachten sie aber nicht als Aggressionen und verneinen die Frage dementsprechend.

Gründe für Aggressionen werden nur in etwa einem Drittel der Fälle genannt. Beide Gruppen nennen das Thema Verpflegung als Konfliktfeld (siehe Abbildung 38). Hier geht es um vegetarische Mahlzeiten und Sojaprodukte im Essen, die nach Meinung der sich dazu äußernden Befragten zu oft genutzt wurden. Darüber hinaus ist es wegen zu lange andauernder Seminareinheiten, wegen der Nachtruhe oder wegen nicht näher bezeichnetem Schlafmangel zu Konflikten mit der Seminarleitung gekommen.

In Gruppe C ist außerdem bei zwei Befragten (10 %) eine Auseinandersetzung mit einem Teamer[99] in Erinnerung geblieben, wobei die Gründe des Konflikts im Unklaren bleiben, der Umgang damit seitens des Leitungsteams aber kritisch reflektiert wird:

> „Das Seminarteam ist unterschiedlich damit [mit den Aggressionen, Anm. d. Verfass.] umgegangen, mal ganz ruhig und sachlich, meist mit Humor und manchmal aber auch etwas über das Ziel hinaus schießend, nämlich mit einer zu sehr auf die Aggressionen der Gruppe eingehende, gleichermaßen aggressive Reaktion.“ (Quelle: eigene, MAXQDA, Gruppe C)

Bezüglich des Umgangs mit den Aggressionen gegenüber der Leitung schildern die Befragten bspw. im Konflikt zur Verpflegung, dass die Seminarleitung zum Teil auf die Forderungen der FÖJler/-innen eingegangen ist („Wir haben das angemerkt und es wurde mit jedem Seminar weniger“), zum Teil aber auch deutlich gemacht hat, dass an zwei vegetarischen Hauptmahlzeiten pro Seminarwoche „nicht zu rütteln“ ist (Gruppe A). Des Weiteren wurden die Kon-

---

99 Ein Seminar wird in der Regel von einer Person geleitet und von zwei Teamer/-innen begleitet, die gemeinsam als Leitungsteam auftreten.

flikte besprochen, z. T. auch unter vier Augen gelöst, und zwei Befragte aus Gruppe C befinden, dass dies sogar zu viel Raum eingenommen hat:

> „Die Seminarleitung ist stets auf bestehende Konflikte oder Störungen eingegangen. Zeitweise hat das Eingehen und Diskutieren über Probleme einzelner Seminarteilnehmer zu viel Raum und Seminarzeit eingenommen. Ich denke, dass bestimmte persönliche Themen den Rahmen der Seminareinheit gesprengt haben und außerhalb des Seminars hätten diskutiert werden müssen." (Quelle: eigene, MAXQDA, Gruppe C)

Ansonsten geben die Befragten an, Aggressionen nicht öffentlich gemacht zu haben (jeweils eine Angabe bei Gruppe A und C) oder Einschränkungen bspw. hinsichtlich der Nachtruhe schlicht „hingenommen" zu haben (ein Befragter aus Gruppe A).

4.5.2.1.11 Mitbestimmung und Eigenverantwortung – Mitgestalten und Mitentscheiden

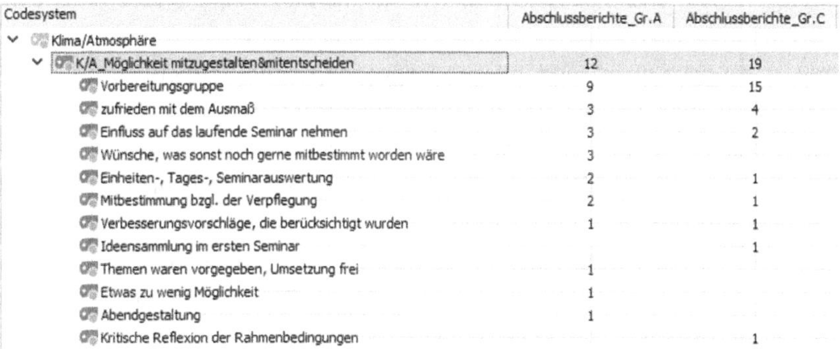

Codesystem	Abschlussberichte_Gr.A	Abschlussberichte_Gr.C
Klima/Atmosphäre		
K/A_Möglichkeit mitzugestalten&mitentscheiden	12	19
Vorbereitungsgruppe	9	15
zufrieden mit dem Ausmaß	3	4
Einfluss auf das laufende Seminar nehmen	3	2
Wünsche, was sonst noch gerne mitbestimmt worden wäre	3	
Einheiten-, Tages-, Seminarauswertung	2	1
Mitbestimmung bzgl. der Verpflegung	2	1
Verbesserungsvorschläge, die berücksichtigt wurden	1	1
Ideensammlung im ersten Seminar		1
Themen waren vorgegeben, Umsetzung frei	1	
Etwas zu wenig Möglichkeit	1	
Abendgestaltung	1	
Kritische Reflexion der Rahmenbedingungen		1

Abbildung 39: Subcodes für die Antworten sowie Anzahl Codings je Gruppe zum Item „Inwieweit gab es bei den Bildungsseminaren und deren Vorbereitung die Möglichkeit, mitzugestalten und mitzuentscheiden?" (Quelle: eigene, MAXQDA)

Die Befragten beider Gruppen verweisen mehrheitlich (77 %) auf die „Vorbereitungsgruppen" (siehe Abbildung 39). Es ist obligatorisch, dass sich jede/r Teilnehmende des FÖJ an der inhaltlichen, methodischen und organisatorischen Planung und Umsetzung eines Bildungsseminars beteiligt. Außerdem nennen die Befragten die Möglichkeit, bei den „Rück-meldungsrunden", der Einheiten-, Tages- und Seminargesamtauswertung, ihr Feedback einbringen

zu können. Ebenso nennen zwei Befragte die Mitbestimmung bzgl. der Verpflegung; jeweils eine Nennung entfällt auf die Abendgestaltung, eine Ideensammlung im Einstiegsseminar und die nicht weiter spezifizierte Berücksichtigung von Verbesserungsvorschlägen. Ein Befragter gibt zudem an, zwar seien die Themen vorgegeben worden, aber die Umsetzung hätte mitbestimmt werden können.
Eine Befragte aus Gruppe C reflektiert den Umgang mit dem Thema Beteiligung aber auch kritisch:

> „An sich wurde uns immer wieder gesagt, dass wir die Möglichkeit hatten alles so zu gestalten wie wir es wollen. Bestimmte Programmpunkte werden jedes Jahr gemacht und da haben wir FÖJler auch nicht das Wissen was für Alternativen es gibt. Es wurde zwar explizit nichts zwingend vorgegeben, aber ich hatte den Eindruck, es gibt ein grobes Schema." (Quelle: eigene, MAXQDA, Gruppe C)

Ausgewogen bzgl. der beiden befragten Gruppen geben die Befragten an, während der laufenden Seminare „Vorschläge machen" zu können, „Einfluss in den Arbeiten und Diskussionsrunden" nehmen und „eigene Ideen" mit einbringen zu können. Während eine Befragte aus Gruppe A es „etwas wenig", aber „sonst ganz okay" fand, bringen insgesamt sieben Befragte ausdrücklich ihre Zufriedenheit mit dem Maß der Beteiligung zum Ausdruck.
Drei Befragte aus Gruppe A äußern Wünsche, was sie gerne noch mitbestimmt/mitentschieden hätten. Neben der (stärkeren?) Mitgestaltung des Essens, der Freizeitgestaltung oder der Unterbringung sind es vor allem die Exkursionen, auf die die Befragten gerne mehr Einfluss gehabt hätten.
Insgesamt lassen sich keine signifikanten Unterschiede im Antwortverhalten der beiden befragten Gruppen ausmachen.

4.5.2.1.12 Mitbestimmung und Eigenverantwortung – Verantwortung übernehmen

Codesystem	Abschlussberichte_Gr.A	Abschlussberichte_Gr.C
Klima/Atmosphäre		
K/A_Möglichkeit, eigenständig Verantwortung zu übernehmen	12	19
Ja, gab es	12	17
das Ausmaß "hing von einem selber ab"		4
eher weniger		2
wichtig war, seine Vorbereitungsgruppe nicht hängen zu lassen		2
Leitung hat bei eigenverantwortlichen Teilen interveniert		2
ja, vor allem in der Umsetzung	1	
Themen		
Vorbereitungsgruppe	7	14
Küchendienst/Kochen	1	3
Gestaltung der eigenen Freizeit	1	1
Gruppenarbeiten	2	
Workshops	2	
Putzgruppe		1
Gruppendiskussion		1

Abbildung 40: Subcodes für die Antworten sowie Anzahl Codings je Gruppe zum Item „Inwieweit gab es bei den Bildungsseminaren und deren Vorbereitung die Möglichkeit, eigenständig Verantwortung zu übernehmen?" (Quelle: eigene, MAXQDA)

Die Befragten beider Gruppen bringen ein hohes Maß an Eigenverantwortung zum Ausdruck, beziehen dies dabei mehrheitlich auf die Vorbereitungsgruppen (siehe
Abbildung 4040; vgl. auch 4.5.2.1.11). Lediglich eine Befragte aus Gruppe C gibt an, von Verantwortung „wenn übverhaupt [sic] wenig bemerkt" zu haben. Eine weitere Befragte aus Gruppe A stellt klar, dass es zwar viele Möglichkeiten gab, eigenständig Verantwortung zu übernehmen, es sich bei den Möglichkeiten aber vielmehr um Pflichten gehandelt hat.

26 % der Befragten aus Gruppe C ergänzen, dass das Ausmaß der Übernahme von Verantwortung von einem selbst abhing, was die Befragten auf die Möglichkeiten der methodischen Gestaltung der von ihnen selbst gestalteten Seminareinheiten beziehen. So konnte man „bei der Leitung einer Gruppendiskussion mehr Verantwortung (...) übernehmen als z. B. bei einem Vortrag". 10 % der Befragten aus Gruppe C sehen in diesem Zusammenhang ihre Ver-

antwortung auch darin begründet, die anderen FÖJler/-innen aus dem eigenen Planungsteam „nicht hängen zu lassen".

Neben der Vorbereitungsgruppe sehen die Befragten aus beiden Gruppen noch einige weitere Felder, in denen sie eigenständig verantwortlich waren. Für andere das Essen zu kochen (Küchendienst), den Putzdienst zu übernehmen oder die eigene Freizeit zu gestalten, gehört ebenso dazu wie eigenverantwortliche Tätigkeiten im Seminar. Hier nennen die Befragten Workshops, Gruppenarbeiten und -diskussionen.

Dass eigenverantwortliche Tätigkeiten durch die Seminarleitung kontrolliert wurden bzw. durch diese interveniert wurde, nennen lediglich 10 % der Befragten aus Gruppe C. Hier hat die Seminarleitung im Kontext der Seminarvorbereitung gehandelt. Eine Befragte beschreibt dies wie folgt:

> „Man musste natürlich sein Thema rechtzeitig vortragsbreit [sic] haben und eventuell anfallendes Material, sowie den Ablauf, rechtzeitig mindestens eine Woche vor Seminarbeginn den Teamern zukommen lassen, damit diese es absegnen oder gegebenenfalls verbessern können. Die Verantwortung lag darin, die Vorbereitungsgruppe und seine Partner nicht hängen zu lassen und selbstständig, ab und zu mit Hilfe der Seminarleitung, die Themen zu erarbeiten." (Quelle: eigene, MAXQDA, Gruppe C)

4.5.2.1.13 Mitbestimmung und Eigenverantwortung – Führungsverhalten

Codesystem	Abschlussberichte_Gr.A	Abschlussberichte_Gr.C
Klima/Atmosphäre		
K/A_Führungsverhalten der Leitung	12	19
Ausprägung		
bestimmt, aber partnerschaftlich sowie offen, locker, liebevoll	6	12
gut, angenehm	5	4
von Person zu Person unterschiedlich		3
demokratisch	1	1
Beschreibung von Verhaltensweisen		
wenig autoritär, fast zu wenig	1	
Ermahnungen ausgesprochen, Strafen verhängt	1	
Kritik		
Kritik an einem Teamer		2
zu wenig klare Struktur		1
mehr Freiraum gewünscht	1	

Abbildung 41: Subcodes für die Antworten sowie Anzahl Codings je Gruppe zum Item „Wie würden Sie das Führungsverhalten der Seminarleitung beschreiben?" (Quelle: eigene, MAXQDA)

Die Befragten beider Gruppen bringen mehrheitlich eine hohe Zufriedenheit mit dem Führungsverhalten der Seminarleitung zum Ausdruck. Es fanden sich keine Äußerungen, die darauf hingewiesen haben, dass das Führungsverhalten zu autoritär wahrgenommen wurde (siehe Abbildung 41).
Die Befragten beschreiben das Führungsverhalten mehrheitlich als bestimmt, aber partnerschaftlich, dabei offen und locker (50 % Gruppe A, 63 % Gruppe C). Sie beschreiben es zudem als gut und angenehm (41 % aus Gruppe A, 21 % aus Gruppe C). Die Bestimmtheit der Seminarleitung beschreiben die Befragten als „selbstsicher", „klare Grenzen" gebend, „minimale Strenge" zeigend, grundsätzliche Dinge vorgebend, „konsequent" oder „freundlich, aber zielgerichtet". Sie sagen aus, dass die Leitung durchgegriffen hat, wenn es nötig erschien, und dass diese „ihr Ding durchgezogen" haben, dabei „aber (...) trotzdem freundschaftlich [waren] und (...) sich Verbesserungsvorschläge ruhig angehört und auch beherzigt" haben. Andere Einschätzungen sind selten und widersprüchlich, so empfindet ein Befragter aus Gruppe A das Führungsverhalten als fast zu antiautoritär, während eine Befragte aus derselben Gruppe angibt, Respekt gehabt zu haben, da die Leitungspersonen „bei Problemen teilweise auch Ermahnungen aussprachen oder Strafen verhängten".
Kritik am Führungsverhalten wird nur von wenigen Befragten geäußert. Eine Befragte aus Gruppe A wünscht sich in diesem Zusammenhang mehr Freiraum im Sinne der Reduzierung von Verhaltensregeln, wie bspw. das Abmelden beim Verlassen des Seminargeländes. Zwei Befragte (10 %) aus Gruppe C greifen den Konflikt mit einer leitenden Person wieder auf (vgl. 4.5.2.1.10). Eine Befragte beschreibt, dass die betreffende Person die „Stimme erhoben" hat und dabei „über das Ziel hinaus" schoss. Sie mahnt dabei eine gewaltfreie Kommunikation an und kritisiert die mangelnde Vorbildfunktion:

> „Selbst wenn das nicht alle Seminarteilnehmer beachten, sollte es doch von den Teamer zu jedem Zeitpunkt beachtet werden, bzw. läuft es im Affekt dann doch mal anders, wäre eine Entschuldigung angebracht, einfach um der Gruppe in seiner Vorbildfunktion zu zeigen, dass das Verhalten generell kein Akzeptiertes ist. Man kann sonst keine gewaltfreie Konfliktführung von den Seminarteilnehmern erwarten." (Quelle: eigene, MAXQDA, Gruppe C)

Die zweite Befragte äußert sich in ähnlicher Weise. Beide ergänzen aber, dass sich das Führungsverhalten der anderen Personen aus der Seminarleitung davon unterschieden hat und „die Rollen gut verteilt" waren. Eine weitere Befragte aus derselben Gruppe attestiert den Personen der Seminarleitung „Stärken und Schwächen".

Jeweils ein/e FÖJler/-in aus Gruppe A und C beschreiben das Führungsverhalten als demokratisch:

> „Es gab Regeln, an die sich jeder halten musste, aber das waren alles Regeln, die von uns zusammengetragen wurden und eigentlich selbstverständlich im Alltag sind." (Quelle: eigene, MAXQDA, Gruppe A)

Der Befragte aus Gruppe C drückt dies wie folgt aus:

> „Ich würde es als demokratisch beschreiben. Regeln wurden gemeinsam von der Leitung und den FÖJlern erstellt. Klappte es mit einer Regel nicht, so wurde darüber gesprochen und die Regel im Ernstfall verschärft." (Quelle: eigene, MAXQDA, Gruppe C)

4.5.2.1.14 Gemeinschaft – Gruppengefühl

Codesystem	Abschlussberichte_Gr.A	Abschlussberichte_Gr.C
Klima/Atmosphäre		
K/A_Gruppengefühl	12	19
Gruppengefühl war gut, angenehm, positiv, stark	8	9
sehr gutes Gruppengefühl	2	7
alle haben zusammengehalten, harmonisch	4	3
schade, dass das FÖJ zu Ende ist, Wunsch nach Wiedersehen	1	4
viell. mochte nicht jeder jeden, aber dennoch - alle für einen	3	1
gutes Gruppengefühl im Kontext von Kooperationsübungen	2	1
es gab eine Entwicklung, es wurde immer besser	3	
eher Cliquenbildung	2	1
Gruppengefühl war vorhanden, neutral		2
Verbindung wird wohl nicht über das FÖJ hinaus halten		1

Abbildung 42: Subcodes für die Antworten sowie Anzahl Codings je Gruppe zum Item „Wie würden Sie das Gruppengefühl in Ihrer Seminargruppe beurteilen?" (Quelle: eigene, MAXQDA)

Beide befragte Gruppen bringen mehrheitlich ein gutes, positives und starkes Gruppengefühl zum Ausdruck (siehe Abbildung 42). So empfinden 83 % der Befragten aus Gruppe A das Gruppengefühl als sehr gut oder gut (bzw. äquivalente Beschreibungen), in Gruppe C sind dies 84 %. In der Gruppe A stellen 25 % der Befragten eine Steigerung des Gruppengefühls im zeitlichen Verlauf fest.

16 % der Befragten aus Gruppe A und 5 % der Befragten aus Gruppe C nehmen dagegen eher auf den Faktor Cliquenbildung statt auf ein empfundenes Gruppengefühl Bezug.
10 % der Befragten aus Gruppe C äußern sich neutral – das Gruppengefühl war ihrem Urteil nach „absolut gegeben" bzw. „vorhanden".
Besonders in Gruppe A beschreiben die Befragten ein Zusammenhalten der Gruppe (58 %), der auch in Gruppe C zum Ausdruck kommt (20 % der Befragten). 25 % der Befragten aus Gruppe A macht dabei deutlich, dass dieser Zusammenhalt zu spüren war, wenn es darauf ankam, obwohl „man nicht jeden gleich stark" mochte oder es „untereinander doch evtl. viele Seitenhiebe" gab.
Vereinzelt erinnern sich FÖJler/-innen im Zusammenhang mit der Frage nach dem Gruppengefühl an Erlebnisse bei den Kooperationsübungen. 16 % der Befragten aus Gruppe A äußern sich hierzu, in Gruppe C ist dies lediglich eine Befragte (5 %):

> „Wir waren uns, denke ich, immer bewusst dass wir eine Gemeinschaft sind und haben uns als zusammenhängende Gruppe mit ähnlichen Zielen begriffen, die, wenn sie zusammenarbeitet, besser vorankommt. Das hat man auch an den Kooperationsübungen gemerkt, die trotz manchmal fehlender Motivation immer gut ausgeführt werden konnten." (Quelle: eigene, MAXQDA, Gruppe C)

Darüber hinaus brachten vor allem Befragte aus Gruppe C ihr Bedauern zum Ausdruck, sich nun nach Ende des FÖJ in den Seminaren nicht mehr wiederzusehen (21 %). Sie beschreiben, dass beim Abschied „nicht nur die ‚üblichen Verdächtigen' in Tränen ausbrachen" oder „selbst einzelne Jungs beim Abschied ein paar Tränen verdrückt haben". Während ein Befragter der Gruppe C in diesem Zusammenhang vom geplanten Nachtreffen berichtet, sieht eine andere Befragte derselben Gruppe wenig Wahrscheinlichkeit, dass das Gruppengefühl über das FÖJ hinaus bestehen bleibt.

4.5.2.1.15 Gemeinschaft – Cliquenbildung

Codesystem	Abschlussberichte_Gr.A	Abschlussberichte_Gr.C
Klima/Atmosphäre		
K/A_Ausmaß der Cliquenbildung	12	19
schwache Ausprägung	1	10
es gab Vermischungen zw. den Cliquen, gut verstanden	6	5
mittelmäßige Ausprägung	3	6
niemand wurde ausgeschlossen	2	5
starke Ausprägung	5	1
"normale" Ausprägung	3	2
dabei dennoch als große Gruppe empfunden	1	3
dynamische Veränderungen in der Zusammensetzung		2
keine Cliquen, eher Interessengruppen	1	

Abbildung 43: Subcodes für die Antworten sowie Anzahl Codings je Gruppe zum Item „Wie würden Sie das Ausmaß der Cliquenbildung innerhalb der Seminargruppe beurteilen?“ (Quelle: eigene, MAXQDA)

Besonders in Gruppe C wird die Cliquenbildung als schwach ausgeprägt beschrieben. Kein/e Befragte/r dieser Gruppe bezeichnet das Ausmaß als stark, einige wenige befinden, dass die Cliquenbildung mittelmäßig oder „normal“ ausgeprägt war.

In Gruppe A dagegen befindet lediglich eine Person von 12 Befragten das Ausmaß als schwach, 41 % der Befragten bringen eine starke Ausprägung zum Ausdruck, 25 % finden das Ausmaß der Cliquenbildung „normal“.

Trotz dieses Unterschieds haben die FÖJler/-innen die Situation in dieser Hinsicht in beiden Gruppen als entspannt erlebt, da die Mehrheit beider Gruppen eine Vermischung und ein sich gut Verstehen zwischen den einzelnen Cliquen beschreibt, und dass niemand aus den Gruppen ausgeschlossen wurde (siehe Abbildung 43). 21 % der Befragten in Gruppe C und 8 % der Befragten in Gruppe A schildern zudem, dass sie die Seminargruppe trotz der Cliquen als ein Ganzes empfunden haben. Auch schildern einige wenige Befragte, dass es eine Dynamik in den Cliquen gegeben hat. Eine Befragte aus Gruppe C bringt dies so zum Ausdruck:

> „Ich hatte nie das Gefühl, dass es feste Gruppen gab, in die man ‚nicht mehr reinkommt‘.“ (Quelle: eigene, MAXQDA, Gruppe C)

4.5.2.1.16 Gemeinschaft – Regelverstöße

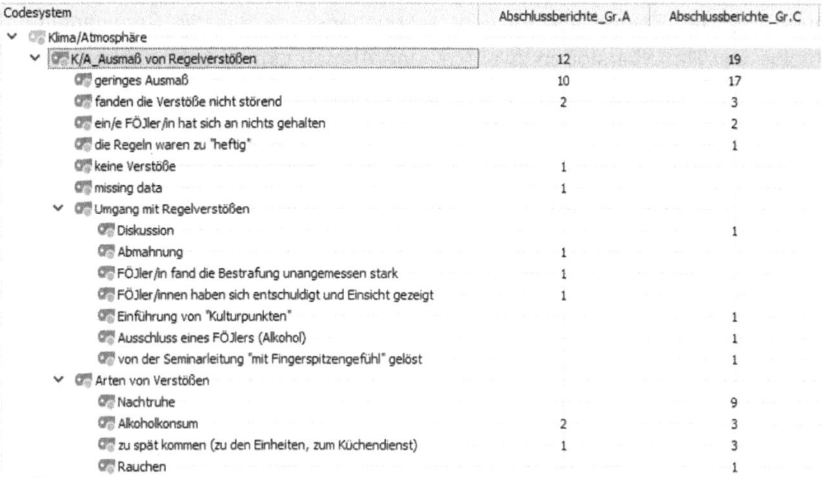

Codesystem	Abschlussberichte_Gr.A	Abschlussberichte_Gr.C
Klima/Atmosphäre		
K/A_Ausmaß von Regelverstößen	12	19
geringes Ausmaß	10	17
fanden die Verstöße nicht störend	2	3
ein/e FÖJler/in hat sich an nichts gehalten		2
die Regeln waren zu "heftig"		1
keine Verstöße	1	
missing data	1	
Umgang mit Regelverstößen		
Diskussion		1
Abmahnung	1	
FÖJler/in fand die Bestrafung unangemessen stark	1	
FÖJler/innen haben sich entschuldigt und Einsicht gezeigt	1	
Einführung von "Kulturpunkten"		1
Ausschluss eines FÖJlers (Alkohol)		1
von der Seminarleitung "mit Fingerspitzengefühl" gelöst		1
Arten von Verstößen		
Nachtruhe		9
Alkoholkonsum	2	3
zu spät kommen (zu den Einheiten, zum Küchendienst)	1	3
Rauchen		1

Abbildung 44: Subcodes für die Antworten sowie Anzahl Codings je Gruppe zum Item „Wie würden Sie das Ausmaß von Regelverstößen innerhalb der Seminargruppe beurteilen?" (Quelle: eigene, MAXQDA)

Die Befragten beider Gruppen bringen ein geringes Maß an Regelverstößen zum Ausdruck (siehe Abbildung 44). Sie bezeichnen das Ausmaß als „gering", „wenig", „kaum" oder „normales Ausmaß". Keiner der Befragten sagt aus, dass es viele Verstöße gegeben habe, ein Befragter aus Gruppe A hat sogar gar keine Regelverstöße registriert. In einem Fall wurde nicht auf die Frage geantwortet (missing data).

16 % der Befragten beider Gruppen zusammengenommen geben an, dass sie die Regelverstöße nicht als störend für sich oder die Seminararbeit empfunden haben.

In Gruppe C erinnern sich zwei Befragte (10 %) an eine/n Mit-FÖJler/-in, der/die sich grundsätzlich nicht an Regeln gehalten habe.

Besonders häufig wird das Einhalten der Nachtruhe als Anlass für Regelverstöße genannt (beide Gruppen zusammengenommen: 29 %), gefolgt von unerlaubtem Alkoholkonsum. Fast ebenso häufig sind FÖJler/-innen zu spät zum

Seminar oder zum Küchendienst erschienen und eine Befragte aus Gruppe C erinnert sich an unerlaubtes Rauchen durch Minderjährige.
Während bei manchen Regelverstößen das Aussprechen einer Entschuldigung und das Zeigen von Einsicht ausreichend war, hat die Seminarleitung infolge von Regelverstößen zwei Mal eine Abmahnung ausgesprochen (je ein Mal in jeder Gruppe, beide Male aufgrund des Auffindens von hochprozentigem Alkohol). Ein weiteres Mal ist eine Person aufgrund von Drogenkonsum vom FÖJ ausgeschlossen worden. Neben der Diskussion von Regelverstößen hat die Seminarleitung unter anderem mit dem Einführen sog. „Kulturpunkte" reagiert:

> „Einige nahmen es auch mit der Pünktlichkeit nicht so ganz ernst, aber nach der Einführung der Kulturpunkte (ab 5 bzw. 7 Punkten musste der Zuspätkommer einen kulturellen Beitrag für die ganze Gruppe leisten) legte sich das." (Quelle: eigene, MAXQDA, Gruppe C)

4.5.2.1.17 Zusammenfassung

Die Beziehung zur Seminarleitung fällt in beiden Gruppen sehr positiv aus – sie zeigt der Einschätzung der Befragten folgend ein wertschätzendes, anerkennendes, fürsorgliches und faires Verhalten. Dennoch war das Verhältnis nicht spannungsfrei – besonders in Gruppe C sind auch Konflikte mit der Seminarleitung aufgetreten, die aber weder in Gruppe C noch in Gruppe A mit einer negativen Bewertung des Führungsverhaltens in Zusammenhang stehen, welches als gut im Sinne von „bestimmt, aber partnerschaftlich" wahrgenommen wurde. Auch das Ausmaß und die Möglichkeiten zur Mitbestimmung und Eigenverantwortung werden einhellig positiv gewertet, Partizipation wurde demnach aus der Sicht der Befragten durch die Seminarleitung ermöglicht.
Was die Beziehung der Mit-FÖJler/-innen untereinander angeht, ist diese von hoher Zufriedenheit, ausgeprägter Hilfsbereitschaft und quasi keiner Konkurrenz geprägt. Was den Umgang mit Konflikten angeht, so haben die FÖJler/-innen durchaus Aggressionen untereinander gezeigt und Diskriminierung registriert (Gruppe A). Das Gruppengefühl scheint darunter aber in keiner der beiden Gruppen gelitten zu haben, wenngleich in Gruppe A eine normale bis „starke" Ausprägung (41 % der Befragten) hinsichtlich der Cliquenbildung beschrieben wird. Regelverstöße als signifikante Größe in einer Gemeinschaft fallen gering aus.

Inwieweit unterscheiden sich nun die beiden befragten Gruppen? In 60 % der Fälle unterscheiden sich die beiden befragten Gruppen nicht nennenswert im Antwortverhalten. In den Themenbereichen „Beziehung zur Seminarleitung“ und „Mitbestimmung und Eigenverantwortung“ herrscht weitgehend Einigkeit in der Ausprägung der Einschätzung.
In den anderen Fällen sind die Unterschiede deutlicher, aber nicht gravierend. Unterschiede zeigen die beiden befragten Gruppen in den Themenfeldern „Beziehung zu den Mit-FÖJler/-innen“, „Umgang mit Konflikten“ und im Themenfeld „Gemeinschaft“.
In Hinblick auf die Beziehung zu ihren Mit-FÖJler/-innen sind die Befragten der Gruppe C noch zufriedener mit ihren Gruppenmitgliedern und stellen eine eher generell ausgeprägte Hilfsbereitschaft untereinander fest, die weniger von der Zugehörigkeit zu einer Clique abhängig ist. Interessanterweise haben sie aber gleichzeitig mehr Aggressionen der FÖJler/-innen untereinander wahrgenommen als die Befragten der Gruppe A. Hier scheinen die Konfliktlösungen dergestalt gewesen zu sein, dass sie eine ernsthafte Beschädigung der Beziehungen untereinander vermieden haben, was unter anderem durch die sehr positive Beurteilung des Gruppengefühls untermauert wird.
Im Themenfeld „Umgang mit Konflikten“ zeigen sich die meisten Unterschiede zwischen den befragten Gruppen. Neben den bereits genannten Aggressionen untereinander haben die Befragten der Gruppe C auch mehr Aggressionen gegen die Seminarleitung festgestellt als die Befragten der Gruppe A. Diese haben dafür mit 50 % ein deutliches Ausmaß an Diskriminierung untereinander ausgemacht, was in Zusammenhang mit der stärkeren Ausbildung von Cliquen in der Gruppe A im Vergleich zur Gruppe C stehen könnte. Dennoch bringt aber auch Gruppe A ein positives Gruppengefühl zum Ausdruck.

4.5.2.1.18 Fazit

Die Befunde weisen insgesamt auf eine positiv ausgeprägte moralische Atmosphäre auf den Bildungsseminaren der Gruppen A und C hin. Die Unterschiede in den Gruppen sind nicht signifikant ausgeprägt, sodass von einer gemeinsamen konzeptionellen Linie hinsichtlich der pädagogischen Ausrichtung der Bildungsseminare ausgegangen werden kann.

4.5.2.2 Verantwortungsurteil

4.5.2.2.1 Einleitung

In die Auswertung eingeflossen sind 32 Fragebögen aus der beruflichen Bildung (19 Fragebögen von Auszubildenden, 13 Fragebögen von Personen, die ein Berufsgrundschuljahr absolvieren) sowie 45 Fragebögen von FÖJler/-innen (23 Fragebögen aus der Seminargruppe A, 22 Fragebögen aus der Seminargruppe C). Alle erhaltenen Fragebögen konnten verwertet werden, es gab keine „missing data“.

Folgende Typen wurden über alle Gruppen hinweg im Antwortverhalten identifiziert (vgl. Kap. 4.4.4.3, siehe Tabelle 37):

Typ	Item 1	Item 2	Item 3
1	Ja	Ja	Ja
2	Ja	Ja	Teils/teils
3	Ja	Teils/teils	Teils/teils
4	Ja	Teils/teils	Ja
5	Teils/teils	Teils/teils	Ja

Tabelle 37: Identifizierte Typen des Antwortverhaltens zum VU, quantifizierbar (Quelle: eigene)

Die Häufigkeit der Typen pro Gruppe lässt sich in der folgenden MAXQDA-Abbildung ablesen (siehe Abbildung 45).

Die Typen, die kein positives Verantwortungsurteil vorsehen, verteilen sich wie folgt (siehe Abbildung 46).

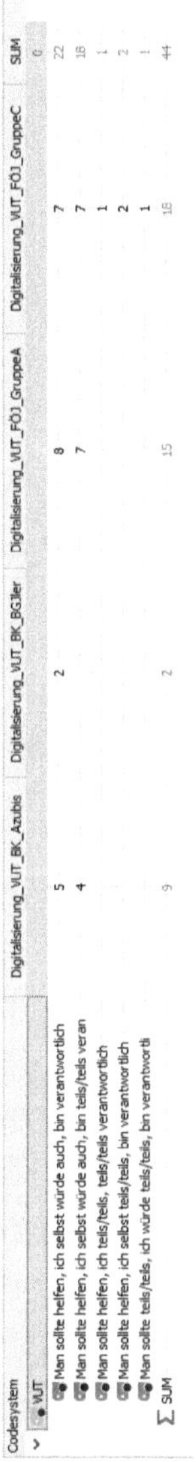

Codesystem	Digitalisierung_VUT_BK_Azubis	Digitalisierung_VUT_BK_BGJler	Digitalisierung_VUT_FÖJ_GruppeA	Digitalisierung_VUT_FÖJ_GruppeC	SUM
VUT					0
Man sollte helfen, ich selbst würde auch, bin verantwortlich	5	2	8	7	22
Man sollte helfen, ich selbst würde auch, bin teils/teils veran	4		7	7	18
Man sollte helfen, ich teils/teils, teils/teils verantwortlich				1	1
Man sollte helfen, ich selbst teils/teils, bin verantwortlich				2	2
Man sollte teils/teils, ich würde teils/teils, bin verantwortli				1	1
Σ SUM	9	2	15	18	44

Abbildung 45: Häufigkeiten der positiven Typenausprägung in den vier untersuchten Gruppen (Quelle: eigene, MAXQDA)

Codesystem	Digitalisierung_VUT_BK_Azubis	Digitalisierung_VUT_BK_BGJler	Digitalisierung_VUT_FOJ_GruppeA	Digitalisierung_VUT_FOJ_GruppeC	SUM
VUT					0
Man sollte helfen, ich selbst teils/teils, bin nicht verantwort	1	1	1		3
Man sollte helfen, ich selbst würde, bin nicht verantwortlich	8	9	5	4	26
Man sollte helfen, ich selbst würde nicht, bin nicht verantwort	1	1	2		4
Σ SUM	10	11	8	4	33

Abbildung 46: Häufigkeiten der negativen Typenausprägung in den vier untersuchten Gruppen (Quelle: eigene, MAXQDA)

Im Folgenden wird zunächst die quantifizierende Darstellung der Typenhäufigkeiten (Typ 1-5) je befragter Gruppe vorgenommen (Gruppe FÖJ_A: FÖJler/-innen Seminargruppe A, Gruppe FÖJ_C: FÖJler/-innen Seminargruppe C, Gruppe AZU: Auszubildende, Gruppe BGJ: BGJler/-innen). Anschließend erfolgt die Darstellung der von den Befragten genannten Argumente und Begründungen für die jeweils getroffenen Urteile (deontisch sowie VU). Diese Darstellung ist jeweils hierarchisch nach Nennungshäufigkeit geordnet – meistgenannte Argumente und Begründungen gehen voran.

4.5.2.2.2 Ergebnisse FÖJler/-innen, Gruppe A

Alle Befragten finden, dass man „Chris" grundsätzlich helfen sollte (Item 1) und die große Mehrheit (86,9 %) wäre auch bereit, dies zu tun (Item 2). In den meisten Fällen würden sich die befragten FÖJler/-innen auch verantwortlich fühlen, sollte „Chris" durch mangelnde Hilfestellung durch seine Mit-FÖJler/-innen scheitern (34,8 %, siehe Tabelle 38). Fast ebenso viele Befragte geben an, dass sie sich im Falle einer unterlassenen Hilfe „ein wenig/etwas" bzw. „teils/teils" für „Chris´" Scheitern verantwortlich fühlen würden (30,4 %). Diese beiden Gruppen zusammengenommen machen mit 65,2 % die deutliche Mehrheit der Befragten aus. Zwei Befragte geben an, „Chris" nicht helfen zu wollen (Item 2).

Typ	Antwortverhalten			Prozent	Anzahl Personen
	Item 1	Item 2	Item 3		
1	Ja, man sollte helfen	Ja, ich würde helfen	Nein, ich würde mich nicht verantwortlich fühlen	21,7 %	5
2	Ja, man sollte helfen	Ja, ich würde helfen	Ja, ich würde mich verantwortlich fühlen	34,8 %	8
3	Ja, man sollte helfen	Ja, ich würde helfen	Ich würde mich teils/teils verantwortlich fühlen	30,4 %	4
			Ich würde mich etwas/ein wenig verantwortlich fühlen		3
4	Ja, man sollte helfen	Ich würde teils/teils helfen	Nein, ich würde mich nicht verantwortlich fühlen	4,3 %	1
5	Ja, man sollte helfen	Nein, ich würde nicht helfen	Nein, ich würde mich nicht verantwortlich fühlen	8,7 %	2
Summe				**100 %**	**23**

Tabelle 38: Antwortverhalten VUT der FÖJler/-innen, Gruppe A (Quelle: eigene, MAXQDA)

Darstellung der Argumente – Typ 2: Ja/Ja/Ja

Deontisches Urteil (Item 1):

Die Befragten ziehen für ihr deontisches Urteil die Gruppenmitgliedschaft von „Chris“ heran. Sie befinden außerdem, dass die Gruppe ein Team ist, in welchem man sich unterstützen soll. Sie sehen die Möglichkeit, es „Chris“ durch die Hilfe zu ermöglichen, sich besser in die Gruppe zu integrieren. Die Befragten bringen zum Ausdruck, dass sie sich in die Situation einfühlen können und selbst auch Hilfe bekommen wollen würden. Ein/e Befragte/r begründet das Urteil mit dem Ziel, den Fortbestand der Gruppe zu sichern, welcher von dem Wohl jedes Einzelnen abhängt. Eine weitere Person führt u. a. emotionale Gründe an. Für ihn/sie ist es ausschlaggebend, dass „Chris“ sich schon auf die Exkursion freuen würde und er zudem ein Recht darauf hat, mitzukommen. Jeweils ein/e Befragte/r befindet, dass es unfair wäre, nicht zu helfen, es leicht wäre und man selbst keine Nachteile davon hätte sowie dass „Chris“ keine Schuld trifft, da er sich bemüht und die Aufgabe einfach zu schwer für ihn ist.

Verantwortungsurteil (Item 2 und 3):

Die Befragten versetzen sich in „Chris´“ Lage und bringen zum Ausdruck, dass sie selbst in dieser Situation auch Hilfe bekommen wollen würden. Sie befinden es als unfair und hartherzig, ihm nicht zu helfen, ihn alleine zu lassen, ihn nicht an ihrem Wissen teilhaben zu lassen. Ein/e Befragte/r bringt dies so zum Ausdruck:

> „(...) es [ist] auch hartherzig (...) einem Mit-FÖJler in Not nicht zu helfen, wahrscheinlich hätte es mich noch den Tag über beschäftigt.“ (Quelle: A23, Item 3)

Auch sehen sie keinen Grund, nicht zu helfen, und würden sich persönlich einschalten. Sie stellen darüber hinaus dar, dass „Chris“ durch die Hilfe bei der Aufgabe auch anderweitig geholfen wäre – er könnte so Freunde finden und durch eine erfolgreiche Präsentation ein Erfolgserlebnis haben. Die Befragten finden gleichzeitig, „Chris“ müsse sich seinerseits bemühen und zeigen, dass er dazugehören will. Zu helfen steht für die Befragten im Zusammenhang mit dem Gruppengefühl. Nach dem Motto „Einer für alle, alle für einen“ ist man für ihn verantwortlich und gehört er zur Gruppe, unabhängig von seiner Beliebtheit. Beliebtheit sei „sowieso Definitionssache“, befindet eine weitere Person. Ein/e Befragte/r befindet in diesem Zusammenhang, dass gute Zusammenarbeit wichtig für die Seminare ist. Eine andere Person findet, zu helfen sei eine Regel, die man festlegen sollte. Jeweils ein/e Befragte/r stützt sein Urteil darauf, dass es leicht wäre zu helfen, „Chris“ sich bereits auf den Ausflug gefreut habe sowie die Verantwortlichkeit aus der Aufforderung zur Hilfe durch die Seminarleitung erwachse.

<u>Darstellung der Argumente – Typ 3: Ja/Ja/Teils, teils</u>

Deontisches Urteil (Item 1):

Das deontische Urteil wird von den Befragten mehrfach mit Verweis auf die unfairen Konsequenzen für „Chris“ getroffen. Zudem führen sie an, dass jede/r ein Recht auf Hilfe hat und sie in der gleichen Situation auch Hilfe haben wollen würden. Für die Befragten ist es von Bedeutung, ob „Chris“ seine Unbeliebtheit selbst verschuldet hat: So setzt ein/e Befragte/r voraus, das „Chris“ der Gruppe nicht „bewusst schadet“, nur dann ist er als Mitglied der Gruppe zu betrachten, auch wenn er „einen Außenseitercharakter“ hat. Eine weitere Person befindet, dass Chris gleichberechtigt ist, weil er für seine Unbeliebtheit nichts kann. Weitere Begründungen, dass man ihm helfen solle, finden die Befragten in der Tatsache, dass es leicht wäre, zu helfen, man niemanden ausgrenzen soll und es schöner wäre, wenn alle zusammen auf die Exkursion gehen könnten.

Verantwortungsurteil (Item 2 und 3):
Die Befragten geben an, selbst gern zu helfen und dafür auch im Gegenzug Hilfe zu erwarten. Zudem sei es richtig zu helfen und somit nicht auszugrenzen, da „Chris" zudem als Gruppenmitglied eine Chance verdient. Auch wenn es nicht leicht wäre, „Chris" zu helfen, würde ein/e Befragte/r „etwas helfen" – und damit höhere persönliche Kosten in Kauf nehmen. Während ein/e Befragte/r die eigene Hilfsbereitschaft von der persönlichen Ansprache durch „Chris" abhängig macht, gibt eine andere Person an, sich nicht auf die anderen in der Gruppe verlassen zu wollen und grundsätzlich zu helfen. Sie befindet, dass man der Diskriminierung durch die Gruppe auf diese Weise entgegenarbeiten sollte.
Wenn sich die Befragten auch teils/teils bzw. etwas/ein wenig verantwortlich fühlen würden, befinden sie doch, dass letztlich „Chris" auch selbst verantwortlich ist. Darüber hinaus befinden sie, dass nicht nur jeder für sich selbst, sondern auch alle für alle verantwortlich seien – die anderen FÖJler/-innen und die Leitung demnach auch hätten helfen können bzw. müssen. Eine Person würde sich stärker verantwortlich fühlen, hätte „Chris" sie persönlich auf Hilfestellung angesprochen – das Verantwortungsgefühl hängt hier von der Anonymität ab. Ein/e Befragte/r gibt an, dass er/sie sich später gesagt hätte, dass sie/er besser geholfen hätte. Hier werden Gewissensbisse und mögliches Sich-Vorwürfe-Machen angesprochen.

4.5.2.2.3 Ergebnisse FÖJler/-innen, Gruppe C

Alle Befragten bis auf eine Person finden, dass man „Chris" grundsätzlich helfen sollte (Item 1), und die große Mehrheit (81,8 %) wäre auch bereit, dies zu tun (Item 2). In den meisten Fällen würden sich die befragten FÖJler/-innen auch verantwortlich fühlen, sollte „Chris" durch mangelnde Hilfestellung durch seine Mit-FÖJler/-innen scheitern (45,5 %, siehe Tabelle 39). Etwas weniger Befragte geben an, dass sie sich im Falle einer unterlassenen Hilfe „ein wenig/etwas“ bzw. „teils/teils“ für „Chris´“ Scheitern verantwortlich fühlen würden (36,4 %). Diese beiden Gruppen zusammengenommen machen mit 81,9 % eine sehr deutliche Mehrheit der Befragten aus. Erstmals wird mit Blick auf die anderen befragten drei Gruppen die Aussage getroffen, dass „Chris“ nicht uneingeschränkt Hilfe erwarten kann (Item 1). Auch in anderen Bereichen fällt das Antwortverhalten der Gruppe C differenzierter aus.

Typ	Antwortverhalten			Prozent	Anzahl Personen
	Item 1	Item 2	Item 3		
1	Ja, man sollte helfen	Ja, ich würde helfen	Nein, ich würde mich nicht verantwortlich fühlen	18,2 %	4
2	Ja, man sollte helfen	Ja, ich würde helfen	Ja, ich würde mich verantwortlich fühlen	31,8 %	7
3	Ja, man sollte helfen	Ja, ich würde helfen	Ich würde mich teils/teils verantwortlich fühlen	31,8 %	5
			Teils/Teils bzw. unklare Aussage		2
4	Ja, man sollte helfen	Ich würde „wahrscheinlich“ helfen	Ich würde mich „etwas“ verantwortlich fühlen	4,5 %	1
5	Ja, man sollte helfen	Ich würde helfen, aber „es kommt darauf an“	Ja, ich würde mich verantwortlich fühlen	9,1 %	2
6	Man sollte teils/teils helfen	Ich würde teils/teils helfen	Ja, ich würde mich verantwortlich fühlen	4,5 %	1
Summe				**100 %**	**22**

Tabelle 39: Antwortverhalten VUT der FÖJler/-innen, Gruppe C (Quelle: eigene, MAXQDA)

Darstellung der Argumente – Typ 2: Ja/Ja/Ja

Deontisches Urteil (Item 1):

Die Befragten gründen ihr Urteil auf dem jeder Person zustehenden Recht, Hilfe und Respekt zu erhalten. Jede Person verdiene Hilfe und hätte Schwächen. Für sie ist es auch ein Faktor, dass nicht nur „Chris“ von der Hilfe profitieren würde, sondern auch die Helfenden sich ein Wohlgefühl verschaffen und keine Gewissensbisse fürchten müssen. Jeweils ein/e Befragte/r führt an, dass es leicht wäre zu helfen, die Konsequenzen für „Chris“ unfair seien und man selbst in seiner Situation auch Hilfe erhalten wollen würde. Zwei Begründungen stechen heraus, da sie bislang noch nicht in dieser Form genannt wurden: Eine Person stellt mit Blick auf „Chris´" Unbeliebtheit heraus, in den Seminaren ginge es nicht nur um Freundschaft, sondern auch um einen Lernerfolg. Wenn „Chris" etwas nicht versteht/nicht kann, soll darauf keine Strafe folgen. Eine andere Person verweist darauf, dass man sich zur Hilfe überwinden sollte, weil es sicher einen Grund gäbe, warum „Chris" wäre, wie er ist. Hier wird implizit ausgesagt, dass man „Chris" auch dann helfen sollte, wenn er für seine Unbeliebtheit selbst verantwortlich ist.

Verantwortungsurteil (Item 2 und 3):

Das Antwortverhalten der Befragten ist sehr heterogen. Während jemand in der Aufforderung der Leitung einen weiteren Grund dafür sieht, selbst auch tatsächlich zu helfen, sehen andere den Grund darin, dass jede/r gleich behandelt werden sollte, es leicht wäre, zu helfen, und gemein, wenn es niemand tut. Auch die Tatsachen, dass „Chris" die an ihn gestellte Aufgabe offenbar allein nicht bewältigen kann, eine Hilfe für ihn weitere Vorteile bringen könnte und ihm daher viel bedeuten würde, sind Begründungszusammenhänge für eine positive persönliche Handlungsabsicht. Ein/e Befragte/r drückt dies so aus:

> „Ja, ich würde ihm helfen. 1.scheint die Aufgabe ja nicht schwer zu sein, sodass man sie zusammen schnell lösen kann; 2.verändert dies ja sogar sein Denken oder Verhalten im Seminar. Die Erfahrung, dass man auch mal Hilfe bekommt, obwohl man unbeliebt ist/sich unbeliebt gemacht hat, kann einem Menschen viel bedeuten." (Quelle: C18, Item 2, MAXQDA)

Grundsätzlich wird befunden, dass jeder probieren sollte, anderen zu helfen, und man im Team füreinander da sein sollte. Es wird kein Grund gesehen, „Chris" nicht zu helfen, und die Konsequenzen für ihn werden abgelehnt – wenn die anderen Gruppenmitglieder etwas Schönes machen, sollte auch „Chris" dabei sein dürfen. Einschränkend für die Absicht, „Chris" zu helfen, gilt, dass man selbst keine allzu großen Hindernisse überwinden müsste („zu weit weg wohnen") und dass „Chris" zwar unterstützt werden sollte, er aber auch etwas dabei lernen müsse. Auch würde man vor allem dann helfen, wenn sich niemand anderes aus der Gruppe dazu bereitfindet.

Das Gefühl, sich für „Chris" verantwortlich zu sehen, begründet sich bei zwei Befragten auf der Tatsache, dass niemand anderes geholfen hat und man sich auf jene anderen verlassen hat, ohne selbst die Initiative zu ergreifen. Ein/e Befragte/r bringt in diesem Zusammenhang zum Ausdruck, dass dies nun „Chris“ ein schlechtes Gefühl geben müsse und auch die Gruppe insgesamt zur Verantwortung zu ziehen ist. Auch dass man seine eigenen Grundsätze, niemanden zu benachteiligen, im Falle eines Unterlassens der Hilfe verletzt hätte, ruft bei einer/einem Befragten ein Verantwortlichkeitsgefühl hervor. Eine andere Person würde sich kritisch fragen, warum sie nicht geholfen hat, und eine weitere Person reflektiert, dass die Gründe, „Chris“ nicht zu helfen, keine triftigen gewesen sein können und nun für das gemeinsame Arbeiten ein Nachteil entstanden ist.

Darstellung der Argumente – Typ 3: Ja/Ja/Teils, teils

Deontisches Urteil (Item 1):

Die Befragten stützen ihr Urteil auf Werte wie Rücksicht nehmen, sich sozial verhalten, jemandem eine Chance geben oder empathisch sein. Sie führen an, dass „Chris“ es nicht allein schaffen könne und eine Seminargruppe eine Gemeinschaft ist, die keinen, auch keine unbeliebte Person, zurücklässt. Ein/e Befragte/r reflektiert als Grund für „Chris´“ Unbeliebtheit, dass er eine introvertierte Person sein könnte, was dazu führe, dass er keine Freunde habe. Auch wird angeführt, dass zu helfen für „Chris“ weitere Vorteile bringen könnte und es für die Gruppe ein kleiner Aufwand ist, für „Chris“ aber einen großen Effekt bringen könnte. Voraussetzung für Hilfestellung ist, dass „Chris“ die Hilfe auch will und nicht faul ist, da er ansonsten keine weitere Hilfe verdiene, wie ein/e Befragte/r zum Ausdruck bringt.

Verantwortungsurteil (Item 2 und 3):

Ihr Verantwortungsurteil stützen die befragten Personen vor allem auf persönliche Überzeugungen. Wichtig ist für sie, dass „Chris“ die Hilfe auch annimmt und nicht etwas faul oder unwillig ist. Mehrfach wird darauf verwiesen, dass „Chris“ als Teammitglied ein Recht auf Hilfe hat und man niemanden „auflaufen lassen“ sollte. Ein/e Befragte/r wünscht sich, dass „Chris“ auf die Exkursion mitfahren können soll, und fügt hinzu, dass er/sie die Hilfe auch als Möglichkeit der eigenen Freizeitgestaltung sieht, da es während des Seminars „nicht so viele spannende Möglichkeiten“ gibt, seine freie Zeit zu gestalten.

Das Antwortverhalten zur Verantwortlichkeit fällt jeweils geteilt aus. Einerseits sehen die Befragten, dass auch die anderen hätten helfen können, andererseits würde es ihnen Schuldgefühle bereiten, selbst, wie die anderen, nicht geholfen zu haben, gesetzt den Fall, sie hätten die Möglichkeit zur Hilfe gehabt. Ein/e Befragte/r gibt an, er/sie würde sich nur dann verantwortlich fühlen, wenn „Chris" seine Situation nicht durch Faulheit selbst verschuldet hätte. Mehrere befragte Personen bringen zum Ausdruck, dass sie die Annahme, sie hätten nicht geholfen, und die Frage nach der Verantwortlichkeit in diesem Falle irritiert. Sie geben an, dass es in diesem Fall nur an „Chris" gelegen haben kann, der ihre Hilfe nicht wollte (und dann auch nicht verdient hätte) – sie also einen guten Grund für das Unterlassen der Hilfe hatten und sich somit auch nicht verantwortlich fühlen müssten. Ein/e Befragte/r fügt hinzu, dass durch die Aufgabe (Präsentation/Aufforderung durch Leitung) keine Verantwortlichkeit erwächst, er/sie dennoch Mitleid mit „Chris" hätte, sofern dieser sich im Vorfeld adäquat verhalten hätte:

> „Nein, weil wenn ich ihn nicht geholfen hätte, so hätte es einen Grund dafür gegeben. Außerdem war ich für die Aufgabe nicht verantwortlich. Trotzdem hatte ich wahrscheinlich Mitleid, je nachdem wie Chris sich im Vorhinein verhalten hätte." (Quelle: C13, Item 3, MAXQDA)

Darstellung der Argumente – Typ 4: Ja/Teils, teils/Teils, teils

Deontisches Urteil (Item 1):

Der/die Befragte stützt ihr/sein Urteil auf den Grundsatz des Rechts auf Respekt. Dieser besage, dass niemand ausgeschlossen werden sollte.

Verantwortungsurteil (Item 2 und 3):

Die befragte Person bringt zum Ausdruck, dass sie „wahrscheinlich versuchen" würde, zu helfen. Die Hilfe könnte dabei auch darin bestehen, weitere Hilfe zu organisieren. Sie würde sich „etwas" verantwortlich fühlen, denn auch wenig Hilfe wäre relevant gewesen.

Darstellung der Argumente – Typ 5: Ja/Teils, teils/Ja

Deontisches Urteil (Item 1):

Die beiden Befragten stützen ihr Urteil einerseits auf den Grundsatz, dass jede/r Schwächen habe und man selbst auch Hilfe erhalten wollen würde. Andererseits werden emotionale Gründe angeführt – man sei ein Team und es sei „Mist", wenn eine/r nicht mitkommen könnte.

Verantwortungsurteil (Item 2 und 3):
„Chris" auch tatsächlich persönlich zu helfen, machen beide Befragte von Bedingungen abhängig. So hängt die Bereitschaft zur Hilfe davon ab, wie der/die Befragte sich mit „Chris" versteht bzw. wie viele Gruppenmitglieder noch helfen wollen würden. Das Gefühl der Verantwortlichkeit erwächst aus der Tatsache, dass man selbst bzw. die ganze Gruppe und man selbst als Teil davon die negativen Konsequenzen für „Chris" hätte verhindern können.

Darstellung der Argumente – Typ 6: Teils, teils/Teils, teils/Ja

Deontisches Urteil (Item 1):
Die befragte Person bringt zum Ausdruck, dass man sich für andere verantwortlich fühlen sollte, stellt aber einschränkend fest, dass sich Menschen wie „Chris" oft faul auf andere Leute verlassen und man daher nur unterstützen sollte, nicht etwa aktiv an seiner Präsentation mitwirken.

Verantwortungsurteil (Item 2 und 3):
Mit Verweis auf das deontische Urteil unterstreicht die befragte Person ihre Äußerung, nur bedingt helfen zu wollen. Sie stellt aber fest, dass sie sich für „Chris´" Scheitern verantwortlich fühlen würde, weil es leicht gewesen wäre, zu helfen.

4.5.2.2.4 Ergebnisse Auszubildende

Quantifizierende Darstellung
Alle befragten Auszubildenden finden, dass man „Chris" grundsätzlich helfen sollte (Item 1) und die große Mehrheit (89,4 %) wäre auch bereit, dies zu tun (Item 2). Die Befragten würden sich im Falle des Scheiterns von „Chris" aufgrund mangelnder Hilfe durch seine Mitschüler/-innen aber in den meisten Fällen nicht für sein Scheitern verantwortlich fühlen (Item 3, 42,1 %). Dies bejahen lediglich 26,3 % der befragten Auszubildenden (siehe Tabelle 40). Nimmt man jene Personen hinzu, die sich vielleicht/teils, teils bzw. etwas/ein wenig für das Scheitern von „Chris" verantwortlich fühlen würden, macht der Anteil

der Personen, die sich verantwortlich fühlen würden, bereits 47,3 %, also fast die Hälfte der Befragten, aus.

Typ	Antwortverhalten			Prozent	Anzahl Personen
	Item 1	Item 2	Item 3		
1	Ja, man sollte helfen	Ja, ich würde helfen	Nein, ich würde mich nicht verantwortlich fühlen	42,1 %	8
2	Ja, man sollte helfen	Ja, ich würde helfen	Ja, ich würde mich verantwortlich fühlen	26,3 %	5
3	Ja, man sollte helfen	Ja, ich würde helfen	Ich würde mich vielleicht verantwortlich fühlen	21 %	1
			Ich würde mich teils/teils verantwortlich fühlen		1
			Ich würde mich etwas/ein wenig verantwortlich fühlen		2
4	Ja, man sollte helfen	Ich würde teils/teils helfen	Nein, ich würde mich nicht verantwortlich fühlen	5,3 %	1
5	Ja, man sollte helfen	Nein, ich würde nicht helfen	Nein, ich würde mich nicht verantwortlich fühlen	5,3 %	1
Summe				**100 %**	**19**

Tabelle 40: Antwortverhalten VUT der Auszubildenden (Quelle: eigene, MAXQDA)

<u>Darstellung der Argumente – Typ 2: Ja/Ja/Ja</u>

Deontisches Urteil (Item 1):

Die Befragten beziehen sich auf das allgemeine Recht einer Person, eine Chance, Bildung sowie Respekt zu erfahren – unabhängig davon, ob die Person ein Freund/eine Freundin ist. Ihr deontisches Urteil stützt sich zudem auf Werte. Zu helfen ist für sie „selbstverständlich", zumal im Rahmen der Klassengemeinschaft.

Verantwortungsurteil (Item 2 und 3):

Die Befragten stützen ihr Verantwortungsurteil einerseits auf Grundsätze, andererseits auf die Annahme, ihre Hilfe hätte Aussicht auf Erfolg gehabt. Sie geben an, sich im Falle des Unterlassens von Hilfestellung Vorwürfe zu machen und eine Teilschuld zu tragen. Sie können sich zudem in „Chris" hineinversetzen („ (...) weil ich mich selber in der Situation wie Chris fühlen würde

(...) "). Für eine/n Befragte/n ist es Voraussetzung, dass „Chris" lernwillig ist und die Hilfe auch will. Ein/e Befragte/r bringt zudem die Verantwortung der ganzen Klassengemeinschaft zum Ausdruck, die sich bereits auf den Umgang mit „Chris'" Unbeliebtheit bezieht:

> „Klar, weil er ein Teil der Klasse war und nur durch die Unakzeptanz [sic] der ganzen Klasse nieder gemacht worden ist und deshalb nicht mitkam da bei Problemen mit niemanden reden konnte, da ihm keiner geholfen hat. Hätte man ihm unter die Arme gegriffen und ihn mitgezogen hätte er es auch packen können." (Quelle: AZU 12, Item 3, MAXQDA)

Darstellung der Argumente – Typ 3: Ja/Ja/Teils, teils

Deontisches Urteil (Item 1):

Die Grundsätze, zu helfen und sich für Schwächere einzusetzen, bedingen das deontische Urteil dieses Typs. Ein/e Befragte/r verweist zudem auf das gesteigerte Gruppengefühl durch gegenseitiges Helfen. Zudem befindet eine Person, man solle „Chris" helfen, um ihm das Leben nicht unnötig schwerzumachen, eine andere Person setzt für die Hilfestellung „Chris'" Bemühen voraus, da Helfen ansonsten „verschwendete Zeit" sei.

Verantwortungsurteil (Item 2 und 3):

Letztgenannter Grund ist auch ausschlaggebend für das Verantwortungsurteil. Die Befragten geben an, sich vielleicht/teils, teils/etwas/ein wenig verantwortlich zu fühlen, und machen dies unter anderem davon abhängig, ob sie über die zeitlichen Ressourcen zur Hilfe verfügen. Sie sagen aus, dass auch „Chris" selbst für seine Situation Verantwortung trägt. Ein Grund, sich verantwortlich zu fühlen, ist erneut die Tatsache, dass man hätte helfen können und die eigene Hilfestellung Aussicht auf Erfolg gehabt hätte. Hier vermuten die Befragten, dass sie sich Vorwürfe machen und eine Mitschuld empfinden würden. Ein/e Befragte/r bringt zum Ausdruck, dass er/sie sich schämen würde, vorausgesetzt, „Chris" hätte ihn persönlich gefragt und seine Bitte wäre von ihm abgelehnt worden.

4.5.2.2.5 Ergebnisse BGJler/-innen

Quantifizierende Darstellung

Alle Befragten finden, dass man „Chris" grundsätzlich helfen sollte (Item 1), und die große Mehrheit (84,6 %) wäre auch bereit, dies zu tun (Item 2). Eine deutliche Mehrheit der Befragten würde sich im Falle des Scheiterns von „Chris" aufgrund mangelnder Hilfe durch seine Mitschüler/-innen aber nicht für sein Scheitern verantwortlich fühlen (Item 3, 69,2 %). Dies bejahen lediglich 15,4 % der befragten BGJler/-innen (2 Personen, siehe Tabelle 41):

Typ	Antwortverhalten			Prozent	Anzahl Personen
	Item 1	Item 2	Item 3		
1	Ja, man sollte helfen	Ja, ich würde helfen	Nein, ich würde mich nicht verantwortlich fühlen	69,2 %	9
2	Ja, man sollte helfen	Ja, ich würde helfen	Ja, ich würde mich verantwortlich fühlen	15,4 %	2
3	Ja, man sollte helfen	Ich würde teils/teils helfen	Nein, ich würde mich nicht verantwortlich fühlen	7,7 %	1
4	Ja, man sollte helfen	Nein, ich würde nicht helfen	Nein, ich würde mich nicht verantwortlich fühlen	7,7 %	1
Summe				**100 %**	**13**

Tabelle 41: Antwortverhalten VUT der BGJler/-innen (Quelle: eigene, MAXQDA)

Darstellung der Argumente – Typ 2: Ja/Ja/Ja

Deontisches Urteil (Item 1)

Die beiden Befragten befinden, dass jede Person gleichberechtigt ist und Hilfe verdient hat, unabhängig von der Beliebtheit.

Verantwortungsurteil (Item 2 und 3)

Während ein/e Befragte/r sich erneut auf den allgemeinen Grundsatz beruft, nach dem jede/r Hilfe verdient hat und das Gefühl der Verantwortlichkeit mit der Aussicht auf Erfolg im Falle der Hilfestellung verbindet („(...) weil er es mit meiner Hilfe hätte schaffen können"), ist für die andere Person die Gegenseitigkeit von Hilfeleistungen ausschlaggebend für die Motivation, „Chris" tatsächlich zu helfen. Das Gefühl der Verantwortlichkeit für „Chris" erwächst für sie aus der reinen Möglichkeit, ihm helfen zu können und es nicht getan zu haben.

4.5.2.2.6 Fazit

Die befragten FÖJler/-innen fühlen sich häufiger für „Chris" verantwortlich, fällen demnach häufiger ein positives Verantwortungsurteil und würden den theo-

retischen Annahmen nach folglich häufiger tatsächlich persönlich helfen als die Befragten aus der beruflichen Bildung.
Die am häufigsten angeführten Begründungen in Hinblick auf das deontische Urteil für Typ 1 und Typ 2 sind wenig überraschend Hinweise auf Grundsätze und Rechte sowie Hinweise auf „Chris'" Gruppenzugehörigkeit (siehe Tabellen 42 und 44). Die Befragten befinden, dass „Chris" ein Recht auf Hilfe, Respekt, Gleichberechtigung, Integration und Hilfe hat und (daher) eine Chance verdient. Diese Rechte erwachsen zum Teil aus der Tatsache, dass er ein Mitglied der Klasse bzw. der Seminargruppe ist, welche als Team verstanden wird und somit keine Person ausschließen sollte. Die Befragten bringen hier zum Ausdruck, dass „das Wohlergehen des anderen eine Frage von Rechten oder Ansprüchen ist" und fällen hiermit klar ein Urteil deontischen Charakters (vgl. Kohlberg et al. 1984, 252).
Die Begründungen zum VU unterscheiden sich zwischen Typ 1 und Typ 2.
Die Befragten des Typs 1 (Ja/Ja/Ja) verweisen erneut auf die Grundsätze des guten Handelns, die sie sich zu eigen machen (siehe Tabelle 43). Der Verweis auf die Klassenmitgliedschaft wird ebenfalls wie beim deontischen Urteil herangezogen und als Handlungsgrundlage im Sinne des Mottos „Einer für alle, alle für Einen" ausgelegt – hier zeigt sich der Charakter des Verantwortungsurteils (vgl. Kohlberg et al. 1984, 252). Wichtig für die Urteilsbildung erscheint zudem der Faktor, dass die eigene Hilfe Aussicht auf Erfolg gehabt hätte – dies wird aber nur von den Befragten der beruflichen Bildung angeführt. Alle Gruppen bis auf die BGJler/-innen beziehen in ihr Urteil auch Aspekte der Empathie mit ein und fänden es „hartherzig", „gemein", „unfair" oder „doof", „Chris" allein zu lassen und ihm ihre Kenntnisse/ihr Wissen vorzuenthalten, was wiederum charakteristisch für VU ist:

> „In Verantwortlichkeitsurteilen wird bewußt das eigene Betroffensein von der Handlung (bzw. die eigene Verwicklung in sie) oder von den Konsequenzen, die sie für das Wohlergehen des anderen hat, in Betracht gezogen." (aus: Kohlberg et al. 1984, 252)

Für die Befragten des Typs 2 (Ja/Ja/Teils, teils) stehen andere Begründungszusammenhänge im Vordergrund (siehe Tabelle 45). Sowohl für die Gruppe der Auszubildenden als auch für die befragten FÖJler/-innen aus der Seminargruppe C ist es entscheidend, dass „Chris" ihre Hilfe auch will, sich bemüht und nicht faul ist. Die Tatsache, dass sie den Voraussetzungen der Fallgeschichte nach hätten helfen können, es aber nicht getan hätten, ruft Selbstvorwürfe hervor und ein Gefühl der Mitschuld (vgl. hierzu erneut Kohlberg et al. 1984, 252). Wie es mehrfach zum Ausdruck gebracht wird, ist es aber auch von Bedeutung, ob die Hilfe für „Chris" mit Kosten für die Helfenden verbunden wäre: Sie geben einschränkend an, dass die Verfügbarkeit von Zeit oder das Fehlen besserer Möglichkeiten, ihre Zeit zu verbringen, in ihrer Entscheidungsfindung, auch persönlich tatsächlich zu helfen, eine Rolle spielen. Sie möchten außerdem selbst keine Nachteile erleiden, bspw. dadurch, dass sie dann selbst mit ihren Arbeiten nicht fertig würden. Für die befragten FÖJler/-innen der Seminargruppe A ist außerdem ausschlaggebend, dass jede/r, also auch „Chris" in diesem Falle, auch selbst für sich verantwortlich ist.

Die Begründungszusammenhänge der BGJler/-innen repräsentieren die Typen 1 und 2 am schlechtesten, da lediglich drei Personen diesen Typen zugeordnet werden. Auch zu den Typen 3-5 kann wenig ausgesagt werden, da diese ausschließlich von vier befragten FÖJler/-innen der Seminargruppe C repräsentiert werden (siehe Tabelle 46).

Die Typenvielfalt im Antwortverhalten der FÖJler/-innen der Seminargruppe C verweist darauf, dass sich bei einer größeren Anzahl Befragter ein noch detailreicheres Bild der unterschiedlichen Typen ergeben könnte.

Die geplante individuelle tendenzielle Zuordnung von Begründungsmustern zu den Modi der Verantwortung konnte nicht vorgenommen werden. Das Antwortverhalten war in signifikantem Ausmaß so beschränkt, dass eine Zuordnung nicht vertretbar erschien (näheres dazu siehe Kap. 4.7.2.4.2).

Tabelle 42: Codes und Anzahl Codings zum deontischen Urteil der vier befragten Gruppen, Befragte des Typs 1: Ja/Ja/Ja (Quelle: eigene, MAXQDA)

Codesystem	Digitalisierung_VUT_BK_Azubis	Digitalisierung_VUT_BK_BGJler	Digitalisierung_VUT_FÖ1_GruppeA	Digitalisierung_VUT_FÖ1_GruppeC
VUT				
Man sollte helfen, ich selbst würde auch, bin verantwortlich	5	2	8	7
Item 1	5	2	8	7
Jeder hat ein Recht auf eine Chance, Bildung, Respekt, Gleichbe	3	1	2	4
In einer Gemeinschaft/Team hilft man, er ist Gruppenmitglied	2		3	
Die Konsequenzen sind unfair			1	1
Es ist leicht, zu helfen, man hätte keine Nachteile			1	1
Man profitiert auch selbst, Wohlgefühl, gutes Gewissen				2
Ich würde mir andersherum auch Hilfe wünschen			1	1
Ihm zu helfen, könnte ihn integrieren			2	
Man selbst könnte an seiner Stelle sein			1	1
Chris sollte lernen dürfen, es geht im Seminar auch darum				1
Nicht zu helfen, ist unfair			1	
Die ganze Gruppe ist betroffen, ihren Fortbestand sichern			1	
Er freut sich auf die Exkursion			1	
Er bemüht sich, kann nichts dafür, es ist zu schwer für ihn			1	
Chris hat einen Grund warum er ist, wie er ist, man sollte helf				1

Tabelle 43: Codes und Anzahl Codings zum VU der vier befragten Gruppen, Befragte des Typs 1: Ja/Ja/Ja (Quelle: eigene, MAXQDA)

Codesystem	Digitalisierung_VUT_BK_Azubis	Digitalisierung_VUT_BK_BGJler	Digitalisierung_VUT_FÖJ_GruppeA	Digitalisierung_VUT_FÖJ_GruppeC
VUT				
Man sollte helfen, ich selbst würde auch, bin verantwortlich	5	2	8	7
Item 2 und 3	5	2	8	7
Zu helfen, gleich behandeln ist selbstverst., mein/ein Grundsat	3	2		2
Er ist Klassenmitglied, Klasse trägt Verantwortung, alle für ..	1		3	2
Die Hilfe hätte Aussicht auf Erfolg gehabt	3	1		
allein lassen/Wissen vorenth.: hartherzig, gemein,unfair, doof			2	2
Ich fühle mich in Chris hinein (Empathie)	2		2	
Ich persönlich hätte helfen sollen			1	2
Voraussetzung ist Lern- & Integrationswille/Annehmen d. Hilfe	1		1	1
Würde mir Vorwürfe machen, trage Mitschuld, auf andere verlasse	1		1	1
Weitere Vorteile für ihn: Freunde/Erfolgserleb/viel bedeuten			2	1
Ich würde mir andersherum auch Hilfe wünschen		1	2	
Ich würde helfen/bin verantw., weil Leitung es will			1	1
Gute Zusammenarbeit ist wichtig für die Seminare			1	1
Es wäre leicht, zu helfen			1	1
Einschränkungen: Wenn sich kein anderer findet, ich nah genug b				2
Würde mitverantwortlich fühlen, weil ich meine Regel verletzt h				2
Bin verantwortlich, weil ich wg. nichtiger Gründe nicht geholfe			1	1
Chris kann es allein nicht schaffen				1
Zu helfen ist eine Regel, die man festlegen sollte			1	
Beliebtheit ist Definitionssache			1	
Er hat sich schon gefreut			1	

Tabelle 44: Codes und Anzahl Codings zum deontischen Urteil der vier befragten Gruppen, Befragte des Typs 2: Ja/Ja/Teils, teils (Quelle: eigene, MAXQDA)

Codesystem	Digitalisierung_VUT_BK_Azubis	Digitalisierung_VUT_BK_BGJler	Digitalisierung_VUT_FÖJ_GruppeA	Digitalisierung_VUT_FÖJ_GruppeC
VUT				
Man sollte helfen, ich selbst würde auch, bin teils/teils veran	4		7	7
Item 1	4		7	6
Zu helfen, sich einsetzen, integrieren usw. ist Grundsatz/Rech	2		2	4
Auch Aussenseiter sind Gruppenmitglied, (sofern unverschuldet)			2	1
Konsequenzen für ihn wären nicht fair			3	
Er kann es allein nicht schaffen, unnötig schwer machen	1			1
Jeder würde Hilfe haben wollen			2	
Chris muss wollen &sich bemühen, sonst ist es verschwendete Zei	1			1
Es ist schöner, wenn alle zusammen fahren			1	
Für Gruppe wenig Aufwand, für ihn großer Effekt, Vorteile				1
Gemeinsam ist man stärker, zu helfen fördert das Gruppengefühl	1			
Er sollte lernen, die Aufgabe zu bewältigen			1	
Chris ist nur introvertiert, hat deswegen keine Freun., unschul				1
Es wäre leicht, zu helfen			1	

Tabelle 45: Codes und Anzahl Codings zum VU der vier befragten Gruppen, Befragte des Typs 2: Ja/Ja/Teils, teils (Quelle: eigene, MAXQDA)

Codesystem	Digitalisierung_VUT_BK_Azubis	Digitalisierung_VUT_BK_BGJler	Digitalisierung_VUT_FÖJ_GruppeA	Digitalisierung_VUT_FÖJ_GruppeC
VUT				
Man sollte helfen, ich selbst würde auch, bin teils/teils veran	4		7	7
Item 2 und 3	4		7	6
Voraussetzung ist Chris´ Wille und Bemühen	5			3
Da ich hätte helfen können: Vorwürfe, Mitschuld	2		2	1
Vorauss.: Zeit, s. keine Nachteile, Möglichk., nichts besseres	2			2
Jeder ist für sich selbst verantwortlich			4	
Er ist Gruppenmitglied, verdient daher Chance/hat Recht darauf			1	2
Frage gilt nicht: Ich hätte, wenn erwünscht, anderer guter Grun				3
Die anderen hätten helfen können, ich ja aber auch: Schuld			1	2
Ich helfe und will, dass mir geholfen wird			2	
Zu helfen ist eine Überzeugung/Eigenschaft von mir				2
Es ist richtig zu helfen und nicht auszugrenzen			2	
Hätte er gefragt, ich hätte abgelehnt, ich würde mich schämen	1		1	
Konsequenz wäre nicht schön			1	1
Jeder ist für sich und andere verantwortl/ Andere & Leitung hät			2	
zu helfen wäre leicht, aber auch wenn nicht, würde ich helfen			1	
nur verantwortlich, wenn Chris nichts dafür kann, sonst nicht				1
Hätte Mitleid, abhängig von seinem Verhalten im vorhinein				1
Meine Hilfe hätte Erfolg haben können	1			

Tabelle 46: Codes und Anzahl Codings zum deontischen Urteil sowie zum VU der vier befragten Gruppen, Befragte der Typen 3-5 (Quelle: eigene, MAXQDA)

Codesystem [redacted]	Digitalisierung_VUT_BK_Azubis	Digitalisierung_VUT_BK_BGJler	Digitalisierung_VUT_FÖJ_GruppeA	Digitalisierung_VUT_FÖJ_GruppeC
VUT				
Man sollte helfen, ich teils/teils, teils/teils verantwortlich				1
Item 1				1
Er hat Recht auf Respekt, niemand darf ausgeschlossen werden				1
Item 2 und 3				1
Würde wahrscheinlich versuchen zu helfen, etwas verantwortlich				1
Man sollte helfen, ich selbst teils/teils, bin verantwortlich				2
Item 1				2
Jeder hat Schwächen und braucht mal Hilfe				1
Alle zusammen ist schöner, man ist ein Team				1
Item 2 und 3				2
Helfe, wenn sonst keiner, verantw. weil Konsequ. verhindern				1
Helfe bei Sympathie, bin verantw. weil alle verantw. sind (Grup				1
Man sollte teils/teils, ich würde teils/teils, bin verantwortli				1
Item 1				1
Man sollte, aber nur unterstützen, da oft Faule				1
Item 2 und 3				1
Verantw., weil es leicht gewesen wäre, zu helfen				1

4.5.3 Seminarpläne

4.5.3.1 Vorbemerkungen zur Auswertung

Ausgewertet wurden die Seminarpläne der Gruppen A und C des FÖJ-Bildungsjahres 2013/2014, die auch für die anderen Befragungen herangezogen wurden. Insgesamt wurden zehn Seminarpläne ausgewertet.

Die jeweiligen Eintragungen durch die Seminarleitungen der Gruppen A und C wurden weiterverarbeitet, indem die beschriebenen Seminareinheiten sowie genannten Methoden klassifiziert wurden.

Seminareinheiten, die zeitlich parallel in Kleingruppen stattgefunden haben, wurden anteilig gewertet. Bei einigen Seminareinheiten waren die Eintragungen der Spalte „Methoden" umfangreich und umfassten Methoden unterschiedlicher Art. Wenn auch die Eintragungen in den Spalten „Medien" und „Anmerkungen" keine Hinweise darauf lieferten, welche Methoden den zeitlich größten Anteil eingenommen haben, wurde die Klassifizierung der Methoden nach Häufigkeit vorgenommen.

4.5.3.2 Klassifizierung der Seminareinheiten

Als zweckdienliche Klassifizierung der Seminareinheiten bildeten sich während der Arbeit mit dem Material folgende Klassen heraus (siehe Tabelle 47):

Titel der Klasse	Beschreibung
„Organisatorisches"	Seminareinheiten, die organisatorische Inhalte haben
„Reflexion, Feedback, Organisatorisches"	Seminareinheiten, die aus mehreren Arbeitsphasen zusammengesetzt sind. In der Regel bezeichnet diese Klasse den Agendapunkt „Tagesabschluss"
„Berufliche Orientierung"	Seminareinheiten, die der beruflichen Orientierung dienen sollen, der Information zu Berufen sowie zur persönlichen Reflexion und konkreten Planung des beruflichen Werdegangs
„Einsatzstellenbesprechung"	Seminareinheiten, die die Arbeit in den Einsatzstellen und die Einsatzstellen selbst thematisieren
„Inhaltliches"	Seminareinheiten, die sich auf das jeweilige Seminarthema beziehen
„Gruppenspiele"	Seminareinheiten, in denen sich die Seminargruppe spielerisch betätigt
„Off-Topic"	Seminareinheiten abseits des jeweiligen Seminarthemas und abseits der konkret auf das FÖJ bezogenen Inhalte

Tabelle 47: Klassifizierung der Seminareinheiten (Quelle: eigene)

Während die anderen Klassen schon durch ihre Namensgebung einen Eindruck über die Inhalte vermitteln, kommt der Klasse „Off-Topic" eine Sonderrolle zu. Diese soll im Folgenden deshalb schon im Vorfeld näher beschrieben werden.

Klasse „Off-Topic"

Zum einen finden sich in der Klasse „Off-Topic" Seminareinheiten zur Abendgestaltung, im Anschluss an den offiziellen Seminartag. Hier kommen die FÖJler/-innen zum z. T. selbst organisierten „Lagerfeuerabend" zusammen oder es wird ein „Abschlussabend" mit nicht näher bezeichneten Beiträgen der FÖJler/-innen gestaltet.

Zum anderen finden sich Seminareinheiten während des laufenden Seminartags, die der Klasse „Off-Topic" zuzuordnen sind. Hier finden sich praktische Workshops auf freiwilliger Basis, zu denen sich keine weiteren Informationen in den Seminarplänen finden. In der Gruppe A findet sich zudem ein in den Seminaren 2-4 stets wiederkehrender Programmpunkt der Klasse „Off-Topic", dem besonderes Augenmerk zukommen sollte. Die Seminareinheit umfasste jeweils 30 Minuten und trug den Titel „Mein ganz persönlicher Fußabdruck ... bis zum nächsten Seminar"[100]. Zur Verringerung des eigenen Ressourcenverbrauchs entwickeln die FÖJler/-innen Ziele, die sie im bzw. bis zum nächsten Seminar erreichen wollen. Diese Ziele werden im nächsten Seminar diskutiert und reflektiert und ihr Erreichen/Nichterreichen nachgehalten. Zugleich werden die Ziele erneuert und eine erneute Selbstverpflichtung für das nächste Seminar festgehalten. Dies ist insofern interessant, als dass hier eine konkrete pädagogische Intervention aus MATTHIES´ Modell angewandt wird, welche in der Motivationsphase wirken soll (siehe Abbildung 16, Punkt 5).

In der Klasse „Off-Topic" findet sich zudem eine weitere Seminareinheit, die für das Erkenntnisinteresse der vorliegenden Untersuchung besonders relevant erscheint. Jeweils im zweiten Seminar lassen die Gruppen A und C[101] durch einen externen Anbieter „erlebnispädagogische Übungen" im Umfang

[100] Der „ökologische Fußabdruck" ist ein Konzept, welches individuelle Ressourcenverbräuche in Fläche umrechnet und so einen visuell darstellbaren Eindruck über die eigene Nutzung von Ressourcen ermöglicht.

[101] Im entsprechenden Seminarplan der Gruppe C findet sich in der Spalte „Anmerkungen" ein Vermerk, dass die Seminareinheit geplant war, aber ausgefallen ist.

von 180 Minuten durchführen. Als Methoden für diese Seminareinheit werden „Niedrigseilgarten/Flussüberquerung/Flugball/Fliegender Teppich" angegeben. Dies ist interessant, da erlebnispädagogische Interventionen die SWE steigern können (siehe Meier et al. 2009; Satow 2002).

4.5.3.3 Quantifizierung der Seminareinheiten

Durchschnittlich besteht ein fünftägiges Seminar aus 30 Seminareinheiten. Insgesamt verbringen die FÖJler/-innen im Bildungsjahr durchschnittlich 164 Stunden in didaktisch gestalteten Seminareinheiten. Die Dauer einer einzelnen Seminareinheit variiert von 15 Minuten („Tagesabschluss mit Feedbackrunde") bis zu mehreren Stunden (bspw. bei Exkursionen).

Die mengenmäßige Verteilung der Seminareinheiten nach Klassen zeigt Abbildung 47.

Es wird deutlich, dass inhaltliche Seminareinheiten den Großteil der Seminarzeit ausmachen. Während die Häufigkeit der Einheiten zur beruflichen Orientierung und zur Besprechung der Situation in den Einsatzstellen wenig überraschend ist, fallen größere Anteile der Klassen „Off-Topic", „Gruppenspiele" sowie „Reflexion, Feedback, Organisatorisches" auf. Auch Einheiten, die der Organisation dienen, nehmen z. T. recht große zeitliche Anteile in Anspruch (Definition der Einheiten siehe Tabelle 47).

Im Vergleich der beiden Gruppen fallen in Gruppe A die vermehrten Anteile zum Thema „Organisatorisches" und „Off-Topic" auf, gleichzeitig ist der Anteil von „Gruppenspielen" konstanter als in Gruppe C.

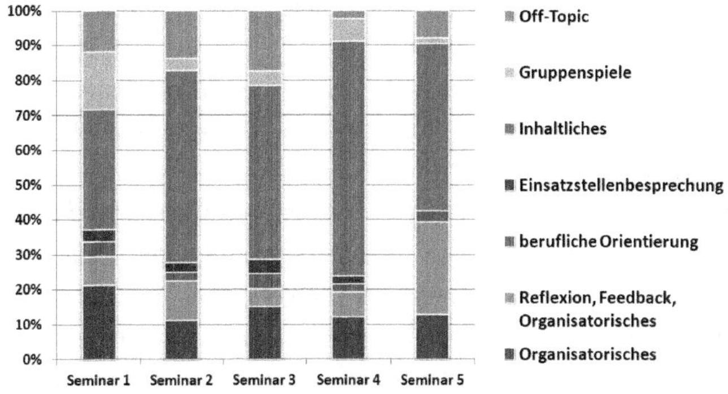

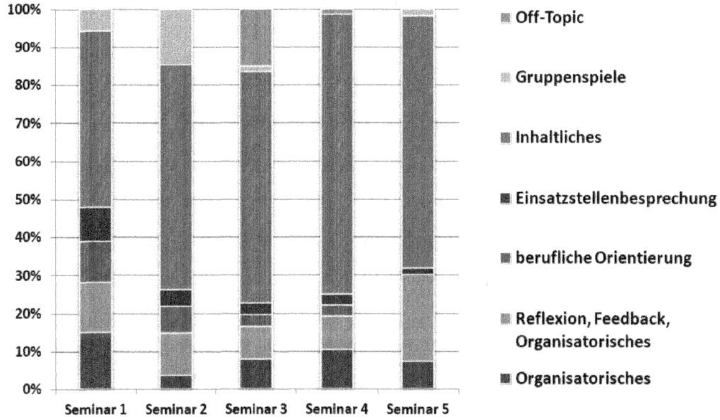

Abbildung 47: Verteilung der Seminareinheiten nach Klassen – zeitliche Anteile an der jeweiligen Gesamtseminarzeit in % in der Gruppe A (oben) und der Gruppe C (unten) (Quelle: eigene)

4.5.3.4 Klassifizierung der angewandten Methoden

Zur Klassifizierung der Methoden wurde die Systematik nach KNOLL (2007) angewandt (siehe Kapitel 4.4.5). Die Klasse „Kommunikativ orientierte Methoden“ wurde verfeinert, da zu viele Methoden in diese Klasse zu fallen schienen. Differenziert werden Methoden mit rein kommunikativem Charakter, solche mit kommunikativ-kooperativem, kommunikativ-diskursivem sowie kommunikativ-reflexivem Charakter.

Gerade die kommunikativ-reflexiven Methoden bilden ein vergleichsweise konstantes Element über die Seminare hinweg.
Kommunikative Methoden unterschiedlicher Art finden über alle Klassen von Seminareinheiten hinweg Anwendung; um Inhaltliches zu vermitteln ebenso wie Organisatorisches zu klären.
Methoden mit **kommunikativem** Charakter (ohne kooperative, diskursive oder reflexive Spezialisierung) kommen in allen Seminaren der Gruppe A vor und umfassen alle sieben Klassen von Seminareinheiten. Partner- und Gruppenarbeitsformen, „Besprechungen" und Arbeiten im Plenum sind die angegebenen Methoden, die auf diese Methodenklasse verweisen. In der Gruppe C ist die Ausprägung ähnlich, dort werden Methoden wie „Austausch", „Gesprächsrunde" oder „Paar-Interview" angegeben.
Kommunikativ-kooperative Methoden kommen in der Gruppe A in den Seminaren 2-4 in Seminareinheiten der Klassen „Inhaltliches", „Off-Topic", „berufliche Orientierung", „Gruppenspiele" und „Inhaltliches" vor. Kooperationsaufgaben werden als spielerische Elemente in den Seminaralltag eingefügt, aber auch zum Konflikttraining verwendet. Im zweiten Seminar der Gruppe A wurde bspw. die Methode „Stühle stapeln" angewandt:

> „ ‚Stühle stapeln' - drei Aufgaben werden in der Gruppe verteilt, ohne dass die FW [FW = Freiwillige, Anm. d. Verfass.] diese voneinander kennen (Stühle aus dem Raum bringen/ Stühle stapeln/ Stühle hinlegen). Während der Aktion beobachtet die Seminarleitung die unterschiedlichen Reaktionen der Gruppe. Die TN sollen nach der Aktion reflektieren wo Konflikte entstanden sind und wie Sie ganz persönlich darauf reagiert haben/ anschließend werden verschiedene Konfliktmodelle vorgestellt." (Quelle: Auszug aus dem Seminarplan, zweites Seminar, Spalte „Methoden", Gruppe A)

Des Weiteren werden kommunikativ-kooperative Methoden in Form erlebnispädagogischer Übungen angewandt (Seminare 2 und 4) oder zur beruflichen Orientierung genutzt, indem sich die FÖJler/-innen untereinander beraten (Seminar 3). In der Gruppe C kommen kommunikativ-kooperative Methoden im vierten Seminar in Form einer Exkursion mit erlebnispädagogischen Übungen vor.
Kommunikativ-diskursive Methoden werden in den Gruppen A und C zur Vermittlung inhaltlicher Seminareinheiten eingesetzt. Zum Thema Energieträger wird in Gruppe A im zweiten Seminar ein Rollenspiel durchgeführt, in welchem die FÖJler/-innen in Kleingruppen jeweils einen Energieträger gegen-

über einer Jury überzeugend empfehlen sollen und sich gegen die anderen durchsetzen müssen. In Gruppe C kommen kommunikativ-diskursive Methoden in den Seminaren 1-4 in Form von Diskussionen, Rollenspielen und der Methode „Fish-Bowl", bspw. zur Thematik Konflikte im Nationalpark, vor. **Kommunikativ-reflexive** Methoden werden in den Gruppen A und C überwiegend zur Gestaltung des Tagesabschlusses eingesetzt. Am Ende eines Seminartages geben die FÖJler/-innen Feedback zum Tag und den einzelnen Seminareinheiten. Meist steht zusätzlich eine auf die gesamte Seminarwoche bezogene Reflexion am Ende eines jeden Seminars. Methoden, die zur Anwendung kommen, lauten bspw. „Stimmungsbarometer", „Menschliche Zielscheibe"[102], „Daumenabfrage" (Gruppe A) oder „Blitzlicht", „Fragebogen und Kurzreflexion", „Gegenstand positionieren, Brainstorming", „Diashow – Bilder der Woche" sowie „Bewertungsscala und Reflexion" (Gruppe C). Neben dem Tagesabschluss werden kommunikativ-reflexive Methoden auch noch im Rahmen der beruflichen Orientierung und der Einsatzstellenbesprechung eingesetzt. Hierzu werden dann Methoden wie etwa Befragung oder „Positionierung nach Aussagen, Austausch in Gruppen und Einzelarbeit" eingesetzt (Gruppe C) sowie Einzel- und Kleingruppenarbeit (Gruppe A).

4.5.3.5 Methodenausprägungen in der Übersicht

Die Methodenvielfalt in den Bildungsseminaren ist vergleichsweise hoch. In den Seminaren der Gruppe A kommen 98 verschiedene Methoden (alle Methodenklassen) zur Anwendung, in den Seminaren der Gruppe C sind es 86 unterschiedliche Ausprägungen[103] (für eine Übersicht aller genannten Methoden, geordnet nach Methodenklassen, siehe Anhang 4j).

---

102 Erläuterung aus dem Seminarplan: „Ein Gegenstand symbolisiert die Mitte: die FW [FW = Freiwilligen, Anmerk. d. Verfass.] sollen sich entsprechend nah oder Fern dieses Mitte aufstellen und bewerten wie sie die jeweilige Einheit empfanden." (Quelle: Auszug, Seminar 3, Gruppe A)

103 Jeweils um Wiederholungen bereinigt.

4.5.3.6 Quantifizierung der angewandten Methodenklassen

4.5.3.6.1 Gruppe A

Während in klassischeren Unterrichtsformaten eine Dominanz darbietender und stofforientierter Methoden zu erwarten ist, stellt sich die didaktische Gestaltung der FÖJ-Bildungsseminare stellenweise anders dar. Während im ersten Seminar der Gruppe A die stofforientierten Methoden überwiegen (siehe im Folgenden Abbildung 48), aber doppelt so viel spielerische wie darbietende Methoden zur Anwendung kommen, werden im zweiten Seminar mehr kommunikative[104] als darbietende Methoden angewandt. Im dritten Seminar werden zusammengenommen mehr gestalterische und kommunikative als darbietende und stofforientierte Methoden genutzt. In den beiden letzten Seminaren der Gruppe A überwiegen dann zwar darbietende und stofforientierte Methoden, gleichzeitig fällt ein hoher Anteil meditativer Methoden im letzten Seminar auf.

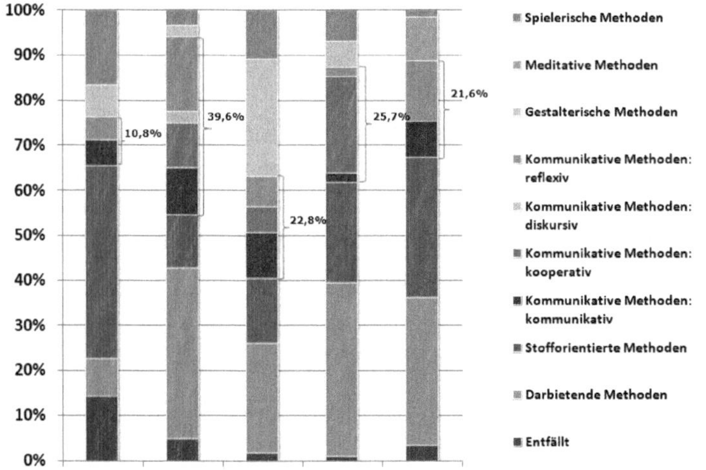

Abbildung 48: Methodenklassenmix in den Seminaren der Gruppe A – zeitliche Anteile an der jeweiligen Gesamtseminarzeit in Prozent (Quelle: eigene)

---

104 Alle Unterklassen der kommunikativen Methoden zusammengenommen.

Während die kommunikativen Methoden bereits näher beschrieben wurden, stellt sich die Frage nach der Ausprägung der spielerischen, meditativen und gestalterischen Methoden in den Seminaren der Gruppe A – mit welchen Methoden genau werden dort die auffällig häufig vertretenen Seminareinheiten gestaltet?

Spielerische Methodenformen

Einen festen Platz haben spielerische Methodenformen in der Gestaltung des Tagesbeginns. Zum Zweck des „warming-up" werden kurze Gruppenspiele angeleitet.

Spielerische Methoden werden auch für die Gestaltung von Kooperationsübungen eingesetzt. So finden sich im ersten und vierten Seminar der Gruppe A jeweils eine Seminareinheit zu diesem Thema. Als Medien wurden Seile und Bälle verwendet und die Einheiten fanden mehrfach draußen statt. Auch Einheiten der Klasse „Off-Topic" werden mit spielerischen Methoden umgesetzt. So wurde im dritten Seminar der Gruppe A eine „Kleidertauschparty" spielerisch gestaltet.

Meditative Methodenformen

Im Abschlussseminar der Gruppe A wurden Methoden mit meditativem Charakter in Form eines „Briefs an mich selbst" eingesetzt. Die FÖJler/-innen haben hier ihr persönliches Jahr reflektiert und einen Blick in die Zukunft geworfen.

Gestalterische Methodenformen

Gestalterische Elemente finden sich häufig im Rahmen von praktischen Tätigkeiten, wie bspw. Kräuter bestimmen, sammeln und zubereiten (Seminar 4) oder „Seedbombs" bauen (Herstellen von mit Samen präparierten Bällen aus keimfähiger Erde). Im dritten Seminar findet sich ein mit insgesamt 390 Minuten zeitlich umfangreicher Einsatz gestalterischer Methoden. Während die „theaterpädagogischen Übungen" nicht näher bezeichnet sind, ist zu erfahren, dass die FÖJler/-innen in den Seminareinheiten zu den „Medialen Geschichten" einzelne Fotos zu einem „storyboard" zusammengefügt und dann mithilfe eines PC-Programmes mit Schrift und Musik untermalt haben.

4.5.3.6.2 Gruppe C

In den Bildungsseminaren der Gruppe C zeigt sich ein ähnliches Bild wie in Gruppe A. Hier ist der Anteil darbietender und stofforientierter Methoden noch geringer (siehe Abbildung 49). In den ersten beiden Seminaren der Gruppe C überwiegen kommunikative Methoden vor darbietenden Methodenformen. Im zweiten Seminar sind zudem genauso viele spielerische wie stofflich orientierte Methoden zu verzeichnen. Im dritten Seminar treten – wie im letzten Seminar der Gruppe A – sogar meditative Methodenformen auf, sodass alle Methodenformen, vergleichsweise ausgewogen, vertreten sind. Das vierte Seminar ist von einem dominanten kommunikativen Schwerpunkt geprägt – hier werden mehr kommunikative als darbietende und stoffliche Methodenformen zusammengenommen angewandt. Diese beiden Methodenformen dominieren dafür wieder beim Abschlussseminar.

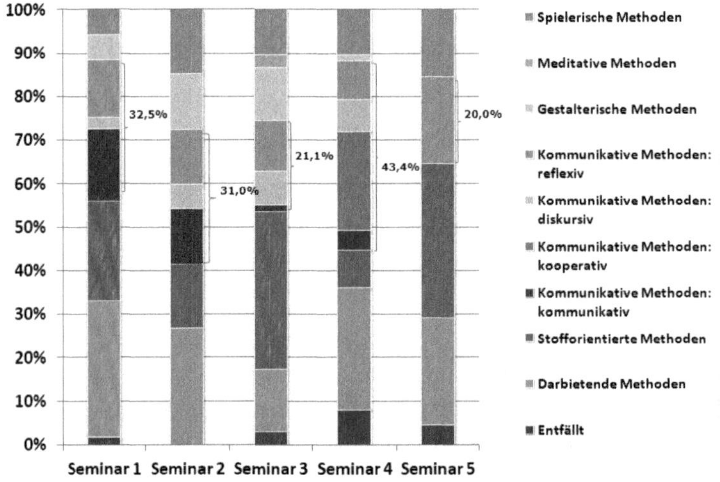

Abbildung 49: Methodenklassenmix in den Seminaren der Gruppe C – zeitliche Anteile an der jeweiligen Gesamtseminarzeit in Prozent (Quelle: eigene)

Auch hier fallen die quantitativ häufig auftauchenden spielerischen, meditativen und gestalterischen Methodenformen auf.

Spielerische Methodenformen

Auch in der Gruppe C haben die morgendlichen „WUP“ ihren festen Platz. Auch Kooperationsübungen finden sich.

Aber auch Inhaltliches wird spielerisch vermittelt. So findet sich im Abschlussseminar der Gruppe C ein „Chaosspiel“ zum Thema Anbau von Lebensmitteln. Die Angaben zu den Medien („Gruppenarbeitszettel, Stifte, Informationsblätter im Haus verteilt, Spielplan, Würfel, Spielfiguren“) machen deutlich, dass es sich hierbei um ein Bewegungsspiel ähnlich einer Schnitzeljagd handelt. Zudem wird das bekannte Spiel „Activity“ zum Thema alte Pflanzensorten angewandt.

Im dritten Seminar der Gruppe C wird das Planspiel „Fishbanks – eine Simulation im Umgang mit Ressourcen“ gespielt. Die FÖJler/-innen nutzen dazu „Rollenbeschreibungen“ und „Entscheidungsbögen“. Das Spiel handelt vom Fischen in einem imaginären Fischteich.

Meditative Methodenformen

Meditative Elemente finden sich in den Seminareinheiten der Gruppe C diesmal zum Thema der beruflichen Orientierung. Im dritten Seminar haben die FÖJler/-innen einen „Baumspaziergang mit Reflexion“ gemacht. Die genannten Medien verweisen darauf, dass die FÖJler/-innen in Einzelarbeit Fragen im Wald beantwortet haben.

Gestalterische Methodenformen

Gestalterische Elemente finden sich auch in Gruppe C häufig im Rahmen von praktischen Tätigkeiten, theaterpädagogischem Arbeiten und den Seminareinheiten zu den „medialen Geschichten“.

4.5.3.7 Quantifizierung der Seminareinheiten zur beruflichen Orientierung

Mit Ausnahme des Abschlussseminars in Gruppe C fanden in allen Seminarwochen Einheiten zur beruflichen Orientierung statt. Diese dauerten durchschnittlich jeweils 80 Minuten. In Hinblick auf die Methodenformen kamen stoffliche und kommunikative Methoden (Gruppe A), aber auch ergänzend gestalterische und meditative Methoden (Gruppe C) zur Anwendung.

4.5.3.8 Quantifizierung der durch FÖJler/-innen geleiteten Seminareinheiten

Während die FÖJler/-innen im ersten Seminar keine nennenswerte Verantwortung für die Gestaltung von Seminareinheiten hatten[105], änderte sich dies im Verlauf des Bildungsjahres. Mit Ausnahme des jeweils dritten Seminars ist der Anteil der von FÖJler/-innen gestalteten Seminareinheiten auf über 30 % der Seminarzeit stetig gestiegen, wie Abbildung 50 verdeutlicht.

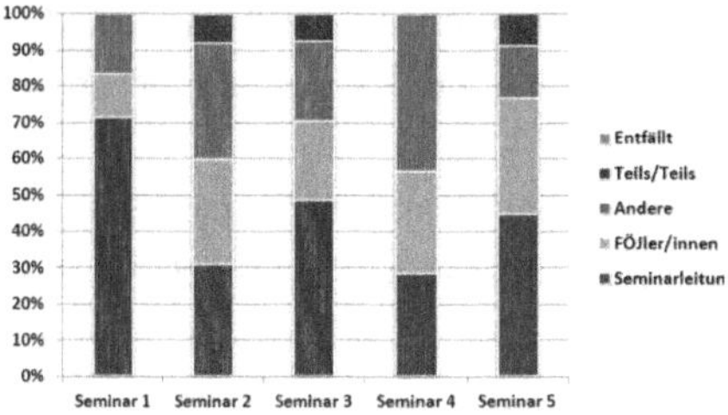

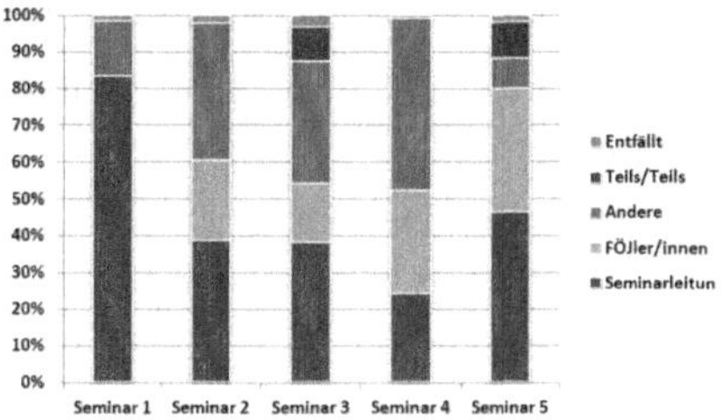

Abbildung 50: Verantwortlichkeit für die Gestaltung von Seminareinheiten – zeitliche Anteile an der jeweiligen Gesamtseminarzeit in Prozent in der Gruppe A (links) und der Gruppe C (rechts) (Quelle: eigene)

Das dritte Seminar wird zum Thema „Nachhaltige Entwicklung – lokal und global" durchgeführt und enthält einen größeren von externen Anbietern gestalteten Part (theaterpädagogische Elemente sowie medienpädagogisches Arbeiten).

Das Seminar mit den größten Anteilen externer Anbieter ist das vierte Seminar. Zum Thema „Nationalpark Eifel" entfällt ein signifikanter Anteil der Seminareinheiten auf eine „Wildniswerkstatt" mit erlebnispädagogischen Elementen sowie eine „Rangertour" (Exkursion).

Die Seminareinheiten, die von den FÖJler/-innen gestaltet werden, sind mehrheitlich der Klasse „Inhaltliches" zuzuordnen. So haben die FÖJler/-innen der Gruppe A im Bildungsjahr insgesamt 36 Seminareinheiten gestaltet – 26 davon entfielen auf die Klasse „Inhaltliches", 6 auf die Klasse „Gruppenspiele" und jeweils 2 auf die Klassen „Organisatorisches" und „Off-Topic". Ähnlich ge-

[105] In der Gruppe A haben die FÖJler/-innen im Rahmen des ersten Seminars einen zeitlich umfangreichen Lagerfeuerabend verantwortet (250 min).

staltet sich das Bild in der Gruppe C. Dort wurden insgesamt 30 Seminareinheiten gestaltet, lediglich 4 davon fielen auf andere Klassen (3 „Organisation“, 1 „Gruppenspiele“), der Rest der Seminareinheiten bezog sich auf inhaltliche Beiträge.

Die FÖJler/-innen bedienten sich zur Gestaltung der Einheiten vor allem darbietender Methoden und stofforientierter Methoden, aber auch andere Methodenklassen kamen zur Anwendung (siehe Abbildung 51):

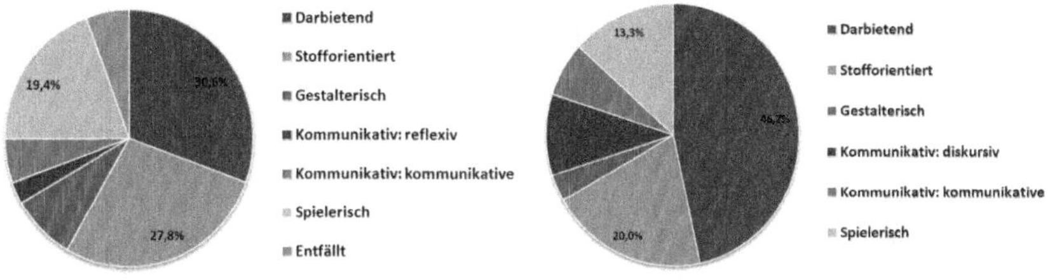

Abbildung 51: Methodenklassen der von FÖJler/-innen verantworteten Seminareinheiten (alle fünf Seminare), Gruppe A (links) und Gruppe C (rechts) (Quelle: eigene)

Darbietende Methoden in der Gruppe A waren überwiegend PPT-gestützte Vorträge oder Filmbeiträge. Als stofforientierte Methoden wurden überwiegend Methodenformen der Gruppenarbeit angewandt. Spielerische Methoden bezogen sich in den Seminaren der Gruppe A vorwiegend auf die Gestaltung der „Warming-up“-Einheiten, kurz „WUP“, welche zu Beginn eines Seminartages eingesetzt werden.

Auch die darbietenden Methoden in der Gruppe C waren überwiegend PPT-gestützte Vorträge. Als stofforientierte Methoden wurden wie in Gruppe A überwiegend Methodenformen der Gruppenarbeit angewandt. Die spielerischen Methoden, die in der Gruppe C von den FÖJler/-innen verantwortet wurden, bezogen sich nicht wie in der Gruppe A auf die Gestaltung des Tagesbeginns, sondern auf inhaltliche Seminareinheiten.

In den seltener vertretenen Methodenklassen werden auch didaktisch anspruchsvollere Methoden wie bspw. „Rollenspiel/Fish-Bowl-Diskussion“ (Gruppe C, Seminar 4, Methodenklasse „Kommunikative Methoden – kommunikative: diskursiv“) angewandt.

4.5.3.9 Quantifizierung der im Freien durchgeführten Seminareinheiten

Die Seminareinheiten finden überwiegend drinnen statt, eine Ausnahme bildet das vierte Seminar zum Thema Nationalpark Eifel. Hier finden 47,9 % (Gruppe A) bzw. 45,6 % (Gruppe C) der Seminareinheiten draußen statt (siehe Abbildung 52). Im Seminar zum Nationalpark Eifel fanden auch jeweils die erlebnispädagogischen Übungen im Rahmen der Wildniswerkstatt sowie die Exkursion „Rangertour" draußen statt.

Auch eine Aufteilung der Seminareinheiten in Teile, die drinnen, und jene, die draußen stattfinden, kommt besonders in der Seminargruppe C häufig vor.

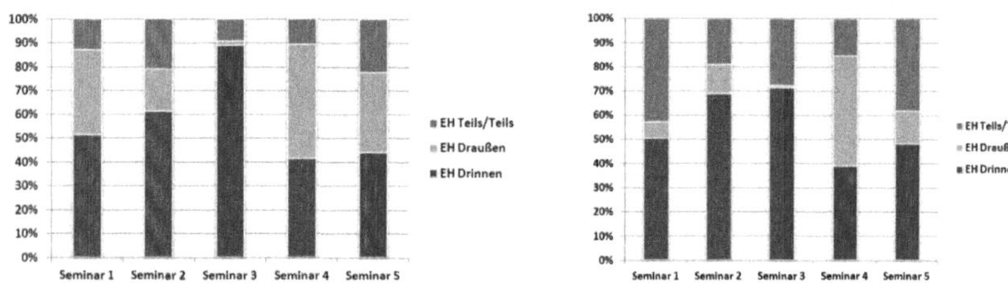

Abbildung 52: Lernort-Setting, zeitliche Anteile vom Seminar in % (Gruppe A links, Gruppe C rechts) (Quelle: eigene)

4.5.3.10 Besonderheiten – Spalte „Anmerkungen"

In der Dokumentation der Seminargruppen finden sich zwei Besonderheiten hinsichtlich der pädagogischen Gestaltung der Seminare, die in der Spalte „Anmerkungen" vermerkt wurden. Zum einen wird angeben, dass im zweiten Seminar der Gruppe A von den FÖJler/-innen „Coaching-Paare" gebildet werden:

> „Coaches: Förderung der Gruppendynamik durch Zuteilung von zwei Teilnehmenden zu einem Coaching-Paar/ Die Teilnehmenden achten aufeinander/ TN haben miteinander zu tun, die sich ansonsten eventl. nicht begegnen würden." (Quelle: Auszug aus dem Seminarplan, zweites Seminar, Spalte „Anmerkungen", Gruppe A)

Im weiteren Verlauf des Bildungsjahres finden sich keine weiteren Hinweise, ob die Paare auch über die folgenden Seminare hinweg bestehen bleiben. Auch bleibt unklar, welche Aufgaben die „Coaches" gegenseitig übernehmen.

Zum anderen findet sich in der Seminargruppe A der Hinweis, dass die FÖJ-Sprecher/-innen, die von den FÖJler/-innen gewählt werden, während der Seminare Gelegenheit haben, sich untereinander zu besprechen. Diese Besprechungen finden in der Seminargruppe unter Ausschluss der Leitung statt:

> „Während der Seminare haben die gewählten Gruppensprecher/ -sprecherinnen, die Möglichkeit, mit der Gruppe alleine (ohne Teamer/- innen) zu sprechen (u.a. um Infos aus den Sprechertreffen weiter zu geben)." (Quelle: Auszug aus dem Seminarplan, viertes Seminar, Spalte „Anmerkungen", Gruppe A)

Abschließend findet sich in der Dokumentation der Gruppe C als Besonderheit der Hinweis, dass FÖJler/-innen im vierten Seminar die „thematische Moderation (roter Faden)" durch die Seminarwoche übernommen haben. Hier haben FÖJler/-innen also nicht nur einzelne Seminareinheiten übernommen, sondern auch weitläufigere moderierende Tätigkeiten.

4.5.3.11 Fazit

Die Seminarpläne sind durch die Leitungen der Gruppen A und C lückenlos ausgefüllt worden und erlauben, ausgehend von BRUNNER & TSCHACHER (1995), einen Einblick in die didaktische Ausrichtung der Bildungsarbeit im FÖJ des LVR Rheinland. Es wird demnach davon ausgegangen, dass die Häufigkeit der Nennung von bspw. kommunikativen Bildungsmethoden eine Aussage zur didaktischen Ausrichtung der Bildungsseminare zulässt – wird auf eine kommunikative Ausrichtung Wert gelegt, werden auch viele kommunikative Methoden eingesetzt und vice versa (vgl. auch Brunner/Tschacher 1995, 621).

Zusammenfassend ist festzuhalten, dass beide Seminargruppen eine einheitliche Ausrichtung widerspiegeln, auch wenn sich gruppenspezifische Unterschiede, etwa in der Ausprägung der zeitlichen Anteile für spielerische Methodenformen, zeigen. Es kann davon ausgegangen werden, dass sich auch in den nicht untersuchten Gruppen B, D, E und F solche leitungsspezifischen Unterschiede finden.

Die Klassifizierung der Seminareinheiten gibt einen ersten Eindruck von den Schwerpunkten der Bildungsseminare. Neben zu erwartenden Elementen (Inhaltliches, Organisatorisches usw.) stechen vor allem Seminareinheiten zum Thema „Berufliche Orientierung", „Gruppenspiele" oder „Off-Topic" hervor. Um abzubilden, wie die Seminareinheiten methodisch ausgestaltet wurden, wur-

den Methodenklassen nach KNOLL (1991; 2007) gebildet. Bemerkenswert ist, dass selbst Methodenklassen, die in klassischen Unterrichtsformaten seltener zur Anwendung kommen, wie spielerische und gestalterische sowie meditative Elemente, in den Bildungsseminaren des FÖJ z. T. durchgängig zur Anwendung kommen.
Mit Blick auf die im Detail verwendeten Methoden finden sich mehrere Diskussionsformate, wie bspw. „Fish-Bowl", aber auch Rollenspiele und komplexere Formate wie das Planspiel „Fishbanks" (Gruppe C). Dilemma-Diskussionen werden nicht angewandt. Methodisch hervorstechend ist der Einsatz erlebnispädagogischer Methoden, der von einem externen Anbieter angeleitet wird. Auch theaterpädagogische Methoden, die im dritten Seminar zum Thema „Nachhaltige Entwicklung – lokal und global" zur Anwendung kommen, scheinen eher ungewöhnlich und überraschen.
Für das Erkenntnisinteresse der Untersuchung sind neben dem erlebnispädagogischen Methodeneinsatz vor allem der hohe partizipative Anteil der Seminare, die Einheiten zur beruflichen Orientierung und einzelne Elemente wie die Übung zur Selbstverpflichtung von Interesse. So gestalten die FÖJler/-innen bis zu 30 % eines Seminars selbst und werden dazu im Rahmen von Vorbereitungsgruppen befähigt sowie besprechen sich vor und während des betreffenden Seminars mit der Leitung. Im Rahmen der beruflichen Orientierung reflektieren die FÖJler/-innen didaktisch angeleitet ihre Kompetenzen, Wünsche und Ziele, besprechen die jeweils nächsten Schritte und führen diese auch aus. Es kann vermutet werden, dass im Rahmen der beruflichen Identitätsfindung auch ein Teil Persönlichkeitsentwicklung stattfindet, der ggf. mit der Förderung der SWE einhergehen könnte. Neben der Übung zur Selbstverpflichtung, die nach MATTHIES (2005) eine handlungswirksame Intervention darstellt, finden sich weitere Elemente, die in Hinblick auf demokratische Prozesse und das Gruppengefühl interessant sind. So werden FÖJ-Sprecher/-innen gewählt, die sich unter Ausschluss der Leitung im laufenden Seminar mit ihren Mit-FÖJler/-innen besprechen, oder es werden Coaching-Paare gebildet – FÖJler/-innen, die sich gegenseitig umeinander kümmern sollen.

4.6 Konsolidierendes Fazit

Es kann festgehalten werden, dass die Ergebnisse aus den qualitativ und quantitativ ausgerichteten Elementen des Untersuchungsdesigns konvergieren.

Hinsichtlich der Befragung zur Ermittlung der SWE kann festgestellt werden, dass die SWE der FÖJler/-innen zwischen 0,13 und 0,26 Punkten gestiegen ist (Basis der Beurteilung ist der errechnete Mittelwert). Eine Steigerung der SWE war auch in den beiden Befragungsgruppen aus der beruflichen Bildung festzustellen, allerdings fiel diese deutlich geringer aus. Hier bewegte sich die Steigerung der SWE lediglich zwischen 0,02 und 0,04 Punkten (vgl. Kapitel 4.5.1.7). Ein Test auf Signifikanz (Wilcoxon-Vorzeichen-Rang-Test) hat gezeigt, dass lediglich die Veränderungen in den Versuchsgruppen FÖJ A und FÖJ C als signifikant zu bewerten sind ($\alpha \leq 1\%$ bzw. $\alpha \leq 0{,}01\%$). Die SWE hat sich demnach in den befragten Gruppen des FÖJ Rheinland signifikant verbessert, was für die beiden befragten Gruppen aus der beruflichen Bildung so nicht festgestellt werden kann (vgl. Kapitel 4.5.1.6.2.2).

Auf den Bildungsseminaren der Gruppe A und C des FÖJ scheint eine moralische Atmosphäre zu herrschen. Die FÖJler/-innen fällten auch vergleichsweise häufiger ein positives VU. Dieser Zusammenhang wurde auch von HIGGINS et al. (1984) beschrieben.

Ebenso finden sich Hinweise in der Literatur, dass die Atmosphäre, hier: das Unterrichtsklima, positive Auswirkungen auf die SWE, hier: die schulbezogene SWE, haben kann (vgl. Satow 1999).

Auffällig sind die Verweise auf das gute Gruppengefühl, welches sich auch in dem entsprechenden Item aus der Befragung zur moralischen Atmosphäre widerspiegelt (siehe Kapitel 4.5.2.1.14). Die Analyse der Seminarpläne bestätigt den hohen Anteil partizipativer Elemente, der auch in der Befragung zur moralischen Atmosphäre zum Ausdruck kommt (siehe Kapitel 4.5.2.1.11 und folgende).

Dabei zeigt sich, dass der moralische Aspekt in der didaktischen Gestaltung der Bildungsarbeit des FÖJ eher implizit auftritt. So finden sich bspw. keine für die Moralpädagogik spezifischen Bildungsmethoden, wie etwa Dilemma-Diskussionen oder Sokratische Gespräche. Gerade die Befunde zur moralischen Atmosphäre auf den Bildungsseminaren zeigen aber, dass eine Nähe zum Ansatz der Just Community besteht, wenn auch der explizite Bezug zu demokratisch-moralischen Vorgehensweisen fehlt. Ein ähnliches Bild zeigt sich auch mit Blick auf die Befunde aus dem Interview mit der pädagogischen Leitung der FÖJ-Bildungsseminare und aus der Seminardokumentation. Hier lassen sich demokratisch-partizipative Elemente identifizieren und ein gemeinsames „Leben“ von moralrelevanten Werten vor Ort in den Bildungsseminaren.

Insgesamt kann die didaktische Ausrichtung der FÖJ-Seminare als partizipativ, demokratisch und reflexiv beschrieben werden. Werte einer moralisch-nachhaltigen Lebensweise werden von den Durchführenden vorgelebt und fließen in gewisser Weise in die konkrete Seminargestaltung ein (bspw. Selbstversorgerhäuser, eine festgelegte Quote vegetarischer Mahlzeiten usw.). Gleichzeitig wird Wert darauf gelegt, die freie Meinungsbildung der FÖJler/-innen anzuregen. Alle Argumente zu einem nachhaltigkeitsrelevanten Thema sollen „auf den Tisch“ kommen und die FÖJler/-innen sollen sich selbst eine Meinung bilden. Mehrfach wird darauf verwiesen, dass die FÖJler/-innen Verantwortung für sich selbst und für die Umwelt übernehmen sollen. Sie sollen sich ihres Einflusses und ihrer Möglichkeiten für die Unterstützung einer nachhaltigen Lebensweise bewusst werden und auf der Basis einer ganzheitlichen Informationslage und eines Problembewusstseins entsprechende Entscheidungen treffen, etwa im Bereich Konsum.

4.7 Kritische Würdigung – Methodik und Ergebnisse

4.7.1 Grundsätzliches zum Untersuchungsdesign

Es geht es darum, wie der Forschende seine Schlüsse zieht, um zu Kenntnissen zu gelangen; es geht um die regelgeleitete sowie reproduzierbare Produktion (neuen) gültigen Wissens (vgl. Reichertz 2012, 277) – bei einer explorativen Untersuchung dieser Größe scheint es angebracht, der methodischen Reflexion und der Einordnung der Ergebnisse einen adäquat hohen Stellenwert einzuräumen, schließlich sollen nachfolgende, aufbauende Untersuchungen erfolgreich sein.

4.7.1.1 Wahl des Untersuchungsgegenstandes

Die Auswahl des FÖJ als Untersuchungsgegenstand erscheint hinreichend begründet (vgl. Steinke 2012, 326-328). So wurde im Rahmen einer Vorstudie gezeigt, dass das FÖJ Rheinland in Hinblick auf das Erkenntnisinteresse ausreichend Potenzial besitzt und eine nähere Betrachtung fruchtbar erscheint.
Das FÖJ als solches und die dortige didaktische Gestaltung stellen aus vielen Perspektiven einen reflexionsbedürftigen Untersuchungsgegenstand dar.
Auf der Metaebene ist zu sagen, dass die Freiwilligendienste als solche eine Position zwischen Schule und Beruf einnehmen, die „häufig als Gegenpol zu ökonomischem Zwang und beruflicher Spezialisierung erlebt" wird, „um jenseits materieller und anderer beruflicher Kalküle ein an Werten wie Mitmenschlichkeit und Sinnerfüllung ausgerichtetes Handeln in den Vordergrund zu stellen" (aus: Engels et al. 2008, 36). Mit dieser Tatsache geht eine ganze Reihe von Spezifika einher, die insbesondere bei der Reflexion der Ergebnisse der vorliegenden Untersuchung beachtet werden sollten (siehe Kapitel 4.7.1.3).
Im Detail zeigt sich ebenfalls eine quasi unbegrenzte Anzahl von Aspekten, deren Darstellung in der adäquaten Ausführlichkeit an dieser Stelle nicht möglich ist. Zwei Aspekte sollen im Folgenden exemplarisch vertieft werden.
Das FÖJ zielt auf eine ökologische Bildung und eine BNE verfolgt demnach bestimmte Werte und ist von spezifischen Ansichten geprägt. Es ist davon auszugehen, dass auch die Lehrenden im FÖJ über bestimmte Einstellungen verfügen, die sie bewusst oder unbewusst in ihre Lehrtätigkeit einfließen lassen. Wie also kann sichergestellt werden, dass hier keine „ökologische Gehirnwäsche" erfolgt und die Teilnehmenden mit dem Ziel der Mündigkeit und ganzheitlichen Informiertheit gebildet werden? Auch verwandte Formate, wie das Konzept des „Lernens durch Engagement" („Service Learning") wurden stets kritisch auf die zugrunde gelegten Werte hin reflektiert (siehe bspw. Kahne/Westheimer 1996). Die Befunde der Untersuchung stützen dieses Bild einer kritisch zu betrachtenden Wertevermittlung nicht. Dies zeigen vor allem die Resultate zur Erfassung der moralischen Atmosphäre. Dennoch kann nicht ausgeschlossen werden, dass es in didaktischen Situationen aus verschiedensten Gründen manchmal nicht gewährleistet werden kann, die FÖJler/-innen so umfassend wie nötig zum Zwecke einer ausgewogenen Meinungsbil-

dung zu informieren. Ein Auszug aus einer FÖJ-Hospitation im Rahmen einer schleswig-holsteinischen Studie zum FÖJ verdeutlicht dies anschaulich:

> „Vier Kleingruppen präsentierten dann nicht nur die Marketingstrategien der Konzerne (H & M, IKEA, ALDI, Schlecker, ADIDAS und Coca Cola), sondern auch Produktionsweisen, Umweltfragen, Lohndumping, kriminelles Vorgehen etc. dieser Firmen. In den Berichten wurden auch positive Beispiele (z.B. aus Firmenpräsentationen) angeführt, die aber aus anderer Sicht relativiert wurden. Negativbeispiele führten zu kontroversen Diskussionen, weil Teilnehmer/innen die Seriosität der Quellen anzweifelten oder weil einige Beispiele überzogen oder sogar unglaubwürdig erschienen. Frau Gettner dämpfte die Kritik speziell an ALDI etwas, weil sie aus ihrem Bekanntenkreis wisse, dass dieser Konzern zumindest die Zulieferer pünktlich bezahlen würde. Bei all diesen vorgetragenen (für die Konzerne) negativen Beispielen und den teilweise erwiderten skeptischen Äußerungen der Teilnehmer/innen wäre nach Meinung des Hospitierenden eine relativierende Zusammenfassung durch die Seminarleitung zweckmäßig gewesen. Der Hospitierende selbst konnte zumindest - und vermutlich auch einige Teilnehmer/innen - schwer entscheiden, welche der aufgeführten Beweise für Unregelmäßigkeiten tatsächlich verlässlich sind. Die Teilnehmer/innen gingen nach diesem Seminarblock nach Eindruck des Hospitierenden mit inhaltlich etwas zwiespältigen Eindrücken auseinander. Gegen diese Meinung des Hospitierenden argumentiert das FÖJ Wattenmeer, dass von Seiten der pädagogischen Begleiter/innen relativierende Äußerungen vorgenommen wurden, soweit diesen weitere Informationen zur Verfügung standen. Allerdings waren ihnen die von der Vorbereitungsgruppe vorbereiteten Inhalte – abgesehen von der Mappe aus dem letzten Jahr – vorab nicht bekannt. Ein abschließender Hinweis auf die Notwendigkeit zur kritischen Überprüfung der Quellen wäre sicher sinnvoll gewesen. Die pädagogischen Begleiter/innen stünden aber dazu, dass sie in einigen Fällen deutlich weniger Grund als der Hospitierende sahen und sehen, die Informationen anzuzweifeln.“ (ISG 2006, 112)

Im realen Fallbeispiel wird zwischen den Zeilen deutlich, dass die Lehrenden nicht gänzlich unparteiisch sind und die Tatsache, dass die FÖJler/-innen ihre selbst erstellten Vortragsunterlagen nicht noch einmal mit den Lehrenden rückgekoppelt haben, zu einem eingeschränkten Lernergebnis der Teilnehmenden führt. Das Fallbeispiel zeigt den nicht FÖJ-spezifischen Unterschied zwischen Theorie und Praxis.

Noch etwas anderes wird im realen Fallbeispiel deutlich. Im Verlauf der vorliegenden Untersuchung wird der didaktische Ansatz des FÖJ Rheinland als good practice gehandelt. Das Vorgehen, bei Eignung von einer good practice zu sprechen, birgt grundsätzlich die Gefahr, einen bestimmten Ansatz oder ein spezifisches Konzept vor allem auf seine positiven Ausprägungen hin zu beurteilen, ohne bestimmte Aspekte auch auf ihre Einschränkungen hin zu beleuchten. Ein Beispiel hierfür ist die Tatsache, dass die hohen partizipativen Anteile der Seminargestaltung durchweg als positiv wahrgenommen werden.

In Erinnerung zu rufen ist, dass damit auch – wie im Fallbeispiel – qualitative Einschränkungen in Hinblick auf den Lernerfolg der FÖJler/-innen entstehen können.

4.7.1.2 Zusammensetzung und Elemente des Untersuchungsdesigns

Die Methodenwahl erfolgte entlang des Erkenntnisinteresses und kann als ausreichend begründet betrachtet werden. Die methodischen Einzelentscheidungen, betrachtet im Spiegel der gesamten Untersuchung, erscheinen angemessen und sind den Rahmenbedingungen der vorliegenden Untersuchung angepasst. Auch wurde darauf geachtet, vorhandenes Vorwissen – geprägt auch durch den Umstand, dass die Verfasserin vor über einem Jahrzehnt selbst ein FÖJ absolviert hat – auf die Probe zu stellen und einer methodisch initiierten Irritation auszusetzen.

Einschränkend ist zu sagen, dass mit der moralischen Atmosphäre und dem VU lediglich exemplarische Indikatoren für eine moralische Urteilsfähigkeit ausgewählt wurden, die nur einen sehr begrenzten Teil möglicher Förderbedingungen moralisch-nachhaltigen Handelns abbilden – die Aussage, das Bildungskonzept des FÖJ NRW fördere moralisch-nachhaltiges Handeln, ist demnach nur eingeschränkt möglich.

Die eingesetzten Instrumente wurden selbst konzipiert, unverändert als Instrumente anderer Autorinnen und Autoren übernommen oder aber als Instrumente anderer Autorinnen und Autoren für die vorliegende Untersuchung adaptiert: Während die Dokumentenanalyse, das Interview und die Excel-Vorlage für die Auswertung der FÖJ-Seminarpläne selbst neu konzipiert wurden, wurde das bereits bestehende quantitative Instrument zur Erfassung der SWE unverändert übernommen. Das Instrument zur Erfassung des VU wurde aufgrund von Einschränkungen der empirischen Bewährtheit in ein qualitatives Instrument transformiert. Verschiedene quantitativ ausgerichtete Instrumente zur Erfassung der moralischen Atmosphäre bzw. des Sozialklimas wurden zu einem qualitativen Instrument zusammengenommen und adaptiert, um weitergehende Informationen zum unbekannten didaktischen Konzept des FÖJ zu erhalten. Demnach erfolgte ein relativ enger Zuschnitt auf das Erkenntnisinteresse der Untersuchung, dessen Nachvollziehbarkeit einige Zeit bedarf – dies ist der Komplexität des Erkenntnisinteresses geschuldet.

Gerade die qualitativen Anteile, in denen induktiv ausgewertet wurde (moralische Atmosphäre, VU), ermöglichten eine Irritation des Vorwissens, sodass auch dieses Qualitätskriterium als hinreichend erfüllt betrachtet werden kann (vgl. Steinke 2012, 326-328).
Auch die Auswahl der befragten Personen kann als zweckgerichtet beschrieben werden. Es wäre wünschenswert gewesen, mehrere Personen für das Interview zu gewinnen, was aus genannten Gründen nicht möglich war (siehe Kapitel 4.3.3.3.1). Da das Interview einer ersten Orientierung in der Vorstudie diente, kann dieser Umstand als vernachlässigbar betrachtet werden. Die Auswahl der FÖJler/-innen erscheint nachvollziehbar, auch die Wahl der Gruppe aus der beruflichen Bildung wurde ausreichend hergeleitet.
Nach STEINKE (2012) ist die Explikation der Erwartungen und des Vorwissens ein wichtiges Qualitätskriterium bei vorwiegend qualitativ ausgerichteten Untersuchungen. Das Problem der Kontrolle des Vorwissens in der qualitativen Methodologie kann dadurch gelöst werden, indem der/die Forschende das Vorwissen erläutert und gleichzeitig darauf achtet, dem Gegenstandsbereich keine vorfixierten Deutungsmuster überzustülpen (vgl. Meinefeld 1997, 22). In der vorliegenden Untersuchung wurden die Erwartungen entsprechend expliziert, die Generierung von Vorwissen durch eine Vorstudie professionalisiert. An dieser Stelle, nach der Vorstudie, hätte das Untersuchungsvorhaben noch entsprechend angepasst werden können, sollten sich die Erwartungen nicht bestätigt haben.
Die vorliegende Untersuchung zeichnete sich durch zwei Arten von Erkenntnisinteressen aus. Einerseits wurde eine präzise Fragestellung formuliert (SWE und moralische UF), andererseits sollten generelle Informationen zur didaktischen Ausgestaltung der Seminare erlangt werden. Dadurch, dass deduktive und induktive Anteile in der Auswertungsarbeit klar voneinander getrennt und jeweils explizit gemacht wurden, konnten beide Erkenntnisinteressen nachvollziehbar verfolgt werden – die präzisen und die generellen Erkenntnisinteressen der Untersuchung.
STEINKE (2012) betrachtet auch die Darstellung von Entscheidungen und (ungelösten) Problemen als Teil der Qualitätssicherung im Rahmen wissenschaftlicher Untersuchungen (vgl. Steinke 2012, 324-325). Dies ist jeweils begleitend erfolgt. Hier sind vor allem die eingeschränkt gültigen Erkenntnisse

zum VU zu nennen (Näheres siehe Kapitel 4.7.2.4.2). Mit Blick auf die vorliegende Untersuchung scheint es zudem angebracht, in Betracht gezogene und aus verschiedenen Gründen nicht umgesetzte Instrumente in die methodische Reflexion einzubeziehen, da sie ggf. einen Mehrwert für nachfolgende Untersuchungen leisten. Hier ist das Instrument der teilnehmenden Beobachtung zu nennen, welches aus Kapazitätsgründen nicht eingesetzt wurde, währenddessen der Dokumentation der Seminarpläne der Vorzug gegeben wurde (siehe Kapitel 4.5.3).

Neben den STEINKEschen Kriterien der Qualitätssicherung sollten zusätzlich, auch bei den qualitativen Instrumenten und Arbeitstechniken, Reflexionen zu den in der quantitativen Forschung üblichen Gütekriterien durchgeführt werden, da diese oftmals ein gutes Grundgerüst für die Aufdeckung sensibler Punkte in der Beurteilung von Methodik und Ergebnis eines Forschungsprozesses bieten. Dies wurde in der Einzelbeurteilung der Instrumente berücksichtigt (siehe Kap. 4.7.2).

4.7.1.3 Kritische Reflexion der Ergebnisse

Zunächst kann festgehalten werden, dass die Ergebnisse der Vorstudie durch jene der Hauptstudie bestätigt und weiter vertieft werden konnten. Die erlangten Erkenntnisse zeichnen ein einheitliches Bild, die Ergebnisse der quantitativ und qualitativ ausgerichteten Instrumente konvergieren in dem Sinne, als dass keine irritierenden Auffälligkeiten hervortreten (bspw. wäre es beachtenswert gewesen, wenn zwar die FÖJler/-innen in der Befragung zur moralischen Atmosphäre von dem Gruppengefühl geschwärmt (Items 13-15), in ihren Antworten zum VU dann aber keinerlei Bezug mehr zum positiv empfundenen Gruppengefühl hergestellt hätten).

Die Erfolgsbedingungen der Verknüpfung von Ergebnissen aus quantitativer und qualitativer Forschung ist bislang weder in der Fachliteratur noch aus der Untersuchungspraxis heraus ausreichend reflektiert worden (vgl. Krüger/Pfaff 2008, 162; Prein et al. 1993, 24; Bos/Koller 2002, 272). Aus diesem Grund erfolgte keine Zusammenführung der Ergebnisse zur SWE und etwa dem VU auf individueller Ebene. Eine Auswertung auf Einzelfallebene wäre auch aufgrund des explorativen Charakters der vorliegenden Untersuchung und der damit verbundenen geringen Stichprobengröße nicht angemessen gewesen.

Dieser Umstand führt zur Frage, inwieweit die Ergebnisse überhaupt als valide für den ausgewählten Gegenstandsbereich betrachtet werden können. Hierzu ist zu sagen, dass die geringe Anzahl von Befragten nicht per se einen Mangel darstellt. So halten BOS & KOLLER (2002) fest, dass sich die Geltung von bspw. Strukturaussagen „nicht an der Anzahl der untersuchten Fälle, sondern an der Schlüssigkeit ihrer Rekonstruktion [bemisst] (vgl. Bude 1984, S. 22ff.)" (aus: Bos/Koller 2002, 274). Hintergrund ist, dass ihrer Ansicht nach auch an Einzelfällen eine „*typische*, d. h. potentiell zu verallgemeinernde soziale Struktur" aufgezeigt werden kann (aus: Bos/Koller 2002, 274). Nun war es das Ziel der vorliegenden Untersuchung, im Rahmen der empirischen Exploration, wenn vorhanden, eine größere Anzahl positiver Indikatoren für die Förderung der SWE und der moralischen VU aufzuzeigen. Ziel war es weniger, Einzelfälle in ihrer Tiefenstruktur zu beleuchten. Auch sprach die geringe Anzahl der Teilnehmenden gegen eine weitere Analyse alters- und geschlechtsspezifischer Unterschiede[106].

Kritisch ist das Ausmaß der Panelmortalität in bestimmten Bereichen der vorliegenden Untersuchung zu bewerten. Die Gründe dafür lagen weniger in der Reduzierung der Befragten durch ablehnende Einverständniserklärungen oder ungültige Fragebögen (Error bei der Generierung des anonymen Codes), sondern mehr in einem vermehrten Ausscheiden von Befragungsteilnehmenden besonders in der Gruppe C des FÖJ und bei der Gruppe der Auszubildenden. Hier sind jeweils ca. 20 % der Befragten (im Einzelnen: 17,9 % bzw. 20,6 %) ausgeschieden, die eine gültige Einverständniserklärung abgegeben hatten. Bei den befragten Personen aus dem Berufskolleg wirkte sich außerdem eine verstärkte Abwesenheit vom Unterricht negativ aus. So konnten zusätzlich 14,7 % der Auszubildenden und 19 % der BGJler/-innen aufgrund von Abwesenheit nicht befragt werden. Diese nicht per se ungewöhnlichen Umstände hätten durch die Wahl einer größeren Befragtengruppe in der Untersuchungsplanung aufgefangen werden können, hätten aber rasch den Kapazitätsrahmen der vorliegenden Untersuchung verlassen. Die möglichen Effekte der Pa-

[106] Hierzu zeigt eine Studie zum FÖJ, dass „die Zufriedenheit der einzelnen Teilnehmenden mit den Seminaren nicht davon abhängt, wie alt sie sind, welches Geschlecht oder welchen Schulabschluss sie haben. Obwohl die Teilnehmenden diesbezüglich unterschiedliche Voraussetzungen mitbringen, werden sie offenbar alle gleichermaßen mit der Seminararbeit der FÖJ-Träger erreicht" (aus: ISG 2006, 10).

nelmortalität, nämlich dass die verbliebenen Befragten ihre jeweilige Gruppe nicht mehr hinreichend repräsentieren, muss bei der Ergebnisinterpretation berücksichtigt werden.

In Hinblick auf die Übertragung der Ergebnisse auf andere Felder der außerschulischen Bildung muss auf die Spezifika des FÖJ als solchem verwiesen werden. Die Rahmenbedingungen sind recht spezifisch, was sich auch auf die didaktische Ausgestaltung der Seminare auswirkt. Das FÖJ stellt einen „Schonraum" dar, in welchem entlang der rechtlichen Rahmenbedingungen viel Platz für die individuelle Ausgestaltung bleibt[107].

Nun stellt sich die Frage, inwieweit die Erkenntnisse aus dem FÖJ Rheinland innerhalb des Konstrukts „FÖJ" vergleichbar sind. Hier ist die Erkenntnislage gering, da entsprechende Untersuchungen fehlen. Zu nennen ist eine aktuelle repräsentative Umfrage zu Freiwilligendiensten, deren Ergebnisse mit jenen zum FÖJ Rheinland weitgehend konvergieren. Die Studie erfasst allerdings allgemeinere Elemente der FÖJ-Seminare und fragt bspw. nach der generellen Zufriedenheit mit der Betreuung durch die Lehrenden während der Seminare (siehe BMFSFJ 2015, 149). Auch eine kleinere Studie zum FÖJ in Schleswig-Holstein zeigt vergleichbare Ergebnisse auf (siehe ISG 2006). Beide Studien werden im Folgenden auch für die Bewertung der Ergebnisse auf der Ebene der Einzelkritik der eingesetzten Instrumente genutzt.

---

[107] So berichten einige Freiwillige (ungesicherte Quelle, Übermittlung einer Lehrenden im FÖJ Rheinland): Die FÖJler/-innen befinden, dass das FÖJ „etwas ganz anderes als Schule" ist, empfinden mehr Freiheiten (Schnupper-Praktikum in Betrieben außerhalb der Arbeit in der Einsatzstelle). Auch sagen sie aus, dass sie im FÖJ mit ganz unterschiedlichen Menschen in Kontakt kommt, nicht nur mit „Gleichgesinnten", die etwa denselben Beruf gewählt haben. Auch habe man in den Einsatzstellen bspw. einen anderen Status als ein/e Auszubildende/r. Auch die zeitliche Begrenzung des FÖJ wirkt sich aus. So haben die FÖJler/-innen den Eindruck, dass sie bspw. Arbeitsabläufe stärker hinterfragen.

4.7.2 Die Instrumente im Einzelnen

4.7.2.1 Dokumentenanalyse

Methodik und Ergebnisse

Die Auswahl der verwendeten Quellen erfolgte zweckmäßig und war alternativlos, da diese die einzigen Veröffentlichungen zum didaktischen Konzept des FÖJ Rheinland darstellen. Als solche spiegeln sie ausschließlich den konzeptionellen Ansatz des ausgewählten Trägers wider. Das deduktive Vorgehen bei der Auswertung der Quellen diente dem Erkenntnisinteresse. Ein zweiter, induktiv gestalteter Analysedurchgang stellt eine sinnvolle Ergänzung für weiterführende Untersuchungen dar. Die Codierung anhand der zuvor festgelegten analytischen Definitionen gewährleistet eine ausreichende Objektivität. Die Validität ist als durchschnittlich zu beurteilen, da die analytischen Definitionen in ihrer Trennschärfe und Beschreibung durch eine ausführliche theoretisch basierte Analyse sicherlich noch verbessert werden könnten. Eine Kontrollcodierung durch eine zweite Person wurde als vernachlässigbar betrachtet. Eine Aussage zur Durchführungsobjektivität ist deshalb nicht möglich.

4.7.2.2 Interview

Methodik und Ergebnisse

Als Interviewpartnerin stand lediglich eine Person zur Verfügung. Dies ist mit der klaren Zuständigkeitsstruktur des LVR zu begründen und dem zahlenmäßig überschaubaren Gesamtteam der FÖJ-Zentralstelle. Wie bereits dargestellt (siehe Kap. 4.3.3.3), hätte die Interviewform „Experteninterview“ voraussichtlich noch eine breitere Informationsbasis geliefert. Die Auswertung des einen Interviews lieferte aber als ausreichend zu betrachtende Erkenntnisse.

Der Interviewer-Effekt, der sich aus der Tatsache ergeben könnte, dass die Forschende selbst einmal FÖJlerin war, wird als vernachlässigbar eingeschätzt. Die interviewte Person war damals noch nicht bei der FÖJ-Zentralstelle beschäftigt. Vielmehr kann von einer erhöhten Bereitschaft und Motivation seitens der Interviewpartnerin ausgegangen werden. Die Interviewführung kann als ausgewogen bezeichnet werden und zeigt keinen dominierenden Kommunikationsstil (vgl. Hopf 2012, 359). Die Interviewführung wurde nicht an den wissenschaftlichen, theoriebezogenen Fragestellungen orientiert, um nicht unbewusst auf die Bestätigung der Erwartungen diesbezüglich hinzuarbeiten (vgl. Meuser/Nagel 2010, 465). Ebenso sind keine signifikanten Fehler bei den passiv-rezeptiven Anteilen festzustellen. Der Umgang mit den Leitfragen kann als flexibel bezeichnet werden (vgl. Hopf 2012, 359). Der Umgang mit verbalen und non-verbalen Rückmeldungen seitens der Interviewerin ist akzeptabel und ausreichend neutral[108]. Auf der Seite der befragten Person muss reflektiert werden, ob sich ein Streben nach Konsistenz und guter Darstellung der pädagogischen Arbeit der FÖJ-Zentralstelle verfälschend auf die Antwortgestaltung auswirkt, zumal die Fragestellung des Gesamtvorhabens bekannt ist (vgl. Bortz/Döring 2006, 250). Auch ist zu reflektieren, ob die interviewte Person das Interview dazu nutzt, persönliche fachliche Fragen mithilfe des Interviewers zu erörtern oder ihre eigene Loyalität zu etwas usw. zu demonstrieren (vgl. Meuser/Nagel 2010, 465).

Mit Blick auf die Auswertung kann festgehalten werden, dass die Codierung anhand der zuvor festgelegten analytischen Definitionen eine ausreichende Objektivität gewährleistet. Die Validität ist als durchschnittlich zu beurteilen, da die analytischen Definitionen in ihrer Trennschärfe und Beschreibung durch eine ausführliche theoretisch basierte Analyse sicherlich noch verbessert werden könnten. Eine Kontrollcodierung durch eine zweite Person wurde als vernachlässigbar betrachtet. Eine Aussage zur Durchführungsobjektivität ist deshalb nicht möglich.

108 Interviewereffekte stellen bei qualitativ ausgerichteten Interviews eine wesentliche Fehlerquelle dar (vgl. Bortz/Döring 2006, 246-248). Der Interviewer soll eine „Haltung der absichtlichen Naivität" einnehmen (vgl. Hermanns 2012, 364, der sich auf Kvale 1996, 33 bezieht). Dazu gehört auch, sich bereits als verstanden geglaubte Zusammenhänge, Begriffe usw. erklären zu lassen (vgl. Hermanns 2012, 368). Besonders zu achten ist auch darauf, kein „Schonverhalten" zu zeigen, etwa um das Selbstbild, was man vom Befragten hat, nicht zu zerstören (vgl. Hermanns 2012, 365). MAYER (2008) verweist dagegen darauf, dass der Versuch des Interviewers, sich so neutral wie möglich zu verhalten, auch unerwünschte Wirkungen haben kann. So kann das als kühl empfundene Verhalten des Interviewers im schlechtesten Fall zu Ängsten auf Seiten des Befragten führen (vgl. Mayer 2008, 101). Auch BORTZ/DÖRING kommen zu dem Schluss, dass der Interviewer als „lebendes Messinstrument" die „Invarianzforderung" nicht erfüllen kann (vgl. Bortz/Döring 2006, 246).

4.7.2.3 Erfassung der Selbstwirksamkeitserwartung

Methodik

BORTZ & DÖRING (2006) sprechen eine allgemeine Warnung aus, die Resultate bzgl. der Güteeigenschaften vergangener Fragebogenanwendungen unkritisch zu übernehmen (vgl. Bortz/Döring 2006, 253). Da es sich bei dem betreffenden Fragebogen zur SWE jedoch um eine durchgehend anerkannte Skala handelt, deren Güte in verschiedenen Studien nachgewiesen werden konnte (siehe bspw. Hinz et al. 2006; Luszczynska et al. 2005; Luszczynska/Schwarzer 2005; Leganger et al. 2000; Schwarzer 2001; Schwarzer/Jerusalem 1999; Schwarzer et al. 1999) wurde sie für die vorliegende Untersuchung ohne Änderungen übernommen. Es erfolgte kein Pretest des Fragebogens zur SWE, der auch im Nachhinein vernachlässigbar erscheint.

Die Autoren des Fragebogens empfehlen, die Items zur SWE möglichst nach Zufall in ein umfangreicheres Erhebungsinstrument einzumischen (vgl. Jerusalem/Schwarz o. J., 2). Dies ist hier aus untersuchungstechnischen Gründen nicht erfolgt. Nachteilige Effekte sind nicht zu beobachten.

Das System zur Generierung des persönlichen Codes kann als ausreichend nutzbringend bezeichnet werden. Fehler bei der Generierung in anonymisierten Codeverfahren sind nur schwerlich gänzlich vermeidbar.

Das Heranziehen von vier unterschiedlichen Gruppen aus zwei Bereichen (BNE und berufliche Bildung) bietet einen Einblick in unterschiedliche Bereiche. Dieser Einblick gilt für den beruflichen Bereich aber nur bedingt, da die Panelmortalität bei der Erfassung der SWE als signifikant zu bezeichnen ist. Eine größer angelegte Stichprobe hätte die Panelmortalität abmildern können. In Hinblick auf die Pflege des Panels wurden alle adäquaten Möglichkeiten genutzt.

Mit Blick auf die klassischen Gütekriterien empirischen Arbeitens ist festzuhalten, dass in allen Bereichen zufriedenstellende Einschätzungen abgegeben werden können.

Hinsichtlich der Durchführungsobjektivität ist darauf hinzuweisen, dass bei der Vorher-Befragung der FÖJ-Gruppe A lediglich ein verhältnismäßig kleiner Raum zur Verfügung stand, sodass die Befragten nicht wie geplant einen größeren Abstand zur Sitznachbarin bzw. zum Sitznachbarn einhalten konnten. Auch wenn dies nach dem subjektiven Empfinden der Testleitung in der Situation keine beobachtbaren Auswirkungen hatte (etwa „abschauen" beim Gegenüber, alberne Kommentare mit Blick auf das Blatt der Sitznachbarin bzw. des Sitznachbars oder Ähnliches), so können Störeffekte nicht ausgeschlossen werden. Die Interpretation der Ergebnisse in dieser Gruppe liefert diesbezüglich aber keine Anhaltspunkte (etwa das Vorliegen einer unverhältnismäßig großen Anzahl gestiegener Bewertungen, um vor dem Sitznachbarn „gut abzuschneiden").

Hinsichtlich der Reliabilität halten HINZ et al. (2006) fest, dass die interne Konsistenz der Fragebogenitems für verschiedene deutsche Stichproben zwischen .80 und .90 verortet ist (vgl. Hinz et al. 2006, 27). Bei den acht Messzeitpunkten fanden sich Werte der internen Konsistenz von 0,61 bis 0,82. Damit liegen die Werte teilweise unterhalb der ermittelten Werte in anderen deutschen Studien, aber zumeist innerhalb der ermittelten Werte bei internationalen Studien, bei denen die internen Konsistenzen zwischen .76 und .90 streuten (vgl. Jerusalem/Schwarz o. J., 2).

Bei dieser Form von Tests stellt die kriterienbezogene Validität das wesentliche Gütekriterium dar. Diese ist für den genutzten Fragebogen zur SWE hinreichend bestätigt worden (siehe bspw. stellvertretend Hinz et al. 2006).

Mit Blick auf das eingesetzte Instrument als solches ist daran zu erinnern, dass es die *allgemeine* Selbstwirksamkeitserwartung misst. Perspektivisch wäre die Adaptation des Instruments interessant, die es ermöglicht, die *moralisch-nachhaltige* SWE zu erfassen.

Ergebnisse

Wie bereits gezeigt wurde, entsprechen die ermittelten Werte zur SWE dem erwarteten Rahmen (siehe Kapitel 4.5.1.7).

Die positiven Hinweise auf die Förderung einer SWE im Rahmen der FÖJ-Bildungsseminare (signifikante Ergebnisse ermittelt durch den Wilcoxon-Vorzeichen-Rang-Test) lassen sich nur schwerlich durch vergleichbare Untersuchungen zum FÖJ bestätigen, denn vorliegende Studien erfassen in der Regel allgemeinere Sachverhalte. So erfasst etwa eine Studie zum FÖJ in Schleswig-Holstein den Beitrag der Seminare zur persönlichen Entwicklung, fragt hierbei aber nicht gezielt nach der SWE. Hier sind 90 % der Befragten der Ansicht, dass ihre persönliche Entwicklung unterstützt wurde (vgl. ISG 2006, 62). Solche positiven Entwicklungen sind auch zu Konstrukten wie „Selbstständigkeit“, „Durchhaltevermögen“ oder „Zielstrebigkeit“ zu berichten (vgl. ISG 2006, 290).

4.7.2.4 Erfassung der moralischen Urteilsfähigkeit

4.7.2.4.1 Erfassung der moralischen Atmosphäre

Methodik

Die Adaption quantitativer Messinstrumente für die Konzipierung qualitativer Instrumente erscheint in diesem Fall gelungen. Dass gewisse Elemente der beiden für die Konzipierung verwendeten Fragebögen ausgelassen wurden (für das FÖJ unpassende Skalen hinsichtlich Leistung, Notengebung), ist zulässig und sollte die Validität nicht signifikant beeinflussen. Die Aussparungen verweisen auf die Spezifika der Rahmenbedingungen des FÖJ als Konzept an sich und müssen in Hinblick auf didaktische Formate, in denen andere Kontextbedingungen gelten, reflektiert werden. So ist es wahrscheinlich, dass es in einer von Leistungs- und Konkurrenzdruck weitgehend befreiten Atmosphäre leichter ist, Raum für Mitbestimmung, demokratische Prozesse und moralische Experimente zu schaffen.

In diesem Zusammenhang wäre eine Erfassung der moralischen Atmosphäre bei der Gruppe der Berufskollegler/-innen ein zusätzlicher Erkenntnisgewinn gewesen. Da die Methoden den Rahmenbedingungen der Untersuchung angemessen sein müssen (vgl. Steinke 2012, 323-331), musste in diesem Fall aus Kapazitätsgründen auf eine solche Erfassung verzichtet werden.

In Hinblick auf die Objektivität der Durchführung ist festzuhalten, dass die Items in den Abschlussbericht der FÖJler/-innen eingebettet waren. Die Gliederung des Abschlussberichts war durch die FÖJ-Zentralstelle vorgegeben und bestand aus fünf Teilen, die alle offene Fragen vorsahen. Die FÖJler/-innen haben zunächst ihre Erfahrungen in der Einsatzstelle geschildert (Frageteil 1), dann ihre Erfahrungen in den Seminaren (Frageteil 2) dargelegt und anschließend den Fragenteil der vorliegenden Untersuchung zur moralischen Atmosphäre bearbeitet (Frageteil 3). Darauf folgend wurden die FÖJler/-innen aufgefordert, etwas zur persönlichen und beruflichen Entwicklung zu schreiben

(Frageteil 4) und abschließend ihre Erfahrungen mit der FÖJ-Zentralstelle darzulegen (siehe Anhang 5g). Es ist möglich, dass die FÖJler/-innen durch die Art der Darbietung des Fragenteils zur moralischen Atmosphäre in ihrem Antwortverhalten beeinflusst waren. So ist es denkbar, dass Aspekte zu den Seminaren, die die Befragten ggf. bereits im zweiten Fragenteil ausführlicher behandelt haben, ggf. im dritten Fragenteil nicht noch einmal so ausführlich dargelegt wurden, wie es sonst geschehen wäre.
Die Auswertungsobjektivität ist als ausreichend zu bezeichnen. Die Auswertung mittels MAXQDA wurde induktiv vorgenommen und es wurden erschöpfende Kategorien gebildet. Es bleibt folglich ein vorgehensimmanenter Spielraum für tendenziell anderslautende Interpretationen des Materials (eingeschränkte Interpretationsobjektivität).
Abschließend muss noch darauf verwiesen werden, dass die Abgabe eines Abschlussberichts Voraussetzung für eine Zeugnisausstellung des absolvierten FÖJ war. Trotz dieser Tatsache haben nicht alle FÖJler/-innen einen Abschlussbericht vorgelegt. Die Rücklaufquote von knapp 70 % lag laut Aussage der FÖJ-Zentralstelle im Normalbereich, sodass befragungsbedingte Effekte unwahrscheinlich sind. Denkbar ist, dass vor allem die zufriedeneren FÖJler/-innen einen Abschlussbericht verfasst, die anderen dies unterlassen haben, sodass es zu Verzerrungen in der Ergebnisdarstellung kommt.

Ergebnisse

Dies ist allerdings eher unwahrscheinlich, vergleicht man die Ergebnisse mit jenen anderer Untersuchungen. Eine vom Bundesministerium für Familie, Senioren, Frauen und Jugend (BMFSFJ) in Auftrag gegebene, repräsentative aktuelle Studie bestätigt die hohe Zufriedenheit der FÖJler/-innen mit den Seminaren allgemein und dem Grad der Mitgestaltung (vgl. BMFSFJ 2015, 149). Den hohen Grad der Mitgestaltung bestätigt ebenfalls eine Studie zum FÖJ in Schleswig-Holstein (ISG 2006, 8). In der Studie des BMFSFJ (2015) erreichten die FÖJler/-innen im Vergleich zu befragten Teilnehmenden des Freiwilligen Sozialen Jahres (FSJ) sowie des Bundesfreiwilligendienstes (BUFDI) die höchsten Zufriedenheitswerte (vgl. BMFSFJ 2015, 148f.). Wenngleich diese Studie nicht auf die moralische Atmosphäre eingeht, ist davon auszugehen, dass die Ergebnisse diesbezüglich eher konvergieren würden.

Die FÖJler/-innen der Studie aus Schleswig-Holstein haben ebenfalls sehr hohe Werte[109] in Hinblick auf das Wohlbefinden in ihrer Seminargruppe erreicht (vgl. ISG 2006, 60).

4.7.2.4.2 Erfassung des Verantwortungsurteils

Methodik

Die Objektivität in Hinblick auf den Einsatz, die Auswertung und Interpretation der durch den Fragebogen zum VU gewonnenen Daten kann als ausreichend betrachtet werden. Die Auswertung mittels MAXQDA wurde induktiv vorgenommen und es wurden erschöpfende Kategorien gebildet. Es bleibt folglich ein vorgehensimmanenter Spielraum für tendenziell anderslautende Interpretationen des Materials (eingeschränkte Interpretationsobjektivität).

Die Tatsache, dass zwei unterschiedliche Gruppierungen befragt wurden – FÖJler/-innen und Befragte aus der beruflichen Bildung –, verleitet zu der Annahme, man wolle beide Gruppen vergleichen. Dies ist nicht das Ziel, vielmehr geht es darum, aus beiden Bereichen der Bildung einen Einblick zu gewinnen. Dementsprechend kann es toleriert werden, dass sich die Fallgeschichte zu „Chris" für beide Gruppen unterscheidet: Während „Chris" in der Fallgeschichte für die Befragten aus dem Berufskolleg eine Klasse wiederholen muss, ist dies für den Kontext des FÖJ nicht passend. In der Fallgeschichte für die FÖJler/-innen verpasst „Chris" daher eine Exkursion und bleibt allein zurück.

Der Pretest des Fragebogens musste aus zeitlich-organisatorischen Gründen entfallen. Dies ist kritisch zu bewerten, da hier ggf. hätte auffallen können, dass die Antworten keinen so hohen Detaillierungsgrad erreichen, der eine Zuordnung zu den Modi der Verantwortung und damit einer weiteren qualifizierenden Annäherung zur erreichten moralisch relevanten Entwicklungsstufe erlaubt. Es muss geschlussfolgert werden, dass das VU nur eingeschränkt mit qualitativen Messinstrumenten erfasst werden kann, soll der Rahmen einer explorativen Untersuchung nicht gesprengt werden, welche den Einsatz noch weiterer Instrumente vorsieht. Untersuchungen, welche sich auf das VU spezialisieren wollen, könnten bei qualitativen Formaten bspw. Interviewtechniken

---

[109] So gaben zum Zeitpunkt des vierten Seminars 91 % der FÖJler/-innen des Trägers „Koppelsberg" und 95 % der FÖJler/-innen des Träges „Wattenmeer" an, dass sie sich in der Gruppe (sehr) wohlfühlten (vgl. ISG 2006, 60).

nutzen, ähnlich denen, die COLBY & KOHLBERG (1984) für ihr „Moral Judgement Interview“ (MJI) genutzt haben.
Ausreichend gesicherte, quantitativ auszuwertende Instrumente scheinen derzeit nicht zur Verfügung zu stehen, wie bereits gezeigt wurde (siehe Kapitel 4.4.4.2), und bieten somit keine Alternative zur Erfassung des VU. Dementsprechend ist es anzuraten, zur Erfassung des VU einen neuen Ansatz zu wählen oder abzuwägen, ob nicht andere Konstrukte einen ebenso dienlichen Hinweis auf den Zusammenhang zwischen moralischem Urteilen und moralischem Handeln liefern. Der „Moralische-Urteil-Test“ (MUT) von LIND (2009) bzw. neu betitelt der „Moralische Kompetenz-Test“ (MKT, siehe Lind 2015) könnte hier ebenfalls eine Alternative darstellen.
Methodisch vorgesehen war, die identifizierten Typen 1-5 auf ihre Ausprägung hinsichtlich der Modi der Verantwortung zu untersuchen, um sich einer Aussage zum erreichten Niveau der moralischen Urteilsfähigkeit anzunähern, denn auch Verantwortungsurteile können unterschiedliche Qualität haben und mehr oder weniger „reif“ ausfallen. Dies konnte nicht realisiert werden, was zu Lasten der Validität des Instruments geht. Die genannte Dimension des Fähigkeitsaspekts des Konstrukts „moralische Urteilsfähigkeit“ konnte somit nicht behandelt werden, da die Beantwortung der Items des Fragebogens zu wenig ausführlich erfolgte. Vorgesehen war, die Begründungszusammenhänge anhand der Modi der Verantwortung in einen Zusammenhang zu bringen (siehe Tabelle 48) sowie Kapitel 4.5.2.2.6).

Argumente FÜR das Helfen	Modus der Verantwortung	Argumente GEGEN das Helfen
Es ist eine Sache des Anstandes und der guten Manieren, ob man auch unbeliebten Mitschülerinnen und Mitschülern in einer Notlage hilft.	1	Der Chris hat sich bei den anderen unbeliebt gemacht. Er muss die Konsequenzen nun auch selber tragen.
Vielleicht kommt man selbst einmal in eine Notlage. Es ist daher im eigenen Interesse, wenn sich Klassenkameraden gegenseitig helfen.	2	Wenn ich einer unbeliebten Mitschülerin bzw. einem unbeliebten Schüler helfe, werde ich vielleicht deshalb von den anderen abgelehnt.
Die Klasse ist eine Gemeinschaft. Dazu gehören alle, auch die, die man nicht so gut leiden kann. Deshalb muss man auch allen helfen.	2/3	Es ist unmöglich, zu allen eine gute Beziehung zu haben. Man kann deshalb nur seinen Freunden helfen.
Wenn der Lehrer oder die Lehrerin das will, sollte man einer unbeliebten Mitschülerin bzw. einem unbeliebten Mitschüler helfen.	3	Man muss einer unbeliebten Mitschülerin bzw. einem unbeliebten Mitschüler nur helfen, wenn es der Lehrer oder die Lehrerin verlangt.
Damit sich alle wohlfühlen können, ist es richtig, in einer Notlage zu helfen.	3/4	Schüler/-innen, die sich unbeliebt machen, gehören nicht zur Klassengemeinschaft. Sie können daher auch keine Hilfe erwarten
Wenn ich einer unbeliebten Schülerin bzw. einem unbeliebten Schüler in einer Notlage helfe, dann habe ich ein besseres Gewissen.	4	Wenn man anderen hilft, dann macht man sie vielleicht nur abhängig. Darauf sollte man achten.

Tabelle 48: Skalen K und L des MAF, zugeordnet zu den Modi der Verantwortung (nach Lind 2002, 311f., und Lind 1987, 2110)

Ergebnisse

Die Items waren geeignet, das deontische Urteil (Item 1) und das VU (Item 2 und 3) zu erfassen. Die quantitative Ausprägung der Typen hinsichtlich des Antwortverhaltens konnte zeigen, dass die befragten FÖJler/-innen häufiger ein positives VU fällten als die Befragten aus der beruflichen Bildung. Beide Befragtengruppen sind aber separat zu sehen, zumal die Unterschiede in der Fallgeschichte Einfluss auf die Bereitschaft gehabt haben können, ein positives VU zu fällen. Einerseits hätten sich die Schüler/-innen des Berufskollegs häufiger verantwortlich fühlen können, da die Konsequenzen für „Chris" schwerer wiegen (Klasse wiederholen) als in der Fallgeschichte der FÖJler/-innen (Ausschluss von der Exkursion) – andererseits kann dies auch anders interpretiert werden: Während die FÖJler/-innen die Konsequenz für „Chris"

110 Lind, G. (1987): Verantwortungs-Urteil-Test (VUT). Verlorengegangenes und rekonstruiertes, unveröffentlichtes Manuskript, 2007. MAF-87-VUT-1.pdf; Universität Konstanz, FB Psychologie, Apl. Prof. Dr. Georg Lind: georg.lind@uni-konstanz.de (05/2016)

häufig als unfair betiteln und dies ggf. als zusätzlichen Handlungsanreiz sehen, könnten die Schüler/-innen des Berufskollegs ihre Hilfe als „Tropfen auf den heißen Stein" betrachten, da „Chris'" Versetzungsgefährdung auf einem breiteren Fundament seiner Unzulänglichkeit in Hinblick auf seine schulische Leistung steht.
Einschränkend ist festzuhalten, dass das Antwortverhalten simuliert werden kann und Effekten wie bspw. der sozialen Erwünschtheit unterliegt.

4.7.2.5 Erfassung der didaktischen Gestaltung der FÖJ-Bildungsseminare durch die Analyse von Seminarplänen

Methodik

Es wurde ein Instrument in Form eines Excel-Sheets vorgegeben, welches von der jeweiligen Seminarleitung während des Seminars ausgefüllt wurde. Die Angaben zum zeitlichen Umfang, zum Ort (drinnen/draußen) und zur Durchführung (durch wen) waren durch eine vorbelegte Parameterauswahl in Excel vorgegeben und somit in der Auswertung von hoher Objektivität. Die angegebenen Methoden wurden hingegen klassifiziert. Für die Klassifizierung wurden, wo nötig, zusätzliche Informationen zu angewandten Medien und etwaige Informationen in der Kategorie „Anmerkungen" genutzt. Der Einsatz solch interpretativer Techniken beeinträchtigt die Auswertungs- und Interpretationsobjektivität, die dadurch nur ein ausreichendes Maß erreichen kann.
Bei der Auswertung der gesammelten Daten wurden die vorgesehenen Elemente durchgeführt. War ein Befund besonders auffällig und vor dem Hintergrund des Erkenntnisinteresses interessant, so wurden weitere Auswertungen vorgenommen (etwa bei der Klasse „Off-Topic", siehe Kapitel 4.5.3.2). Der Forschende hat sich demzufolge erkundend auf den Forschungsgegenstand zubewegt, was die Objektivität des Vorgehens beeinträchtigt.
In Hinblick auf die Reliabilität ist anzumerken, dass die Betitelung von Methoden und die Ausführlichkeit, mit der die Seminardokumentation durchgeführt wird, von Person zu Person und von Zeitpunkt zu Zeitpunkt variieren kann. Dies hat Einfluss auf die Stabilität als Größe des Gütekriteriums Reliabilität.
Das Instrument kann als valide bezeichnet werden, sofern man es gemäß dem Einsatz vor dem Hintergrund des Erkenntnisinteresses betrachtet. KLIEME (2006) weist darauf hin, dass Informationen zu eingesetzten Methodenformen

allein keine Aussage zu kognitiven wie affektiven Wirkungen der Lernenden erlauben:

> „Der Einsatz von Methoden, Medien, Sozialformen und anderen ‚technischen' Elementen allein erklärt kognitive wie auch affektive Ergebnisse auf Seiten der Schüler so gut wie gar nicht; es kommt vielmehr auf tiefer liegende Merkmalsdimensionen an, die mit (...) Prinzipien der Klassenführung, mit Beziehungsqualität, Motivationsunterstützung und anderen Aspekten des Unterrichtsklimas sowie mit der Aufbereitung fachlicher Inhalte zu tun haben." (aus: Klieme 2006, 767)

Ergebnisse

Die didaktische Gestaltung der FÖJ-Bildungsseminare ist von einem hohen Grad an Methodenvielfalt, einer kommunikativ-kooperativen Umgangsweise und einem hohen Anteil von Partizipation geprägt. Eine kürzlich abgeschlossene repräsentative Studie belegt die Zufriedenheit der FÖJler/-innen mit den Methodenformen und dem Grad der Mitgestaltung (vgl. BMFSFJ 2015, 149), was als unterstützendes Indiz für die gesammelten Erkenntnisse betrachtet werden kann. Positiv gewertet werden kann auch, dass ähnliche Erkenntnisse auch von einer Studie aus Schleswig-Holstein kommen, die sich ebenfalls dezidiert mit den Bildungsseminaren, wenn auch aus einer anderen Erkenntnisperspektive heraus, befasst hat (siehe ISG 2006, 58ff.).

4.8 Konklusion

4.8.1 Fazit Erkenntnisinteresse

Geklärt werden sollte die Frage, ob sich fördernde Einflussfaktoren für moralisch-nachhaltiges Handeln im didaktischen Konzept des FÖJ NRW finden. Als exemplarische Indikatoren für die Förderung moralisch-nachhaltigen Handelns wurden die Förderung einer positiv ausgeprägten SWE und die Förderung einer positiv ausgeprägten moralischen Urteilsfähigkeit identifiziert. Erstere wurde direkt, letztere über die Erfassung der moralischen Atmosphäre und des VUT untersucht. Zusammenfassend kann festgestellt werden, dass die Ergebnisse auf eine pädagogische Ausrichtung des FÖJ im Rheinland hinweisen, in welcher beide genannten Indikatoren moralisch-nachhaltigen Handelns vermutlich gefördert werden.

4.8.2 Generierte Ex-post-Hypothesen aus dem empirischen Teil

Auf Basis der Untersuchungsergebnisse der vorliegenden explorativen Studie lassen sich folgende Hypothesen ableiten, die in einer nachfolgenden Untersuchung zu prüfen wären:

- Durch die Bildungsseminare des FÖJ Rheinland wird die allgemeine SWE gesteigert.
- In den Bildungsseminaren des FÖJ Rheinland herrscht eine moralische Atmosphäre.
- Die FÖJ-Bildungsseminare des FÖJ Rheinland nehmen positiven Einfluss auf die moralische Urteilsfähigkeit.

4.8.3 Ausblick

Die Ergebnisse der Untersuchung geben einen ersten Einblick in spezifische Teile des didaktischen Designs der FÖJ-Bildungsseminare. Zum einen wurden Erkenntnisse zum innerpsychischen Konstrukt SWE gewonnen und auch die Erfassung des VU adressiert die individuell kognitive Dimension. Zum anderen sollten Informationen zu den äußeren sozialen und didaktisch-methodischen Rahmenbedingungen der FÖJ-Bildungsseminare gewonnen werden. Diese ermöglichen einen Einblick in die herrschenden situativen Kontextfaktoren, in denen die FÖJler/-innen auf den Bildungsseminaren leben und lernen.

Letztere sind vor allem deswegen von besonderem Interesse, da sie das Augenmerk auf die besondere Relevanz von Kontextfaktoren für die Umsetzung moralisch-nachhaltigen Handelns richten. Dies verweist auf den bereits in der theoretischen Explorationsphase aufgezeigten Befund, dass theoretische Handlungsmodelle aus der umwelt- und moralpsychologischen Forschung situative Kontextfaktoren lediglich indirekt, oft nur durch die Variable der wahrgenommenen externen Handlungskontrolle berücksichtigen, also vernachlässigen (vgl. Kapitel 3.1.3).

Dieser Aspekt der Bereichs- und Kontextspezifität ist auch deswegen relevant, da er auf das Spannungsfeld zwischen Bildung für nachhaltige Entwicklung (BNE) einerseits und Berufsbildung für nachhaltige Entwicklung (BBNE) andererseits verweist – welche Rolle spielt der berufliche Kontext bei der Genese moralisch-nachhaltigen Handelns? Es stellt sich die Frage, welche Ansätze, Konzepte und Modelle aus dem beruflichen Kontext geeignet sind, in ein Handlungsmodell für eine BNE **und** BBNE auf theoretischer Ebene einzufließen.

Eine solche Modellvorstellung ist eine wichtige Voraussetzung für die Anstellung von Überlegungen zur Annäherung an eine Didaktik moralisch-nachhaltigen Handelns für eine BNE und BBNE. Sie ist dann in einen didaktischen Kontext einzubetten und Ausgangspunkt einer handlungstheoretisch fundierten Didaktik für moralisch-nachhaltiges Handeln.

5 Theoretischer Teil II – Annäherung an eine handlungstheoretisch fundierte Didaktik zur Förderung moralisch-nachhaltigen Handelns

5.1 Problemstellung

„Moralisch-nachhaltiges Handeln" wurde definiert als absichtliches, wenigstens teilbewusstes Handeln, welches nach moralischen Prinzipien erfolgt und als Wertorientierungen soziale, ökologische und ökonomische Aspekte umfasst (siehe Kapitel 2.5.3.2.2). In Kapitel 2.5.2 wurden neben dem notwendigen Wissen die Elemente KÖNNEN, WOLLEN und DÜRFEN als konstituierende Elemente einer Handlungsgenese im Kontext einer Handlungskompetenz herausgestellt. Folgerichtig sollten dann moralisch-nachhaltiges KÖNNEN (Fähigkeiten, Kenntnisse), WOLLEN (Motivation, Wille), DÜRFEN (situative, strukturelle, soziale Rahmenbedingungen) im Sinne einer moralisch-nachhaltigen Handlung im Fokus des Erkenntnisinteresses stehen, die im Rahmen einer handlungstheoretisch fundierten Didaktik zu fördern wären. Während sich die Elemente KÖNNEN und WOLLEN in den konsultierten Handlungsmodellen aus der Umwelt- und Moralpsychologie bereits ausreichend sichtbar in den handlungswirksamen Faktoren abbilden (siehe Kapitel 3.5.1), werden situative und kontextbezogene Faktoren in den favorisierten Modellen zu wenig betrachtet. Hierfür stand exemplarisch das Element DÜRFEN, welches als Platzhalter für die externen Einflussfaktoren steht. Hiermit ist nicht etwa nur eine rechtliche Legitimation gemeint, wie der Begriff nahelegt („Ich verstoße gegen kein Gesetz, wenn ich handle, ich *darf* handeln"), sondern gemeint sind auch die wahrgenommenen generellen Erwartungen anderer, für das Subjekt relevanter Personen („Was soll ich *deren* Meinung nach tun"). Der Begriff des Dürfens trägt also nicht allzu weit und sollte im Folgenden nähere Spezifikation erfahren.

Der Aspekt der Kontextspezifität einer moralisch-nachhaltigen Handlung ist vor allem deswegen relevant, da er auf das Spannungsfeld zwischen BNE einerseits und BBNE andererseits verweist – welche Rolle spielt der berufliche Kontext bei der Genese moralisch-nachhaltigen Handelns? Es stellt sich die Frage, welche Ansätze, Konzepte und Modelle aus dem beruflichen Kontext

geeignet sind, in ein Handlungsmodell für eine BNE *und* BBNE auf theoretischer Ebene einzufließen.
Ein solches Handlungsmodell wäre einzubetten in eine ganze Reihe anderer, konstituierender Elemente einer handlungstheoretisch fundierten Didaktik. In Kapitel 3 wurde bislang vor allem auf makro- und mikrodidaktische Gegebenheiten im Status quo einer BNE und BBNE eingegangen (siehe Kapitel 3.1.2), Weiteres wäre zu ergänzen.

5.2 Erkenntnisinteresse

- **Wie kann eine handlungstheoretisch fundierte Didaktik zur Förderung moralisch-nachhaltigen Handelns aussehen, die für eine BNE und BBNE gleichermaßen genutzt werden kann?**

5.3 Vorgehen/Methodik

Die zweite Phase der theoretischen Exploration widmet sich der Annäherung an die Grundzüge der favorisierten Didaktik (siehe Abbildung 53). Dabei werden die Ergebnisse aus den beiden vorangegangenen Arbeitsphasen aufgegriffen.
Das Vorgehen im Einzelnen verdeutlicht Abbildung 54. Eine Rekapitulation der Erkenntnisse aus den beiden vorangegangenen Arbeitsphasen fließt in die Konturierung konstituierender Elemente einer handlungstheoretisch fundierten Didaktik ein.
Im Rahmen einer theoretischen Exploration werden erste Hinweise, Tendenzen und adäquate Ansätze zur Ausgestaltung einer passenden Gesellschaftstheorie und Anthropologie, einer moralphilosophischen Position sowie einer Bildungs-/Lerntheorie skizziert. Den Schwerpunkt bildet die Konzipierung eines handlungstheoretischen Fundaments. Hierfür werden im Rückgriff auf Kapitel 3.5.1.1.2 und Kapitel 3.5.1.2.2 die favorisierten psychologischen Handlungsmodelle von MATTHIES (2005) und KOHLBERG & CANDEE (1984b) einer Modellsynthese unterzogen. Es schließt sich eine Suchbewegung im Feld der beruflichen Bildung an, die geeignete Handlungsmodelle mit Bezug zu beruflichen situativen und kontextrelevanten Faktoren identifizieren soll. Hierzu werden Ansätze und Konzepte der beruflichen Umweltbildung und der beruflichen Moralbildung konsultiert. Neben der daraus resultierenden Modell-

entwicklung wird der Fokus auf die Ableitung handlungswirksamer pädagogischer Interventionen gelegt.

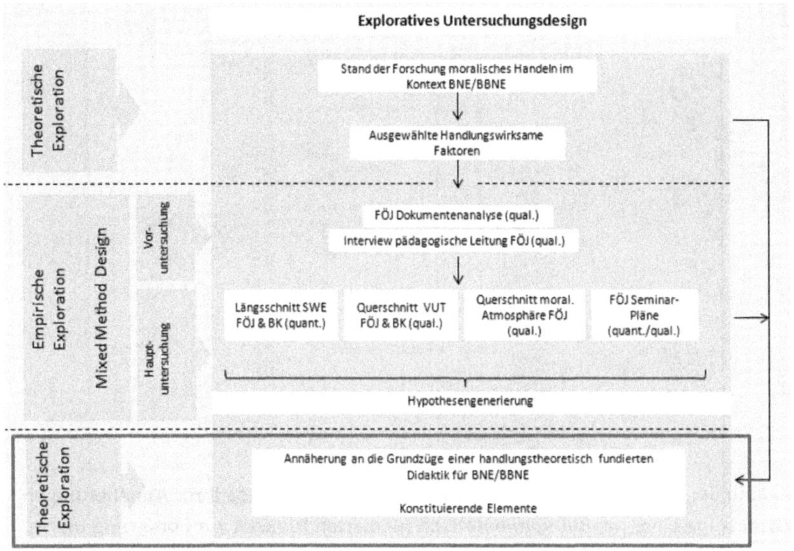

Abbildung 53: Forschungsdesign in der Übersicht, theoretische Exploration Phase II (Quelle: eigene)

Die Konturierung makro- und mikrodidaktischer Grundzüge erfolgt in unmittelbarer Anbindung an das entwickelte Handlungsmodell.
Im Rahmen einer Reflexion wird die Umsetzbarkeit einer solcherart ausgestalteten handlungstheoretisch fundierten Didaktik zur Förderung moralisch-nachhaltigen Handeln bewertet.

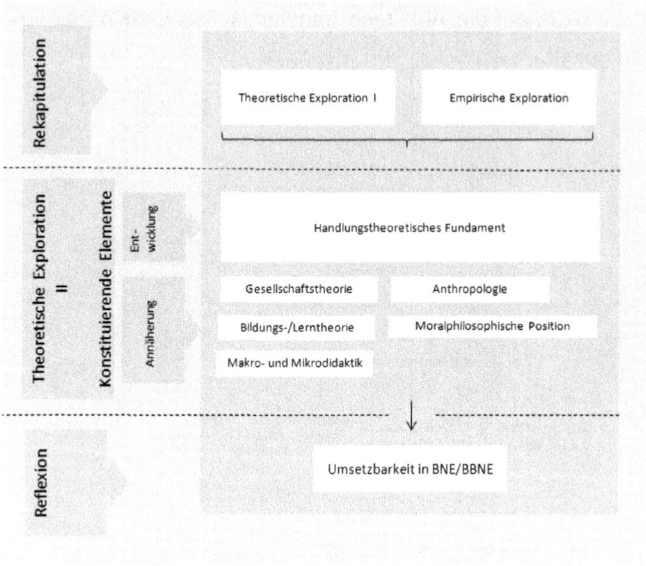

Abbildung 54: Ablaufplan theoretische Exploration Phase II zur Annäherung an die Grundzüge einer handlungstheoretisch fundierten Didaktik zur Förderung moralisch-nachhaltigen Handelns (Quelle: eigene)

5.4 Konstituierende Elemente einer handlungstheoretisch fundierten Didaktik

5.4.1 Einleitung

5.4.1.1 Grundlegendes

Es existieren verschiedene didaktische Theorien und Standpunkte auf der Grundlage unterschiedlich eng oder weit gefasster Didaktik-Begriffe. Ein weiter Didaktik-Begriff kann sich auf die Theorien des Lehrens und Lernens allgemein beziehen; ein engerer Didaktik-Begriff definiert Didaktik als „Theorie der Bildungsinhalte und des Lehrplans“ (vgl. Böhm 2000, 131). Oftmals wird ein Didaktikverständnis zugrunde gelegt, nach welchem Didaktik die Wissenschaft vom Lehren und Lernen ist und alle Aspekte umfasst, die mit den Entscheidungen, Begründungen, Voraussetzungen und Prozessen im Zusammenhang mit Unterricht verbunden sind (vgl. bspw. Riedl 2010, 11). Gemeint ist demnach professionelles didaktisches Handeln für die Planung, Entwicklung und Durchführung von Unterricht im Sinne einer Einheit von Inhalt („Was“) und Methode („Wie“). Dabei beziehen sich unterschiedliche Aufgaben- und Handlungsfelder der Didaktik vermehrt auf den einen oder den anderen Teil didaktischen Handelns: So fokussiert die Makrodidaktik auf die curriculare Planung eines Programms, während unter den mikrodidaktischen Aufgaben einer lehrenden Person vornehmlich die Planung eines Lehr-Lern-Arrangements und die Methoden- und Materialauswahl verstanden wird (siehe Siebert 2003, 319, 321).

Es existieren mal mehr, mal weniger feingliedrige Systematiken für die zahlreichen verschiedenen Didaktiken, die sich je nach Gegenstandsbereich und Schwerpunkt unterscheiden. Zunächst lässt sich eine schulpädagogische von einer berufspädagogischen Didaktik unterscheiden (vgl. Siebert 2003, 6). Zudem wird unterschieden in Lernort- oder Institutionendidaktiken (bspw. Hochschuldidaktik), Fachbereichsdidaktiken (bspw. politische Bildung), Lernphasendidaktiken (vorberufliche Bildung, berufliche Ausbildung, berufliche Weiterbildung) usw. (vgl. Siebert 2003, 6; Albers 2001, 32). Zusätzlich koexistieren eine Anzahl an didaktischen Modellen und Konzepten, die jeweils präferiert werden. Häufig genannte didaktische Modelle sind bspw. die bildungstheoretische Didaktik oder die lerntheoretische Didaktik (siehe Blankertz 1991). Auch verschiedene kommunikations- und interaktionistische Ansätze gehören zum klassischen Dreiklang. Die Modelle fußen auf unterschiedlichen Zugängen zur Pädagogik (siehe Lassahn 2000) und beziehen sich mehr oder weniger explizit auf spezifische Annahmen zum Erkenntnisgewinn im Allgemeinen und des Lernens im Besonderen, wie insbesondere die konstruktivistisch fundierte Ermöglichungsdidaktik (siehe bspw. Arnorld/Schüßler 2015).

Die Didaktik der BNE oder BBNE ist derzeit nicht auszumachen. In Kapitel 3.1 wurde, wo identifizierbar, der Status quo der Praxis in BNE und BBNE skizziert. Hierauf wird im Folgenden zurückzukommen sein.

5.4.1.2 Status quo der Didaktik für BNE/BBNE mit Bezug zu moralisch-nachhaltigem Handeln – Rückbezug

In Kapitel 3.1.2.1 wurde gezeigt, dass sich die aktuelle BNE und BBNE, geprägt durch die bildungspolitischen Programme der letzten Jahre, in Hinblick auf eine Didaktik vor allem durch einen starken Kompetenzbezug auszeichnet. Moralische Kompetenzen sind dabei in den prominenten Kompetenzsystematiken mal mehr, mal weniger explizit vertreten. Was die Inhalte betrifft, so thematisierten diese in der Dekade-Vergangenheit verstärkt Themen wie Klima und Ressourcen, ohne dass dabei explizit die ethische Dimension reflektiert worden wäre. Aspekte wie Globalität und Generationengerechtigkeit waren vergleichsweise unterbelichtet. Inwiefern in den Projekten im Rahmen der Dekade zu BNE und BBNE moralische Belange als Querschnittsthemen integrativ behandelt wurden, ist dabei aber nicht sicher zu sagen.

Grundsätzlich orientiert sich die BNE an den groben Grundzügen einer konstruktivistisch ausgerichteten Didaktik. Situiertes und selbst organisiertes Lernen gehören ebenso dazu wie Subjektorientierung und Handlungsorientierung im Sinne einer Situationsorientierung. Problemorientiertem Lernen anhand von partizipativen und kollaborativen Methoden kommt dabei ein besonderer Stellenwert zu. Bei der BBNE werden diese Prinzipien vor dem berufspädagogischen Hintergrund reflektiert. Als Referenz gilt hier vor allem das Didaktische Konzept für die Modellprojekte des Bundesinstituts für Berufsbildung (2013). Moralische Bezüge finden sich hier explizit durch die Thematisierung von Dilemmata, die sich aus dem Dreiklang von sozialen, ökonomischen und ökologischen Bezügen ergeben. Das Spannungsfeld, das sich zwischen den Polen Wissen und Handeln bzw. KÖNNEN, WOLLEN, DÜRFEN und Handeln eröffnet, wird didaktisch weder in der BNE noch in der BBNE ausreichend explizit thematisiert.

5.4.1.3 Konstituierende Elemente

Ein didaktischer Ansatz erschöpft sich nicht in den beiden Aspekten Inhalt und Methode, sondern steht auch stets für eine bestimmte Sicht auf den Menschen und die ihn umgebende Mitwelt. Mitunter zeigt sich in didaktischen Ansätzen ein Paradigma, ein bestimmter Theorieansatz, der durch alle konstituierenden

Elemente hindurchscheint. Oftmals hat ein didaktischer Ansatz aber auch eine geringere Reichweite und ist weniger umfassend eingebettet.
Für eine handlungstheoretisch fundierte Didaktik für BNE/BBNE an dieser Stelle einen vollständigen und kohärenten Theorieansatz schaffen zu wollen, wäre anmaßend und würde den Ansprüchen, die zu Recht an ein solches Unterfangen gestellt würden, nicht gerecht. Was im Rahmen der vorliegenden Untersuchung geleistet werden kann, ist eine erste Annäherung an eine Verortung, eine Orientierung hinsichtlich wesentlicher Elemente wie einer dahinterliegenden Gesellschaftstheorie, einer anthropologischen Ausrichtung, einer Lerntheorie, einer moralphilosophischen Position sowie einer zu bestimmenden makro- und mikrodidaktischen Ausrichtung. Dem handlungstheoretischen Fundament der Didaktik wäre ein besonderer Schwerpunkt zuzugestehen. Aus diesem Grund soll darauf im Folgenden ausführlicher als auf die anderen konstituierenden Elemente eingegangen werden – während für die handlungstheoretische Fundierung eine konkrete Modellvorstellung zum moralisch-nachhaltigen Handeln konzipiert wird, verbleiben die Ausführungen zu den anderen, nicht minder wichtigen konstituierenden Elementen auf der Ebene einer ersten Annäherung.

5.4.2 Handlungstheoretisches Fundament

5.4.2.1 Vorgehen

Ziel wäre die Generierung einer Modellvorstellung, die als handlungstheoretisches Fundament fungiert, um pädagogische Interventionen ableiten zu können, die der Förderung moralisch-nachhaltiger Handlungen dienen. Im vorangegangenen Kapitel 3.1.3 (und folgende) wurde sich der Frage nach einem handlungstheoretischen Fundament bereits angenähert. Auf der Suche nach handlungswirksamen Faktoren in Hinblick auf moralisch-nachhaltiges Handeln wurden zwei Modelle aus der umwelt- und moralpsychologischen Forschung identifiziert, die solche Faktoren im Rahmen von Prozessmodellen abbilden und die Ableitung pädagogischer Interventionen erlauben bzw. konkrete Vorschläge hierzu machen. Dass beide Modelle verschränkt werden können, soll im Folgenden gezeigt werden (siehe Kapitel 5.4.2.2). Eine solche Synthese der beiden Modelle von MATTHIES (2005) und KOHLBERG & CANDEE (1984b) stellt dabei einen ersten, aber nicht ausreichenden Schritt dar. Das aus diesem Vorgehen hervorgehende Modell bedarf einer Spezifizierung hinsichtlich relevanter Kontextfaktoren des Handelns, die, wie bereits kritisch angemerkt wurde, bislang in den beiden verwendeten Modellen unterbelichtet sind. Hiermit sollen der Nutzen des synthetisierten Modells und die aus ihm ableitbaren pädagogischen Interventionen für spezifische Kontexte wie das berufliche Handeln attraktiver werden. Hierbei wird das Synthese-Modell als Ausgangspunkt genutzt.

Wie bereits gezeigt wurde, speist die BBNE ihre Vorstellungen zu handlungstheoretischen Grundlagen aus allgemeinen Modellen der (umwelt-)psychologischen Forschung (siehe Kapitel 3.1.3). Kontextfaktoren bleiben auch hier unterbelichtet.

Das entwickelte Synthese-Modell erfährt deswegen eine Erweiterung durch Ansätze aus einer moralisch akzentuierten beruflichen Umweltbildung, die sich der Sozialisationsforschung bedient (siehe Kapitel 5.4.2.5). Hier stehen Umweltbedingungen im Sinne einer das Subjekt prägenden Umwelt im Vordergrund. Die Darstellung von pädagogischen Interventionen aus dem auf diese Weise entstandenen Modell nutzt zahlreiche Rückgriffe auf bereits in Kapitel 3 dargestellte Ausführungen.

5.4.2.2 Prozessmodell zu moralisch-nachhaltigem Urteilen und Handeln – eine Synthese der Handlungsmodelle von MATTHIES und KOHLBERG & CANDEE

Modell

Das zu bildende Modell soll in erster Linie heuristischen Ansprüchen genügen. Die Verschränkung zweier Handlungs-Prozessmodelle, deren Phasen sich ähneln, erscheint fruchtbar und wenig riskant. Da das Modell von MATTHIES (2005) auf einem Modell moralischen Ursprungs fußt (Schwartz 1977), liegt eine Synthese mit dem Modell von KOHLBERG & CANDEE (1984b) ohnehin nahe.

Die folgende Abbildung 55 stellt eine Synthese der Modelle von MATTHIES (2005) und KOHLBERG & CANDEE (1984b) dar: Den Rahmen bildet das Integrative Einflussschema umweltgerechten Alltagshandelns von MATTHIES (2005). Zur besseren Verständlichkeit und zur Verdeutlichung der moralischen Anteile des Modells wurden vernachlässigte Elemente des Ursprungsmodells zu altruistischem Verhalten von SCHWARTZ (1977) ergänzt (dunkel-orange Markierung). Die blaue Markierung verdeutlicht die Anteile des Prozessmodells zu moralischem Urteilen und Handeln von KOHLBERG & CANDEE (1984b).

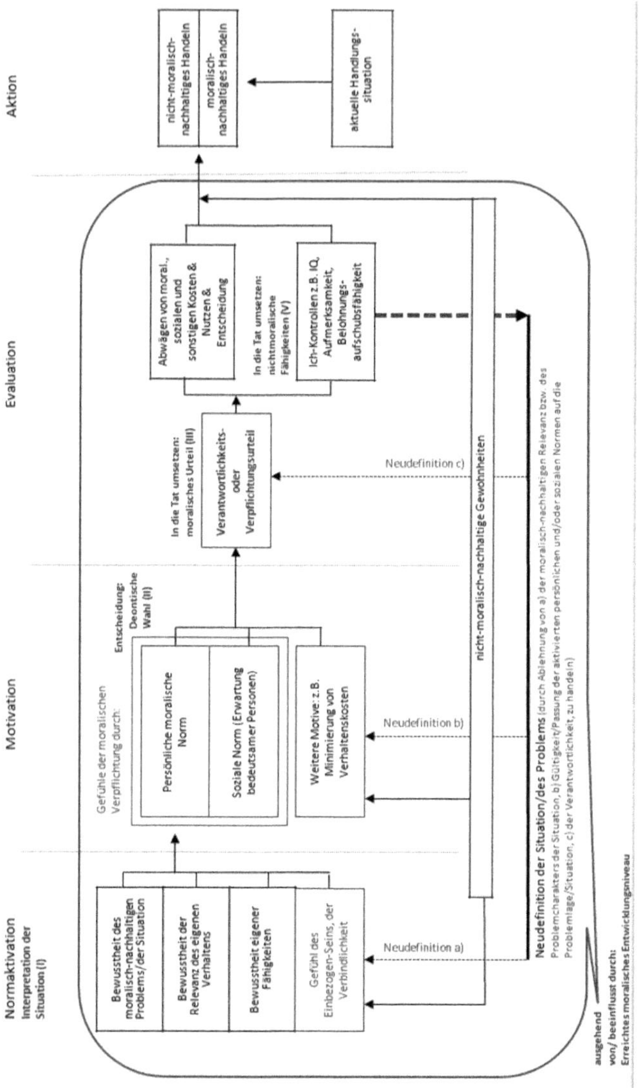

Abbildung 55: **Prozessmodell zu moralisch-nachhaltigem Urteilen und Handeln (Quelle: erweitert/modifiziert: Matthies 2005, 73; Schwartz 1977, 241; Kohlberg/Candee 1984b, 430)**

Neuerungen

Die Interpretation der Problemlage bzw. moralisch-nachhaltig relevanten Situation erfolgt nun wie auch die anderen innerpsychischen Prozesse bis zur konkreten Handlung (oder deren Unterlassung) ausgehend von dem erreichten Niveau der Moralentwicklungsstufen nach KOHLBERG (1976). Neben den Faktoren der Bewusstheit der Situation, der Relevanz des eigenen Verhaltens und der geeigneten Fähigkeiten zur Beantwortung umfasst die Interpretation der Situation nunmehr auch das Gefühl des Einbezogen-Seins. SCHWARTZ (1977) nennt dies „apprehension of some responsibility to become involved" (vgl. Schwartz 1977, 246). Gemeint ist nicht das Gefühl der Verpflichtung, sondern eine gewisse Verbindlichkeit, die sich durch eine Person oder die Situation selbst ergibt – so ruft etwa das Auffinden einer Geldbörse ein Gefühl der Verantwortlichkeit für das weitere „Schicksal" dieser Geldbörse hervor (vgl. Schwartz 1977, 246).

In der Motivationsphase nun entstehen darauf folgend Gefühle der moralischen Verpflichtung. Persönliche sowie soziale moralische Normen werden konsultiert bzw. konstruiert und das Subjekt trifft die deontische Wahl: Was soll ich tun? In diese Entscheidung gehen nun, anders als bei KOHLBERG & CANDEE (1984b), auch die Erwartungen für das Subjekt bedeutsamer Dritter ein. In die Motivation des Subjekts gehen ebenfalls weitere Motive wie die Minimierung von Verhaltenskosten ein, wie dies im MATTHIESschen Modell (2005) vorgesehen ist.

In der Evaluationsphase fällt das Subjekt das Verantwortlichkeits- oder Verpflichtungsurteil, so wie bei KOHLBERG & CANDEE (1984b) dargelegt ist. Neben Ich-Kontrollen als nichtmoralische Fähigkeiten evaluiert das Subjekt nun Kosten und Nutzen einer möglichen Handlung im MATTHIESschen (2005) Sinne. In dieser Phase kann es bei Nicht-Passung oder einer zu hohen Kosteneinschätzung zur Neudefinition der Bewertung kommen, die sich auf jeweils vorangegangene Phasen bezieht. Die bisherigen Evaluationsergebnisse können vom Subjekt durch eine Neudefinition im Sinne einer Ablehnung von folgenden Faktoren vorgenommen werden (vgl. Schwartz 1977, 241):

- der moralisch-nachhaltigen Relevanz bzw. des Problemcharakters der Situation (a)
- der Gültigkeit/Passung der aktivierten persönlichen und/oder sozialen Normen auf die Problemlage/Situation (b) sowie
- der Verantwortlichkeit, zu handeln (c)

Einem moralisch-nachhaltigen Handeln entgegenstehende Gewohnheiten wirken zu jeder Entscheidungsphase des Subjekts negativ auf einen positiven Handlungsausgang.

Kritische Reflexion

Die Synthese der beiden Modelle von MATTHIES (2005) und KOHLBERG & CANDEE (1984b) bietet in mehreren Punkten hilfreiche Vorzüge. Zum einen wird die Genese moralischer Urteile präzisiert und der moralische Kern des MATTHIESschen (2005) Modells verdeutlicht. Zum anderen ermöglicht die hinterlegte Stufentheorie KOHLBERGs (1976), den Aspekt des Reifegrads zu thematisieren, den STENGEL et al. (2008) als Niveaustufen von Kompetenzentwicklung in Zusammenhang gebracht hatten (siehe Kapitel 3.5.1.1.2). So scheint es deutlicher erkennbar, dass mit einer hohen erreichten moralischen Entwicklungsstufe das Kostenargument in der Evaluationsphase an Kraft verliert und zur Akzeptanz jeweils höherer Verhaltenskosten führt, da diese anders bewertet werden (vgl. Schahn/Matthies 2008, 674). Allerdings suggeriert das Modell von KOHLBERG & CANDEE (1984b) auch in der Verbindung mit den MATTHIESschen (2005) Vorstellungen weiterhin, Subjekte würden stets nach ihrer individuell höchsten erreichten moralischen Stufe handeln.

Das Modell von KOHLBERG & CANDEE (1984b) profitiert vom emotionalen Aspekt des SCHWARTZschen (1977) Modells, sowohl in der Aktivations- als auch in der Motivationsphase. Auch werden situativ empfundene Zwänge und der äußere Handlungsdruck, die bislang in der Modellvorstellung von KOHLBERG & CANDEE (1984b) vermisst wurden (vgl. Pfeifer 2009, 305; Oser/Althof 1992, 236), nun zumindest durch die Wahrnehmung sozialer Normen durch das Subjekt abgedeckt.

Situations- und Kontextspezifität dagegen bleiben weiterhin unterrepräsentiert.

5.4.2.3 Orientierung: die moralische Dimension beruflicher Umweltbildung

Die BBNE schließt an die Bemühungen zur beruflichen Umweltbildung[111] an, die in der BBNE auch weiterhin Bedeutung hat (siehe bspw. BIBB 2004; Mertineit/Exner 2003). Im Jahr 1986 wurden erstmals Umweltziele in Ausbildungsverordnungen aufgenommen (vgl. Kutt 2006, 36). Bis heute sind Ziele des Umweltschutzes bspw. Bestandteil aller Ausbildungsordnungen und Rahmenrichtlinien des dualen Systems werden curricular, aber nicht hinreichend umgesetzt (vgl. Rebmann et al. 2003, 27). Die berufliche Umweltbildung wurde und wird kritisch beurteilt. Die von DE HAAN et al. (1997) beklagte defizitäre Verbreitung der „grünen Wende" (siehe de Haan et al. 1997), die festgestellten konzeptionellen bzw. strukturellen Mängel (vgl. Mertineit 2002, 30) oder die einseitige Zielstellung auf die Vermeidung von Umweltschäden (vgl. Fischer 1998, 124) sind nur einige Beispiele aus der Vergangenheit, die auch heute noch angeführt werden können. Zeitweise war es so ruhig um die berufliche Umweltbildung, dass FICHTER & NITSCHKE (1995) fragten: „Berufliche Umweltbildung – wo steckst du?" (vgl. Fichter/Nitschke 1995). Mit Blick auf die Wissen-Handeln-Problematik kann festgehalten werden, dass in beruflicher Umweltbildung, wie in der allgemeinen Umweltbildung, ein monokausales Denken vorherrschte, nach dem umweltrelevantes Wissen zu ebensolchem beruflichen Umwelthandeln führt (vgl. Fischer 1998, 125).

Mit Bezug auf LEWIN (1963) und BRONFENBRENNER (1981) wird darauf verwiesen, dass die ein Individuum umgebende Welt ein ebenso wichtiger Faktor für Lern- und Arbeitsprozesse ist wie das Individuum und seine Interaktionen mit anderen (vgl. Schmidt-Peters/Buchmann 2000, 25). Weniger die Eigenschaften des Individuums als die Beschaffenheit und Wirkung der Umwelt stehen im Vordergrund (vgl. Schmidt-Peters/Buchmann 2000, 25). KELL (1984; 1995) hat diese Perspektive für das Verhältnis von Lernen und Arbeiten sowie für die Beschreibung der Berufsausbildung fruchtbar gemacht (vgl. Schmidt-Peters/Buchmann 2000, 28). Im Beschäftigungssystem sieht sich das Subjekt dabei vor allem ökonomischen Zielen gegenüber (siehe Abbildung 56).

[111] Für eine Darstellung der historischen Entwicklungsphasen beruflicher Umweltbildung siehe bspw. FISCHER (1998) oder MERTINEIT (2002).

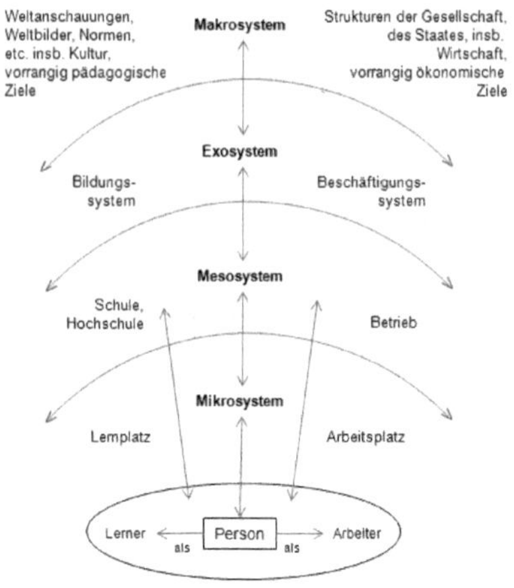

Abbildung 56: Person und ihre Umwelten (aus: Schmidt-Peters/Buchmann 2000, 29)

Diese „Umwelten" sind auch von der beruflichen Sozialisationsforschung aufgegriffen worden. Mit Blick auf Moral wurde hier die Beschaffenheit und Genese der „moralischen Urteilskompetenz" betrachtet (vgl. Bienengräber 2011, 499). Bevor gefragt wurde, wie eine moralische Urteilskompetenz im beruflichen Kontext gefördert werden kann, wurde und wird weiterhin debattiert, wie diese Kompetenz beschaffen sein soll. Dahinter steht der Streit zwischen universalistischen und partikularistischen Vorstellungen von Moral (siehe auch Beck 2014).

Eine systematische Übersicht zu den Positionen hinsichtlich der moralischen Urteilskompetenz bietet BIENENGRÄBER (2011), auf dessen Darstellungen im Folgenden ausführlicher eingegangen werden soll. Während ZABECK (2002) die Ausbildung einer *homogenen* Urteilskompetenz anstrebt – also im KOHLBERGschen (1976) Sinne: Anwendung der am höchsten erreichten moralischen Entwicklungsstufe in allen Anwendungsbereichen, Situationen und Umständen –, vertreten BECK (2014) und andere die These, eine moralische Urteilskompetenz könnte ausschließlich als *differenziert* ausgebildete Kompetenz verstanden werden (vgl. Bienengräber 2011, 499)[112]. Hier liegt die Annahme zugrunde, dass ein Subjekt zwar eine hohe Entwicklungsstufe erreicht haben kann, es aber auf die situationsspezifische Aktualgenese eines moralischen Urteils ankommt (vgl. Bienengräber 2011, 506). Eine differenziert ausgebildete moralische Urteilskompetenz (als Basis moralischen Handelns) wiederum kann auf zweierlei Weise konzipiert werden. Zum einen kann die Differenzierung durch das Subjekt aufgrund einer moralischen „Segmentierung“ vorgenommen werden: Das Subjekt betrachtet unterschiedliche soziale Lebensbereiche als „Segmente“, für die es jeweils unterschiedliche moralische Urteilsprinzipien (siehe Stufen von KOHLBERG (1976)) für angemessen hält (vgl. Bienengräber 2011, 501f.). Diese gelten dann generell für diesen Lebensbereich, bspw. für den Beruf, und werden nicht weiter ausdifferenziert (vgl. Bienengräber 2011, 501). Das Subjekt interpretiert in diesem Fall die wahrgenommenen situativen Faktoren „unter dem Einfluss *bereichsspezifisch generalisierter*, sozialisatorischer Erfahrungen“ (aus: Bienengräber 2011, 515, Kursivierungen aus dem Original übernommen).

Zum anderen kann die Differenzierung durch das Subjekt aufgrund einer moralischen „Situierung“[113] vorgenommen werden: Das Subjekt nimmt die Gegebenheiten einer konkreten Situation wahr, die Anwendung moralischer Urteilskompetenz geschieht situationsangepasst (vgl. Bienengräber 2011, 502).

Hinweise zu handlungswirksamen Faktoren, die zwischen Handlungsintention und dem moralisch-nachhaltigen Handeln stehen, sowie prozessorientierte Handlungsmodelle stehen in den dargestellten Debatten nicht im Vordergrund. Die Hinweise darauf, wie ein Subjekt das Umfeld Beruf als Lebensbereich betrachtet und berufliche Situationen konstruiert, können aber als fruchtbar für die Ergänzung des Synthese-Modells betrachtet werden.

---

112 BECK und BIENENGRÄBER begegnen der Homogenitätsannahme von KOHLBERG mit anderslautenden empirischen Befunden (siehe Bienengräber 2011, 502).

113 Das Vorliegen einer segmentierten Bereichsmoral bezeichnet BIENENGRÄBER (2011) als eine Spielart der Situierung, allerdings als „Fehlentwicklung“ (vgl. Bienengräber 2011, 515, 517). Im Falle der segmentierten Bereichsmoral sieht BIENENGRÄBER die Gefahr einer mangelhaften Identitätsentwicklung und eine unzureichende personale (Urteils-)Konsistenz (vgl. Bienengräber 2011, 515).

5.4.2.4 *Moralische Sozialisation im beruflichen Kontext: die Ansätze von LEMPERT, BECK und BIENENGRÄBER*

5.4.2.4.1 Wider die moralische Segmentierung: der Ansatz von LEMPERT

Der Ansatz von LEMPERT (bspw. 1988) ist als Konzept zur moralischen Erziehung zu verstehen, welches auch stets die Moralisierung und Humanisierung der Gesellschaft und der Arbeit meint (vgl. Lempert 1988, 8; Lempert 1974). So ist die Arbeitswelt keine „moralfreie Zone", in der es genügt, vorkonventionellen Leitlinien zu folgen, zumal sich Entscheidungsspielräume, in denen moralische Kompetenzen gefragt sind, überall finden, wenn sie auch abhängig von Hierarchiestufe und Arbeitsplatz variieren (vgl. Lempert 1988, 35, 38). Kernpunkt seines Ansatzes ist die Ausbildung einer moralischen Urteilsfähigkeit, die LEMPERT (1988) als Zielkategorie beschreibt, für die aber auch konkrete Hinweise für förderliche Entwicklungsbedingungen angeboten werden. Moralische Urteilsfähigkeit lässt sich als Vermögen beschreiben, für soziale Konflikte Lösungen zu finden, die für alle Beteiligten konsensfähig sind (vgl. Lempert 1988, 12). LEMPERT (1988) versteht Moralität demnach als Inbegriff allgemein konsensfähiger, weil gut begründeter Lösungen von sozialen Konflikten (vgl. Lempert 1988, 13).

LEMPERT (1988) geht von einem interaktionistischen Verständnis der Beziehungen zwischen dem Individuum und der es umgebenden Umwelt aus (vgl. Bienengräber 2002, 57). Die moralische Urteilsfähigkeit kann daher durch die Einflüsse, denen ein Mensch in seiner sozialen Umwelt ausgesetzt ist, verändert werden (vgl. Bienengräber 2002, 57). „Arbeit" als solche erzeugt und gestaltet moralische Orientierung, soziale Umwelt und individueller Lebenszusammenhang sind stets zusammen zu betrachten (vgl. Lempert 1988, 9f.).

Der Ansatz von LEMPERT (1988) knüpft an die Arbeiten von KOHLBERG (bspw. 1976) an, nimmt aber eine sozialisationstheoretische Perspektive[114] ein, nach welcher zwar die Richtung der Entwicklung moralischen Denkens nach innerpsychischen Gesetzen festgelegt ist, nicht aber das Tempo und der je-

[114] BIENENGRÄBER (2002) hat gezeigt, dass die Konzepte von KOHLBERG und LEMPERT kompatibel sind und sich bei näherer Betrachtung, bspw. der verwandten Begriffe, weniger Unterschiede zeigen als angenommen (vgl. Bienengräber 2002, 93 ff.). Er unterstreicht KOHLBERGs Aussage, dass moralische Entwicklung und Sozialisation nicht klar voneinander zu trennen seien (vgl. Kohlberg 1996, 7).

weilige Stand der Entwicklung, denn diese ergeben sich weitgehend aus Umweltbedingungen (vgl. Lempert 1988, 27). Förderliche soziale Bedingungen sind so einflussreich, dass sich moralische Urteilsfähigkeit auch ohne pädagogisches Zutun weiterentwickeln kann (vgl. Lempert 1988).

Moralische Urteilsfähigkeit sieht LEMPERT (1988) als homogenes Konstrukt an. Er warnt vor der Gefahr einer „moralischen Segmentierung". Diese besteht, wenn Individuen dauerhaft eine Bewusstseinsspaltung in dem Sinne erfahren, dass sich ihre moralische Urteilsfähigkeit bereichsspezifisch entwickelt, sie in verschiedenen Bereichen verschiedene Niveaus moralischer Kompetenz erreichen (vgl. Lempert 1988, 36). Es geht um die Wahrung der moralischen Integrität (vgl. Lempert 1988, 49), d. h., dass man zu Hause und im Betrieb derselbe Mensch ist. Manchmal versuchen Menschen, dies zu kompensieren, indem sie sich bspw. im Betrieb den dortigen Normen fügen, sich privat aber in eine andere Richtung engagieren (vgl. Lempert 1988, 49).

BIENENGRÄBER (2002) hat die Ausführungen von LEMPERT (1987 und weitere) in eine Modellvorstellung überführt (siehe Abbildung 57).

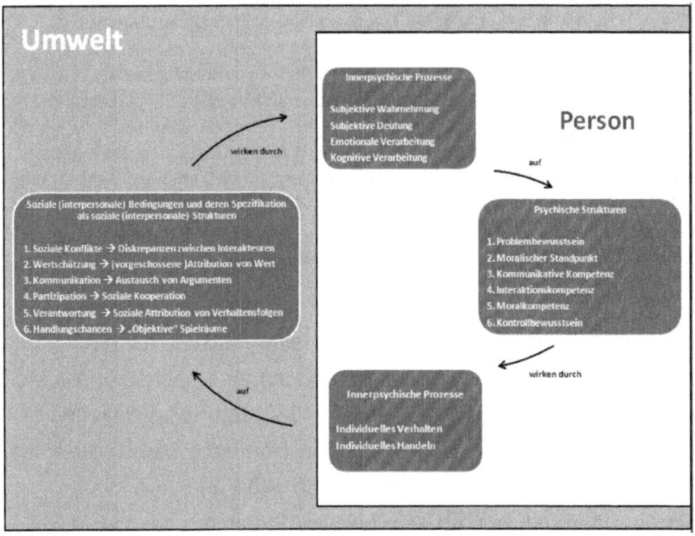

Abbildung 57: Prozessmodell „sozialisatorische moralische Interaktion" (aus: Bienengräber 2002, 64 nach Lempert 1987; 1988; 1993; Costen/Lempert 1997)

Einerseits wird auf diese Weise der interaktionistische Charakter moralischer Sozialisation deutlich, andererseits wird gleichzeitig auf förderliche soziale Strukturen verwiesen. Mit Blick auf den Prozesscharakter verweist LEMPERT (1988) darauf, dass die dargestellten Elemente keine aufeinander folgenden Phasen sind, sondern stetig ineinandergreifen (vgl. Lempert 1988, 30). Moralisches Urteilen bedeutet dann, einander entgegengesetzte Handlungsorientierungen auf bestimmte Art kognitiv zu bearbeiten, und zwar mit dem Ziel, eine allgemein anerkannte Entscheidung zu finden (vgl. Lempert 1988, 30).
Ein besonderes Augenmerk gilt sozialen Strukturen, die Einfluss auf das moralische Denken haben (vgl. Lempert 1988, 29, 44-54; 1993; 2002, 123-130). Diese wirken durch innerpsychische Prozesse auf die psychischen Strukturen einer Person. Als förderlich identifiziert LEMPERT (1988, 1993):

1. Offene Konfrontation mit sozialen Problemen und Konflikten: Beispielsweise Personen, die widersprüchliche Erwartungen an den Lernenden stellen (vgl. Lempert 1988, 45)
2. Zuverlässige Wertschätzung, stabile emotionale Zuwendung und soziale Anerkennung: Beispielsweise treffen Lernende im Betrieb auf Ausbilder, die eine Vaterrolle übernehmen oder sie im Gegenteil als „Nummer“ sehen (vgl. Lempert 1988, 44)
3. Zwanglose Kommunikation, Chancen zur Teilnahme an Kommunikationsprozessen: Beispielsweise isolierter Einzelarbeiter vs. Team, welches sich stetig austauscht (vgl. Lempert 1988, 46)
4. Möglichkeiten der Mitwirkung an kooperativen Entscheidungen: Beispielsweise bestimmen Beschäftigte bei sozialen Angelegenheiten mit (Betriebsrat) (vgl. Lempert 1988, 47)
5. Fähigkeitsangemessene Verantwortung, Verantwortung für die Gestaltung des eigenen Lebens sowie für andere Personen: Beispielsweise erschwert die komplexe Verflechtung von Aufgaben und Entscheidungsbefugnissen eine (individuell empfundene) Verantwortungszuweisung (vgl. Lempert 1988, 48)
6. (ab 1993): Adäquate Handlungschancen, wirksam über die Erzeugung von Kontrollüberzeugungen

Eine positive Ausprägung dieser Faktoren stellt eine notwendige Bedingung für eine Weiterentwicklung und damit den Sprung auf eine nächsthöhere Moralstufe dar (vgl. Lempert 1988, 35). LEMPERT (1988) hat Spezifikationen der einzelnen sechs Faktoren ausgearbeitet, die den Übergang bspw. zur Postkonventionalität markieren (Näheres siehe Lempert 1988, 31).
Zur Realisierung der genannten positiven sozialen Strukturen stellt LEMPERT (1988) auch didaktische Überlegungen an. Während er fachunabhängigen und fachspezifischen Diskussionen von moralischen Konflikten und Problemen nur

eingeschränkte Wirkung bescheinigt, sieht er in Kompaktkursen zur moralischen Erziehung und der Methode der gerechten Schulgemeinschaft (siehe KOHLBERGs (1981) Ansatz) eine gute Möglichkeit, alle sechs förderlichen sozialen Strukturen zur Anwendung zu bringen (siehe Lempert 1988, 83). Allerdings wendet er kritisierend ein, dass auch diese Methoden lediglich im „Schonraum Schule“ angewandt werden und keinerlei erkennbaren Transfereffekte auf das außerschulische Leben zu beobachten sind (vgl. Lempert 1988, 87). Zusätzlich gibt er zu bedenken, dass in der dualen Ausbildung der Betrieb in der Regel einen weit stärkeren Einfluss auf die Entwicklung der Auszubildenden ausübt als die Berufsschule (vgl. Lempert 1988, 43f.).

Hinsichtlich der Erfolgsaussichten bei der Umsetzung seiner als förderlich identifizierten sozialen Strukturen sieht LEMPERT (1988) Widerstände im beruflichen Kontext. Er fordert eine Moralisierung und Humanisierung der Arbeits- und Wirtschaftswelt, damit das Individuum keine segmentierte Moral ausbilden muss. Er arbeitet heraus, dass Berufe und Tätigkeitsfelder ein unterschiedlich ausgeprägtes moralisches Anregungsniveau haben (vgl. Lempert 1988, 50-54). Während im sog. sekundären Sektor des Arbeitsmarktes, wo unqualifizierte und/oder schlecht bezahlte Tätigkeiten vorherrschen, vorkonventionelle oder rein strategische Orientierungen genügen (und höher entwickelte Denkstrukturen eher diskriminiert werden), erfordern, fördern und ermöglichen hochkomplexe Berufsfunktionen — wie etwa Jugendrichter — die Ausbildung postkonventionellen Denkens (vgl. Lempert 1988, 53). LEMPERT (1988) ergänzt, dass postkonventionelles Denken auch in Arbeitsplätze eingeführt werden kann, die dies per Definition nicht herausfordern, fördern, ermöglichen (vgl. Lempert 1988, 54). Denn: Die im vorberuflichen Bereich bereits ausgebildeten moralischen Urteilsstrukturen können auch bei wenig komplexen Aufgabenstrukturen auf betriebliche/berufliche Probleme angewandt werden (vgl. Lempert 1988, 54). Dabei ist es aber ausschlaggebend, dass frühere und spätere Erfahrungsbereiche (vorberuflich, beruflich, außerberuflich) nicht allzu stark kontrastieren, sonst könnte es zu Blockadehaltungen, Rückschritten oder der Ausbildung bereichsspezifischer Moral kommen (vgl. Lempert 1988, 54).

Der Nutzen von LEMPERTs (1988) Ansatz liegt in der Betonung des interaktionistischen Moments und der Hervorhebung von sozialisatorisch wirkenden

Umweltbedingungen auf die Ausbildung einer moralischen Urteilskompetenz. Damit umschreibt er förderliche soziale Rahmenbedingungen, bietet aber keinen ausreichenden Anknüpfungspunkt für die Wirkung sozialer handlungswirksamer Faktoren im innerpsychischen Prozess zwischen Urteilen und Handeln.

5.4.2.4.2 Bereichsmoralische Konzeption der beruflichen Bildung: der Ansatz von BECK

BECK (2008 und andere) vertritt im Gegensatz zu LEMPERT (1988) einen bereichsmoralischen Ansatz, der als Entkopplung von Sozial- und Individualmoral konzipiert ist (vgl. Beck 2008, 49). Moral hat sich demzufolge nach der jeweiligen subsystemischen Funktionalität zu richten (vgl. Beck 2008, 43). BECK (2008) stützt seinen Ansatz auf mehrere Grundannahmen.

Zum einen begründet er die Notwendigkeit einer Bereichsmoral mit den unterschiedlichen Aufträgen der Systeme Wirtschaft und Bildungswesen und den verschiedenen Ansprüchen an das Individuum (vgl. Beck 2000[115], 49; Beck 1999). Hier stehen sich „berufliche Tüchtigkeit" und allgemeine „Mündigkeit" gegenüber:

> „Das Subsystem Wirtschaft fordert vom Einzelnen zur Erfüllung seines Zwecks lediglich Berufsausbildung im Sinne von ‚beruflicher Tüchtigkeit' (...) und, damit verbunden, produktivitäts- und wettbewerbsstützende Bereichsmoral (oder ‚Betriebsmoral', wie ich es früher einmal genannt habe; Beck 1996). Ganz anders legitimiert sind die Ansprüche des Subsystems Erziehung, die sich auf Bildung als ‚Mündigkeit' (...), moralisch auf die Idee des ‚guten Menschen' richten." (aus: Beck 2008, 49)

Zum anderen weist BECK (2000) die mit „intellektueller Eleganz" auftretenden universalistischen Konzeptionen als, relativ gesehen, wirkungslos für die Praxis zurück, da die ihnen innenwohnende notwendige Realitätsferne keine Ethik „für den Menschen" darstellt und dieser darauf mit „universalem Egozentrismus" antwortet (vgl. Beck 2000, 13, 15, 18). Nicht für alle situativen Bedingungen erscheint BECK (2000) bspw. der kategorische Imperativ funktional – so mag dieser in Kooperations- oder Koordinationssituationen adäquat sein, für Konkurrenzsituationen aber kann er dysfunktionale Wirkungen nach sich ziehen (vgl. Beck 2000, 14). BECK (2000) führt unterstützend an, dass sich der

---

115 Der Beitrag wurde nochmals 2002 abgedruckt, siehe BECK (2002) in BONZ & SCHANZ (Hrsg.) (2002).

Mensch in der Realität lediglich in Ausnahmefällen nach universalistischen Prinzipien richtet (vgl. Beck 2000, 13, 18).
Zum Dritten stützt BECK (2000) sein Konzept der Bereichsmoral auf einen situationsorientierten Ansatz. Er geht davon aus, dass handelnde Subjekte sich je nach Situation nach unterschiedlichen, z. T. auch miteinander unvereinbaren moralischen Prinzipien richten (vgl. Beck 2000, 13). Dabei geht BECK (2000) davon aus, dass der Moment der empfundenen (Nicht-)Verpflichtung für eine moralische Handlung kontextspezifisch variiert (vgl. Beck 2000). Er entwirft ein Prozessmodell zur Genese moralischer Urteile, in welchem die Fähigkeit, Situationen zu deuten, einen zentralen Stellenwert einnimmt (siehe Abbildung 58):

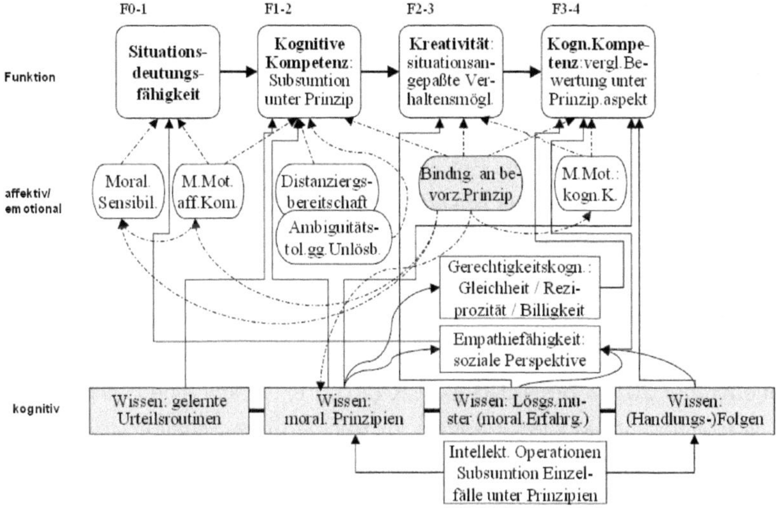

Abbildung 58: Affektive und kognitive Grundlagen moralpsychologisch relevanter Funktionen, die bei der Genese moralischer Urteile wirken (aus: Beck 2000, 8)

Neben einer kognitiven Dimension berücksichtigt BECK (2000) auch affektiv-emotionale Aspekte bei der Genese moralischer Urteile. Auf der Grundlage des Modells leitet er Aufgaben für eine moralisch orientierte berufliche Umweltbildung ab:

- Berufliches Handeln ist nicht um eine moralische Komponente zu ergänzen, sondern das moralische Urteil, welches ihm natürlicherweise innewohnt, muss an ein erwünschtes moralisches Prinzip gekoppelt werden (vgl. Beck 2000, 4).
- Einerseits ist eine „Enthabitualisierung" von als Routinen vorliegenden Handlungsmustern voranzutreiben, andererseits soll Konstanz in der Urteilsbildung zu erwünschten Handlungen angestrebt werden (vgl. Beck 2000, 4).
- Um Wahrnehmung und bewusste Reflexion zu gewährleisten, ist moralische Sensibilität zu fördern (vgl. Beck 2000, 4f.; siehe Abbildung 58, Phase F0-1 und F1-2).
- Durch Kenntnis der internen psychischen Prozesse soll gezielt Einfluss auf die (berufs-) erzieherisch zugänglichen „Einfallstore" genommen werden, vorrangig die Wissensbereiche (vgl. Beck 2000, 9).
- Um kognitiv verfügbar zu sein, müssen bspw. Gerechtigkeitskonzepte übend angewandt werden, sonst sind sie unwirksam (vgl. Beck 2000, 10).

Hinsichtlich der Förderung affektiv-emotionaler Leistungen, die er in seinem Modell hervorhebt, hält BECK (2000) fest, dass hierfür in der beruflichen Bildung „keine Möglichkeiten vorgesehen" sind (vgl. Beck 2000, 10).
Der Nutzen des BECKschen (2000) Ansatzes liegt in der Betonung des Situationsbezugs als einer Größe, die als „Situationsdeutungsfähigkeit" in die innerpsychischen Prozesse zur moralischen Urteilsfindung eingeht.

5.4.2.4.3 Berufsmoralische Entwicklung vor dem Hintergrund des Situationsansatzes: der Ansatz von BIENENGRÄBER

BIENENGRÄBER (2012 und andere) steht einer bereichsspezifischen Perspektive auf Moral nahe und geht der Frage nach, was moralrelevante Merkmale einer Situation sind. Er nähert sich aus einer lehr-lerntheoretischen Perspektive, die von konstruktivistisch-interaktiven Annahmen geprägt ist (siehe Bienengräber 2012). BIENENGRÄBER (2012) entwickelt eine Situationstheorie, in welcher individuelles Handeln im Rahmen des Situationskonzepts beschrieben werden kann (vgl. Bienengräber 2012, 385). Sie soll erläutern, wie individuelles Situationserleben zustande kommt, und macht berufliches Fehlverhalten als inadäquate Situationsdeutung beschreibbar (vgl. Bienengräber 2012, 379). Das Prinzip der Situationsorientierung zielt dabei auf die Befähigung zur Bewältigung lebensweltlich relevanter Situationen ab (vgl. Kornmilch-Bienengräber 2008, 51). Damit geht einher, dass das moralische berufliche Handeln einer Person nur unter Berücksichtigung der entsprechenden Besonderheiten der jeweiligen Situation zu beurteilen ist:

„Es [das Individuum, Anm. d. Verfass.] beurteilt jegliche seiner Handlungen vor dem Hintergrund der Frage, ob sein Tun denn innerhalb der konkreten Situation ‚richtig' sei oder nicht." (aus: Kornmilch-Bienengräber 2008, 51)

BIENENGRÄBERs (2012) Situationsansatz steht neben seinen Arbeiten zum Fähigkeitsaspekt moralischen Handelns im Beruf. Was die Entwicklung einer moralischen Kompetenz betrifft, so ist der Ansatz von BIENENGRÄBER (2012) einer sozialisationstheoretischen Perspektive zuzuordnen. Um zu bestimmen, wie sich moralische Urteilskompetenz entwickelt (und von Pädagogen zur Weiterentwicklung angeregt werden kann), beginnt BIENENGRÄBER (2011) bei den konstituierenden Elementen der moralischen Urteilskompetenz – bestimmte psychische Kompetenzen ermöglichen erst eine moralische Urteilskompetenz: Fähigkeit zur Wahrnehmung sozialer Perspektiven, Begründungskompetenz (das eigene Urteil begründen können), Perzeptionskompetenz (einen moralischen Konflikt identifizieren können) sowie Ambiguitätstoleranz (vgl. Bienengräber 2011, 503). Aus der Sichtweise eines sozialisationstheoretischen Ansatzes heraus, nach dem sich die moralische Urteilskompetenz wie alle Persönlichkeitsstrukturen in Abhängigkeit von sozialen Gegebenheiten entwickelt, ist folgerichtig nach förderlichen äußerlichen Entwicklungsbedingungen zu fragen (siehe Bienengräber 2011, 502). Hier greift BIENENGRÄBER (2011) auf LEMPERT (1988) zurück.

KORNMILCH-BIENENGRÄBER (2008) konstruiert ein Situationskonzept, welches sich durch sechs Strukturmerkmale konstituiert. Die Merkmale „Zeit" und „Gegenstandskonstellation" treten dabei etwas in den Hintergrund, denn die verbleibenden vier Merkmale „begriffliche Konzepte", „Rolle", „Bewertung" sowie „Ziel" stehen mit der Entwicklung moralischer Kompetenzen in Verbindung und sollen daher näher betrachtet werden (vgl. Kornmilch-Bienengräber 2008, 54). „Begriffliche Konzepte" sind dabei die kognitiven Schemata des Subjekts und determinieren, was durch das Subjekt wahrgenommen wird und welche subjektive Bedeutung dem Wahrgenommenen beigemessen wird (vgl. Kornmilch-Bienengräber 2008, 54). Die „begrifflichen Konzepte" enthalten auch die Wissensbestände dazu, was die „Erlaubt- oder Verbotenheit" einer Handlung angeht (vgl. Kornmilch-Bienengräber 2008, 58). Das Merkmal „Rolle" beschreibt zunächst die Identifikation und Interpretation von Rollenerwartungen, die an das Subjekt gestellt werden (vgl. Kornmilch-Bienengräber 2008, 54).

Diesen Erwartungshaltungen kann das Subjekt entsprechen oder nicht, bewegt sich dabei aber in einem in gewisser Hinsicht festgelegten Verhaltensset, welches für die jeweils spezifische Rolle vorgesehen ist (vgl. Kornmilch-Bienengräber 2008, 54). Das Merkmal „Bewertung" ist eng mit dem Merkmal „Ziel" verknüpft. Das Subjekt bewertet unter Effektivitäts- und Effizienzkriterien, durch welche Handlungen das Ziel bestmöglich zu erreichen ist (vgl. Kornmilch-Bienengräber 2008, 54). Das zentrale Kriterium für die Bewertung einer möglichen Handlung ist ihre moralische Vertretbarkeit – an dieser Stelle zeigt sich die moralische Urteilskompetenz, die über das Ausführen oder Unterlassen einer Handlung entscheidet (vgl. Kornmilch-Bienengräber 2008, 55). Das Merkmal „Ziel" schließlich bildet den Soll-Zustand ab und ist das Initial dafür, dass ein Subjekt das Konstrukt „Situation" überhaupt bildet (vgl. Kornmilch-Bienengräber 2008, 55).
Abbildung 59 zeigt die gennanten Strukturelemente einer Situation und die Zusammenhänge bei den innerpsychischen Prozessen.

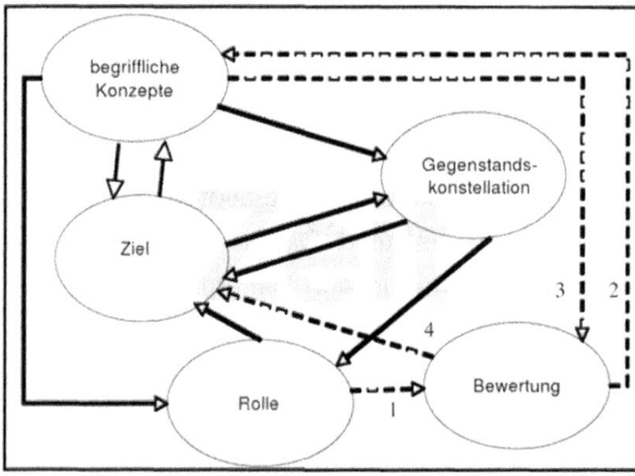

Abbildung 59: Strukturelemente einer Situation (aus: Kornmilch-Bienengräber 2008, 56)

In einer Situation greift das Subjekt demnach zunächst von seiner momentan attribuierten Rolle zum Zweck der Bewertung möglicher Handlungen auf den angemessen erscheinenden Bereich der begrifflichen Konzepte zu (vgl. Kornmilch-Bienengräber 2008, 57). Die getroffene Auswahl determiniert dann die moralische Urteilskompetenz, mit der die Bewertung mit Blick auf das Ziel hin ausgeführt wird (vgl. Kornmilch-Bienengräber 2008, 57). Quer zu diesen Vorgängen liegt die durch das Subjekt erreichte individuelle Entwicklungsstufe hinsichtlich der moralischen Urteilsfähigkeit. Dem Ansatz von KORNMILCH-BIENENGRÄBER (2008) nach handelt ein Subjekt dabei im besten Falle gemäß der individuell höchsten erreichten Stufe, allerdings hängt es von der speziell für die Situation eingenommenen Rolle ab, aus welchem „Fundus" an Urteilsstrukturen sich das Subjekt bedient (vgl. Kornmilch-Bienengräber 2008, 58). Der Aspekt der Rolle ist damit ein wesentlicher handlungswirksamer Faktor bei der Einschätzung einer Situation:

> „Die Rolle, die ein Individuum bei der Konstruktion einer Situation aktuell inne hat, übt einen maßgeblichen Einfluss auf die Kriterien aus, nach denen man eine Handlung als moralisch einwandfrei einschätzt, denn eine Aussage über die Gebotenheit einer Handlung lässt sich nur in Abhängigkeit von der sozialen Position treffen, die ein Mensch innerhalb eines Settings einnimmt." (aus: Kornmilch-Bienengräber 2008, 54f.)

Einerseits ist es das Ziel, dass ein Subjekt eine möglichst hohe moralische Stufe erreicht, damit die Qualität, mit der eine Person ein Ziel bzw. eine Handlung bewerten kann, möglichst hoch ist (vgl. Kornmilch-Bienengräber 2008, 57). So würde es sich auf postkonventioneller Ebene immer weniger an sozialen Erwartungen als vielmehr am Universalisierungsprinzip orientieren. Andererseits muss nach KORNMILCH-BIENENGRÄBER (2008) eine entsprechende, zumindest nicht widerläufige Rollenerwartung vorliegen, da ansonsten ein Handlungsrepertoire einer niedrigeren Moralstufe angewandt wird. STENGEL (2011) beschreibt die Ausprägungen des Rollenaspekts vor dem Spiegel der KOHLBERGschen (1976) Stufen (vgl. Stengel 2011, 56f.):

- Präkonventionell: Individuelle Bedürfnisbefriedigung, das eigene Handeln wird nur aus egozentrischen Aspekten beurteilt; rollenkonformes Verhalten nur aus Gründen der Befriedigung von Bedürfnissen
- Konventionell: Individuelle und gesellschaftliche Rollenzuschreibungen und -erwartungen bestimmen die Handlungsintentionen; die Befriedigung gesellschaftlicher Erwartungen ist ein individuelles Bedürfnis
- Postkonventionell: Rollenkonformität steht hinter der Prüfung des Universalisierungsaspekts zurück

Da der Situationsaspekt bei der Rolleninterpretation nach KORNMILCH-BIENENGRÄBER (2008) eine solch hohe Relevanz besitzt, geht es ihm bei der Förderung berufsmoralischer Fähigkeiten folgerichtig weniger darum, lediglich die moralische Urteilskompetenz zu fördern, sondern die Rahmenbedingungen des Handelns, die durch das Subjekt konstruierten Situationen, gilt es zu kontrollieren bzw. gezielt zu beeinflussen. Es geht darum, „die ‚richtigen' situationalen Bedingungen (...) [herzustellen], unter denen auch die entsprechende moralische Urteilskompetenz zur Anwendung kommt" (aus: Kornmilch-Bienengräber 2008, 59). Dies kann so verstanden werden, dass eine Arbeitswelt zu schaffen ist, in der die Anwendung hoher moralischer Prinzipien zur Rollenerwartung beruflich Tätiger gehört.
Zur Gestaltung einer positiven Arbeitswelt zieht BIENENGRÄBER (2002) die sozialen Entwicklungsbedingungen moralischer Urteilskompetenz[116] von LEMPERT (1988) heran und beschreibt wie er konkrete Entwicklungsbedingungen. So zeigt sich, wie durch eine spezielle Ausprägung gewisser Kontextfaktoren ein Aufstieg in höhere Stufen moralischer Urteilsfähigkeit nach der Idee KOHLBERGs (1976) ermöglicht werden kann (vgl. Bienengräber 2002, 248).
Der Nutzen des KORNMILCH-BIENENGRÄBERschen (2008) Ansatzes liegt in der Ausdeklinierung des Situationsbezugs, der sich bereits bei BECK (2000) findet. KORNMILCH-BIENENGRÄBER (2008) definiert Strukturelemente einer Situation und bietet mit dem Aspekt der „Rolle" eine fruchtbare Größe für die Beschreibung kontextspezifischer sozialer Kontexte.

5.4.2.5 Rollenbezogenes Prozessmodell zu moralisch-nachhaltigem Urteilen und Handeln

5.4.2.5.1 Modellerweiterung durch das situative Element „Rolle"

Der Situationsansatz von KORNMILCH-BIENENGRÄBER (2008) erscheint besonders geeignet, ausgewählte Vorstellungen in das derzeitige Synthesemodell (siehe Kapitel 5.4.2.2) zu übernehmen. Unterzieht man die von ihm genannten Merkmale einer durch das Subjekt konstruierten Situation einer ge-

---

116 BIENENGRÄBER (2002) arbeitet heraus, dass das Konstrukt der „moralischen Urteilsfähigkeit" von KOHLBERG und jenes der „moralischen Urteilskompetenz" von LEMPERT sich bei näherer Betrachtung stark annähern und oftmals Ähnliches gemeint ist (vgl. Bienengräber 2002).

naueren Betrachtung, so fügen sich die genannten Merkmale recht gut in die bestehende Modellvorstellung zu moralisch-nachhaltigem Handeln ein: Die „begrifflichen Konzepte“, welche die moralisch relevanten Konstrukte beinhalten, und das Merkmal „Bewertung“ lassen sich ebenso verorten wie das Merkmal „Gegenstandskonstellation“ und das Merkmal „Ziel“ – einzig das Merkmal „Rolle“ in der KORNMILCH-BIENENGRÄBERschen (2008) Ausprägung findet keine Entsprechung. Abbildung 60 zeigt das um den Ansatz von KORNMILCH-BIENENGRÄBER (2008) ergänzte Modell. Die überschaubare Anzahl der Änderungen und Ergänzungen sind durch eine violette Markierung gekennzeichnet. Im Wesentlichen besteht die Anpassung einerseits in einer Perspektivveränderung. Die ablaufenden innerpsychischen Prozesse werden als Konstruktionsleistungen zugunsten einer Situationsbildung verstanden. Die Wahrnehmungs- und Interpretationsleistungen dienen auf der Metaebene der Situationskonstruktion, für welche das Subjekt die möglichen Handlungen virtuell vorwegnimmt. Damit erhält das Modell eine lerntheoretische Unterlegung, die auf einem konstruktivistischen Verständnis basiert. Andererseits beziehen sich die Anpassungen auf den Prozessablauf als solchen. Die deontische Wahl des Subjekts erfährt eine Zweiteilung – zwischen der Konsultation persönlicher Normen und sozialer Normen steht nunmehr das Konstrukt der „Rolle“ nach KORNMILCH-BIENENGRÄBER (2008). Das Subjekt identifiziert eine für die Situation passende Rolle und eruiert die Rollenerwartungen bedeutsamer Dritter, die damit einhergehen. Gemäß dem KORNMILCH-BIENENGRÄBERschen (2008) Verständnis wählt das Subjekt bei diesem Vorgang gleichzeitig für die spezifische Rolle „passende Qualitäten“ des moralischen Urteilens. So kann es bspw. nach KORNMILCH-BIENENGRÄBER (2008) in der beruflichen Rolle als Bankkauffrau bzw. Bankkaufmann angezeigt sein, bei der Aufgabenstellung „Finanzberatung – Bearbeitung eines Kredits“ die moralische Urteilskompetenz auf der Stufe 2 nach KOHLBERG (1976) einzusetzen, da ein „faires Austauschhandeln“ angebracht ist (vgl. Kornmilch-Bienengräber 2008, 59) – ungeachtet dessen, ob die/der betreffende Bankkauffrau bzw. Bankkaufmann ggf. über eine höherwertige moralische Urteilskompetenz verfügt. Während also der erste Teil des Prozesses zwischen Urteilen und Handeln von der individuell höchsten erreichten moralischen Entwicklungsstufe determiniert ist (Normaktivation, Motivation), stellt die Rollenkonstruktion die Weichen für den weiteren Fortgang des Prozesses.

Abbildung 60: Prozessmodell zu moralisch-nachhaltigem Handeln unter Berücksichtigung des Situationsbezugs durch den Aspekt „Rolle“ (Quelle: erweitert/modifiziert: Matthies 2005, 73; Schwartz 1977, 241; Kohlberg/Candee 1984b, 430; Kornmilch-Bienengräber 2008)

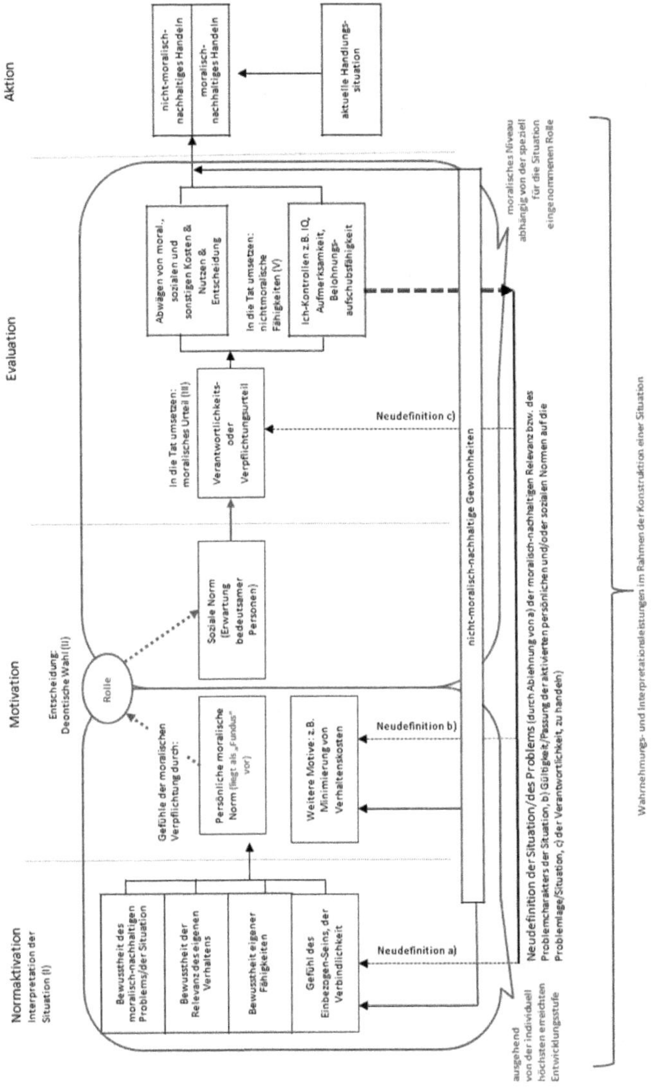

5.4.2.5.2 Ableitbare pädagogische Interventionen

Aus dem synthetisierten rollenbezogenen Prozessmodell zu moralisch-nachhaltigem Urteilen und Handeln lassen sich sowohl personenbezogene als auch strukturbezogene pädagogische Interventionen ableiten. Dahinter liegt die Verschränkung von KOHLBERGs (1976) Entwicklungs- und LEMPERTs (1988) sozialisationstheoretischem Ansatz.

Auf der Ebene der Personenmerkmale stehen im Rahmen der Normaktivationsphase unverändert die Information über Konsequenzen nicht moralisch-nachhaltigen Handelns sowie die Information über adäquate Handlungsalternativen (vgl. Kapitel 3.5.1.1.2). Diese wären je nach Lernbereich zu spezifizieren. Die Vermittlung von moralisch-nachhaltigen Werten ist ebenso weiterhin Teil der empfohlenen Maßnahmen, der wesentliche Einfluss kommt der Förderung der moralischen Urteilsfähigkeit im Sinne des KOHLBERGschen (1976) Stufenprinzips zu (vgl. Kapitel 3.5.1.2.2). Dies führt, wie bereits dargestellt, zu einer Häufigkeit von tatsächlichen Verantwortlichkeitsurteilen, die mit steigender Stufe immer öfter auch gegen Handlungswiderstände ausgeführt werden (vgl. Kapitel 4.4.4.3). Auch aus Sicht KORNMILCH-BIENENGRÄBERs (2008) ist das Erreichen einer möglichst hohen moralischen Stufe erstrebenswert. Ebenfalls in der Normaktivationsphase zu verorten sind pädagogische Interventionen, die auf die Förderung der SWE abzielen (vgl. Kapitel 3.5.2.1.2). Besonders stark wirken sich hier Erfolgserfahrungen aus, die sich das betreffende Subjekt selbst zuschreiben kann (vgl. Schwarzer/Jerusalem 2002, 42). Pädagogische Interventionen, die solche positiven Erfahrungen begünstigen, sind das Setzen von Nahzielen und das Unterstützen von Bewältigungsstrategien (vgl. Schwarzer/Jerusalem 2002, 42). Dies kann auch die Form erlebnispädagogischer Übungen annehmen, wie das Praxisbeispiel des FÖJ Rheinland gezeigt hat (vgl. Kapitel 4.5.3). In der Motivationsphase zu verorten sind Interventionen, die die persönliche Norm stärken sollen, wie Selbstverpflichtungstechniken, die ebenfalls im FÖJ Rheinland angewandt werden (vgl. Kapitel 4.5.3). Nicht zuletzt wird auf Methoden zur Dilemma-Diskussion ein wesentliches Augenmerk gerichtet (vgl. Kapitel 3.5.2.2.2.2). Zu den Interventionen zur Beeinflussung von Personenmerkmalen gehört auch die Anregung von Reflexionsprozessen, um unbewusste Routinen einer potenziellen Veränderung zugänglich zu machen.

Auf der Ebene der Systemmerkmale erfahren die Hinweise von MATTHIES (2005), in der Normaktivationsphase die Nutzung von Handlungsalternativen zu ermöglichen und in der Motivationsphase eine Senkung der Verhaltenskosten vorzunehmen, durch die Ansätze von KOHLBERG & CANDEE (1984b), LEMPERT (1988) und KORNMILCH-BIENENGRÄBER (2008) eine deutliche Präzisierung und Erweiterung. Das Handeln in einer „just community“ bzw. in einer Umgebung, in der eine „moralische Atmosphäre“ herrscht (vgl. Kapitel 3.5.2.2.2.3), zeichnet sich durch Rahmenbedingungen aus, die ein angemessenes Handeln anleiten und vorleben. Das Setting ist von moralisch-nachhaltigen Normen geprägt, sodass die diesbezüglichen Verhaltenskosten für Subjekte mit moralisch-nachhaltigen Handlungsabsichten niedrig sind. Im Praxisbeispiel des FÖJ Rheinland ist dies bspw. durch das Aushandeln von Verhaltensregeln für den Seminaralltag deutlich geworden (vgl. Kapitel 4.5.3). Aus der Sicht von KORNMILCH-BIENENGRÄBER (2008) ist dabei eine Umgebung hergestellt, in der ein rollenkonformes und der Rollenerwartung entsprechendes Handeln ein moralisch-nachhaltiges Handeln ist. LEMPERT (1988) gibt zu bedenken, dass „just community“-Ansätze in beruflichen Schulen nur in Vollzeitschulen und grundsätzlich bei geringer Fluktuation der Schüler/-innen funktionieren, da sonst keine stabile moralische Atmosphäre aufgebaut werden kann (vgl. Lempert 1988, 77). Grundsätzlich mahnt er, dass gerade die Ansätze, die am leichtesten in den Unterricht integriert werden können, wie die Diskussion fachunabhängiger und fachlicher moralischer Probleme und Konflikte, am wenigsten soziale Faktoren für die Förderung moralischer Urteilskompetenz abdecken und im Vergleich eher folgenlos bleiben (vgl. Lempert 1988, 83).

Die von LEMPERT (1988) beschriebenen positiven Entwicklungsbedingungen für moralische Urteilskompetenz lassen sich sowohl als personale als auch als systemische Interventionen lesen. Die „zuverlässige Wertschätzung, stabile emotionale Zuwendung und soziale Anerkennung“ ist dabei eine von sechs Entwicklungsbedingungen (vgl. Lempert 1988, 44ff.; 1993, siehe Kapitel 5.4.2.4.1) und als einzige nur schwerlich in eine klassische pädagogische Intervention übersetzbar. Hier handelt es sich eher um eine bestimmte pädagogische Grundhaltung, die Lehrende an den Tag legen sollten.

Nicht zuletzt sollte es Teil der pädagogischen Intervention sein, Informationen zum Modell selbst bereitzustellen. Das Modell sollte zielgruppengerecht aufbereitet und vorgestellt werden, um den Lernenden eine Metareflexion zu den innerpsychischen Mechanismen der Urteilsfindung und Handlungsgenese zu ermöglichen.

Zu betonen ist, dass pädagogische Interventionen immer auch vor dem Spiegel und in Wechselwirkungen mit nicht intendierten (beruflichen) Sozialisationserfahrungen zu sehen sind (vgl. Dobischat/Düsseldorff 2015, 471). DOBISCHAT & DÜSSELDORFF (2015) verweisen darauf, dass Lehrende als Agentinnen und Agenten von Sozialisationserfahrungen im Sinne einer Initiierung von individuellen Transformationsprozessen der Persönlichkeitsstruktur wirken (vgl. Dobischat/Düsseldorff 2015, 470). Das berufliche Rollenverständnis einer Person, welches im beschriebenen Handlungsmodell zum Tragen kommt, ist durch Sozialisationsprozesse geprägt, die stets mit zu betrachten sind – Rollendifferenzierungen sind Sozialisationsleistung (vgl. Dobischat/Düsseldorff 2015, 471, 474).

Diese Perspektive auf den Aspekt „Rolle" darf aber nicht dazu verführen, das entwickelte Handlungsmodell als Beitrag zum BECKschen (2000; 2008) Verständnis einer bereichsspezifischen Ausprägung von Moral im Subjekt zu verstehen (siehe Kapitel 5.4.2.4.2). Pädagogische Interventionen dürfen mitnichten darauf zielen, eine rollenbezogene Ausdifferenzierung von moralischem Handeln zu fördern. Vielmehr soll das entwickelte Handlungsmodell verdeutlichen, wie wichtig die Herstellung einer Lern- und Arbeitsumgebung ist, die möglichst wenig rollenbezogene Konflikte auslöst – weil in ihr im LEMPERTschen (1988) Sinne eine Atmosphäre herrscht, die moralisch-nachhaltiges Handeln begünstigt und ermöglicht.

5.4.2.5.3 Kritik des Modells

Bei dem entwickelten Modell handelt es sich nicht um ein „Supermodell" (vgl. Schahn/Matthies 2008, 681), was auch nicht beabsichtigt ist. Ein heuristisches Modell wie das vorliegende hat den Zweck, sowohl für Theorie als auch Praxis eine ausreichend handlungstheoretisch fundierte Grundlage für pädagogisches Lehrhandeln anzubieten. Es handelt sich dabei um ein „Arbeitsmodell" im KAHLERT & ZIERERschen (2011) Sinne: Es eröffnet „wissenschaftlich ab-

gesicherte Möglichkeitsräume“ für Praktiker/-innen, wobei es einen gewissen Grad an Konkretheit einerseits und Abstraktheit andererseits bietet (vgl. Kahlert & Zierer 2011, 79).
Die Platzierung des Rollenaspekts innerhalb des Modells kann kritisch reflektiert werden. So würde KORNMILCH-BIENENGRÄBER (2008) ggf. einwenden, dass bereits die Interpretation der Situation auf der MATTHIESschen (2005) Ebene der Normaktivation mit einer „rollengeprägten Brille“ erfolgt, die Entscheidung, welche Bewertungskriterien herangezogen werden, demnach bereits auf selektierter Basis erfolgt. Aus formallogischen Gründen erscheint eine Platzierung des Rollenaspekts in der Motivationsphase aber folgerichtig. Aus Sicht der ableitbaren pädagogischen Interventionen erscheint die Platzierungsfrage des Rollenaspekts zudem vernachlässigbar.
Die verschiedenen Ausprägungen der Rollen eines Subjekts fehlen bislang, müssten aber holzschnittartig verbleiben, da die Konstruktion stets subjektiv und individuell erfolgt, demnach von Dritten nicht klar beschreibbar ist. Hinzu kommt, dass ein Subjekt im beruflichen Kontext mehrere Rollen in sich vereinen kann. So kann die Rolle sich qua Berufsbezeichnung definieren, für ein Subjekt kann es aber in einer moralisch-nachhaltigen Situation ausschlaggebender sein, welche Rolle es in seinem Team ausfüllt, ob Rollen aus dem privaten Umfeld mit in die Situation hineinspielen (etwa, wenn das Subjekt mit einem/einer Arbeitskollegen/Arbeitskollegin privat befreundet ist) usw. Schließlich können Rollenkonflikte zwischen unterschiedlichen Rollen auftreten, die in die Motivationsphase hineinwirken können.
Ebenso erscheint der Aspekt eines möglichen (und vermutlich nicht selten auftretenden) Normenkonflikts zwischen persönlichen und den wahrgenommenen rollenspezifischen sozialen Normen bislang im Modell unterbelichtet und sollte noch ausdifferenziert werden, da KORNMILCH-BIENENGRÄBER (2008) hierfür keine weiteren Ansätze anbietet.
Im beruflichen Bereich können Rollen an die jeweils vorliegende Unternehmenskultur angelegt und vor deren Hintergrund reflektiert werden. Das Subjekt bewegt sich innerhalb einer bestimmten formalen Organisationsstruktur, informelle Strukturen wirken aber ungleich stärker in Form von Unternehmensleitbildern und spezifischen Gruppenanforderungen (vgl. Fischer et al. 2009, 49). Auf der Exoebene wirkt ein branchen- bzw. sektorenspezifischer Ord-

nungsrahmen auf die Rollenerwartungen auf der Mikroebene ein (vgl. Fischer et al. 2009, 49). Dies sollte bei der Anwendung des Modells bspw. im schulischen Teil der Berufsausbildung berücksichtigt werden, da das Modell auf einer allgemeingültigeren Ebene verbleiben muss. Dies gilt auch für die Beschreibung der durch das Modell handlungstheoretisch fundierten pädagogischen Interventionen.

Durch den Rollenbezug verfügt das entstandene Modell nun über einen Kontextfaktor und kann damit einen wesentlichen Kritikpunkt befriedigen (vgl. Kapitel 5.4.2.2.).

5.4.3 Weitere maßgebliche konstituierende Elemente – Orientierung

5.4.3.1 Gesellschaftstheorie

Gesellschaftstheorien spiegeln mal mehr, mal weniger direkt ein bestimmtes Menschenbild wider sowie Vorstellungen davon, wie Menschen in dieser Gesellschaft miteinander umgehen, nach welchen Prinzipien sie ihr Leben ausrichten und nach welchen Maßstäben die Gesellschaftsordnung funktioniert. Eine Gesellschaftstheorie der Nachhaltigkeit zu entwerfen, ist ein herausforderndes Unterfangen mit mannigfaltigen zu berücksichtigenden Gesichtspunkten, welches hier nicht weiter verfolgt werden kann. Gefragt wären hier Vertreter/-innen der Sozialwissenschaften und Gesellschaftswissenschaften, die sich bislang zu wenig mit dem *gesellschaftlichen* Leitbild der Nachhaltigkeit befasst und damit das Feld den Naturwissenschaften überlassen haben, die auf Aspekte wie Ressourcen fokussieren (vgl. Burger 2007, 15). Die Sozialwissenschaften scheinen sich mit dem das Konzept der Nachhaltigkeit konstituierenden Begriffspaar „Gesellschaft“ und „Umwelt“ schwerzutun – hier muss zunächst eine Orientierung und Verortung stattfinden (siehe dazu etwa Versuche von Burger 2007; Zierhofer 2007). So fordert bspw. ZIERHOFER (2007), das „Biophysische systematischer mit dem Sozialen zu integrieren“, welches mit dem Konzept des „ökologischen Regimes“ verfolgt werden könne (vgl. Zierhofer 2007, 241). Andere stützen ihre Konzepte auf das Leitbild der Nachhaltigkeit als solches und seinen ethischen Kern. So schlägt MASSARRAT (2000) vor, dem Konzept der Nachhaltigkeit eine Leitethik zur Seite zu stellen, aus der sich der Aspekt der Chancengleichheit als Fundament einer Gesellschaftstheorie der integralen Nachhaltigkeit ergibt (vgl. Massarrat 2000).

Mit Blick auf die handlungswirksamen Faktoren in moralisch-nachhaltigen Kontexten ist eine Veränderung von sozialen Normen relevant, diese wiederum werden auch in Gesellschaftstheorien transportiert. Gesellschaftsformen, die hier eine Veränderung anstreben, wie bspw. jene der Postwachstumsgesellschaft, rücken dabei ins Blickfeld. Im deutschsprachigen Raum hat vor allem PAECH (2012 und andere) Arbeiten zur Postwachstumsökonomie vorgelegt, die als Kritik der modernen Konsumgesellschaft zu verstehen sind. Ein Wirtschaftssystem ist den Annahmen der Postwachstumsökonomie zufolge nicht länger auf Wachstum angewiesen und das Bruttoinlandsprodukt dient nicht mehr als Wohlstandsindikator. Auch das Konzept des nachhaltigen Wirtschaftens, einer „Green Economy", kann nicht gelten, denn in diesem herrscht weiterhin die Vorstellung des wirtschaftlichen, wenn auch ökologisch vertretbaren Wachstums vor – dass ein solches Wachstum möglich ist, sieht PAECH (2012) als einen Fehlschluss an (vgl. Paech 2012, 3). Strategien wie jene der Effizienzsteigerung, der Ressourcenproduktivität sowie der ökologischen Konsistenz (etwa „Cradle to Cradle"-Strategien) können nicht gelten, solange Einsparerfolge durch Wachstumseffekte zunichte gemacht werden (vgl. Paech 2012, 4f.). Wesentliche Strategien der Postwachstumsgesellschaft stützen sich auf Erkenntnisse der Glücksforschung, der Hinwendung zur Entschleunigung (siehe dazu auch Rosa 2005), neue Formen der Erwerbsarbeit, Suffizienzstrategien und ein verändertes Nutzungsverhalten („Nutzen statt Besitzen") sowie Subsistenzkonzepte (siehe Paech 2012; 2014). Es wäre zu prüfen, ob diese Ansätze das Wirtschaftssystem auf eine Weise transformieren würden, die es Individuen und den durch sie gebildeten Systemen und Subsystemen erleichtert, moralisch-nachhaltig zu handeln, da weniger soziale, strukturelle und politische Handlungshemmnisse wahrgenommen würden.

5.4.3.2 Anthropologie

Anthropologische Grundlagen von pädagogischen Ansätzen zu verdeutlichen, ist essenziell, denn die oft implizit transportierten Menschenbilder determinieren die Art und Weise, wie Pädagogik konzeptionell und praktisch gestaltet ist. Die Deutsche Gesellschaft für Erziehungswissenschaft (DGfE) drückt dies wie folgt aus:

> „Pädagogische Menschenbilder enthalten deskriptive und vor allem normative Vorstellungen darüber, was ‚der' Mensch ist und was er aus sich machen kann und soll. Pädagogischen Menschenbildern kommen im komplexen pädagogischen Geschehen Deutungs-, Orientierungs- und Legitimierungsfunktionen zu, weil sie Zuschreibungen ermöglichen, Erwartungen strukturieren und erzieherische Maßnahmen legitimieren." (Quelle: http://www.dgfe.de/sektionen-kommissionen/sektion-2-allgemeine-erziehungswissenschaft/kommission-paedagogische-anthropologie.html, abgerufen: 04.08.2016, 11:20h)

Mit Blick auf eine handlungstheoretisch fundierte Didaktik, die moralisch-nachhaltiges Handeln fördern will, ergeben sich hinsichtlich einer anthropologisch-pädagogischen Einordnung im Wesentlichen zwei zu charakterisierende Felder:

- Psychologisch-naturwissenschaftliche Dimension: Wie nimmt der Mensch seine Welt und das Moralische in ihr wahr? Was kann der Mensch aufgrund seiner kognitiven Ausgangsbedingungen in Hinblick auf moralisch-nachhaltiges Handeln leisten? Was also kann maximal vom Menschen als moralischem Wesen erwartet und damit pädagogisch gefördert werden?
- Philosophisch-moralische Dimension: Wie ist das moralische Wesen des Menschen? Welche moralischen Zielkategorien pädagogischen Handelns lassen sich ableiten?

Die erste Dimension berührt lern- und erkenntnistheoretische Fragestellungen und soll in Kapitel 5.4.3.3 behandelt werden. Die zweite Dimension bezieht sich auf die Frage nach der geltenden moralphilosophischen Position, von der die anzustrebende Didaktik durchdrungen wäre. Erste Ansätze, die hierzu heranzuziehen wären, werden in Kapitel 5.4.3.4 angeschnitten.

5.4.3.3 Lerntheorie

Einleitung

Lerntheorien sind Teil der Lehr-Lernforschung, die ihrerseits ein wesentliches Forschungsfeld in der Pädagogik und der Pädagogischen Psychologie ist. Ziel der Lehr-Lernforschung, die seit der „empirischen Wende" der 50er-/60er-Jahre zunehmend an Bedeutung gewann, ist die Beschreibung, das Verstehen und die Verbesserung von Lehr-Lernprozessen in pädagogischen Kontexten (siehe Huber et al. 1984). Die Lehr-Lernforschung wird u. a. mit Erkenntnissen aus der Pädagogischen Psychologie gespeist, die „dazu beitragen [soll], das Handeln in pädagogischen Situationen zu begründen, zu unterstützen, zu erleichtern" (aus: Huber et al. 1984, 3).

Nach den Lerntheorien hat Lernen bislang einen Weg von Vorstellungen zum Reiz-Reaktionslernen (Lernen als Assoziationsbildung) und instrumentellem Lernen (Lernen als Verhaltensänderung durch Verstärkungskontingenzen) hin zu integrativen behavioristischen Ansätzen bis zur Verbindung von behavioristischen und kognitiven Elementen im sozialen Lernen genommen, aus welchem das Lernen am Modell und der Faktor der Selbstregulation hervorgingen. Von dort aus brachte der Einfluss der Gestaltpsychologie den Ansatz des Lernens durch Einsicht, bis Lernen im kognitivistischen Verständnis als Informationsverarbeitung betrachtet wurde. Letzteres wurde durch die „kognitive Wende" in den 70er-Jahren initiiert, als Fragen zu den kognitiven Strukturen beim Lernenden aufkamen (vgl. Einsiedler 1984, 173-174). Die jeweils neuen Erkenntnisse wurden in die Unterrichtsgestaltung übernommen und schließlich kam die Frage nach der Transferwirksamkeit auf (vgl. Souvignier/Dignath von Ewijk 2010, 22).

Kognitiv-konstruktivistische Perspektive

Zuletzt, so fassen SOUVIGNIER & DIGNATH VON EWIJK (2010) zusammen, gewann die kognitiv-konstruktivistische Perspektive immer mehr an Gewicht und pädagogische Interventionen wollen nunmehr sowohl kognitive als auch motivationale und affektive Faktoren im Lernprozess ansprechen (vgl. Souvignier/Dignath von Ewijk 2010, 23). Lernen wurde nunmehr nicht allein als passiv-rezeptive Aufnahme und kumulative Sammlung von Informationen verstanden, sondern als aktiver Konstruktionsprozess (vgl. Hasselhorn/Gold 2013, 66). Lernen wird in einer konstruktivistisch fundierten Didaktik als selbstreferenzieller, autopoietischer Prozess verstanden, der von außen nicht unmittelbar beeinflusst werden kann (vgl. Siebert 2005, 32). Konstrukte entstehen grundsätzlich durch Techniken des „Erschließens" von Welt. Dabei werden neue Konstrukte gebildet, bestehende Konstrukte ergänzt oder verworfen. SIEBERT (2006) führt sechs „Konstruktionsformen" auf, die diese Bearbeitungsprozesse beschreiben (aus: Siebert 2006, 98-99):

- perception: Sensibilisierung der Wahrnehmung von Welt, Prozessen und Zusammenhängen
- de-construction: Relativierung oder Abbau von Konstrukten
- re-construction: Erzeugung eines qualitativ höherwertigen Wissens durch Integration von Wissen in bestehende kognitive Strukturen und Vernetzung von theoretischem Wissen mit Erfahrungswissen
- co-construction: Kooperative Konstruktion von Wirklichkeit
- self-construction: Konstruktion und Erweiterung der Identität
- reflection: Beobachtungen II. Ordnung, Bewusstwerdung der Konstruktivität

Lehr-/Lernsituationen, in denen Lernende an einen Punkt geführt werden, an dem sie die Viabilität der eigenen Konstrukte in einem bestimmten Bereich infrage stellen, ermöglichen potenziell eine Neu-Rahmung (refraiming) und/oder eine Korrektur von Konstrukten (vgl. Arnold 1985, 72). Wahrgenommene Störungen des Person-Umwelt-Verhältnisses werden „Perturbation" genannt (vgl. Maturana/Varela 1987; Siebert 2003, 23). Menschen sind dabei in der Lage, die „Viabilität[117] ihres Denkens und Handelns und der zugrunde liegenden Muster auf die ‚Lebensdienlichkeit' und eine ‚Zukunftsrelevanz' hin zu überprüfen" (Siebert 2003, 77). Gelernt wird, was viabel, d. h. zweckdienlich und funktional ist – nicht, was wahr ist (vgl. Siebert 2003, 330; Siebert 2005, 143). Die Befähigung zur Viabilitätsprüfung bedeutet gleichzeitig eine Verantwortung, diese Fähigkeit auch zu nutzen. Auch „Moral" als Konstrukt ist demnach einer Metakognition durch das Subjekt zugänglich und fordert eine Prüfung und Begründung der eigenen moralischen Urteile ein.

Das konstruktivistische Verständnis von Lernen hat sich auch in der didaktischen Ausrichtung der heutigen BNE niedergeschlagen und könnte weiter vertieft werden. So könnte bspw. die von SCHÜßLER (2000) vorgeschlagene Ermöglichungsdidaktik herangezogen werden (vgl. Schüßler 2000, 170). Im Zentrum der Ermöglichungsdidaktik stehen zwei kognitionstheoretisch und konstruktivistisch fundierte Thesen, aus denen sich das spezifische Verständnis von Lehr-Lernsituationen ableitet — die These von der grundsätzlichen

117 Viabilität wird in der Debatte um die konstruktivistische Position von Kritikern als Gegenpol zur Vernunft interpretiert. Die Argumentation stützt sich dabei auf den Schluss, dass Individuen dem Konstruktivismus folgend nach der Prämisse „truth is what works" (aus: Griese 1999, 105) handeln und sich die konstruktivistische Position damit in der Konsequenz dem Kriterium der Vernunft entzieht. Die Konstrukte der Lernenden wären damit beliebig und ohne ein ethisches Moment (vgl. Griese 1999, 105).

Konstruktivität des Zugangs zu Realität und die These von der grundsätzlichen Aneignungslogik des Lernens (vgl. Arnold 1999, 20). Von der prinzipiellen „Machbarkeit" oder Erzeugung von Lernerfolgen durch Vermittlung wird in der Ermöglichungsdidaktik Abstand genommen. Damit verbunden ist insbesondere auch ein Rollenwechsel der Lehrenden von dem/der „Erzeuger/-in" zum/zur „Ermöglicher/-in" von Lernen (vgl. Schüßler 2000, 170). Die Ermöglichungsdidaktik sollte dabei vor dem Hintergrund sozialer Formen des Konstruktivismus interpretiert werden. Interessant sind die Annahmen des Interaktionistischen Konstruktivismus (siehe Reich 2012), der ähnlich dem Konnektivismus (siehe Siemens 2005) den Wissensaustausch und die gemeinsame und gegenseitige Konstruktion in den Mittelpunkt stellt. REICH (2000) prägte dafür den Begriff der „Verständigungsgemeinschaften", auf deren Basis individuelle Konstrukte erst entstehen (vgl. Reich 2000, 93).

Deutungslernen

Konstrukte selbst sind Interpretationen. Diese Interpretationen von Welt werden in Interaktionen mit anderen überprüft und zu „Deutungsmustern" aufgebaut. SCHÜßLER (1998) beschreibt das Entstehen von Deutungsmustern wie folgt:

> „In seinem Bedürfnis nach Komplexitäts- und Problemreduktion greift es [das Subjekt, Anm. d. Verfass.] auf Deutungen zurück, über die es bereits aufgrund sozialer Erfahrungen verfügt. In Interaktionen werden diese Interpretationen hinsichtlich ihrer inneren Stimmigkeit und Funktionalität überprüft und zu Deutungsmustern generiert, die durch ihren kollektiven Sinngehalt Verständigung ermöglichen." (aus: Schüßler 1998, 90 in Arnold et al. 1998)

Neben den individuellen Deutungsmustern bestehen so auch kollektive, soziale Deutungsmuster. Im beruflichen Kontext wirken LEMPERT (1988) zufolge vor allem folgende soziale Deutungsmuster: Denken in Sach- und Systemzwängen, Prinzip der Leistung, Prinzip der Konkurrenz (Gewinner/-in vs. Verlierer/-in), Vorstellungen zum Sinn und Wert beruflicher Arbeit überhaupt und im Speziellen (vgl. Lempert 1988, 50). Die sozialen Bedingungen, unter denen eine Person arbeitet, wirken sich durch die vorherrschenden sozialen Deutungsmuster auf das moralisches Denken aus (vgl. Lempert 1988, 50).
Aus didaktischer Sicht ist es nun interessant, wie vorliegende Deutungsmuster adressiert und individuelle Wirklichkeiten ggf. verändert werden können. „Deu-

tungslernen“ beschreibt dabei eine eigenständige, systematische und multireflexive Auseinandersetzung mit eigenen Deutungen und den Deutungen Dritter (vgl. Arnold/Schüßler 1996, 203). Lehr-Lernprozesse, wie bspw. die Auseinandersetzung mit moralisch-nachhaltigen Konflikten, müssen dazu an bestehenden Deutungsmustern anknüpfen[118] (vgl. Schüßler 2000, 6). Sinn ist, dass die/der Lernende über eine „produktive Autokatalyse“ zur Beschäftigung bspw. mit individuellen Handlungsroutinen gezwungen wird, nicht etwa die lehrende Person auf der Basis einer Deutungsmusteranalyse Lernziele für die/den Lernenden formuliert (vgl. Schüßler 2000, 172). Grundsätzlich gilt: Voraussetzung für Deutungslernen ist die Bereitschaft von Lernenden, die eigenen Deutungsmuster zu reflektieren (vgl. Arnold 1985). Als Hinweise für die Gestaltung von didaktischen Arrangements nennt SCHÜßLER (2000) folgende Aspekte (vgl. Schüßler 2000, 380-384):

- Partizipative Prozessgestaltung (bspw. Reihenfolge und Gewichtung von Lerninhalten)
- Offenlegung von Relevanzstrukturen, mit denen jedes einzelne Subjekt bestimmte Sachverhalte bewertet, sowie Begründung dieser Bewertungen im Rahmen eines Interaktions- und Aushandlungsprozesses
- Metakommunikation als Vorbereitung für Perspektivwechsel und zur Entwicklung von Metakognition
- Förderung des Perspektivwechsels durch Deutungsmuster-Irritation (dadurch kann „Deutungsmusterdifferenzierung“ und „Deutungsmustertransformation“ angeregt werden)
- Situations- und Prozessorientierung
- Ganzheitliches Lernarrangement (Deutungen sind neben kognitiven, informationsbehafteten Wissensstrukturen auch emotional verankerte Aspekte unserer Identität, alles soll angesprochen werden)
- Subsidiäre Lernprozessbegleitung und kontinuierliche Selbstreflexion

Für die Ausbildung einer qualitativ hoch entwickelten moralischen Urteilsfähigkeit, wie sie in einer handlungstheoretisch fundierten Didaktik zur Förderung moralisch-nachhaltigen Handelns angestrebt wird, ist es durch die SCHÜßLERschen (2000) Hinweise gut nachvollziehbar, wie sich individuelle und kollektive Deutungen und Deutungsmuster im Rahmen von Dilemma-Diskussionen und in der gemeinsamen Auseinandersetzung zu Konflikten verändern können und so eine Weiterentwicklung stattfinden kann. Die morali-

118 Nach TIETGENS (1998) hat bereits HABERMAS (1967) darauf verwiesen, dass „Die wissenschaftlichen Konzepte (...) an den Deutungsschemata der Handelnden selber anknüpfen [müssen]“ (aus: Habermas 1967, 114).

schen Entwicklungsstadien nach KOHLBERG (1976) können als Lernziele verstanden werden.
Um eine handlungstheoretisch fundierte Didaktik noch anschlussfähiger an die berufliche Bildung zu machen, sollte auf lerntheoretischer Ebene auch eine Verknüpfung mit dem Ansatz von AEBLI (bspw. 1987) gesucht werden. AEBLI (2011) hat sich bei der Konzipierung seiner Didaktik aus psychologischer Sicht an den bei Lernenden auszulösenden psychologischen Lern- und Verstehensprozessen orientiert und im schulischen Unterricht der beruflichen Ausbildung mit seinem Ansatz deutliche Spuren hinterlassen, wie ACHTENHAGEN (2006) betont (vgl. Achtenhagen 2006, 123)[119]. AEBLI (2011) hat sich vorrangig auf Lehr-Lernmethoden bezogen und lieferte dabei wichtige Hinweise etwa in Hinblick auf die Relevanz der Passung von dargebotenen Lerninhalten – so reflektiert AEBLI (2011) aus lernpsychologischer Sicht die didaktische Herausforderung, Lernende hinsichtlich der bestehenden Denkschemata einerseits und einer herausfordernden Aufgabe andererseits weder zu über- noch zu unterfordern (vgl. Möller 2006, 131). Aus Sicht der hier behandelten Thematik handelt es sich hierbei um nichts anderes als die Herausforderung, lernenden Personen bei Dilemma-Diskussionen möglichst die nächsthöhere Stufe der Moralentwicklung anzubieten, wie KOHLBERG (1986) es empfiehlt. AEBLI (1987) beschreibt zudem Mechanismen, die an die SIEBERTschen (2006) Konstruktionsformen erinnern – er stellt den Verstehensprozess beim Lernen durch Verknüpfen und wieder Zerlegen, Verdichten und Auseinanderfalten, Strukturieren und Restrukturieren dar. Da er außerdem psychologisch begründete Sachverhalte in didaktische Interventionen gewendet hat, bietet sein Ansatz einen Ansatzpunkt, der auch formallogisch in die Ansätze einer handlungstheoretisch fundierten Didaktik passen würde.

5.4.3.4 Moralphilosophische Position

Nimmt man eine konstruktivistische Perspektive auf Lernen ein und folgt KOHLBERG (1976) und LEMPERT (1988), kann der Mensch eine moralische

---

119 STAUB (2006) stellt dagegen mit Verwunderung fest, dass die Theorie AEBLIs im Didaktik-Diskurs der Allgemeinen Didaktik kaum als eigenständiger Ansatz auftaucht (vgl. Staub 2006, 170).

Urteilsfähigkeit entwickeln, die qualitativ durch pädagogisches Einwirken und die Schaffung förderlicher sozialisatorischer Rahmenbedingungen steigerbar ist. Die qualitative Weiterentwicklung wird durch Metakognitionen wie die Viabilitätsprüfung möglich, die mit der Vernunftfähigkeit verknüpft ist. Mit dieser Möglichkeit ist eine Verantwortung des Menschen verbunden, diese Möglichkeit auch auszuschöpfen. Mit den Worten von SIEBERT (2003) ist dies das wesentliche Element von Bildung: Bildung bezeichnet mehr als die Aneignung von Wissen und Kenntnissen, nämlich den Aspekt der Selbstaufklärung in der Auseinandersetzung mit sich und der Welt – Ziel von Bildung ist dabei die Befähigung zu kompetentem und eigenverantwortlichem Handeln durch Überprüfung und ggf. Anpassung von Wirklichkeitskonstruktionen (vgl. Siebert 2003, 7).

Nach KOHLBERG (1976) ist die Fähigkeit zum moralischen Urteilen etwas, was im Individuum angelegt ist und entwickelt werden soll. Pädagogische Interventionen sollen dabei die Entwicklungslogik des jeweiligen Individuums beachten (wo steht es?) und vorantreiben (was ist der nächste Entwicklungsschritt?) (vgl. Pfeifer 2009, 30f.). Ziel ist es, das Individuum zu einer postkonventionellen Moralstufe zu befördern, in welcher es sich von den sozialen Normen und Erwartungen anderer unabhängig macht und nach individuellen Gewissensprinzipien urteilt und handelt (vgl. Kapitel 3.5.1.2.2). Diese Gewissensprinzipien sind demnach nicht vorab ausdekliniert, sondern individuell, wenngleich klar ist, dass sich diese qua Entwicklungsstand an demokratischen und gerechtigkeitsbezogenen Leitlinien orientieren. Durch die starke Betonung des Individuellen erhebt sich der Verdacht des Werterelativismus — die/der Lehrende muss darauf vertrauen, dass durch die Auseinandersetzung mit moralischen Bezügen das „gewünschte Ergebnis" herauskommt und das Individuum, vielleicht noch unter Konsultierung des Kategorischen Imperativs, zu einem moralischen Urteil gelangt, welches demokratischen und gerechten Prinzipien entspricht. KOHLBERG (1976) steht damit in Abgrenzung zu anderen Ansätzen der Moralerziehung, wie Wertübermittlung, Wertklärung und Wertanalyse (siehe Pfeifer 2009, 30f., angelehnt an Terhart 2005). Gleichzeitig ordnet sich KOHLBERG (1976) damit einem universalistischen Verständnis von Moral zu, ähnlich wie LEMPERT (1988) dies tut (vgl. Kapitel 5.4.2.4.1). Demgegenüber stehen Partikularismuspositionen, die bspw. von BECK (2014) in Form von bereichsmoralischen Konzeptionen im Sinne einer „Situationsethik“ favorisiert werden (vgl. Beck 2014, siehe auch Kapitel 5.4.2.4.2). Durch die Integration des KORNMILCH-BIENENGRÄBERschen (2008) Konstrukts „Rolle“ in das vorgestellte Prozessmodell wird bereichsmoralisches Urteilen und Handeln darstellbar, ohne den Erklärungsrahmen von KOHLBERGs (1976) Stufentheorie verlassen zu müssen.

Nun hat das Leitbild der Nachhaltigkeit seinen eigenen normativen Kern (siehe Kapitel 2.5.3). Gerechtigkeit spielt, wie bei KOHLBERG (1976), eine zentrale Rolle, es sollen aber auch ökologische und ökonomische Ziele erreicht werden, die den Gerechtigkeitsaspekt einschließen, aber auch über ihn hinausgehen. Wie definiert wurde, soll moralisch-nachhaltiges Handeln nach moralischen Prinzipien erfolgen und als Wertorientierungen soziale, ökologische und ökonomische Aspekte umfassen (siehe Kapitel 2.5.3.2.2). Unausweichlich steht eine BNE und BBNE damit vor der Frage, welche Normen nun zu vermitteln sind, auch wenn die Lernenden sie durch Vernunft „selbst entdecken“ sollen — hierin liegt aber aus Sicht etwa der Neukantianer bereits ein Fehlschluss; solche festen Normen könne es nicht geben, ansonsten wäre eine praktische Erziehung tatsächlich „normativ“ im manipulativen Sinne (vgl. Lassahn 2000, 107). MICHELSEN & ADOMßENT (2014) weisen darauf hin, dass es bei der Beschäftigung mit Werten seitens der Nachhaltigkeitswissenschaften dementsprechend lediglich um die Schaffung von Orientierungswissen gehen kann; individuelle und gesellschaftliche Wahrnehmungs- und Bewertungsprozesse müssen Kernpunkt sein, normative Setzungen seitens der Wissenschaft sind unzulässig (vgl. Michelsen/Adomßent 2014, 27). Dies ist umso zentraler, wenn der Bildungsaspekt hinzutritt. Der Instrumentalisierungsverdacht, der einer Idee der Bildung als Mündigkeit entgegensteht, fußt in Hinblick auf BNE auf den Erfahrungen mit einer Umweltbildung, deren Hauptziel die Implementierung eines umweltfreundlichen Verhaltenskodex war (vgl. Stoltenberg/Burandt 2014, 568). Die Schaffung und Propagierung eines solchen „nachhaltigen Verhaltenskodex“ darf nicht Aufgabe einer BNE sein, sollen die Bestrebungen nicht in einer falsch verstandenen normativen Pädagogik münden. Pädagogisches Handeln ist demnach auch durch Lehrende selbst in einer Meta-Reflexion moralisch zu begründen (siehe hierzu bspw. Zirfas 1999). BNE kann Wissen zu Nachhaltigkeit bereitstellen, darf aber keine „sittliche

Haltung“ dazu vorgeben, diese darf nur in der Auseinandersetzung mit dem Selbst eingebettet in einen sozialen und kulturellen Kontext geschehen (vgl. Lassahn 2000, 110). Die Rolle von Lehrenden erhält in einer solchen normativen Pädagogik als „Geburtshelfer/-in“ für ein kritisches Bewusstsein ein schweres Gewicht (vgl. Lassahn 2000, 113). Aus einer kantianischen Perspektive kann man sich diesen Problemstellungen nur mit einer Wissenschaft wie der kritischen Philosophie oder Transzendentalphilosophie nähern (vgl. Lassahn 2000, 105). Von Pädagogen, die dem Neukantianismus zugeordnet werden, wurde die Pädagogik dementsprechend als die „praktische Seite“ der Philosophie betrachtet (vgl. Lassahn 2000, 106f.).

5.4.3.5 Makro- und Mikrodidaktik

„Wozu soll es gelernt werden?“ Diese klassische „W-Frage“ zur Charakterisierung eines didaktischen Konzepts ist bereits in den vorangegangenen Kapiteln angesprochen worden (kurz: Bildungsziel ist eine Stärkung moralisch-nachhaltiger Handlungen im Rahmen einer BNE und BBNE). Im Folgenden sollen kurze Schlaglichter für potenziell fruchtbare Ansätze zur Klärung geeigneter Inhalte, zu den Adressaten, den Lehrenden sowie dem Wo, Wie und Womit des Lernens gegeben werden.

Auswahl des Inhalts

Was die Inhalte betrifft, so wurde bereits festgestellt, dass der moralische Aspekt auf inhaltlicher Ebene weitgehend unterbelichtet ist und in den Programmen zur BNE und BBNE bislang andere Schwerpunkte gesetzt wurden. Für die Auswahl von Inhalten für eine handlungstheoretisch fundierte Didaktik zur Förderung moralisch-nachhaltigen Handelns sollten zwei Aspekte bedacht werden. Zum einen sollte, wie bereits in Kapitel 5.4.2.5.2 dargestellt, das Prozessmodell selbst zum Thema gemacht werden, um Lernenden die innerpsychischen Vorgänge vor Augen zu führen und sie damit einer Metareflexion zuzuführen. Hier ist auf eine geeignete zielgruppenspezifische Aufbereitung zu achten. Für Schüler/-innen weiterführender Schulen sollte die Thematik verständlich aufbereitet werden können, ebenso für Zielgruppen aus der beruflichen Bildung.

Zum anderen sind nachhaltigkeitsbezogene Inhalte auszuwählen, die bspw. für die Thematisierung widerstreitender Normen in Nachhaltigkeitskontexten geeignet sind. Nach KLAFKI (1996) kann Nachhaltigkeit als „epochaltypisches Schlüsselproblem" betrachtet werden, da Nachhaltigkeit ein Kernproblem unserer Gegenwart darstellt, aus welchem sich in ausgezeichneter Weise Systemzusammenhänge erschließen lassen (vgl. Klafki 1996). Zur weiteren Aufbereitung der Thematik kann auf bewährte Techniken wie die „Didaktische Analyse" nach KLAFKI (1963) zurückgegriffen werden: KLAFKI (1963) unterzieht ausgewählte Inhalte einer siebenschrittigen Analyse, bei der potenziell relevante Inhalte auf ihre Gegenwarts- und Zukunftsbedeutung, auf ihre exemplarische Bedeutung, die Inhaltsstruktur sowie auf Erweis- und Überprüfbarkeit, Zugänglichkeit und eine adäquate Lehr-Lern-Prozessstruktur hin geprüft werden (vgl. Klafki 1963, 135). Zusätzlich sollte bei der Auswahl und Aufbereitung eines Lerninhaltes darauf geachtet werden, dass moralische Aspekte besonders hervortreten und durch geeignete Methodenwahl adressierbar werden.

Lehrende

Lehrende sind hier nicht nur durch die konstruktivistische Sicht auf Lernen besonders gefordert (Lernen kann nicht erzeugt, sondern muss individuell anschlussfähig ermöglicht werden), sondern sollten auch über psychologische Grundkenntnisse verfügen. Lehrende sollten in der Lage sein, die moralkognitive Entwicklung von Lernenden zu stimulieren, also entwicklungspsychologisch angepasst zu handeln. Sie sind zurückhaltende Moderierende in Gefügen wie der „just community". Gleichzeitig sind Kenntnisse und Methodenwissen im Bereich BNE und der Übertragung nachhaltigkeitsrelevanter Inhalte auf berufliche Felder vonnöten – die Erstellung eines „Soll-Profils" für Lehrende steht noch aus, wird aber in jedem Fall viel von lehrenden Personen verlangen. Die bisherigen prominenten Kompetenzsystematiken gelten für Lernende (siehe bspw. de Haan et al. 2008) – die Kompetenzen von Lehrenden einer BNE und BBNE werden vergleichsweise selten behandelt, auch kommen dort Kompetenzen mit Moralbezug lediglich implizit vor (siehe bspw. UNECE 2012, 14f.). Die Organisation der Vereinten Nationen für Bildung, Wissenschaft und Kultur (UNESCO 2014) hat der Kompetenzentwicklung für Lehrende in ihrer

Roadmap zur Umsetzung des Weltaktionsprogramms zur BNE nun ein eigenes Handlungsfeld gewidmet (siehe DUK 2014, 15).

Kompetenzen

Hier steht mit dem Konzept der „Gestaltungskompetenz“ eine prominente Systematik zur Verfügung, die auch den moralischen Aspekt zufriedenstellend abdeckt (siehe de Haan et al. 2008). Nun geht es darum, das Konzept auch für die berufliche Bildung anschlussfähig zu machen. Sehr weit scheint man mit dem Anschluss an BNE-Konzepte allerdings noch nicht gekommen zu sein – STROMPOROWSKI (2009) konstatiert für die aktuelle berufs- und wirtschaftspädagogische Kompetenzdebatte eine weitgehende Nicht-Berücksichtigung des BNE-Konzepts der Gestaltungskompetenz (vgl. Stromporowski 2009, 324). Erste vereinzelte Ansätze finden sich aber etwa bei HAHNE (2007), der Gestaltungskompetenz und Selbstkompetenz sowie Sozialkompetenz verbindet (vgl. Hahne 2007, 16)[120], oder auch bei GROTHE (2007), die ein kompetenzgestütztes Indikatorenmodell zur Messung von Nachhaltigkeit am Beispiel der Chemieausbildung entwirft (vgl. Grothe 2007, 33). Zudem gibt es aus der beruflichen Bildung heraus schon seit einiger Zeit Bestrebungen, sich dem Begriff des „Gestaltens“ anzunähern, um sich von dem Handlungsbegriff, der mit dem Konzept der Anpassungsqualifizierung kompatibel ist, zu lösen (siehe Rauner 2006, 56f.). Auch wenn die Kompetenzverständnisse in der BNE und BBNE unterschiedlich sind – Verwendung einer psychologischen Konnotation des Kompetenzbegriffs in der BNE (siehe dazu Arnold/Schüßler 2001, 61ff.; vgl. BMZ/KMK 2007, 71; vgl. Klieme 2004, 12) vs. einem pädagogischen Kompetenzbegriff im Sinne der beruflichen Handlungskompetenz (siehe Arnold/Schüßler 2001, 61ff.) in der beruflichen Bildung –, so sind doch die zentralen Konzepte in ihren Grundannahmen kompatibel und sich näher, als es zunächst scheint (siehe dazu auch Bliesner 2007).

---

[120] Systemkompetenz und Gestaltungskompetenz sind dabei als „Kompetenzbündelungen“ beschrieben, die mit den in der beruflichen Bildung verbreiteten Selbst-, Fach-, Methoden- und Sozialkompetenz verbunden werden (vgl. Hahne 2007, 16).

Umsetzbarkeit – mikrodidaktische Dimension

Welche Lernformate für die Förderung von Kompetenzen sind denkbar – mit wem, in welcher Form, wie und womit sollte gelernt werden?

Hinsichtlich des moralischen Aspekts kann ein Blick in die Methoden des Ethikunterrichts hilfreich sein. Neben der bereits behandelten Dilemma-Diskussion und dem Format der „just community" zählen Rollenspiele, die Inszenierung von Handlungssituationen oder Gedankenexperimente zu klassischen Methoden des Ethikunterrichts (vgl. Pfeifer 2009, 96, 166). Rollenspiele sind dabei besonders geeignet, die affektive Dimension des Ethikunterrichts anzusprechen (vgl. Pfeifer 2009, 100; Meyer 1989, 232). Ebenso sieht PFEIFER (2009) insbesondere Gesprächsformen, wie das sokratische Gespräch, als wesentlich an (vgl. Pfeifer 2009, 113-140). In dem sokratischen Gespräch entdeckt er Anknüpfungspunkte an die konstruktivistische Position, denn Sinn und Bedeutung des Gesprächsgegenstandes werden von beiden Gesprächsteilnehmenden interaktional konstruiert (vgl. Pfeifer 2009, 130). Gedankenexperimente wirken als „Augenöffner", „Scharfzeichner" oder „Umkehrbrillen" und stimulieren die moralische Fantasie (vgl. Pfeifer 2009, 167).

Solche Methoden könnten in jene Methodenformate integriert werden, die in der beruflichen Bildung bereits eine längere Tradition haben. Als erfolgversprechende methodische Formate für die berufliche Ausbildung werden etwa Werk- und Arbeitsprojekte, fächerübergreifender Unterricht, Wettbewerbe sowie Junior- bzw. Übungsfirmen genannt (vgl. Dittrich et al. 2007, 9; vgl. Pfeifer 2009, 314). Übungsfirmen als Möglichkeit handlungsorientierten Lernens wurden in der beruflichen Bildung immer wieder thematisiert (siehe bspw. Achtenhagen/Tramm 1993). So wurde gefordert, diese Methode offensiver in die berufsbildungspolitische Diskussion einzubringen, da weit noch nicht alle Potenziale zur qualitativen Verbesserung von beruflichem Unterricht ausgeschöpft seien (vgl. Achtenhagen/Tramm 1993, 179f.). Methoden wie computergestützte Simulationsprogramme und Planspiele oder das Format der Übungsfirmen werden ebenfalls als vielversprechend für eine BBNE hervorgehoben (vgl. Dittrich et al. 2007, 12; siehe Dasecke 2013; siehe Schwarz/Dimireva 2013). ACHTENHAGEN (2000) stellt hierzu allerdings fest, dass diese Methoden zwar immer wieder in „Wellen" propagiert wurden, sich

aber dennoch nie wirklich als ein fester Bestandteil beruflichen Unterrichts etablieren konnten (vgl. Achtenhagen 2000, 101).
Die Frage nach dem „Wo“ und „Wie“ des Lernens kann auch mit geeigneten Lernorten beantwortet werden. Lernorte sollten zu nachhaltigen Bildungsstätten gestaltet werden (vgl. Dittrich et al. 2007, 9f.). Gemeint sind dabei Lernorte, die „nachhaltige Entwicklung glaubhaft umsetzen“ (vgl. Dittrich et al. 2007, 10). Die Nutzung unterschiedlicher Lernorte und die Kooperation zwischen Lernorten werden dabei hervorgehoben (vgl. Aebli 1987, 76ff.). So können die Bildungsseminare des FÖJ Rheinland als Lernorte beschrieben werden, an denen Nachhaltigkeit gemeinsam gelebt und umgesetzt wird. Hier stellt sich die Frage, wie dieser Gedanke in den beruflichen Bereich hineingetragen werden kann. Hier öffnet sich grundsätzlich ein weites Feld, denn Kooperationen von Lernorten können vielfältige Gestalt annehmen (vgl. Dobischat et al. 2004, 97). So ist es in einem „pluralen System“ der Lernorte (vgl. Dobischat/Düsseldorff 2002, 2) vorstellbar, dass Auszubildenden durch den „Kooperationspartner Freiwilligendienste“ ein *Mehr* geboten werden kann; etwas, das die Berufsschulen durch die ihnen auferlegten Einschränkungen nicht zu leisten in der Lage sind (siehe hierzu auch Dobischat et al. 2004, 103). Berufsschulen böte sich so eine von vielen Möglichkeiten, sich als Innovationszentren zu profilieren, indem sie bspw. Kompetenzen zum Schwerpunkt Nachhaltigkeit im Rahmen von Projektarbeit oder Modellversuchen bündeln (siehe Dobischat et al. 2004, 99).
Anders als in vergangenen Zeiten werden Lernortverbünde und Lernortkooperationen nicht mehr vorrangig als strukturell-organisatorische Herausforderung gesehen, sondern auch methodisch-didaktische Fragestellungen geraten in den Blick (vgl. Dobischat/Düsseldorff 2002, 2). PETERSEN (2013) fordert eine Didaktik der beruflichen Bildung, die in den Beruf überleitet (vgl. Petersen 2013). Neben berufsorientierenden und -vorbereitenden Aspekten treten dabei vor allem allgemeine persönlichkeitsfördernde Aspekte in den Vordergrund (vgl. Petersen 2013, 18). Hier können die didaktischen Ansätze des FÖJ Rheinland fruchtbare Anregung bieten.
Noch ein Element aus dem Praxisbeispiel FÖJ Rheinland sollte auf seine Adaptierbarkeit in den beruflichen Bereich hinein geprüft werden. Die erlebnispädagogischen Übungen wirkten sich einerseits förderlich auf das Gruppen-

klima aus, andererseits trugen sie vermutlich zur Stärkung der SWE bei (siehe Meier et al. 2009; Satow 2002). Die Anwendung von Elementen daraus wäre bspw. im Rahmen von Projektwochen im Unterricht der Berufsschule möglich.

5.4.3.6 Umsetzbarkeit in BNE und BBNE – Möglichkeiten und Barrieren

Die Umsetzbarkeit der genannten pädagogischen Interventionen dürften in der BNE auf weniger Barrieren stoßen als in der BBNE, weswegen hierauf im Folgenden der Schwerpunkt gelegt werden soll. Exemplarisch soll die duale Berufsausbildung herangezogen werden, wobei die Hinweise auch für Vollzeitschulen der beruflichen Ausbildung und für Weiterbildungsangebote gelten können. Anstatt auf die jeweiligen pädagogischen Interventionen im Einzelnen einzugehen, sollen die Rahmenbedingungen und Hemmnisse im beruflichen Bereich als solches angesprochen werden.

Das Leitbild der Nachhaltigkeit ist auch in der beruflichen Bildung angekommen und bedarf keiner weiteren Legitimierung (vgl. Fischer 2001, 237). Nur über das „Wie" herrschen unterschiedliche Ansichten.

Formallogisch ist eine Integration der Thematik der Nachhaltigkeit beispielsweise in die berufliche Ausbildung relativ klar – es sind entsprechende ordnungspolitische und curriculare Anpassungen zu tätigen. Aber die Hinwendung zu einer BBNE, die die Förderung einer moralischen Urteilsfähigkeit umfasst, ist vielschichtiger zu sehen und beschränkt sich nicht auf die formallogische Dimension. Die Institutionen der Berufsbildung haben einen Sozialisationsauftrag (vgl. Dobischat/Düsseldorff 2015), der durch die BBNE nochmals besonders angesprochen wird. Adressiert werden hier die interdependenten Sozialisations- und Erziehungsprozesse, die zusammen zu betrachten sind (vgl. Dobischat/Düsseldorff 2015, 471). Die moralische Urteilsfähigkeit einer Person ist eine Dimension ihrer Persönlichkeitsstruktur, die durch Sozialisationserfahrungen mitgeprägt wird (vgl. Dobischat/Düsseldorff 2015, 474). BBNE bewegt sich hier im Spannungsfeld zwischen nicht intentionalen Sozialisationsprozessen und einer besonderen Akzentuierung der Erziehungsfunktion (vgl. Dobischat/Düsseldorff 2015, 471) und beinhaltet eine gesteigerte Leistungserwartung gegenüber der jeweiligen Institution.

Die „Modernisierungsstrategie" im Sinne einer BBNE (vgl. Schlömer 2011, 147) wird grundsätzlich als sehr große Herausforderung betrachtet, mitunter

auch als nicht umsetzbar bezeichnet. Nur wenige sehen es als konstituierendes Element einer BBNE, dass in ihr der Widerspruch zwischen Ökologie, Ökonomie und Sozialem aufgehoben werden kann (vgl. Fischer 2001, 239) – die Mehrheit betont die kaum zu bewältigende Herausforderung, in einem kapitalistisch geprägten System die Maßstäbe der Nachhaltigkeit anzusetzen. Entsprechend kommen MERTINEIT et al. (2001) in ihrer „Machbarkeitsstudie BBNE" zu einer skeptischen Einschätzung der möglichen Beiträge einer BBNE (vgl. Mertineit et al. 2001, 120). Besonders skeptisch sehen sie die Möglichkeit, Gerechtigkeitsaspekte zu adressieren (vgl. Mertineit et al. 2001, 132f.). Insbesondere da, wo „keine Harmonisierung beruflicher Ansprüche und übergreifender, auf die Nachhaltigkeit bezogener Werte möglich ist" (vgl. Mertineit et al. 2001, 131), öffnet sich ein Spannungsfeld. Dies gilt vor allem für den betrieblichen Teil der dualen Berufsausbildung.
Diese Kritik an der Wirtschaftswelt ist nicht neu und auch nicht an das verhältnismäßig junge Leitbild der Nachhaltigkeit gekoppelt. So beklagt bereits LEMPERT (1988) den Konkurrenzdruck, die Gerissenheit und soziale Konformität zwischen den Menschen sowie die Gewissenlosigkeit und Ungerechtigkeit des beruflichen Handelns (vgl. Lempert 1988, 85). AEBLI (1987) sieht zudem die Gefahr einer moralischen Segmentierung und fordert eine berufliche Werterziehung:

> „Wir wollen damit verhindern, daß sich die Welt und das Bewußtsein der Menschen in eine ökonomische und in eine moralisch-geistige trennt. Wir versuchen sie vielmehr zusammenzubringen, so daß ethische und kulturelle Gesichtspunkte die berufliche und wirtschaftliche Tätigkeit kontrollieren und ihr zugleich eine tiefere Rechtfertigung geben. So hindern wir auch das geistige und ethische Denken daran, wirklichkeitsfremd und damit wirkungslos zu werden." (aus Aebli 1987, 83f.)

Die Ansätze zur Konzipierung einer BBNE betonen die Notwendigkeit einer Anschlussfähigkeit an bestehende Konzepte und Diskussionen der beruflichen Bildung, wie es auch vom Bundesinstitut für Berufsbildung (2013) angeraten wird (siehe BIBB 2013, 6). Neben der Kompetenzdebatte, die bereits angesprochen wurde, ist das Prinzip der Handlungsorientierung ein weiterer wichtiger Anknüpfungspunkt für die Integration des Leitbilds Nachhaltigkeit in die berufliche Bildung. Ziel ist die Ausbildung einer „nachhaltig ausgerichteten Beschäftigungsfähigkeit („Sustainemployability")", die maßgeblich von einer nachhaltigen beruflichen Handlungsfähigkeit abhängt (vgl. DUK 2014, 6). Das Lernen im Sinne einer Handlungsorientierung soll situiert und selbstgesteuert verlaufen (vgl. BIBB 2013, 6). Es gilt, berufliche Situationen so darzustellen, dass in ihnen handlungsorientierte, nachhaltige Sachverhalte erlebbar werden. Handlungsorientierung soll zudem durch den lernfeldorientierten Unterricht unterstützt werden. Das Ende der 90er-Jahre eingeführte Lernfeldkonzept soll durch thematische Offenheit der Lehrpläne aktuelle Bezüge sowie die Berücksichtigung von Besonderheiten der Lernorte und der Region ermöglichen (vgl. MSW 2009, 4) – dies bietet Möglichkeiten, nachhaltige Sachverhalte zu integrieren. Dazu werden in der didaktischen Jahresplanung der Institutionen die curricularen Angaben konkretisiert und entlang der (verbindlichen) Lernfelder und den darin enthaltenen Kompetenzbeschreibungen entsprechende (wählbare) Lernsituationen entwickelt sowie dokumentiert (siehe MSW 2009). Grundsätzlich besteht für die BBNE demnach die Möglichkeit, ihre Inhalte anhand von Lernsituationen zu verwirklichen (vgl. Fischer et al. 2001, 237). Ein Beispiel für eine entsprechende Ausgestaltung von Lernsituationen im Kontext nachhaltigen Wirtschaftens im Einzelhandel findet sich bspw. bei RICKES & TIEMEYER (2009).

Zur Konzipierung von Lernsituationen mit Bezug zu Nachhaltigkeit geben KASTRUP et al. (2012) einige Thesen an die Hand, die auch eine gewisse Einstellung der beruflichen Bildung zum Umgang mit der Leitidee Nachhaltigkeit widerspiegeln (aus: Kastrup et al. 2012, 4-9):

- „Aus der normativen Idee einer nachhaltigen Entwicklung lassen sich keine eindeutigen Empfehlungen für das didaktische Handeln ableiten. Ausgangspunkt für eine BBnE sind daher nicht die Dimensionen der Nachhaltigkeitsidee, sondern konkrete berufliche Handlungsfelder und Handlungssituationen.
- Bei der Gestaltung von Lernsituationen dienen die spezifischen Perspektiven einer BBnE als didaktische Analysekategorien.
- Die BBnE erfordert keine völlig neue didaktische Orientierung. Vielmehr geht sie von den aktuell anerkannten berufspädagogisch-didaktischen Prinzipien aus und ergänzt diese um eine Nachhaltigkeitsperspektive.
- Es besteht nicht der Anspruch, dass jede berufliche Lernsituation die Merkmale der BBnE und die berufspädagogischen Prinzipien in ihrer Gesamtheit berücksichtigt; vielmehr sind jeweils didaktisch begründete Schwerpunkte zu setzen.
- Vollständigkeit in Bezug auf die verschiedenen Dimensionen der Nachhaltigkeitsidee ist das Ziel eines Bildungsganges."

Der normative Charakter von BBNE, der in der ersten KASTRUPschen (2012) These angesprochen wird, ist anschlussfähig an ein berufliches Ethos, in welchem „Beruflichkeit und Nachhaltigkeit gekoppelt sind" (vgl. Hemkes et al. 2013; bei Kuhlmeier/Vollmer 2013, 6; siehe auch DUK 2014, 3). Auch kann an die Bemühungen zur Werterziehung angeknüpft werden. HORLEBEIN (1998) verweist darauf, dass die Werterziehungsproblematik auch in der Berufsbildungsforschung eine vordringliche Aufgabe darstellt (vgl. Horlebein 1998, 4). Dabei wurde als Ziel beruflicher Bildungsprozesse die „Fähigkeit und Bereitschaft zur moralischen Reflexion und Regulierung des eigenen beruflichen Handelns" festgehalten (siehe Deutsche Forschungsgemeinschaft/Kommission für Berufsbildungsforschung 1990, 72, zitiert bei Horlebein 1998, 4). HORLEBEIN (1998) reflektiert diesbezüglich über die Grenzen des Ethikunterrichts an beruflichen Schulen und sieht hier externe Faktoren, wie die Vorgeprägtheit von Jugendlichen in ihren bisherigen Sozialisationsfeldern oder die möglicherweise weit stärkere Beeinflussung durch gleichaltrige Vorbilder und Ältere im Vergleich zu den Wirkungen von Ethikunterricht, als hemmend an (vgl. Horlebein 1998, 319). Als interne Faktoren identifiziert er schulische Rahmeneinflüsse wie ungünstige Unterrichtszeiten, organisatorische Probleme oder die inhaltliche Isolation von Ethikunterricht vom Fachunterricht (vgl. Horlebein 1998, 319).

Grundsätzlich sollten die Bemühungen einer BBNE von weiteren Maßnahmen flankiert werden, die im Sinne einer Gesamtstrategie das ganze Bildungssystem betreffen. DE HAAN (2014) begründet dies mit der Tatsache, dass singuläre Bildungseinrichtungen den Ansprüchen einer BNE und BBNE kaum gewachsen sind, müssen sie ja primär zunächst ihre zugewiesenen Funktionen erfüllen (vgl. de Haan 2014, 162). Er fordert eine Verzahnung mit anderen (potenziellen) Bildungsträgern, um eine erfolgreiche nachhaltige Lernbiographie zu ermöglichen (vgl. de Haan 2014, 162; siehe auch Singer-Brodowski et al. 2014). Neben einer strukturellen Implementierung sollte also auch eine laterale Perspektive eingenommen werden. Hier gibt es bereits Strömungen, die Übergänge zwischen den Bildungssystemen fließender zu gestalten, wie bspw. die Forderung, „vorberufliche Bildung" für Schüler/-innen stärker zugänglich zu machen, um Übergangsproblemen entgegenzuwirken und Zukunftschancen zu verbessern (vgl. Weber 2000, 328). Dazu gibt es verschiedene Maßnahmen, etwa das „Betriebspraktikum" (vgl. Weber 2000, 343f.). Auch innovative Formate wie das „FSJ-plus", welches Freiwilligendienst, hier: Freiwilliges Soziales Jahr (FSJ), und die Absolvierung eines Realschulabschlusses verbindet, sind Beispiele für die Verzahnung von Bildungsbereichen und die Nutzung von Synergieeffekten (siehe: http://www.zze-freiburg.de/projekte/abgeschlossene-projekte/fsjplus/; 10/2016, 17:00h).

5.5 Kritische Würdigung der Methodik & Ergebnisse

Methodik

Der zweite theoretische Teil schließt überwiegend an die Arbeiten des ersten theoretischen Teils an und nimmt ebenfalls Bezug auf die Erkenntnisse der empirischen Arbeitsphase.

Das Kernstück, die Herleitung eines Arbeitsmodells, erscheint hinreichend breit theoretisch begründet, wobei gleich einem Trichter zum Ende des Entwicklungsprozesses nur noch jene Erkenntnisse hinzugezogen wurden, die identifizierte Lücken im Arbeitsmodell zu schließen vermochten. Dies stellt eine Perspektivverengung dar, die der Mannigfaltigkeit von (umwelt-)psychologischen Modellen, die für eine berufliche (Umwelt-)Bildung noch hätten herangezogen werden können, nicht gerecht werden kann. Diese Verkürzung im methodischen Vorgehen kann durch den explorativen Charakter der Untersuchung gerechtfertigt werden.

Das entstandene heuristische Arbeitsmodell muss als das gesehen werden, was es ist – ein der Orientierung dienendes, wohl nur schwerlich in Gänze empirisch überprüfbares Handlungsmodell.

Auch die Beschränkung auf die individuelle Ebene des Handelns macht es schwer, soziale, gruppendynamische Prozesse abzubilden (vgl. bspw. Winter 2000, 520) – dies wäre sicherlich auch ein lohnenswerter Ansatzpunkt für weitere Forschungen.

Die methodische Entscheidung, konstituierende Elemente eines didaktischen Konzepts zu thematisieren, anstatt alternativ Anschluss an bereits bestehende didaktische Modelle zu suchen, hat zweierlei Gründe. Zum einen bedient sich die BNE derzeit unterschiedlicher, wenig identifizierter Ansätze. Diese Offenheit, die selbstverständlich nichtsdestoweniger einer theoretischen Rückbindung bedarf, scheint derzeit noch notwendig und nützlich zu sein, um das junge Feld der BNE mit der Zeit zu immer klareren konzeptionellen Konturen zu führen. Zum anderen scheinen gerade didaktische Modelle aus der Moralerziehung mit großen Vorbehalten und Skepsis belastet zu sein, was zum jetzigen Zeitpunkt eher eine verfrühte Abkehr vom Vorhaben der Konzipierung einer handlungstheoretisch fundierten Didaktik für BNE und BBNE, in welcher Moral eine wichtige Rolle spielt, bewirken könnte.

Ergebnisse

Während die Ausführungen zur überwiegenden Anzahl der konstituierenden Elemente einer handlungstheoretisch fundierten Didaktik eher einen empfehlenden und exemplarischen Charakter haben, stellt das hergeleitete Arbeitsmodell ein konkreteres Ergebnis dar.

Der Kritik des Modells (siehe Kapitel 5.4.2.5.3) können weiterführende Gedanken zur Wirksamkeit der angeführten pädagogischen Interventionen hinzugefügt werden. Neben den vielfach angeführten Vorteilen von Bildungsmaßnahmen zum Ziel der Verhaltensänderung (langfristige Effekte, Unabhängigkeit von externen Anreizen, Transfereffekte, Mündigkeit schützt vor Beliebigkeit, Adressierung stabiler Kognitionen wie SWE oder Verantwortlichkeitszuschreibungen usw.) werden auch die Grenzen der Einflussnahme durch Bildung dargelegt. GARDNER & STERN (1996) erinnern daran, dass Bildungsmaßnahmen den meisten Nutzen in Kombination mit anderen Interventionsstrategien haben, damit externe Barrieren nicht konterkarieren (vgl. Gardner/Stern 1996, 92ff.). Zudem geben HELLBRÜCK & KALS (2012) und weitere exemplarisch für zahlreiche Hinweise zur Umsetzung von Interventionsmaßnahmen zu bedenken, dass Zielgruppe und Kontext der Intervention genau zu beachten sind. Zwar geben die Autorinnen und Autoren Hinweise für die Umsetzung allgemeiner umweltpsychologischer Interventionsmaßnahmen, die sich auch abseits von Bildungskontexten bewegen, dennoch liefern sie wichtige Impulse auch für pädagogische Settings (vgl. Hellbrück/Kals 2012, 109f.; Kals 1996, 140-149; Gardner/Stern 1996, 159-170, übersetzt):

- Kombination mehrerer Interventionsstrategien, da die hemmenden Faktoren unterschiedlich, akteurs-, situations- sowie zeitabhängig sind und einander beeinflussen[121]

- Konkretisierung der Interventionsziele zur Förderung erwünschter Bereitschaften und Verhaltensweisen nach bestimmten Regeln (Angemessenheit der Ziele, breite Palette von Handlungsmöglichkeiten offenhalten, Handlungssets statt einzelner Verhaltensweisen anvisieren, Automatisierung neu erlernter Verhaltensweisen anstreben, Handlungen fördern, die nicht zu stark von situativen Bedingungen abhängen)
- Ziel- und adressatenspezifische Bestimmung von Interventionsmethoden unter Berücksichtigung von Wissen zu Merkmalsveränderungen und -stabilität sowie den psychologischen Grundlagen von Evaluationsprozessen, schrittweises Vorgehen
- Private, gesellschaftliche bzw. wirtschaftliche „Funktionen“ beachten, die das jeweilige unerwünschte Verhalten erfüllt, welches verändert werden soll
- Einbeziehen der Adressaten (partizipativer Ansatz) und Beachtung der Toleranzgrenzen der Adressaten hinsichtlich möglicher Interventionen („Prinzip dosierter Diskrepanzen“ verhindert Reaktanz und Demotivierung) bzw. Abwägen von „Foot-in-the-door-Technik“ vs. „Door-in-the-face-Technik“
- Phasen der Verhaltensänderung beachten: Unfreezing, Changing, Freezing
- Einrichtung von Evaluationsmöglichkeiten, Monitoring der Rückmeldungen und ggf. Anpassung der Strategie

---

[121] Das ausschließliche Anwenden von Anreizstrategien kann eine intrinsische Motivation untergraben; das ausschließliche Anwenden von Techniken der Normaktivation kann zu Reaktanz führen (vgl. Schahn/Matthies 2008, 683).

6 Ausblick

6.1 Fazit: Wurden die erwünschten Erkenntnisse erlangt?

Aus der Motivation heraus, die Gründe von nicht erfolgten nachhaltigen Handlungen zu erforschen, wurde zunächst danach gefragt, was unter nachhaltigem Handeln überhaupt zu verstehen sei (siehe Kapitel 2). Es wurde herausgearbeitet, dass nachhaltiges Handeln als *moralisch*-nachhaltiges Handeln zu konzipieren ist, da bei nachhaltigen Handlungen mehrere Wertorientierungen aufeinandertreffen (ökologische, ökonomische und soziale Werte). Diesen Wertorientierungen gemäß zu handeln berührt Grundfragen philosophischer Ethik und stellt die Frage nach Gerechtigkeit – die Konzeption von Nachhaltigkeit als rationaler, weiser Planung (vgl. de Haan et al. 2008, 39) wird bei dieser Schwerpunktsetzung in den Hintergrund gerückt, wenngleich sie ebenso wichtig ist.

Sodann wurde nach handlungswirksamen Faktoren gefahndet, welche darüber entscheiden, ob aus moralisch-nachhaltigem KÖNNEN, WOLLEN und DÜRFEN auch ein entsprechendes Handeln hervorgeht (siehe Kapitel 3). Nachdem sich in der bestehenden Debatte um BNE und BBNE nicht ausreichend Hinweise auf jene Faktoren fanden, wurden umwelt- und moralpsychologische Handlungsmodelle hinzugezogen. Der Schwerpunkt wurde dabei auf die Identifizierung solcher handlungswirksamen Faktoren gelegt, die pädagogischen Interventionen zugänglich sind. Für die weitere Betrachtung wurden die Faktoren SWE sowie moralische Urteilsfähigkeit ausgewählt. Hierzu ist festzuhalten, dass die Auswahl zweier Faktoren lediglich einen sehr spezifischen Erkenntnisgewinn ermöglicht. Eine ganze Reihe anderer handlungswirksamer Faktoren wurde von der Betrachtung ausgeschlossen, dies sollte bei der Ergebnisinterpretation stets vergegenwärtigt werden.

Für den ausgewählten Erkenntnisausschnitt konnten in Kapitel 0 nachfolgend entsprechende Operationalisierungen gefunden werden. Ziel war es, die ausgewählten handlungswirksamen Faktoren in einem realen praktischen Umfeld zu erforschen, sodass ihre Förderung in Einbindung in ein konkretes pädagogisches Konzept sichtbar wird. Hier zeigte sich, dass die im ersten Theorieteil erlangten Erkenntnisse sich im Praxisbeispiel wiederfanden und die Erkenntnisse aus der empirischen Arbeitsphase wiederrum wichtige Impulse für den zweiten Teil der theoretischen Exploration lieferten.

Als Praxisbeispiel wurden, nach einer Vorstudie zur Eignung, die Bildungsseminare des Freiwilligendienstes „FÖJ“ in NRW ausgewählt. Während die SWE in den Bildungsseminaren von zwei Seminargruppen des FÖJ Rheinland direkt erfasst werden konnte, wurde die moralische Urteilsfähigkeit über das Konstrukt der „moralischen Atmosphäre“ und das Konstrukt des VU indirekt erfasst. Als ergänzendes Instrument zur zusätzlichen Erhellung der Kontextbedingungen (pädagogisches Konzept) wurden die Methoden, Medien und Inhalte der Bildungsseminare ausgewertet. Um zusätzlich einen Einblick in den Kontext der beruflichen Bildung zu erhalten, wurde die Befragung zur SWE und zum VU auch bei Auszubildenden im Tischlerhandwerk und Teilnehmenden aus dem BGJ Holz angewandt. Die erlangten Erkenntnisse befriedigen das Erkenntnisinteresse in ausreichendem Maße. Durch partiell hohe Panelmortalität und die Tatsache, dass das VU nicht in der gewünschten Detaillierungstiefe ausgewertet werden konnte, wird der Erkenntnisgewinn in akzeptablem Ausmaß geschmälert.

Die bis dahin erarbeiteten Ergebnisse flossen in Impulse zur Annäherung an ein handlungstheoretisch fundiertes didaktisches Konzept ein, welches moralisch-nachhaltiges Handeln zu fördern versucht (siehe Kapitel 5). In Rückbezug auf die modelltheoretischen Erkenntnisse aus Kapitel 3 wurde eine Modellsynthese und -erweiterung durchgeführt, an deren Ende das „Rollenbezogene Prozessmodell zu moralisch-nachhaltigem Urteilen und Handeln“ stand, anhand dessen pädagogische Interventionen für die Förderung moralisch-nachhaltigen Handelns abgeleitet werden können. Dieses handlungstheoretische Modell wurde als wichtiges, konstituierendes Element einer anvisierten didaktischen Konzeption betrachtet und durch weitere konstituierende Elemente flankiert, die zunächst in geringerer Detailtiefe ausgearbeitet wurden. Das Ziel, sich einer handlungstheoretisch fundierten Didaktik zur Förderung moralisch-nachhaltigen Handelns anzunähern, welche für eine BNE und BBNE gleichermaßen genutzt werden kann, kann als erreicht betrachtet werden.

Im Folgenden werden die Erkenntnisse überblicksartig zusammengefasst:

Aufdeckung des moralischen Moments in der Leitidee Nachhaltigkeit im Kontext einer psychologischen Konnotation des Kompetenzbegriffs

Es wurde herausgearbeitet, dass nachhaltiges Handeln als moralisch-nachhaltiges Handeln zu konzipieren ist, da bei nachhaltigen Handlungen mehrere Wertorientierungen aufeinander treffen (ökologische, ökonomische und soziale Werte). Diesen Wertorientierungen gemäß zu handeln berührt Grundfragen philosophischer Ethik und rückt die Frage nach Gerechtigkeit in den Vordergrund, die die moralische Dimension der Leitidee betrifft. Die vorliegende Untersuchung nutzt WEINERTs (2001) kompetenzbezogenen Ansatz als Ausgangspunkt, moralisch-nachhaltiges Handeln in entsprechendes Können, Wollen und Dürfen aufzuschlüsseln und stellt damit die notwendige Anschlussfähigkeit an die derzeitigen Debatten in der allgemeinen und beruflichen Bildung auch im Kontext Nachhaltigkeit her.

Aufarbeitung des Status quo hinsichtlich vorhandener potentiell fruchtbarer Ansätze zur Erhellung moralisch-nachhaltigen Handelns in der derzeitigen Auslegung von BNE und BBNE inklusive entsprechender psychologischer Modellvorstellungen zur Handlungsgenese

Es zeigen sich Defizite in der Kompetenzbezogenen Reflexion moralisch-nachhaltigen Handelns, wenngleich bestehende Kompetenzsystematiken sowohl der allgemeinen als auch der beruflichen Bildung nützliche Anknüpfungspunkte bieten. Auf didaktischer Ebene werden moralisch relevante Inhalte bislang in signifikantem Ausmaß vernachlässigt – ein Umstand, der ordnungspolitisch und curricular anzugehen ist. Didaktische Prinzipien wie die Handlungsorientierung und Gestaltungsorientierung in der beruflichen Bildung sind anschlussfähig an die Ausgestaltung von BNE und BBNE und wurden noch nicht ausreichend als Ankerpunkte adressiert. Auf methodischer Ebene zeigt sich, dass auf altbewährte aber bislang zu zögerlich in den Unterricht implementierte Methoden wie bspw. Dilemma Diskussionen oder die Praktizierung von „gerechten Schulgemeinschaften" zurückgegriffen werden könnte. Ebenso wurde aufgezeigt, dass aus didaktischer Sicht ein handlungstheoretisches Fundament fehlt, welches handlungstheoretische mit lerntheoretischen Perspektiven verschränkt und so der konkreten Bildungspraxis nützt. Umwelt- und moralpsychologische Modelle bieten einen fruchtbaren Ansatzpunkt für die Identifizierung handlungswirksamer Faktoren, die die Genese und Ausgestaltung von moralisch-nachhaltigen Handlungen beeinflussen und pädagogisch zu interpretieren sind. Allerdings ist festzustellen, dass jene didaktisch verwertbaren Handlungsmodelle situative und kontextgebundene Aspekte zu wenig berücksichtigen, was ihre Verwertbarkeit in der beruflichen Bildung als speziellem Handlungsfeld einschränkt.

Pädagogische Reflexion ausgewählter aus Prozessmodellen extrahierter handlungswirksamer Faktoren

Als besonders fruchtbar für die Transformation in pädagogische Interventionen können die handlungswirksamen Faktoren SWE sowie das Niveau der moralischen Urteilsfähigkeit gelten. Letztere zeigt sich unter anderem im während der Handlungsgenese getroffenen moralisch relevanten positiven oder negativen VU. Für die Bildungspraxis von BNE und BBNE bedeutet dies, dass bspw. Maßnahmen zur Förderung einer internalen Attributionsstrategie, das Setzen von Nahzielen, das Unterstützen von Bewältigungsstrategien oder die Anwendung sprachlicher Überzeugungen durch Fremdbewertung auch im Sinne einer Persönlichkeitsentwicklung ebenso die Wahrscheinlichkeit einer tatsächlichen Ausführung einer moralisch-nachhaltigen Handlung erhöhen wie Maßnahmen zur Steigerung der moralischen Urteilsfähigkeit, wie sie bei der Praktizierung von „gerechten Schulgemeinschaften" erreicht werden kann. Durch das Vorherrschen einer moralischen Atmosphäre, die Herausbildung geteilter Normen, das angeleitete Ausprobieren moralischer Urteile nächsthöherer Moralstufe, eine methodisch initiierte Rollenübernahme oder Maßnahmen zur Demokratisierung werden positive Verantwortungsurteile in moralisch relevanten Situationen wahrscheinlicher und damit die moralisch-nachhaltige Handlung selbst öfter auch gegen Widerstände hinweg ausgeführt.

Empirischer Nachweis, dass die SWE als auch die moralische Urteilsfähigkeit in den Bildungsseminaren des FÖJ Rheinland mit hoher Wahrscheinlichkeit gefördert werden

Mithilfe des Praxisbeispiels FÖJ Rheinland konnte gezeigt werden, dass es an der Schnittstelle zwischen allgemeiner und beruflicher Bildung ein Forschungsfeld gibt, dass hinsichtlich der didaktischen Förderung moralisch-nachhaltigen Handelns einer näheren Betrachtung würdig ist. Es konnte gezeigt werden, dass die FÖJler/-innen binnen Jahresfrist eine signifikante Steigerung ihrer Selbstwirksamkeitserwartung erfahren und vergleichsweise häufiger ein positives Verantwortungsurteil in moralisch relevanten Situationen fällen. Auf den Bildungsseminaren herrscht ein Sozialklima, welches der Steigerung moralischer Urteilsfähigkeit potentiell zuträglich ist. Es zeigte sich, dass der moralische Aspekt inhaltlich eher implizit in Erscheinung tritt, vielmehr kommt dem gemeinsamen Seminaralltag als Kontextfaktor eine besondere Bedeutung zu. Methodisch betrachtet ließen sich ein hoher Anteil an partizipativen und demokratischen Elementen identifizieren sowie ergänzende förderliche Maßnahmen wie bspw. erlebnispädagogische Übungen. Hinweise aus dem Praxisbeispiel verweisen auf weiteren Forschungsbedarf hinsichtlich der modellgestützten handlungstheoretischen Fundierung, um auch situative und kontextbezogene Faktoren berücksichtigen zu können.

Zweistufige Modellentwicklung hin zu einem „Rollenbezogenen Prozessmodell zu moralisch-nachhaltigem Urteilen und Handeln“

Derzeit erscheint ein Handlungsmodell für die Nutzung in BNE und BBNE am sinnvollsten, welches heuristischen Ansprüchen genügt. Da die Verschränkung zweier Prozessmodelle, deren Phasen sich ähneln, fruchtbar und wenig riskant erschien, und das Umweltpsychologische Modell von MATTHIES (2005) auf einem Modell moralischen Ursprungs fußte (siehe Schwartz 1977), lag eine Verschränkung mit einem Moralpsychologischen Modell, hier: KOHLBERG & CANDEE (1984), nahe. Da das auf diese Weise synthetisierte Handlungsmodell nicht in ausreichendem Maße situative und kontextrelevante handlungswirksame Faktoren umfasste, wurden Modelle aus der (beruflichen) moralischen Sozialisationsforschung hinzugezogen. Hier sind vor allem die

Erkenntnisse von LEMPERT (1987 u.a.), BECK (2000) und BIENENGRÄBER (2008) zu nennen. Da BIENENGRÄBER (2008 u.a.) zur Gestaltung einer positiven Arbeitswelt die sozialen Entwicklungsbedingungen moralischer Urteilskompetenz von LEMPERT (1988) heran zieht und gleichzeitig den Situationsbezug ausdekliniert, der sich ebenfalls bei BECK (2000) findet, bieten die Modellvorstellungen von BIENENGRÄBER (2008 u.a.) den umfassendsten Ausgangspunkt für die weitere Modellentwicklung. Dem situativen Aspekt „Rolle" nach BIENENGRÄBER (2008) wurde im Folgenden besondere Aufmerksamkeit zuteil, da sich damit eine fruchtbare Größe für die Beschreibung kontextspezifischer sozialer Kontexte gefunden hat.

Identifizierung ergänzender konstituierender Elemente einer handlungstheoretisch fundierten Didaktik für BNE und BBNE

Neben dem entwickelten Handlungsmodell muss eine Didaktik für BNE und BBNE, die ausreichend Orientierung und Fundierung bietet, für Theorie und Praxis weitere Elemente enthalten. Eine assoziierte Gesellschaftstheorie sollte sich nicht wie bisher vorrangig naturwissenschaftlich begründen, sondern auch sozialwissenschaftliche Grundlegung erfahren. Es wäre zudem zu prüfen, ob der Leitidee Nachhaltigkeit eine Leitethik zur Seite zu stellen ist. Perspektiven, die eine Veränderung sozialer Normen zur Stärkung moralisch-nachhaltiger Handlungsweisen beinhalten, wie die Postwachstumsgesellschaft, könnten für die Beschreibung einer adäquaten Gesellschaftstheorie herangezogen werden.

Anthropologische Grundlagen einer hier angestrebten Didaktik müssen bspw. auf einer psychologisch-naturwissenschaftlichen Dimension die Frage beantworten, wie Menschen die Welt und das Moralische in ihr wahrnehmen und verarbeiten. Hier bieten Lerntheorien kognitiv-konstruktivistischer Ausprägung fruchtbare Ansatzpunkte und Konzepte wie das „Deutungslernen" werden in den Blick gerückt. Auf einer philosophisch-moralischen Dimension der anthropologischen Grundlegung muss hingegen dargelegt werden, wie sich das moralische Wesen des Menschen gestaltet und welche moralischen Zielkategorien pädagogischen Handelns allenfalls ableitbar sind. Hier kann KOHLBERG (1976) und LEMPERT (1988) gefolgt werden, die davon ausgehen, dass der Mensch eine moralische Urteilsfähigkeit entwickeln kann, die qualitativ durch pädagogisches Einwirken und die Schaffung förderlicher sozialisatorischer Rahmenbedingungen steigerbar ist. Die qualitative Weiterentwicklung wird aus einer konstruktivistischen Perspektive durch Metakognitionen wie die Viabilitätsprüfung möglich, die mit der Vernunftfähigkeit verknüpft ist. Mit dieser Möglichkeit ist eine Verantwortung des Menschen verbunden, diese Möglichkeit auch auszuschöpfen. Ziel pädagogischen Handelns muss auch bei der Förderung moralisch-nachhaltigen Handelns die individuelle Mündigkeit sein; eine normative Pädagogik ist abzulehnen. Die Rolle von Lehrenden erhält als „Geburtshelfer/-in" für ein kritisches Bewusstsein dabei ein schweres Gewicht. Dies hat auch Auswirkungen auf eine adäquate makro- und mikrodidaktische Ausrichtung.

6.2 Schlaglichter: Beitrag der Erkenntnisse zum derzeitigen Stand der Debatte um BNE und BBNE

Nachhaltige Entwicklung ist weiterhin ein globales Schlüsselthema unserer Zeit. Alle Hinweise dazu, wie nachhaltige Entwicklung von Menschen umgesetzt werden kann, sind zentral für das Gelingen dieses großen Unterfangens. Im Folgenden wird eine Auswahl von Punkten angeführt, die als fruchtbarer Beitrag zur adressierten Debatte gelten können:

Zunächst wird aufgezeigt, dass die nationale und internationale Bedeutung von BNE und BBNE sich bislang noch nicht ausreichend in der Bildungspraxis widerspiegelt. Curricular müssen BNE und BBNE in bestehende Ordnungsmittel integriert, in Prüfungen berücksichtigt und durch kammerzertifizierte Zusatzqualifikationen verankert werden; strukturell ist eine Novelle der Ausbildungsordnung, neue Rahmenlehrpläne oder die Zusatzqualifikation i. S. einer Wahlqualifikation denkbar (vgl. Kettschau 2013, 15). Ausbildungsordnungen für die betriebliche Ausbildung sollten dabei stets vollständig angegangen werden — Ausbildungsberufsbild und Ausbildungsrahmenplan müssen gemeinsam betrachtet werden, damit ordnungspolitische Ebene und Umsetzungsebene Hand in Hand gehen (vgl. Kutt et al. 2007, 198). „Gestaltungsoffene Ausbildungsberufe", so wie sie in den letzten Jahren verstärkt entstanden sind, geben Raum auf betriebliche oder persönliche Gegebenheiten zu reagieren (vgl. Kutt et al. 2007, 198). In diesem Zusammenhang ist auch der Ansatz der „Zusatzqualifikation" zu nennen (vgl. Kutt et al. 2007, 198).

Die vorliegende Untersuchung wählt mit WEINERT (2001) einen kompetenzbezogenen Ansatz als Ausgangspunkt, der anschlussfähig an internationale Debatten ist. Der Fokus des Moralischen innerhalb dieses Rahmens hebt einen Aspekt der BNE und BBNE in den Vordergrund, der bislang nicht ausreichend Beachtung gefunden hat. Menschen sollen also zu moralisch-nachhaltigem Handeln befähigt werden. Damit wird ein Feld bedient, welches in der Programmatik des Weltaktionsprogramms zur Bildung für nachhaltige Entwicklung vorangestellt wird. So wird in der „Post-2015-Agenda“ Folgendes gefordert:

> „Neuorientierung von Bildung und Lernen, sodass jeder die Möglichkeit hat, sich das Wissen, die Fähigkeiten, Werte und Einstellungen anzueignen, die erforderlich sind, um zu einer nachhaltigen Entwicklung beizutragen.“ (aus: DUK 2014, 14)

Die vorliegende Untersuchung geht einen Schritt weiter, indem sie nach handlungshemmenden Faktoren fragt. Die „Kluft zwischen Wissen und Handeln“ ist altbekannt, das damit verbundene Problem der potenziellen Wirkungslosigkeit von Bildungsprozessen aber weiterhin ungelöst. Der Beitrag der vorliegenden Untersuchung liegt in einer psychologisch fundierten Wiederbelebung der Wissen-Handeln-Debatte und dem Versuch, lern- und handlungstheoretische Elemente gleichermaßen zu berücksichtigen. Während die Nachhaltigkeitsthematik in den den Diskurs prägenden Bildungsprogrammen vorrangig umweltpädagogisch reflektiert wurde (vgl. Sohr 1997), tritt nun eine umwelt- und moralpsychologische Komponente hinzu.

Durch die Herausbildung des „Rollenbezogenen Prozessmodells zu moralisch-nachhaltigem Urteilen und Handeln“ wird ein Beitrag zur Modellentwicklung geleistet. Dabei wurde darauf geachtet, das theoretische Modell auch praktisch fruchtbar zu machen, indem abgeleitete pädagogische Interventionen vorgestellt wurden. Aus der Sicht von HUBER et al. (1984) wird damit auch ein Beitrag zur Linderung des Theorie-Praxis-Problems geleistet. HUBER et al. (19984) bemängeln, dass die pädagogische Psychologie nur allzu oft keine Empfehlungen für die pädagogische Praxis hervorbringt (vgl. Huber et al. 1984, 33).

Durch das situationsbezogene Element „Rolle“ wird es möglich, einen Kontextbezug herzustellen und auch berufliche Handlungssituationen zu adressieren. Dadurch werden BNE und BBNE potenziell stärker zusammengebracht, die als Paar oftmals unverknüpft nebeneinanderstehen. Das synthetisierte Modell kann als Ausgangspunkt betrachtet werden, moralisch-nachhaltiges Handeln in unterschiedlichen Kontexten zu untersuchen. Hierbei bieten sich bspw. die Forschungsfelder des moralisch-nachhaltigen Konsums, der Mobilität, der Produktion usw. an. Letztgenanntes Feld ist vor allem für die berufliche Bildung von Interesse und könnte für unterschiedliche Berufsfelder ausdekliniert werden.

Das Erarbeitete kann als Beitrag betrachtet werden, Nachhaltigkeit als Forschungsthema auf die Agenda der Umweltpsychologie zu setzen, so wie GRAUMANN & KRUSE (2008) dies fordern. Eine „Psychologie der Nachhaltigen Entwicklung" soll dabei auch Probleme intra- und intergenerationeller Gerechtigkeit umfassen (vgl. Graumann/Kruse 2008, 48f.). Bislang kann von einer solchen „eigenständigen psychologischen Teildisziplin mit Theoriefundierung, Methodenkanon, praktischen und forschenden Dienstleistungen und einem approbierten Curriculum" aktuell noch nicht gesprochen werden (vgl. Cervinka/Schmuck 2010, 596).

Die vorliegende Untersuchung plädiert für eine ganzheitliche, breite Fundierung einer handlungstheoretisch geprägten didaktischen Konzeption, in der bspw. auch die vertretene moralphilosophische Position offengelegt wird. Dabei soll initiiert werden, die bislang nur lose dargestellten didaktischen Ansätze in der BNE auf ihre Eignung hin zu prüfen und der BNE in der Zukunft ein einheitliches, professionell fundiertes Konzept zu geben. FISCHER (2001) folgend soll dabei eine Gleichzeitigkeit zwischen Modernisierung und dem Bestehen altbewährter Strukturen, vor allem in der beruflichen Bildung, erreicht werden (vgl. Fischer 2001, 237). Aus diesem Grund ist vor allem auf Anschlussfähigkeit der didaktischen Konzeption zu achten.

Anschlussfähigkeit und Verbindung zwischen BNE und BBNE spiegeln sich auch in der Wahl des Untersuchungsfeldes für den praktischen Empirieteil wider. Freiwilligendienste als Felder zwischen dem allgemeinen und dem beruflichen bzw. akademischen Bildungssystem sind aus mehreren Gründen befruchtend für die derzeitigen Debatten (vgl. Bliesner-Steckmann 2015). Solche außerschulischen Bildungsbereiche weisen einen größeren didaktischen Gestaltungsspielraum auf und können als Ideengeber fungieren. Auch wenn sich die Rahmenbedingungen in Hinblick auf formale Bildungsbereiche unterscheiden, lohnt eine Prüfung der Adaptierbarkeit von vielversprechenden didaktischen Elementen. Gleichzeitig wendet man sich beim BNE/BBNE-Handlungsfeld FÖJ der Zielgruppe „Jugend“ zu, für die laut Generalversammlung vom 04.11.2013 im Rahmen des Weltprogramms 2015-2019 non-formale sowie informelle Lerngelegenheiten geschaffen werden sollen (vgl. UNESCO 2013, 7). Jugendliche, auch im FÖJ, befinden sich in einer besonderen Lebensphase, in welcher sie stärker für Nachhaltigkeitsbelange sensibilisiert werden können (siehe UBA 2011, 31). Auch aus diesem Grund ist das FÖJ ein fruchtbares, künftiges Experimentierfeld für BNE und BBNE. Die vorliegende Untersuchung hat einen Beitrag dazu geleistet, das FÖJ als Handlungsfeld näher kennenzulernen und aufzuzeigen, wie BNE, exemplarisch anhand des FÖJ Rheinland, derzeit didaktisch eingebettet sein kann.

6.3 Vertiefung des Untersuchungsgegenstandes

Die vorliegende explorative Untersuchung musste sich an einigen Stellen beschränken. Im Folgenden soll eine Auswahl von möglichen Vertiefungen vorgestellt werden, die im Rahmen eines weiteren Vorgehens den Untersuchungsgegenstand noch ganzheitlicher darstellen könnten, ohne dabei die pädagogisch-psychologische Perspektive zu verlassen.

Im Zuge der Definition des Explorationsrahmens wurde der Wissensaspekt zugunsten der Elemente KÖNNEN, WOLLEN und DÜRFEN vernachlässigt (siehe Kapitel 2.5). Im Vordergrund stand die Frage, warum Subjekte *trotz* vorhandenen Wissens von einer entsprechenden Handlung absehen. Nun stellt bspw. WIGGER (1983) den Aspekt des Wissens als zentral dar, denn das Wissen des Subjekts gilt für ihn als Grundlage aller Entscheidungen und Handlungen, da es Zwecksetzung und Mittelwahl durch das Wissen um Gesetzmäßigkeiten, Regelhaftigkeiten und Zusammenhänge determiniert (vgl. Wigger 1983, 131). Auch für FRISK & LARSON (2011) ist der Wissensbegriff Ausgangspunkt ihres Ansatzes zur Verhaltensänderung. Neben „deklarativem Wissen“ und „prozeduralem Wissen“ sollen zudem „Wissen um die Wirksamkeit“ („Effectiveness Knowledge“) und „Soziales Wissen“ („Social Knowledge“) als zentral betrachtet werden (vgl. Frisk/Larson 2011, 16). Für die Autorinnen bezieht sich ein Wissen um die Wirksamkeit auf „personal efficacy“ und das Einschätzen unterschiedlicher Handlungskonsequenzen, währenddessen soziales Wissen sich auf die Bewusstwerdung von Motiven und Intentionen und auf „cultural/moral norms and perceptions" bezieht (vgl. Frisk/Larson 2011, 5f., 16). Man könnte demnach noch einmal tiefer beleuchten, welche Rolle Wissen im entwickelten Prozessmodell spielt und was „moralisch-nachhaltiges Wissen" sein könnte.

In der vorliegenden Untersuchung wurde der Fokus auf individuelle innerpsychische Vorgänge gelegt. Interessant wäre hier ein Zusammenbringen mit neueren Erkenntnissen aus der kognitionspsychologischen Forschung, etwa aus dem neurodidaktischen Bereich. Allerdings resümiert HERRMANN (2009), dass gezielte Verhaltensänderungen in den Neurowissenschaften bislang lediglich ansatzweise behandelt werden, nämlich über Motivations- und Belohnungssysteme (vgl. Herrmann 2009, 13). So greift BAUER (2009) Aspekte wie Beachtung und Anerkennung auf und untersucht das dabei entstehende Zusammenspiel von motivationswirksamen Neuromodulatoren wie bspw. Dopamin (siehe Bauer 2009).

Im Rahmen des Handlungsmodells hat die Wirkung sozialer Normen auf das Handeln eines einzelnen Subjekts darauf verwiesen, dass bedeutungsvolle andere unser Handeln beeinflussen. Subjekte konstruieren ihre Welt in einem sozialen, kulturell geprägten Rahmen[122] und zusammen mit anderen im Zuge von co-construction. Es wäre lohnenswert, ergänzend zur pädagogisch-psychologischen eine sozialpsychologische Perspektive hinzuzuziehen, will man das kollektive Handeln etwa im beruflichen Kontext besser verstehen. In diesem Zusammenhang sollten auch soziologische Handlungstheorien Beachtung finden. Stellvertretend für dieses traditionsreiche und weitläufige Forschungsfeld sei hier die LUHMANNsche (1981) Systemtheorie genannt (siehe bspw. Luhmann 1981). Ein fruchtbares Handlungsmodell haben in diesem Zusammenhang LIEDTKE et al. (2013) vorgestellt: Die dem Modell zugrunde liegende These lautet, dass über eine Diffusion veränderter sozialer Praktiken in einem Sozialsystem auch dessen institutionalisierte Strukturen verändert werden, denn basierend auf strukturationstheoretischen Überlegungen bestehen Strukturen nur insofern fort, als sie im Handeln immer wieder aktualisiert wer-

[122] In diesen Zusammenhang wäre es interessant, das entwickelte Handlungsmodell auf seine kulturelle Allgemeingültigkeit hin zu prüfen.

den. Transition hin zu einer nachhaltigen Entwicklung wird als Gestaltungsaufgabe im Mehrebenensystem verstanden, bei dem die Akteurinnen und Akteure selbst zur treibenden Kraft werden. Das Handlungsmodell integriert neben der Strukturationstheorie von GIDDENS (1984) die Theorie sozialer Praktiken mit dem Transition-Ansatz (bspw. Reckwitz 2002; Watson 2012; Shove et al. 2012).

Auf der Umsetzungsebene von BBNE steht das rollenbezogene Prozessmodell moralisch-nachhaltigen Urteilens und Handelns bislang unverknüpft zu wirtschaftsethischen Reflexionen und Ansätzen. Die ökonomische Perspektive auf (moralisches) Handeln im Beruf sollte zur verbesserten Anschlussfähigkeit von pädagogischen Interventionen in beruflichen Kontexten in weitergehenden Untersuchungen stärkere Beachtung finden. Wie NERDINGER (2008) feststellt, liegen den meisten Untersuchungen des Verhaltens in Organisationen neobehavioristische Modellvorstellungen zugrunde, lediglich die Arbeitspsychologie hat sich der Handlungstheorie zugewandt (vgl. Nerdinger 2008, 34f.). Neben intrapersonalen Bedingungen für das Verhalten in Organisationen, die im Wesentlichen allgemeiner Natur sind und sich somit auch in den allgemeinen Handlungstheorien finden, sind interpersonale Bedingungen, wie Macht, das Verhalten in Gruppen, sowie apersonale Bedingungen wie Aufgabe, Ziele, Leistung und die Organisationskultur relevant für das Verhalten in Organisationen (siehe Nerdinger 2008).

Bei der Wahl der theoretischen Grundlagen für das Handlungsmodell wurde der kognitiven Perspektive der Vorzug gegeben. Wie bereits kritisch reflektiert wurde, spielen Emotionen im entwickelten Prozessmodell eine untergeordnete Rolle. Es sollte geprüft werden, inwieweit Annahmen der „Dual Process Theory“ in das Modell integriert werden können bzw. welche Auswirkungen sich auf die Handlungsgenese ergeben. Die „Zwei-Prozess-Theorie“ des moralischen Urteilens sieht neben dem kognitiven Aspekt auch die Aktivierung von emotionalen Aspekten im Gehirn vor, wobei Letztere bei der Urteilsfindung den entscheidenden Ausschlag geben (vgl. Greene/Haid 2002). Der Fokus des moralischen Urteilens erfährt dementsprechend eine Perspektivveränderung – entscheidend ist nicht das rationale Begründen eines Sachverhalts, sondern wie ein Subjekt sich emotional dazu verhält, inwieweit es emotional berührt wird –

der Schwerpunkt verschiebt sich von einer Begründungsethik hin zu einer sentimentalistischen Position (bspw. Hume 1973).

Das Handlungsfeld FÖJ ist ebenfalls Ausgangspunkt für zahlreiche mögliche Vertiefungen. Vor dem Hintergrund der gewonnenen Erkenntnisse sollten nachfolgende Untersuchungen weitere Forschungsfelder bedienen. So stellen die Einsatzstellen mit Blick auf die Relevanz von Kontextfaktoren neben den Bildungsseminaren ein lohnenswertes Forschungsfeld dar. Auch die Lern- und Arbeitsumgebung der Personen aus der beruflichen Bildung — hier: Auszubildende und BGJler/-innen eines Berufskollegs — sollten näher beleuchtet werden, um weitere Hinweise zu den Rahmenbedingungen moralisch-nachhaltigen Handelns zu erhalten. Größere Fallzahlen könnten dabei repräsentative Erkenntnisse generieren. Auch die Forschungsmethodik könnte von einer Weiterentwicklung profitieren. So könnte bspw. der Fragebogen zur Allgemeinen Selbstwirksamkeitserwartung auf eine „moralisch-nachhaltige SWE" hin spezifiziert werden. Hier könnte ggf. an die Arbeiten von HANSS & BÖHM (2010) angeknüpft werden, die SWE in Hinblick auf nachhaltiges Konsumverhalten untersucht und dafür den Begriff der „sustainable development self-efficacy" (SDSE) geprägt haben (siehe Hanss/Böhm 2010).

Ursprünglich gab es in der vorliegenden Untersuchung ein weiteres Erkenntnisinteresse: Es sollte herausgearbeitet werden, ob sich FÖJler/-innen während und vor allem auch nach Abschluss des FÖJ moralisch-nachhaltiger als vor Antritt des FÖJ verhalten. Dieser aus Kapazitätsgründen entfallene Teil sollte nachgeholt werden und würde weitere Aufschlüsse zur Wirksamkeit der Bildungsarbeit im FÖJ geben.

Dieser Gedanke führt zu einer weiteren lohnenswerten Vertiefung. Im Rahmen weiterer Forschung wäre es zielführend, mit Bezug auf das bisher Erarbeitete die Annäherung an eine handlungstheoretisch fundierte Didaktik für BNE und BBNE weiter voranzutreiben. Ist dies erreicht, sollte ein exemplarisches Lehr-Lern-Programm oder ein singuläres Lehr-Lern-Material entwickelt werden, welches auf der erarbeiteten handlungstheoretischen Fundierung beruht und lern- und handlungstheoretische Elemente gleichermaßen berücksichtigt. Das auf diese Weise entwickelte Format könnte im Rahmen didaktischer Entwicklungsforschung zum Einsatz kommen und entsprechend evaluiert werden, um die Wirksamkeit zu überprüfen (siehe bspw. Einsiedler 2011). Dies wäre ohne

Frage das umfang- und voraussetzungsreichste Unterfangen der hier vorgeschlagenen Vertiefungen und Weiterentwicklungen auf Basis der vorliegenden Untersuchung.

6.4 Schluss

Die Bildungspolitik und -praxis steht vor großen Herausforderungen. Aktuell ist die Integration von nach Deutschland geflüchteten Menschen in das deutsche Beschäftigungssystem eine große Frage unserer Zeit (siehe BMBF 2016, 43). Die Anerkennung von beruflichen Abschlüssen und Kompetenzen variiert dabei zwischen den Ländern, was Anerkennungsverfahren erschwert (vgl. Autorengruppe Bildungsberichterstattung 2016, 12). Nicht zuletzt auch deswegen leben junge Menschen mit Migrationshintergrund aktuell häufig in Risikolagen (vgl. Autorengruppe Bildungsberichterstattung 2016, 10). In der beruflichen Bildung ist zudem die Attraktivitätssteigerung der beruflichen Ausbildung gegenüber einer akademischen Laufbahn ein Thema, ebenso wie die regionalen und berufsbezogenen Unterschiede bei Angebot von und Nachfrage nach Ausbildungsplätzen (vgl. Milde/Matthes 2016). Weiterhin ist das Thema Inklusion in allen Bereichen des Bildungssystems Gegenstand aktueller Debatten und erfordert Veränderungen auf allen Ebenen (vgl. bspw. Heisler 2016). Dies sind nur einige Schlaglichter, die bereits für sich allein genommen ausreichende Herausforderungen für die nächsten Jahrzehnte bieten.

Nun sollen auch noch BNE und BBNE vorangetrieben werden. Auch wenn Synergieeffekte genutzt werden können, so stellt die Integration von Nachhaltigkeit in die Bildung eine zusätzliche Anstrengung dar. Im Rahmen des Weltaktionsprogramms sind Bildungsakteurinnen und -akteure aufgerufen mitziehen – so wirbt die Deutsche UNESCO-Kommission für die freiwillige Verpflichtung zu Aktivitäten innerhalb des Weltaktionsprogramms (siehe DUK 2014, 26). Dass dies Bildungsakteurinnen und -akteuren (zu) viel abverlangt, legen KASTRUP et al. (2012) eindrücklich dar:

> „Es sollen gleichzeitig Lösungen für globale Umweltprobleme erarbeitet, die Erhaltung der Lebensgrundlagen behandelt und auch die Verantwortungsübernahme für die zukünftigen Generationen gefördert werden. (...). Diese hohen Ansprüche sind die beste Gewähr dafür, dass sich auf der Ebene der Bildungspraxis – bei aller Sympathie für die Idee einer nachhaltigen Entwicklung – zwangsläufig ein Gefühl der Überforderung und Frustration einstellen muss." (aus: Kastrup et al. 2012, 5)

Die Kluft zwischen WISSEN, KÖNNEN, WOLLEN, DÜRFEN und einem moralisch-nachhaltigen Handeln erschwert das Unterfangen einer BNE und BBNE zusätzlich. REUSSER (2011) fordert einen „langen Atem“ und die Entwicklung einer entsprechenden Fortbildungskultur, um es Lernenden in unterrichtlichen Zusammenhängen zu ermöglichen, Denkgewohnheiten und eingefahrene soziale Praktiken zu adressieren und zu verändern (vgl. Reusser 2011, 27).
Wie schon zu Beginn der vorliegenden Untersuchung (siehe Kapitel 1) stellt sich erneut die Frage, ob sich das Ansinnen der Bildung lohnt, ob – um es mit den Worten des Sicherheitsrates für Umweltfragen (1994) zu sagen – der Mensch „dieser progredierenden technisch-wissenschaftlichen Kultur ethisch überhaupt gewachsen“ ist (vgl. SRU 1994, 158). Hier erhebt sich erneut die Stimme derjenigen, die den Menschen mit diesen Herausforderungen überlastet sehen. So konzipiert KOPATZ (2016) seinen Ansatz zur „Ökoroutine“ auf dem bereits vorhandenen Umwelt- und Nachhaltigkeitsbewusstsein und will es dem willigen Bürger durch strukturelle und wirtschaftliche Anpassungen leichter machen, auch umzusetzen, was er aus sich heraus schon will (siehe Kopatz 2016). Diesem Ansatz zufolge sollen Begrenzungen, Standards, Anreize und Vorgaben die Handlungsoptionen begrenzen und jene Optionen attraktiver machen, die aus Nachhaltigkeitsgesichtspunkten gewollt sind:

> „Limits befreien von der Schizophrenie zwischen Wissen und Handeln und ermöglichen ein Leben in Einklang mit der persönlichen Verantwortung gegenüber Kindern und zukünftigen Generationen.“ (aus: Kopatz 2016, 359)

Der Bildung kommt in diesem Ansatz die Rolle des Aufklärers zu. So soll ein auf „kulturelle Transformation“ ausgerichtetes Bildungswesen junge Menschen auf den Widerspruch zwischen Wissen und Handeln aufmerksam machen, darauf vorbereiten und Lösungsmöglichkeiten vermitteln (vgl. Kopatz 2016, 359). Diese Lösungsmöglichkeiten sieht KOPATZ (2016) allerdings hauptsächlich in definierten Grenzen und in der Akzeptanz derselben, weil man ihre Notwendigkeit verstanden hat.
Hier muss geantwortet werden, dass Aufklärung eine notwendige, aber nicht hinreichende Bedingung für eine Bildung sein kann, die Menschen zu moralisch-nachhaltigem Handeln befähigen will. Zum Abschluss der vorliegenden Untersuchung sei hier erneut auf die Einführung verwiesen: Soll Bildung mehr bieten, als Informationen bereitzustellen und von außen mit geeigneten Bil-

dungsmethoden zur Einsicht zu verhelfen, wie KOPATZ (2016) dies mit den besten Absichten stellvertretend wie viele andere vorschlägt, so muss Bildung einen Schritt weiter gehen. Bildung als Selbstaufklärung in der Auseinandersetzung mit sich und der Welt (vgl. Siebert 2003, 7) und als Befähigung, selbst von Fall zu Fall zu ergründen, was nachhaltige Entwicklung sein kann (vgl. Vare/Scott 2007, 194), sollte das Ziel sein. KOHLBERG (1976) liefert mit seiner, wenn auch kritisierten, Stufentheorie eine Idee davon, zu welchem Niveau moralischer Urteilsfähigkeit der Mensch fähig ist. Dies lässt hoffen, dass die Bildung neben der Aufklärungsfunktion einen weiteren Teil zur Leitidee der nachhaltigen Entwicklung beitragen kann.

Literaturverzeichnis

Ach, J. S.; Siep, L. (2008): Ethik. Zur Einführung. In: Ach, J. S.; Bayertz, K.; Siep, L. (Hrsg.): Grundkurs Ethik. Bd. 1. Paderborn: mentis, 9-32

Achtenhagen, F. (2000): Überlegungen zur Gestaltung erfolgreicher Lehr- und Lernsituationen für ein Schulfach Wirtschaft an allgemeinbildenden Schulen. In: Buchmann, U.; Schmidt-Peters, A. (Hrsg.): Berufsbildung aus ökologischer Perspektive. Bedingungen personaler Entwicklung in schulischen und beruflichen Kontexten. Festschrift für Adolf Kell. Hamburg: Kovac, 99-108

Achtenhagen, F. (2006): Hans Aeblis „Psychologische Didaktik" (1951), heute unter einer berufs- und wirtschaftspädagogischen Perspektive wieder neu zur Kenntnis genommen. In: Baer, M.; Fuchs, M.; Füglister, P.; Reusser, K.; Wyss, H. (Hrsg.): Didaktik auf psychologischer Grundlage – von Hans Aeblis kognitions-psychologischer Didaktik zur modernen Lehr- und Lernforschung. Bern: h.e.p., 122-124

Achtenhagen, F.; Tramm, T. (1993): Übungsfirmenarbeit als Beispiel handlungsorientierten Lernens in der kaufmännischen Berufsbildung. In: Friede, C.; Sonntag, K. (Hrsg.): Berufliche Kompetenz durch Training. Mit Tabellen. Heidelberg: Sauer, 161-184

Aebli, H. (1987): Grundlagen des Lehrens. Eine Allgemeine Didaktik auf psychologischer Grundlage. Stuttgart: Klett-Cotta

Aebli, H. (2011): Zwölf Grundformen des Lehrens. Eine Allgemeine Didaktik auf psychologischer Grundlage. Medien und Inhalte didaktischer Kommunikation, der Lernzyklus. Stuttgart: Klett-Cotta

Ajzen, I. (1991): The Theory of Planned Behavior. Some unresolved issues. Organizational behavior and human decision processes, 50, 179-211

Albers, H.-J. (2001): Modelle und didaktische Konzepte in der Berufsbildung. In: Bonz, B.; Schanz, H. (Hrsg.): Berufsbildung konkret, Bd. 2. Baltmannsweiler: Schneider Verlag Hohengehren, 31-49

Armitage, C.J.; Conner, M. (2001): Efficacy of the theory of planned behaviour: a meta-analytic review. British Journal of Social Psychology, 40, 471-499

Arnold, R. (1985): Deutungsmuster und pädagogisches Handeln in der Erwachsenenbildung. Aspekte einer Sozialpsychologie und einer erwachsenenpädagogischen Handlungstheorie. Theorie und Praxis der Erwachsenenbildung. Klinkhardt: Bad Heilbrunn

Arnold, R. (1999): Konstruktivistische Ermöglichungsdidaktik. In: Arnold, R.; Gieseke, W.; Nuissl von Rein, E. (Hrsg.): Erwachsenenpädagogik – zur Konstitution eines Faches. Grundlagen der Berufs- und Erwachsenenbildung, Bd.18. Baltmannsweiler: Schneider Verlag Hohengehren, 18-28

Arnold, R.; Müller, H.-J. (Hrsg.), (2006): Kompetenzentwicklung durch Schlüsselqualifikationsförderung. Grundlagen der Berufs- und Erwachsenenbildung. Bd. 19. Baltmannsweiler: Schneider Verlag Hohengehren

Arnold, R.; Schüßler, I. (1996): Deutungslernen - ein konstruktivistischer Ansatz lebendigen Lernens. In: Arnold, R. (Hrsg.): Lebendiges Lernen. Baltmannsweiler: Schneider Verlag Hohengehren, 184-206

Arnold, R.; Schüßler, I. (2015): Ermöglichungsdidaktik: Erwachsenenpädagogische Grundlagen und Erfahrungen. Grundlagen der Berufs- und Erwachsenenbildung, Bd. 35. Baltmannsweiler: Schneider Verlag Hohengehren

Arnold, R.; Schüßler, I. (Hrsg.), (2001): Entwicklung des Kompetenzbegriffs und seine Bedeutung für die Berufsbildung und für die Berufsbildungsforschung. In: Franke, G. (Hrsg.): Komplexität und Kompetenz. Ausgewählte Fragen der Kompetenzforschung. Schriftenreihe des Bundesinstituts für Berufsbildung. Bertelsmann: Bielefeld, 52-74

Arnold, T.; Wüstendörfer, W. (1996): Abschlußbericht zum Freiwilligen Ökologischen Jahr. Schriftenreihe des Bundesministeriums für Familie, Senioren, Frauen und Jugend, Bd. 133. Stuttgart u.a.: Kohlhammer

Atteslander, P. (2010): Methoden der empirischen Sozialforschung. 13., neu bearb. und erw. Aufl. Berlin: Erich Schmidt Verlag

Aufenanger, S.; Garz, D.; Zutavern, M. (1981): Erziehung zur Gerechtigkeit. Unterrichtspraxis nach Lawrence Kohlberg. München: Kösel

Autorengruppe Bildungsberichterstattung (2016): Bildung in Deutschland 2016. Ein indikatorengestützter Bericht mit einer Analyse zu Bildung und Migration. Bielefeld: Bertelsmann, Online-Ressource: http://www.bildungsbericht.de/de/bildungsberichte-seit-2006/bildungsbericht-2016/pdf-bildungsbericht-2016/bildungsbericht-2016 (09/2016)

Baedeker, C.; Scharp, M.; Rohn, H. (2014): Identifizierung und Entwicklung von Angeboten für alle Bildungsbereiche zum Thema Ressourcenschonung und Ressourceneffizienz – BilRess. 2. Zwischenbericht, Online-Ressource: http://bilress.de/index.php/downloads-47.html?file=files/wupinst/download/FKZ37129303_Zwischenbericht_02_BilRess_20140723_end.pdf (12/2016)

Bandura, A. (1977): Self-efficacy: Towards a unifying theory of behavioral change. Psychological Review, 84, 191-215

Bandura, A. (1998): Self-efficacy: The exercise of control. New York: Freeman

Bauer, J. (2009): Kleine Zellen, große Gefühle – wie Spiegelneurone funktionieren. Die neurobiologischen Grundlagen der „Theory of Mind". In: Herrmann, U. (Hrsg.): Neurodidaktik. Grundlagen und Vorschläge für gehirngerechtes Lehren und Lernen. 2. Aufl. Weinheim, Basel: Beltz, 49-57

Baumgart, F. (Hrsg.) (2007): Entwicklungs- und Lerntheorien. Erläuterungen - Texte - Arbeitsaufgaben. 2. Aufl. Bad Heilbrunn: Klinkhardt

Beck, K. (1990): Philosophische Ethik als Basis moralpsychologischer Theoriebildung? In: Schrittmatter, P. (Hrsg.): Zur Lernforschung: Befunde - Analysen - Perspektiven. Weinheim: Dt. Studienverlag, 7-23

Beck, K. (1999): Wirtschaftserziehung und Moralerziehung – ein Widerspruch in sich? Pädagogische Rundschaum 53, 9-28

Beck, K. (2000): Die moralische Dimension beruflicher Umweltbildung. Arbeitspapiere WP, 34, Universität Mainz, Online Ressource: http://www.wipaed.uni-mainz.de/ls/ArbeitspapiereWP/gr_Nr.34.pdf (12/2016)

Beck, K. (2002): Die moralische Dimension beruflicher Umweltbildung. In: Bonz, B.; Schanz, H. (Hrsg.): Umweltproblematik und Berufsbildung. Berufsbildung konkret, Bd. 3. Baltmannsweiler: Schneider Verlag Hohengehren, 62-79

Beck, K. (2008): Zur inhaltlichen Bestimmung berufsmoralischer Kompetenz. Zwei ethische Thesen und einige ihrer Folgen. In: Breuer, K.; Deißinger, T.; Münk, D. (Hrsg.): Berufs- und Wirtschaftspädagogik. Probleme und Perspektiven aus nationaler und internationaler Sicht. Deutsche Gesellschaft für Erziehungswissenschaft. Leverkusen: Budrich, 41-50

Beck, K. (2014): Moralischer Universalismus oder moralischer Partikularismus – Eine systematisierende Gegenüberstellung. Arbeitspapiere WP, Nr. 66, Online-Ressource: http://www.wipaed.uni-mainz.de/ls/ArbeitspapiereWP/20140702_Beck_Universalismus_Partikularismus_WP.pdf (09/2016)

Becker, G. (2008): Soziale, moralische und demokratische Kompetenzen fördern: Ein Überblick über schulische Förderkonzepte. Weinheim/Basel: Beltz

Becker, G. (2011): Kohlberg und seine Kritiker. Die Aktualität von Kohlbergs Moralpsychologie. Wiesbaden: VS

Bender, W. (1988): Ethische Urteilsbildung. Stuttgart u.a.: Kohlhammer
Benner, D. (1978): Hauptströmungen der Erziehungswissenschaft. 2. Aufl. München: List
Berkowitz, M.; Bier, M. (2006): What works in character education? A research-driven guide for educators. Character Education Partnership, Online-Ressource: http://www.fresnostate.edu/kremen/bonnercenter/documents/What_Works.pdf (11/2016)
Bienengräber, T. (2002): Vom Egozentrismus zum Universalismus – Entwicklungsbedingungen moralischer Urteilskompetenz. Deutscher Universitäts-Verlag, Diss. Wiesbaden
Bienengräber, T. (2011): Situierung oder Segmentierung? – Zur Entstehung einer differenzierten moralischen Urteilskompetenz. Zeitschrift für Berufs- und Wirtschaftspädagogik, Jg. 107, Nr. 4, 499-519
Bienengräber, T. (2012): Eine Theorie der Situation. Mit Beispielen für ihre Konkretisierung im Bereich der kaufmännischen Berufsbildung. Frankfurt am Main: Peter Lang
Blankertz, H. (1991): Theorien und Modelle der Didaktik. 13. Aufl., (unveränd. Nachdr. der neubearb. und erw. 9. Aufl. 1975). Weinheim u.a.: Juventa
Blasi, A. (1984): Autonomie im Gehorsam. Der Erwerb von Distanz im Sozialisationsprozeß. In: Edelstein, W.; Habermas, J. (Hrsg.): Soziale Interaktion und soziales Verstehen. Beiträge zur Entwicklung der Interaktionskompetenz. Frankfurt a. M.: Suhrkamp, 300-345
Bliesner, A. (2007): Kompetenzentwicklung für eine (Berufs-)Bildung für Nachhaltige Entwicklung. Der Modellversuch Nachhaltiges Wirtschaften im Handwerk. Universität Duisburg-Essen [unveröffentlichte Diplomarbeit]
Bliesner, A.; Liedtke, C.; Rohn, H. (2013): Change Agents für Nachhaltigkeit – was müssen sie können? Zeitschrift für Führung und Organisation, 1/2013, 49-53
Bliesner, A.; Liedtke, C.; Welfens, M.J.; Baedeker, C.; Hasselkuß, M.; Rohn, H. (2014): „Norm-Oriented Interpretation Learning" and Resource Use: The Concept of „Open-Didactic Exploration" as a Contribution to Raising Awareness of a Responsible Resource Use. Resources 3/2014, 1-30, Online-Ressource: DOI:10.3390/resources3010001 (07/2016)
Bliesner-Steckmann, A. (2015): Bewusstsein und Können reichen nicht aus. Jugendhilfereport 02/2015,10-12, Online-Ressource: http://www.lvr.de/media/wwwlvrde/jugend/service/publikationen/dokumente_97/JugendhilfeReport_02_2015.pdf (12/2016)
Bodenmann, G.; Perrez, M.; Schär, M.; Trepp, A. (2011): Klassische Lerntheorien. Grundlagen und Anwendungen in Erziehung und Psychotherapie. 2. Aufl. Bern: Verlag Hans Huber
Böhm, W. (2000): Wörterbuch der Pädagogik. 15., überarb. Aufl. Stuttgart: Kröner
Böhme, J. (2010): Schul- und Unterrichtsforschung. In: Friebertshäuser, B.; Langer, A.; Prengel, A. (Hrsg.): Handbuch qualitative Forschungsmethoden in der Erziehungswissenschaft. 3. Aufl. Weinheim u.a.: Juventa-Verl, 733-743
Bolder, A.; Dobischat, R. (Hrsg.), (2009): Eigen-Sinn und Widerstand. Kritische Beiträge zum Kompetenzentwicklungsdiskurs. Bildung und Arbeit, Band 1. Wiesbaden: Verlag für Sozialwissenschaften
Bonß, W.; Dimbath, O.; Maurer, A.; Nieder, L.; Pelizäus-Hoffmeister, H.: Schmid, M. (2013): Handlungstheorie. Eine Einführung. Bielefeld: transcript
Bonz, B.; Schanz, H. (Hrsg.), (2002): Umweltproblematik und Berufsbildung. Berufsbildung konkret, Bd. 3. Baltmannsweiler: Schneider Verlag Hohengehren
Bortz, J. Schuster C. (2010): Statistik für Human- und Sozialwissenschaftler. 7. Auflage. Berlin u.a.: Springer-Verlag GmbH
Bortz, J.; Döring, N. (2006): Forschungsmethoden und Evaluation. Für Human- und Sozialwissenschaftler. 4., überarb. Aufl., Nachdr. Heidelberg: Springer-Medizin-Verl.

Bos, W.; Koller, H.-C. (2002): Triangulation. Methodologische Überlegungen zur Kombination qualitativer und quantitativer Methoden am Beispiel einer empirischen Studie aus der Hochschuldidaktik. In: König, E.; Zedler, P. (Hrsg.): Qualitative Forschung. Grundlagen und Methoden. Weinheim/Basel: Beltz, 271-285

Breuer, K. (2005): Berufliche Handlungskompetenz – Aspekte zu einer gültigen Diagnostik in der beruflichen Bildung. bwp@ Nr. 8., Online-Ressource: http://www.bwpat.de/ausgabe8/breuer_bwpat8.pdf (09/2016)

Bringezu, S.; Kümmerer, K. (2012): Nachhaltiges Ressourcen- und Stoffstrommanagement. Zwischen Gigatonnen und Mikrogramm. GAIA, 1/2012, 69-72

Bronfenbrenner, U. (1981): Die Ökologie der menschlichen Entwicklung. Stuttgart: Klett-Cotta

Brundland, G. H.; Hauff, V. (Hrsg.), (1987): Unsere gemeinsame Zukunft. Der Brundtland-Bericht der Weltkommission für Umwelt und Entwicklung. Greven: Eggenkamp

Brunner, A. J.; Tschacher, W. (1995): Quantifizierende Inhaltsanalyse. In: König, E.; Zedler, P. (Hrsg.): Bilanz qualitativer Forschung. Bd. II: Methoden. Weinheim: Dt. Studien Verlag, 619-632

Bryman, A. (1992): Quantity and Quality in Social Research. London/New York: Routledge

Buddeberg, M. (2014): Zur Implementation des Konzepts Bildung für nachhaltige Entwicklung. Eine Studie an weiterführenden Schulen in Nordrhein-Westfalen. Zugl.: Dortmund, Techn. Univ., Diss. Münster u.a.: Waxmann

Bude, H. (1984): Rekonstruktion von Lebenskonstruktionen – eine Antwort auf die Frage, was Biographieforschung bringt. In: Kohli, M.; Robert, G. Hrsg.): Biographie und soziale Wirklichkeit. Neue Beiträge und Forschungsperspektiven. Stuttgart: Metzler, 7-28

Buhl, J. (2014): Revisiting Rebound Effects from Material Resource Use. Indications for Germany Considering Social Heterogeneity. Resources 2014, 3 (1), DOI: 10.3390/resources3010106 (04/2015)

Bund für Umwelt- und Naturschutz Deutschland (BUND); Evangelischer Entwicklungsdienst (EED); Brot für die Welt (Hrsg.), (2008): Zukunftsfähiges Deutschland in einer globalisierten Welt. Ein Anstoß zur gesellschaftlichen Debatte. Eine Studie des Wuppertal Instituts für Klima, Umwelt, Energie. Frankfurt am Main: Fischer-Taschenbuch-Verlag

Bundesinstitut für Berufsbildung (BIBB), (2010): Bekanntmachung des Bundesinstituts für Berufsbildung von Förderrichtlinien zur Durchführung des Förderschwerpunktes „Berufliche Bildung für eine nachhaltige Entwicklung" in der zweiten Hälfte der UN-Dekade „Bildung für nachhaltige Entwicklung 2005 –2014" vom 30. März 2010, Online-Ressource: https://www2.bibb.de/bibbtools/dokumente/pdf/FRL_NE_25_02_2010_4.pdf (06/2016)

Bundesinstitut für Berufsbildung (BIBB), (2013): Berufliche Bildung für eine nachhaltige Entwicklung Infoblatt der sechs Modellversuche im Förderschwerpunkt, Online-Ressource: http://www.bibb.de/dokumente/pdf/Infoblatt_BBnE_Web.pdf (05/2016)

Bundesinstitut für Berufsbildung (BIBB), (Hrsg.), (2004): Umweltbildung für nachhaltige Entwicklung in der beruflichen Aus- und Weiterbildung. Eine Angebotsstruktur deutscher Qualifizierungsdienstleistungen und -konzepte für internationale Märkte. Umweltschutz in der beruflichen Bildung, H. 75. Informationen und Materialien aus Modellversuchen für eine nachhaltige Entwicklung. Bonn, Online-Ressource: http://www.bibb.de/redaktion/nachhaltigkeit/umweltschutz-heft-75.pdf (10/2016)

Bundesministerium für Familie, Senioren, Frauen und Jugend (BMFSFJ), Bundesländer (1997): Pädagogische Rahmenkonzeption für das Freiwillige Ökologische Jahr. Klausurtagung vom 02.06.1997, Online-Ressource: http://www.stiftung-naturschutz.de/fileadmin/img/pdf/FOEJ/Paedagogische_Rahmenkonzeption_FOEJ.pdf (11/2016)

Bundesministerium für Bildung und Forschung (BMBF), (2015): Forschung für Nachhaltige Entwicklung – FONA³. Rahmenprogramm des Bundesministeriums für Bildung und Forschung, Online-Ressource: http://www.bmbf.de/pub/Rahmenprogramm_FONA.pdf (04/2016)

Bundesministerium für Bildung und Forschung (BMBF), (2016): Berufsbildungsbericht 2016. Bonn, Online-Ressource: https://www.bmbf.de/pub/Berufsbildungsbericht_2016.pdf (09/2016)

Bundesministerium für Bildung und Forschung (BMBF), (Hrsg.), (2003): Berufsbildung für eine nachhaltige Entwicklung. Erste bundesweite Fachtagung. Bonn

Bundesministerium für Bildung und Forschung (BMBF); Sozial-Ökologische Forschung (SÖF), (2010): Statusheft. Vom Wissen zum Handeln – Neue Wege zum Nachhaltigen Konsum. 2. Auflage 201, Online-Ressource: http://www.ikaoe.unibe.ch/forschung/soefkonsum/data/dise/Statusheft-2010.pdf (02/2016)

Bundesministerium für Familie, Senioren, Frauen und Jugend (BMFSFJ), (o.J.): Ergebnisse der Evaluation des FSJ und FÖJ. Abschlussbericht des Instituts für Sozialforschung und Gesellschaftspolitik. Systematische Evaluation der Erfahrungen mit den neuen Gesetzen zur „Förderung von einem freiwilligen sozialen Jahr bzw. einem freiwilligen ökologischen Jahr" (FSJ-/FÖJ-Gesetze) im Auftrag des Bundesministeriums für Familie, Senioren, Frauen und Jugend, Online-Ressource: http://www.bmfsfj.de/RedaktionBMFSFJ/Freiwilligendienste/Pdf-Anlagen/evaluierungsbericht-freiwilligendienste,property=pdf,bereich=bmfsfj,sprache=de,rwb=true.pdf (08/2016)

Bundesministerium für Familie, Senioren, Frauen und Jugend (BMFSFJ), (2015): Abschlussbericht der gemeinsamen Evaluation des Gesetzes über den Bundesfreiwilligendienst (BFDG) und des Gesetzes zur Förderung von Jugendfreiwilligendiensten (JFDG). INBAS-Sozialforschung GmbH, INBAS Institut für berufliche Bildung, Arbeitsmarkt- und Sozialpolitik GmbH, ISG Institut für Sozialforschung und Gesellschaftspolitik GmbH, Online-Ressource: http://www.bmfsfj.de/RedaktionBMFSFJ/Broschuerenstelle/Pdf-Anlagen/Abschlussbericht-Gesetz-_C3_BCber-den-Bundesfreiwilligendienst-und-Jugendfreiwilligendienst,property=pdf,bereich=bmfsfj,sprache=de,rwb=true.pdf (05/2016)

Bundesministerium für Umwelt, Naturschutz und Reaktorsicherheit (BMU); Umweltbundesamt (UBA), (2013): Umweltbewusstsein in Deutschland 2012. Ergebnisse einer repräsentativen Bevölkerungsumfrage, Online-Ressource: http://www.umweltbundesamt.de/sites/default/files/medien/publikation/long/4396.pdf (06/2016)

Bundesministerium für Umwelt, Naturschutz und Reaktorsicherheit (BMU), (Hrsg.), (1997): Konferenz der Vereinten Nationen für Umwelt und Entwicklung im Juni 1992 in Rio de Janeiro, Dokumente: Agenda 21. Bonn

Bundesministerium für Umwelt, Naturschutz und Reaktorsicherheit (BMU), Umweltbundesamt (UBA), (2010): Umweltbewusstsein in Deutschland 2010. Ergebnisse einer repräsentativen Bevölkerungsumfrage. Berlin/Dessau-Roßlau

Bundesministeriums für wirtschaftliche Zusammenarbeit und Entwicklung (BMZ); KMK – Sekretariat der ständigen Konferenz der Kultusminister der Länder in der Bundesrepublik Deutschland (2007): Orientierungsrahmen für den Lernbereich Globale Entwicklung im Rahmen einer Bildung für nachhaltige Entwicklung, Online-Ressource: http://www.kmk.org/fileadmin/veroeffentlichungen_beschluesse/2007/2007_06_00_Orientierungsrahmen_Globale_Entwicklung.pdf (10/2016)
Bundesministeriums für wirtschaftliche Zusammenarbeit und Entwicklung (BMZ); KMK – Sekretariat der ständigen Konferenz der Kultusminister der Länder in der Bundesrepublik Deutschland (2007): Orientierungsrahmen für den Lernbereich Globale Entwicklung im Rahmen einer Bildung für nachhaltige Entwicklung, Online-Ressource: http://www.kmk.org/fileadmin/veroeffentlichungen_beschluesse/2007/2007_06_00_Orientierungsrahmen_Globale_Entwicklung.pdf (10/2016)
Bundesministeriums für wirtschaftliche Zusammenarbeit und Entwicklung (BMZ); KMK – Sekretariat der ständigen Konferenz der Kultusminister der Länder in der Bundesrepublik Deutschland (2015): Orientierungsrahmen für den Lernbereich Globale Entwicklung im Rahmen einer Bildung für nachhaltige Entwicklung. 2. (aktualisierte und erweiterte) Auflage, Juni 2015. Ein Beitrag zum Weltaktionsprogram „Bildung für nachhaltige Entwicklung", Online-Ressource: http://www.globaleslernen.de/sites/default/files/files/link-elements/or_abschlussentwurf_din_a_4_final_12.6.15.pdf (02/2016)

Bundesregierung (2012): Nationale Nachhaltigkeitsstrategie. Fortschrittsbericht 2012. Berlin, Online-Ressource: http://www.bundesregierung.de/Content/DE/_Anlagen/Nachhaltigkeit-wiederhergestellt/2012-05-21-fortschrittsbericht-2012-barrierefrei.pdf?__blob=publicationFile&v=1 (02/2016)

Burger, P. (2007): Nachhaltigkeitstheorie als Gesellschaftstheorie. Ein philosophisches Plädoyer. In: Schweizerische Akademie der Geistes- und Sozialwissenschaften (Hrsg.): Nachhaltigkeitsforschung – Perspektiven der Sozial- und Geisteswissenschaften, 13-34, Online-Ressource: https://www.google.de/url?sa=t&rct=j&q=&esrc=s&source=web&cd=5&ved=0ahUKEwjbuqTs3qTOAhUjL8AKHbBKDIYQFgg7MAQ&url=http%3A%2F%2Fwww.sagw.ch%2Fdms%2Fsagw%2Fnachhaltige_entwicklung%2Fpublikationen%2Fpubli_nachhaltigkeit&usg=AFQjCNFxl_SlyonuPy04Asprkj38k30fQg&cad=rja (02/2015)

Candee, D. (1976): Structure and choice in moral reasoning. Journal of Personality and Social Psychology, 34, 1293-1301

Carnau, P. (2011): Nachhaltigkeitsethik. Normativer Gestaltungsansatz für eine global zukunftsfähige Entwicklung in Theorie und Praxis. München, Mering: Rainer Hampp Verlag

Cervinka, R.; Schmuck, P. (2010): Umweltpsychologie und Nachhaltigkeit. In: Linneweber, V.; Lantermann, E.-D.; Kals, E. (Hrsg.): Spezifische Umwelten und umweltbezogenes Handeln. Enzyklopädie der Psychologie, Bd. 2. Umweltpsychologie. Göttingen u.a.: Hogrefe, 595-641

Chomsky, N. (1981). Regeln und Repräsentationen. Frankfurt: Suhrkamp

Colby, A.; Kohlberg L. (1987): The measurement of moral judgment: Theoretical foundations and research validation. Vol. 1. New York: Cambridge University Press, 25-31

Colby, A.; Kohlberg, L. (1978): Das moralische Urteil: Der kognitionszentrierte Entwicklungspsychologische Ansatz. In: Steiner, G. (Hrsg.): Die Psychologie des 20. Jahrhunderts, Band VII: Piaget und die Folgen. Zürich: Kindler, 348-365

Costen, M.; Lempert, W. (1997): Beruf und Moral. Weinheim: Beltz

Darren, G.; Mallery, P. (2012): IBM SPSS statistics 19 step by step — a simple guide and reference. 12. Aufl. Boston u.a.: Pearson

Das deutsche Nationalkomitee für die UN-Dekade „Bildung für nachhaltige Entwicklung" (2013): Positionspapier „Zukunftsstrategie BNE 2015+", Online-Ressource: http://www.bne-portal.de/fileadmin/unesco/de/Downloads/Nationalkomitee/Positionspapier_Zukunftsstrategie_BNE_2015__final.pdf (04/2015)

Dasecke, R. (2013): Auf die Zukunft vorbereiten: Nachhaltigkeitsaudits in Schülerfirmen der berufsbildenden Schulen. berufsbildung, Zeitschrift für Praxis und Theorie in Betrieb und Schule, H. 141, 28-30

Defila, R.; Di Giulio, A.; Kaufmann-Hayoz, R. (2011), (Hrsg.): Wesen und Wege nachhaltigen Konsums. Ergebnisse aus dem Themenschwerpunkt „Vom Wissen zum Handeln – Neue Wege zum nachhaltigen Konsum". München: oekom

Deutsche UNESCO-Komission (2013): Vorschlag für ein Weltaktionsprogramm „Bildung für nachhaltige Entwicklung" als Folgeaktivität der UN-Dekade „Bildung für nachhaltige Entwicklung" nach 2014. Vorläufige Arbeitsübersetzung der Deutschen UNESCO-Kommission Version vom 31.Juli 2013, UNESCO-Exekutivrat,Board 192 EX/6, Paris, Online-Ressource: http://www.bne-portal.de/fileadmin/unesco/de/Downloads/Dekade_Publikationen_national/2013_Arbeitsuebersetzung_Vorschlag_WAP.2.pdf (08/2016)

Deutsche UNESCO-Kommission e.V. (2014): Bonner Erklärung 2014. UN-Dekade mit Wirkung – 10 Jahre Bildung für nachhaltige Entwicklung in Deutschland, Online-Ressource: http://www.bne-portal.de/fileadmin/unesco/de/Downloads/Dekade_Publikationen_national/2014_Bonner_Erklaerung_deutsch.pdf (07/2015)

Deutsche UNESCO-Kommission e.V. (DUK), (2014): UNESCO Roadmap zur Umsetzung des Weltaktionsprogramms „Bildung für nachhaltige Entwicklung". Deutsche Übersetzung. Bonn, Online-Ressource: http://www.bne-portal.de/sites/default/files/_2015_Roadmap_deutsch_0.pdf (09/2016)

Deutsche UNESCO-Kommission e.V. (DUK), (Hrsg.), (2014): Vom Projekt zur Struktur. Strategiepapier der Arbeitsgruppe „Berufliche Aus- und Weiterbildung" des Runden Tisches der UN-Dekade „Bildung für eine nachhaltige Entwicklung", Online-Ressource: http://www.bne-portal.de/fileadmin/unesco/de/Downloads/Dekade_Publikationen_national/20141127_Strategiepapier_BBNE.pdf (02/2015)

Deutschle, J.; Sonnenberger, M. (2009): „Wenn wir nichts tun, werden Millionen Menschen leiden." Zum Verhältnis von Nachhaltigkeit, Gerechtigkeit und Bildung. Journal of Social Science Education. Volume 8, Number 3, 2009, 16–29, Online-Ressource: http://www.jsse.org/index.php/jsse/article/view/1088/991 (11/2016)

Dewey, J. (1964): Demokratie und Erziehung. Eine Einleitung in die philosophische Pädagogik. Braunschweig: Westermann

Diekmann, A.; Preisendörfer, P. (1992): Persönliches Umweltverhalten. Diskrepanzen zwischen Anspruch und Wirklichkeit. Kölner Zeitschrift für Soziologie und Sozialpsychologie, Jg. 44, H. 2, 226-251

Dietrich, J.; Kosuch, M.; Marx-Stölting, L.; Mildenberger, G.; Müller, A.; Rampp, B.; Schell, T. von; Voget, L. (2008): Konkrete Diskurse zur ethischen Urteilsbildung. Ein Leitfaden für Schule und Hochschule am Beispiel moderner Biotechnologien. München: oekom

Diettrich, A.; Hahne, K.; Winzier, D. (2007): Berufsbildung für eine nachhaltige Entwicklung: Hintergründe, Aktivitäten, erste Ergebnisse. Berufsbildung in Wissenschaft und Praxis. Zeitschrift des Bundesinstituts für Berufsbildung. 36 Jahrg., 5/2007, 7-12

Dittmar, N. (2002): Transkription. Ein Leitfaden mit Aufgaben für Studenten, Forscher und Laien. Opladen: L&B

Dittrich, A.; Hahne, K.; Winzier, D. (2007): Berufsbildung für eine nachhaltige Entwicklung: Hintergründe, Aktivitäten, erste Ergebnisse. Berufsbildung in Wissenschaft und Praxis (BWP), 36, 05/2007, 7-12

Dobischat, R.; Düsseldorff, K. (2002): Lernorte, Verbünde, Netzwerke. Berufsbildung: Zeitschrift für Praxis und Theorie in Betrieb und Schule, Jg. 56 (2002), Nr. 75, 2

Dobischat, R.; Düsseldorff, K. (2015): Sozialisation in Berufsbildung und Hochschule. In: Hurrelmann, K.; Bauer, U.; Grundmann, M.; Walper, S. (Hrsg.): Handbuch Sozialisationsforschung. Weinheim u.a.: Beltz, 469 - 491

Dobson, A. (2000): Drei Konzepte ökologischer Nachhaltigkeit. NatKult, Jg. 1, H.2, 62-85

Dorsch, F. (1994): Psychologisches Wörterbuch, 12. überarb. und akt. Aufl. Bern: Huber

Düx, W.; Sass, E. (2011): Kompetenzerwerb im freiwilligen Engagement. Informelle Lernprozesse im Jugendalter in Settings des freiwilligen Engagements. In: Landschaftsverband Rheinland (LVR), (Hrsg.): Jugendhilfereport 1/2011, 10-12, Online-Ressource: http://www.lvr.de/media/wwwlvrde/jugend/service/publikationen/dokumente_97/JugendhilfeReport_1_2011.pdf (07/2016)

Dweck, C. S. (1986): Motivational processes affecting learning. American Psychologist, 41, 1040-1048

Eblinghaus, H.; Stickler, A. (1998): Nachhaltigkeit und Macht: Zur Kritik von Sustainable Development. Frankfurt a. M.: Verlag für Interkulturelle Kommunikation

Edelstein, W.; Oser, F.; Schuster, P. (Hrsg.), (2001): Moralische Erziehung in der Schule. Entwicklungspsychologie und pädagogische Praxis. Weinheim: Beltz

Edelstein, W.; Oser, F.; Schuster, P. (Hrsg.), (2001): Moralische Erziehung in der Schule. Entwicklungspsychologie und pädagogische Praxis. Weinheim: Beltz

Ehman, L.H. (1980): The American school in the political socialization process. Review of Educational Research, 50, 99-119

Einsiedler, W. (2011): Was ist Didaktische Entwicklungsforschung? In: Einsiedler, W. (Hrsg.): Unterrichtsentwicklung und Didaktische Entwicklungsforschung. Bad Heilbrunn: Klinkhardt, 41-70

Einsiedler, W. (1984): Lehrmethoden zur Instruktionsverbesserung. In: Huber, G. L.; Krapp, A.; Mandl, H. (Hrsg.): Pädagogische Psychologie als Grundlage pädagogischen Handelns. München u.a.: Urban & Schwarzenberg, 163-219

Engels, D.; Leucht, M.; Machalowski, G. (2008): Evaluation des freiwilligen sozialen Jahres und des freiwilligen ökologischen Jahres. 1. Aufl. Empirische Studien zum bürgerschaftlichen Engagement. Wiesbaden: VS Verlag für Sozialwissenschaften

Engler, S. (2003): Zur Kombination von qualitativen und quantitativen Methoden. In: Friebertshäuser, B.; Langer, A.; Prengel, A. (Hrsg.): Handbuch qualitative Forschungsmethoden in der Erziehungswissenschaft. Weinheim: Juventa-Verl., 118-130

Enquete-Kommission (1998): Abschlußbericht der Enquete-Kommission „Schutz des Menschen und der Umwelt – Ziele und Rahmenbedingungen einer nachhaltig zukunftsverträglichen Entwicklung“. Drucksache 1311200, Online-Ressource: http://dipbt.bundestag.de/doc/btd/13/112/1311200.pdf (03/2012)

Europäische Kommission (2010): Mitteilung der Kommission Europa 2020. Eine Strategie für intelligentes, nachhaltiges und integratives Wachstum. Brüssel, Online-Ressource: http://ec.europa.eu/eu2020/pdf/COMPLET%20%20DE%20SG-2010-80021-06-00-DE-TRA-00.pdf (03/2013)

European Commission (2005): Towards a European Qualifications Framework for Lifelong Learning. Consultation Document (Draft), Online-Ressource: http://www.bibb.de/dokumente/pdf/Consultation_Paper_EQF_27_May_2005_final.pdf (05/2016)

European Commission (2008): Communication from the Commission to the European parliament, the council, the European economic and social committee of the regions on the Sustainable Consumption and Production and Sustainable Industrial Policy Action Plan. Brussels, Online-Ressource: http://ec.europa.eu/environment/eussd/pdf/com_2008_397.pdf (05/2016)

Fichter, K.; Nitschke, C. (1995): Berufliche Umweltbildung – wo steckst du? IÖW/VÖW-Informationsdienst Nr. 1/95, 1-4

Fietkau, H.-J.; Kessel, H. (1981): Umweltlernen: Veränderungsmöglichkeiten des Umweltbewußtseins. Modell - Erfahrungen. Königstein: Hain

Fischer, A. (1998): Wege zu einer nachhaltigen beruflichen Bildung. Theoretische Überlegungen. Bielefeld: Bertelsmann

Fischer, A. (2001): Kristallisationspunkte von Nachhaltigkeit – Herausforderungen für die berufliche Bildung. In: Herz, O.; Seybold, H.; Strobl, G. (Hrsg.): Bildung für nachhaltige Entwicklung. Globale Perspektiven und neue Kommunikationsmedien. Opladen: Leske+Budrich, 229-240

Fischer, A.; Greb, U.; Skrzipietz, F. (2009): Nachhaltige Kategorien als Referenzrahmen für die GlnE-Analyse der Handlungsfelder in den einzelnen Sektoren. In: Meyer, H.; Stomporowski, S.; Vollmer, T (Hrsg.): Globalität und Interkulturalität als integrale Bestandteile beruflicher Bildung für eine nachhaltige Entwicklung. Abschlussbericht; GlnE. Norderstedt: Books on Demand, 23-91

Fischer, A.; Seeber, G. (Hrsg.), (2007): Nachhaltigkeit und ökonomische Bildung. Wirtschafts- und Berufspädagogische Schriften, Bd. 35. Bergisch Gladbach: Thomas Hobein

Fischer, D.; Barth, M. (2014): Key Competencies for and beyond Sustainable Consumption. An Educational Contribution to the Debate. GAIA 23/S1, 193-200, Online-Ressource: DOI:10.14512/gaia.23.S1.7 (12/2016)

Fischer, M. (2010): Über das Verhältnis von Wissen und Handeln in der beruflichen Arbeit und Ausbildung. In: Münk, D.; Schelten, A. (Hrsg.): Kompetenzmessung für die Berufsbildung. Verfahren, Probleme und Perspektiven im nationalen, europäischen und internationalen Raum. Berichte zur beruflichen Bildung. Schriftenreihe des Bundesinstituts für Berufsbildung Bonn. Bielefeld: Bertelsmann, 237-250

Frey, D. (2002): Zum Problem von Grundlagenforschung, angewandter Forschung und der Anwendung von Forschung am Beispiel des DFG-Schwerpunktprogramms „Mensch und globale Umweltveränderungen". Umweltpsychologie, 6 (1), 84-90

Friebertshäuser, B. (1997): Interviewtechniken – ein Überblick. In: Friebertshäuser, B.; Prengel, A. (Hrsg.): Handbuch Qualitative Forschungsmethoden in der Erziehungswissenschaft. Weinheim u.a.: Juventa-Verl., 371-395

Friebertshäuser, B.; Langer, A. (2010): Interviewformen und Interviewpraxis. In: Friebertshäuser, B.; Langer, A.; Prengel, A. (Hrsg.): Handbuch qualitative Forschungsmethoden in der Erziehungswissenschaft. 3. Aufl. Weinheim u.a.: Juventa-Verl., 437-456

Frisk, E.; Larson, K.L. (2011): Educating for Sustainability: Competencies & Practices for Transformative Action. Journal of Sustainability Education. 2/2011, 1-20, Online-Ressource: http://www.jsedimensions.org/wordpress/wp-content/uploads/2011/03/FriskLarson2011.pdf (09/2016)

Fuchs, B.; Schönherr, C. (Hrsg.), (2007): Urteilskraft und Pädagogik. Beiträge zu einer pädagogischen Handlungstheorie. Lutz Koch zum 65. Geburtstag. Würzburg: Königshausen & Neumann

Fujii, S.; Gärling, T. (2003): Development of script-based travel mode choice after forced change. TRansportation Research: Traffic Psychology and Behavior, 6 (2), 117-124

Gardner, G.T.; Stern, P.C. (1996): Environmental Problems and Human Behavior. Boston: Allyn and Bacon

Garz, D. (1996): Lawrence Kohlberg zur Einführung. Hamburg: Junius
Gebauer, M. M. (2013): Determinanten der Selbstwirksamkeitsüberzeugung von Lehrenden. Schulischer Berufsalltag an Gymnasien und Hauptschulen. Wiesbaden: Springer VS

Gesellschaft für Sozialforschung und statistische Analysen (FORSA), (Hrsg.), (2012): Umfrage im Wissenschaftsjahr Zukunftsprojekt Erde, Online-Ressource: http://www.zukunftsprojekt-erde.de/fileadmin/de.wissenschaftsjahr-2012/content_de/Presse/Pressemitteilungen/Auswertung-Nachhaltigkeit.pdf (04/2015)
Giddens, A. (1984): The Constitution of Society: Outline of the Theory of Structuration. Berkeley/Los Angeles: University of California Press
Gilbert, S. (1997): How to Handle Teens: Blieprint for Parents. International Harald Tribune, 11.09.1997
Gillen, J. (2013): Kompetenzorientierung als didaktische Leitkategorie in der beruflichen Bildung – Ansatzpunkte für eine Systematik zur Verknüpfung curricularer und methodischer Aspekte. bwp online, Nr. 24, 1-16, Online-Ressource: http://www.bwpat.de/ausgabe24/gillen_bwpat24.pdf (05/2015)
Gilligan, C.; Belenky, M. (1980): A naturalistic study of abortion decision. In: Selman, R.; Yando, R. (Hrsg.): Clinical-developmental psychology. San Francisco: Jossey-Bass, 69-90
Gilligan, C. (1982): Gibt es eine weibliche Moral? Psychologie heute, 9, 21-34
Glaser, E. (2010): Dokumentenanalyse und Quellenkritik. In: Friebertshäuser, B.; Langer, A.; Prengel, A. (Hrsg.): Handbuch qualitative Forschungsmethoden in der Erziehungswissenschaft. 3. Aufl. Weinheim u.a.: Juventa-Verl., 365-375
Gläser-Zikuda, M.; Seidel, T.; Rohlfs, C.; Gröschner, A.; Ziegelbauer, S. (2012): Mixed Methods in der empirischen Bildungsforschung – eine Einführung in die Thematik. In: Gläser-Zikuda, M.; Seidel, T.; Rohlfs, C.; Gröschner, A.; Ziegelbauer, S. (Hrsg.): Mixed methods in der empirischen Bildungsforschung. Münster u.a.: Waxmann, 7-13
Glotzbach, S. (2012): Conflicts between Intragenerational and Intergenerational Justice in the Use of Ecosystem Services, Online-Ressource: http://opus.uni-lueneburg.de/opus/volltexte/2013/14237/pdf/Dissertation_Glotzbach_Dez2012.pdf (12/2015)
Gnahs, D. (2010): Kompetenzen – Erwerb, Erfassung, Instrumente. Bielefeld: wbv
Graumann, C.F.; Kruse, L. (2008): Umweltpsychologie – Ort, Gegenstand, Herkünfte, Trends. In: Lantermann, E.-D.; Linneweber, V. (Hrsg.): Grundlagen, Paradigmen und Methoden der Umweltpsychologie. Enzyklopädie der Umweltpsychologie, Bd. 1, Göttingen u.a.: Hogrefe, 3-65
Greene, J.; Haidt, J. (2002): How (and where) does moral judgment work?. Trends in Cognitive Sciences. 6 (12): 517–523, DOI:10.1016/S1364-6613(02)02011-9 (04/2013)
Greve, W. (1994): Handlungsklärung. Die psychologische Erklärung menschlicher Handlungen. Bern u.a.: Huber
Griese, H. M. (1999): Sozialwissenschaftliche Vorläufer und Kritik am Konstruktivismus – ein wissenschafts(auto)biographischer Zugang .In: Arnold, R.; Gieseke, W.; Nuissl, E. (Hrsg.): Erwachsenenpädagogik. Zur Konstitution eines Faches. Grundlagen der Berufs- und Erwachsenenbildung, Bd.18. Baltmannsweiler: Schneider Verlag Hohengehren, 103-123
Groeben, N. (2006): Gibt es Wege aus der selbstverschuldeten Irrelevanz des qualitativen Offsteams? Forum: Qualitative Sozialforschung, Vol 7, No. 4, Art. 34
Grothe, A. (2007): Kriterien und Indikatorenmodell zur Messung von Nachhaltigkeit am Beispiel der Chemieausbildung. Berufsbildung in Wissenschaft und Praxis (BWP), 36, 05/2007, 32-35

Gruber, E.; Homburg, A.; Irrek, W.; Kristof, K.; Pose, F. (2002): Interaktion von Forschung und Praxis als Erfolgsfaktor für den Klimaschutzprozess auf kommunaler Ebene. Umweltpsychologie, 6 (1), 130-136
Gruber, H.; Mandl, H.; Renkl, A. (2000): Was lernen wir in Schule und Hochschule: Träges Wissen? In: Mandl, H.; Gerstenmaier, J. (Hrsg.): Die Kluft zwischen Wissen und Handeln. Empirische und theoretische Lösungsansätze. Göttingen: Hogrefe, 139-156
Gürtler, L.; Huber, G. L. (2012): Triangulation. Vergleiche und Schlussfolgerungen auf der Ebene der Datenanalyse. In: Gläser-Zikuda, M.; Seidel, T.; Rohlfs, C.; Gröschner, A.; Ziegelbauer, S. (Hrsg.): Mixed methods in der empirischen Bildungsforschung. Münster u.a.: Waxmann, 37-50
Haan, G. de (2010): Schule, Nachhaltigkeit, Zukunft. Bildung für eine nachhaltige Entwicklung als Lernkultur. In: Worldwatch Institute (Hrsg.): Einfach besser Leben. Nachhaltigkeit als neuer Lebensstil. München: oekom, 26-32
Haan, G. de (2011): Bildung für eine nachhaltige Entwicklung als Lernkultur. Unesco heute. 2/2011, 43-46, Online-Ressource: http://www.bne-portal.de/fileadmin/unesco/de/Downloads/Dekade_Publikationen_national/2011_Unesco_heute_Nachhaltige_Entwicklung.pdf (06/2016)
Haan, G. de (2014): Nach der Dekade. Konturen eines Weltaktionsprogramms zur Bildung für nachhaltige Entwicklung. Gesellschaftliche Veränderungsprozesse verstehen und gestalten. Krisen- und Transformationsszenarios. Frühkindpädagogik, Resilienz & Weltaktionsprogramm. Wien: forum Umweltbildung, 156-165
Haan, G. de; Jungk, D.; Kutt, K.; Michelsen, G.; Nitschke, C.; Schnurpel, U.; Seybold, H. (1997): Umweltbildung als Innovation. Bilanzierungen und Empfehlungen zu Modellversuchen und Forschungsvorhaben. Heidelberg: Springer
Haan, G. de; Kamp, G.; Lerch, A.; Martignon, L.; Müller-Christ, G. (2008): Nachhaltigkeit und Gerechtigkeit. Grundlagen und schulpraktische Konsequenzen.; Ethics of science and technology assessment. 33, Berlin: Springer
Haan, G. de; Kuckartz, U. (1996). Umweltbewußtsein: Denken und Handeln in Umweltkrisen. Opladen: VS
Haan, N.; Smith, B.; Block, J. (1968): Moral reasoning of young adults: Political-social behavior, family background, and personality correlates. Journal of Personality and Social Psychology, 10, 183-201
Habermas, J. (1967): Zur Logik der Sozialwissenschaften. Tübingen: Suhrkamp
Hacker, W. (1986): Allgemeine Arbeits- und Ingenieurpsychologie. Bern: Huber
Hahne, K. (2007): Benötigt Berufsbildung für nachhaltige Entwicklung in erweitertes Verständnis von Kompetenzentwicklung? BWP 5/2007, 13-17
Handke-Tiedemann, H. (2011): Gewaltprävention in der Hauptschule als Beitrag zum geistig-moralischen Wachsen durch: Agent werden in eigener Sache. Diss. Universität Köln
Hanss, D.; Böhm, G. (2010): Can I make a difference? The Role of General and Domain-specific Self-efficacy in Sustainable Consumption Decisions. Umweltpsychologie 14(2), 46-74
Harms, S.; Truffer, B. (2005): Vom Auto zum Car Sharing: Wie Kontextänderungen zu radikalen Verhaltensänderungen beitragen. Umweltpsychologie 9(1), 4-27
Hasselhorn, M. ; Gold, A. (2013): Pädagogische Psychologie. Erfolgreiches Lernen und Lehren. 3., vollst. überarb. und erw. Aufl. Stuttgart: Kohlhammer
Hasselhorn, M.; Gold, A. (2006): Pädagogische Psychologie. Erfolgreiches Lernen und Lehren. Stuttgart: Kohlhammer
Hauff, V. (1987): World Commission on Environment and Development. Unsere gemeinsame Zukunft. Eggenkamp: Greven
Heckhausen, H.; Gollwitzer, M.; Weinert, F.E. (1990), (Hrsg.): Jenseits des Rubikon: Der Wille in den Humanwissenschaften. Berlin: Springer
Heidbrink, H. (2008): Einführung in die Moralpsychologie. Weinheim/Basel: Beltz

Heisler, D. (2016): Inklusion als Herausforderung für das Übergangssystem und die berufliche Integrationsförderung. Ein Diskussionsansatz zu Exklusionskritik und De-Segregationsforderungen. Berufs- und Wirtschaftspädagogik – online. bwp@ Ausgabe Nr. 30: Inklusion in der beruflichen Bildung, Online-Ressource: http://www.bwpat.de/ausgabe30/heisler_bwpat30.pdf (10/2016)
Helkama, K. (1979): The development of attribution of responsibility. A critical survey of empirical research and a theoretical outline. Helsinki: Department of Social Psychology of the University of Helsinki. Research Reports No. 3
Hellbrück, J.; Kals, E. (2012): Umweltpsychologie. Wiesbaden: Springer VS
Hellinger, M.; Bierbach, C. (1993): Eine Sprache für beide Geschlechter. Richtlinien für einen nicht-sexistischen Sprachgebrauch. Deutsche UNESCO-Kommission (Hrsg.). Bonn, Online-Ressource: https://www.unesco.de/fileadmin/medien/Dokumente/Bibliothek/eine_sprache.pdf (10/2016)
Hellwig, M. (2008): Nachhaltigkeitspädagogik. Kompetenzen, Inhalte und Lehr-/ Lernmethoden einer neuen erziehungswissenschaftlichen Fachrichtung. Diss. Münster: Ecotransfer-Verl.
Hemkes, B.; Kuhlmeier, W.; Vollmer, T. (2013): Berufliche Bildung für nachhaltige Entwicklung im Zusammenhang gesellschaftlicher Innovationsstrategien. Berufsbildung in Wissenschaft und Praxis (BWP), 6
Hermanns, H. (2012): Interviewen als Tätigkeit. In: Flick, U.; Kardorff, E. von; Steinke, I. (Hrsg.): Qualitative Forschung. Ein Handbuch. 9. Aufl. Reinbek bei Hamburg: Rowohlt, 360-368
Herrmann, U. (Hrsg.) (2009): Neurodidaktik. Grundlagen und Vorschläge für gehirngerechtes Lehren und Lernen. 2. Aufl. Weinheim, Basel: Beltz
Higgins, A. (1980): Research and measurement issues in moral education interventions. In: Mosher, R. (Eds.): Moral Education. A first generation research and development. New York: Praeger, 92-107
Higgins, A. (1987): Moralische Erziehung in der Gerechte Gemeinschaft-Schule - Über schulpraktische Erfahrungen in den USA. In: Lind, G.; Raschert, J. (Hrsg.): Moralische Urteilsfähigkeit. Eine Auseinandersetzung mit Lawrence Kohlberg über Moral, Erziehung und Demokratie. Weinheim/Basel: Beltz, 54-72
Higgins, A.; Power, C.; Kohlberg, L. (1984): The relationship of moral atmosphere to judgements of responsibility. In: Kurtines, W. M.; Gewirtz, J. L. (Hrsg.): Morality, Moral Behavior, and Moral Development. New York: Wiley-Interscience, 74-106
Higgins, A.; Power, C.; Kohlberg, L. (1984): The relationship of moral atmosphere to judgments of responsibility. In: Kurtines, W.; Gewirtz, J. (Hrsg.): Morality, moral behavior, and moral development. New York, 74-104
Hinder, E. (1987). Grundlagenprobleme bei der Messung des sozio-moralischen Urteils. Frankfurt a. M.: Peter Lang
Hinz, A.; Schumacher, J.; Albani, C.; Schmid, G.; Brähler, E. (2006): Bevölkerungsrepräsentative Normierung der Skala zur Allgemeinen Selbstwirksamkeitserwartung. Diagnostica 52 (1), 26–32
Homburg, A.; Matthies, E. (1998): Umweltpsychologie: Umweltkrise, Gesellschaft und Individuum. München: Juventa
Hopf, C. (2012): Qualitative Interviews - ein Überblick. In: Flick, U.; Kardorff, E. von; Steinke, I. (Hrsg.): Qualitative Forschung. Ein Handbuch. 9. Aufl. Reinbek bei Hamburg: Rowohlt, 349-360
Horlebein, M. (1998): Didaktik der Moralerziehung - Eine Fundierung durch Pädagogische Anthropologie und Praktische Philosophie. Wirtschaftspädagogisches Forum, Bd. 6. Markt Schwaben: Eusl

Huber, G. L., Krapp, A., Mandl, H. (Hrsg.), (1984): Pädagogische Psychologie als Grundlage pädagogischen Handelns. München u.a.: Urban & Schwarzenberg

Huber, J. (1995): Nachhaltige Entwicklung durch Suffizienz, Effizienz und Konsistenz. In: Fritz, P.; Huber, J.; Levi, H. W. (Hrsg.): Nachhaltigkeit in naturwissenschaftlicher und sozialwissenschaftlicher Perspektive. Stuttgart: Wissenschaftliche Verlagsgesellschaft, 31-46

Hume, D. (1973): Ein Traktat über die menschliche Natur. Hamburg: Felix Meiner Verlag

Hunecke, M. (2000): Verantwortung, Lebensstile und Umweltverhalten. Heidelberg: Asanger

Hunecke, M. (2001): Beiträge der Umweltpsychologie zur sozial-ökologischen Forschung: Ergebnisse und Potentiale. Expertise im Rahmen der BMBF-Förderinitiative „Sozial-ökologische Forschung". Fakultät für Psychologie. Kognitions- und Umweltpsychologie, Bericht Nr. 55/2001, Online-Ressource: http://www.ruhr-uni-bochum.de/ecopsy/berichte/55-2001.pdf (09/2015)

Hunecke, M. (2003): Umweltpsychologie und Sozial-Ökologie: Impulse für ein transdisziplinäres Forschungsprogramm. Umweltpsychologie, 7 (2), 10-31

Institut für Sozialforschung und Gesellschaftspolitik e.V. (ISG), (2006): Evaluation der FÖJ-Seminare in Schleswig-Holstein. Abschlussbericht. Forschungsauftrag des Ministeriums für Landwirtschaft, Umwelt und ländliche Räume des Landes Schleswig-Holstein (MLUR), Online-Ressouce: https://www.isg-institut.de/download/ISG-Evaluation%20FOEJ-Seminare%20SH.pdf (05/ 2016)

Internationales Erd-Charta Sekretariat (2001): The Earth Charter, Online-Ressource: http://www.earthcharterinaction.org/invent/images/uploads/echarter_english.pdf (07/2016)

Jerusalem, M.; Schwarzer, R. (o.J.): SWE – Skala zur Allgemeinen Selbstwirksamkeitserwartung, Online-Ressource: https://www.zpid.de/pub/tests/PT_9001003_SWE_Autorenbeschreibung.pdf (11/2016)

Jonas, H. (1979): Das Prinzip Verantwortung. Versuch einer Ethik für die technologische Zivilisation. Frankfurt am Main: Insel

Jugendfreiwilligendienstegesetz (JFDG). Gesetz zur Förderung von Jugendfreiwilligendiensten. Jugendfreiwilligendienstegesetz vom 16. Mai 2008 (BGBl. I, 842)

Kahlert, J.; Zierer, K. (2011): Didaktische Entwicklungsforschung aus Sicht der pragmatischen Entwicklungsarbeit. In: Einsiedler, W. (Hrsg.): Unterrichtsentwicklung und Didaktische Entwicklungsforschung. Bad Heilbrunn: Klinkhardt, 71-87

Kahne, J.; Westheimer, J. (1996): In the service of what? The politics of service learning. Phi Delta Kappan 77 (9), 592, Online-Ressource: http://democraticdialogue.com/DDpdfs/ServicePDK-F.pdf (03/2016)

Kals, E. (1996): Verantwortliches Umweltverhalten. Umweltschützende Entscheidungen erklären und fördern. Weinheim: Beltz

Kals, E.; Becker, R.; Russell, Y.; Ittner, H.; Montada, L. (2002): Wie lassen sich umweltpsychologische Befunde für die Praxis nutzbar machen? Umweltpsychologie, 6 (1), 144-149

Kals, E.; Maes, J. (2002): Sustainable development and emotions. In: Schmuck, P.; Schultz, W.P. (Hrsg.): Psychology of Sustainable Development. Norwell, MA: Kluwer, 97-122

Kasten, H. (1981): Psychologische Konzepte zur moralischen Entwicklung. In: Mauermann, L.; Weber, E. (Hrsg.): Der Erziehungsauftrag der Schule. Beiträge zur Theorie und Praxis moralischer Erziehung unter besonderer Berücksichtigung der Wertorientierung im Unterricht. Donauwörth: Auer, 97-106

Kastrup, J.; Kuhlmeier, W.; Reichwein, W.; Vollmer, T. (2012): Mitwirkung an der Energiewende lernen – Leitlinien für die didaktische Gestaltung der Berufsbildung für eine nachhaltige Entwicklung, Online-Ressource: http://www.bibb.de/dokumente/pdf/Leitlinien_didaktische_Gestaltung_BBnE.pdf (09/2016)

Kaufmann-Hayoz, R.; Bamberg, S.; Defila, R.; Dehmel, C.; Di Giulio, A.; Jaeger-Erben, M.; Matthies, E.; Sunderer, G.; Zundel, S. (2011): Theoretische Perspektiven auf Konsumhandeln – Versuch einer Theorieordnung. In: Defila, R.; Di Giulio, A.; Kaufmann-Hayoz, R. (Hrsg.): Wesen und Wege nachhaltigen Konsums. Ergebnisse aus dem Themenschwerpunkt „Vom Wissen zum Handeln – Neue Wege zum nachhaltigen Konsum." München: oekom, 89-124

Kell, A. (1984): Einstellungen zu Arbeit und Beruf. In: Kell, A.; Lipsmeier, A. (Hrsg.): Berufliches Lernen ohne berufliche Arbeit? Beiheft 5 zur Zeitschrift für Berufs- und Wirtschaftspädagogik. Stuttgart, 29-40

Kell, A. (1995): Organisation, Recht und Finanzierung der Berufsbildung. In: Arnold, R.; Lipsmeier, A. (Hrsg.): Handbuch der Berufsbildung. Opladen: Leske + Budrich, 369-397

Kelle, U.; Erzberger, C. (2012): Qualitative und quantitative Methoden: Kein Gegensatz. In: Flick, U.; Kardorff, E. von; Steinke, I. (Hrsg.): Qualitative Forschung. Ein Handbuch. 9. Aufl. Reinbek bei Hamburg: Rowohlt, 299-309

Keller, B. (1999): Arbeits-, Betriebs- und Organisationspsychologie: Die Arbeitswelt gestalten. In: Zimbardo, P. G.; Gerring, R. J. (Hrsg.): Psychologie. 7., neu übers. und bearb. Aufl. Berlin: Springer, 719-780

Kettschau, I. (2013): Nachhaltigkeitsorientiertes Rahmencurriculum Ernährung/Hauswirtschaft. Ein Projekt für die berufliche Bildung. Berufsbildung, Zeitschrift für Praxis und Theorie in Betrieb und Schule, H. 141, 14-16

Klafki, W. (1963): Studien zur Bildungstheorie und Didaktik. Durch ein kritisches Vorwort ergänzte Auflage 1975, darin enthalten: Fünfte Studie: Didaktische Analyse als Kern der Unterrichtsvorbereitung (1958). 126 - 153,; 8./9. Aufl. Weinheim: Beltz

Klafki, W. (1996): Neue Studien zur Bildungstheorie und Didaktik. Zeitgemäße Allgemeinbildung und kritisch-konstruktive Didaktik.; 5. Aufl. Weinheim: Beltz

Klieme, E. (2004): Was sind Kompetenzen und wie lassen sie sich messen? Pädagogik, 56 (2004) 6, Weinheim: Beltz, 10-13

Klieme, E. (2006): Empirische Unterrichtsforschung: aktuelle Entwicklungen, theoretische Grundlagen und fachspezifische Befunde. Einführung in den Thementeil. Zeitschrift für Pädagogik, 52, 6, 765-773

Knoll, J. (1991): Kurs- und Seminarmethoden. Ein Trainingsbuch zur Gestaltung von Kursen und Seminaren, Arbeits- und Gesprächskreisen. 4. Aufl. Weinheim u.a.: Beltz

Knoll, J. (2007): Kurs- und Seminarmethoden. Ein Trainingsbuch zur Gestaltung von Kursen und Seminaren, Arbeits- und Gesprächskreisen. 11., vollst. überarb. und erw. Aufl. Weinheim u.a.: Beltz

Koch, Lutz (2005): Der Lehrer zwischen Urteilskraft und Methode. In: Carlsburg, G.-B. von; Heitger, M. (Hrsg.): Der Lehrer – ein (un)möglicher Beruf. Frankfurt a. M.: Peter Lang, 89-98

Kocher, M. (2014): Selbstwirksamkeit und Unterrichtsqualität. Unterricht und Persönlichkeitsaspekte von Lehrpersonen im Berufsübergang. Münster u.a.: Waxmann

Kohlberg, L. (1968): Moralische Entwicklung. In: Althof, O. (Hrsg.), (1996): Die Psychologie der Moralentwicklung. Frankfurt a. M: Suhrkamp, 7-40

Kohlberg, L. (1974): Zur kognitiven Entwicklung des Kindes. Frankfurt a. M: Suhrkamp

Kohlberg, L. (1976): Moralstufen und Moralerwerb: Der kognitiv-entwicklungsorientierte Ansatz. In: Althof, W. (Hrsg.), (1997): Lawrence Kohlberg - Die Psychologie der Moralentwicklung. Frankfurt a.M.: Suhrkamp, 123-174

Kohlberg, L. (1978): Kognitive Entwicklung und moralische Erziehung. In: Mauermann, L.; Weber, E. (Hrsg.): Der Erziehungsauftrag der Schule - Beiträge zur Theorie und Praxis moralischer Erziehung unter besonderer Berücksichtigung der Wertorientierung im Unterricht. Donauwörth: Auer, 107-117

Kohlberg, L. (1981): Kognitive Entwicklung und moralische Erziehung. In: Mauermann, L.; Weber, E. (Hrsg.): Der Erziehungsauftrag der Schule. Beiträge zur Theorie und Praxis moralischer Erziehung unter besonderer Berücksichtigung der Wertorientierung im Unterricht. Donauwörth: Auer, 107-117

Kohlberg, L. (1984): Essays on moral development. Vol 2: The psychology of moral development. San Francisco: Harper and Row

Kohlberg, L. (1986): My personal search for universal morality. Moral Education Forum. 11, 4-10

Kohlberg, L. (1987): Moralische Entwicklung und demokratische Erziehung. In: Lind, G.; Raschert, J. (Hrsg.): Moralische Urteilsfähigkeit. Eine Auseinandersetzung mit Lawrence Kohlberg über Moral, Erziehung und Demokratie. Weinheim: Beltz, 25-43

Kohlberg, L. (1996): Moralische Entwicklung. In: Althof, O. (Hrsg.): Die Psychologie der Moralentwicklung. Frankfurt a.M: Suhrkamp, 7-40

Kohlberg, L. (1997): Die Psychologie der Moralentwicklung. Frankfurt a. M.: Suhrkamp

Kohlberg, L.; Candee, D. (1984a): The relationship of moral judgment to moral action. In: Kurtines, W.M.; Gewirtz, J.L. (Eds.): Morality, Moral Behavior, and Moral Development, 52-73. Dt. Übersetzung von Detlef Garz. In: Garz, D.; Oser, F.; Althof, W. (1999), (Hrsg.): Moralisches Urteil und Handeln. Frankfurt a. M.: Suhrkamp, 13-46

Kohlberg, L.; Candee, D. (1984b): Die Beziehung zwischen moralischem Urteil und moralischem Handeln. In: Althof, O. (Hrsg.), (1996): Die Psychologie der Moralentwicklung. Frankfurt a. M: Suhrkamp, 373-493

Kohlberg, L.; Levine, C.; Hewer, A. (1984): Zum gegenwärtigen Stand der Theorie der Moralstufen. In: Kohlberg, L. (1996): Die Psychologie der Moralentwicklung. Edelstein, W.; Noam, G.; Oser, F. (Hrsg.): Beiträge zur Soziogenese der Handlungsfähigkeit. Frankfurt a.M.: Suhrkamp, 217-372

Kohlberg, L.; Wassermann, E.; Richardson, N. (1978): Die Gerechte Schul-Kooperative. Ihre Theorie und das Experiment der Cambridge Cluster School. In: Portele, G. (Hrsg.): Sozialisation und Moral - Neuere Ansätze zur moralischen Entwicklung und Erziehung. Weinheim: Beltz, 215-259

Koordinationsstelle Wissenschaft und Gesellschaft (2008): Vom Wissen zum Handeln – Neue Wege zum nachhaltigen Konsum. Sonderveröffentlichung von GAIA – Ökologische Perspektiven für Wissenschaft und Gesellschaft, H. 4/2008

Kopatz, M. (2016): Ökoroutine. Damit wir tun, was wir für richtig halten. München: oekom

Kornmilch-Bienengräber, T. (2008): Berufsmoralische Entwicklung im Lichte des didaktischen Situationismus. In: Breuer, K.; Deißinger, T.; Münk, D. (Hrsg.): Berufs- und Wirtschaftspädagogik. Probleme und Perspektiven aus nationaler und internationaler Sicht. Deutsche Gesellschaft für Erziehungswissenschaft. Leverkusen: Budrich, 51-60

Krainer, L.; Trattnigg, R. (2007): Kulturelle Nachhaltigkeit: Konzepte, Perspektiven, Positionen. München: oekom

Krapp, Günter L. (1984): Diagnose und Prognose. In: Huber, G. L.; Krapp, A.; Mandl, H. (Hrsg.): Pädagogische Psychologie als Grundlage pädagogischen Handelns. München u.a.: Urban & Schwarzenberg, 61-116

Krebs, D.L.; Rosenwald, A. (1977): Moral reasioning and moral behavior in conventional adults. Merrill-Palmer Quarterly, 23, 77-87

Kremer, M. (2007): Der lange Weg der Nachhaltigkeit. Berufsbildung in Wissenschaft und Praxis (BWP), 36, 05/2007, 3-4

Krömker, D. (2008): Globaler Wandel, Nachhaltigkeit und Umweltpsychologie. In: Lantermann, E. D.; Linneweber, V. (Hrsg.): Grundlagen, Paradigmen und Methoden der Umweltpsychologie. Enzyklopädie der Umweltpsychologie, Band 1, Göttingen: Hogrefe, 715-747

Krüger, H.-H.; Pfaff, N. (2008): Triangulation quantitativer und qualitativer Zugänge in der Schulforschung. In: Helsper, W.; Böhme, J. (Hrsg.): Handbuch der Schulforschung. Wiesbaden: VS Verl. für Sozialwissenschaften (2008), 157-179

Krumm, V. (1996): Wann tut ihr endlich was ich sage, und nicht, was ich mache? Anmerkungen zum Versagen der Umweltbildung und was man dagegen tun kann. In: Seyd, W.; Witt, R. (Hrsg.): Situation, Handlung, Persönlichkeit. Kategorien wirtschaftspädagogischen Denkens. Hamburg: Feldhaus, 24-44

Kruse-Graumann, L. (2013): Vom Handeln zum Wissen - ein Perspektivwechsel für eine Bildung für nachhaltige Entwicklung. In Bildung für nachhaltige Entwicklung: aktuelle theoretische Konzepte und Beispiele praktischer Umsetzung; Pütz, N.; Logemann, N.; Schweer, M. K. W., (Eds.): Psychologie und Gesellschaft; Frankfurt a. M.: Peter Lang Verlag, Vol. 11, 31–57

Kuhlmeier, W.; Mohoric, A.; Vollmer, T. (2014), (Hrsg.): Berufsbildung für nachhaltige Entwicklung. Modellversuche 2010-2013. Erkenntnisse, Schlussfolgerungen und Ausblicke. Bundesinstitut für Berufsbildung (BIBB), (Hrsg.): Berichte zur beruflichen Bildung. Bertelsmann, Online-Ressource: urn:nbn:de:0035-0546-0 (09/2016)

Kuhlmeier, W.; Vollmer, T. (2013): Didaktik gewerblich-technischer Berufsbildung im Kontext der UN-Dekade „Bildung für eine nachhaltige Entwicklung." bwp@, Nr. 24, Online-Ressource: http://www.bwpat.de/ausgabe24/kuhlmeier_vollmer_bwpat24.pdf (07/2016)

Kultusministerkonferenz (KMK), Sekretariat der ständigen Konferenz der Kultusminister der Länder in der Bundesrepublik Deutschland (Hrsg.), (2011): Handreichung für die Erarbeitung von Rahmenlehrplänen der Kultusministerkonferenz für den berufsbezogenen Unterricht in der Berufsschule und ihre Abstimmung mit Ausbildungsordnungen des Bundes für anerkannte Ausbildungsberufe vom 23.September 2011. Berlin, Online-Ressource: http://www.kmk.org/fileadmin/veroeffentlichungen_beschluesse/2011/2011_09_23_GEP-Handreichung.pdf (09/2016)

Kultusministerkonferenz (KMK), Sekretariat der ständigen Konferenz der Kultusminister der Länder in der Bundesrepublik Deutschland (Hrsg.), (2011): Handreichung für die Erarbeitung von Rahmenlehrplänen der Kultusministerkonferenz für den berufsbezogenen Unterricht in der Berufsschule und ihre Abstimmung mit Ausbildungsordnungen des Bundes für anerkannte Ausbildungsberufe vom 23.September 2011. Berlin, Online-Ressource: http://www.kmk.org/fileadmin/veroeffentlichungen_beschluesse/2011/2011_09_23_GEP-Handreichung.pdf (10/2016)

Kultusministerkonferenz (KMK), Sekretariat der Ständigen Konferenz der Kultusminister der Länder in der Bundesrepublik Deutschland (Hrsg.), (1996): Handreichungen für die Erarbeitung von Rahmenlehrplänen der Kultusministerkonferenz für den berufsbezogenen Unterricht in der Berufsschule und ihre Abstimmung mit Ausbildungsordnungen des Bundes für anerkannte Ausbildungsberufe. Bonn

Kutt, K. (2006): Berufsbildung für eine nachhaltige Entwicklung: Zur Rekonstruktion eines Werdegangs - Zwischen Meilenstein und Kleinmosaik. In: Tiemeyer, E.; Wilbers, K. (Hrsg.): Berufliche Bildung für nachhaltiges Wirtschaften. Konzepte, Curricula, Methoden, Beispiele. Bundesinstitut für Berufsbildung, BIBB. Bielefeld: Bertelsmann, 33-53

Kutt, K.; Meyer, H.; Toepfer, B. (2007): Berufliche Bildung. Globale Entwicklung in der beruflichen Aus- und Weiterbildung mitgestalten. In: Bundesministeriums für wirtschaftliche Zusammenarbeit und Entwicklung (BMZ); KMK – Sekretariat der ständigen Konferenz der Kultusminister der Länder in der Bundesrepublik Deutschland (Hrsg.): Orientierungsrahmen für den Lernbereich Globale Entwicklung im Rahmen einer Bildung für nachhaltige Entwicklung, Online-Ressource: http://www.kmk.org/fileadmin/veroeffentlichungen_beschluesse/2007/2007_06_00_Orientierungsrahmen_Globale_Entwicklung.pdf, 173-204 (12/2016)
Kutt, K. (2006): Berufsbildung für eine nachhaltige Entwicklung: Zur Rekonstruktion eines Werdegangs - Zwischen Meilenstein und Kleinmosaik. In: Tiemeyer, E.; Wilbers, K. (Hrsg.): Berufliche Bildung für nachhaltiges Wirtschaften. Konzepte, Curricula, Methoden, Beispiele. Bundesinstitut für Berufsbildung, BIBB. Bielefeld: Bertelsmann, 33-53
Kvale, S. (1996): InterViews. An Instroduction to Qualitative Research Interviewing. London/New Delhi: Sage
Kwak, K.; Bandura, A. (1998). Role of perceived self-efficacy and moral disengagement in antisocial conduct. Manuscript, Osan College, Seoul
Lamnek, S. (2002): Qualitative Interviews. In: König, E.; Zedler, P. (Hrsg.): Qualitative Forschung. Grundlagen und Methoden. Weinheim/Basel: Beltz, 157-193
Lassahn, R. (2000): Einführung in die Pädagogik. 9. Aufl. Wiebelsheim: Quelle & Meyer
Lefrancois, G. R. (2006): Psychologie des Lernens. 4. Aufl. Berlin: Springer
Leganger, A., Kraft, P.; Roysamb, E. (2000). Perceived self-efficacy in health: Conceptualisation, measurement and correlates. Psychology and Health, 15, 51-69
Lehmann, J. (1999): Befunde empirischer Forschung zu Umweltbildung und Umweltbewußtsein. Schriftenreihe „Ökologie und Erziehungswissenschaft“ der Arbeitsgruppe „Umweltbildung“ der Deutschen Gesellschaft für Erziehungswissenschaft, 4. Opladen: Leske + Budrich
Leming, J.S. (1973): Adolescent moral judgement and deliberation in classical and practical moral dilemmas. Unpublished doctoral diss. University of Wisconsin
Lempert, W. (1974): Berufliche Bildung als Beitrag zur gesellschaftlichen Demokratisierung. Vorstudien für eine politisch reflektierte Berufspädagogik. Frankfurt a. M.: Suhrkamp
Lempert, W. (1987): Moralkognitive Sozialisation. Soziobiographische Bedingungen der Entwicklung moralischer Urteilsstrukturen. Skizze im Rahmen der Untersuchung „Arbeitsbiographie und Persönlichkeitsentwicklung“ am Max-Planck-Institut für Bildungsforschung. Berlin
Lempert, W. (1988): Moralisches Denken. Seine Entwicklung jenseits der Kindheit und seine Beeinflussbarkeit in der Sekundarstufe II. Essen: Neue deutsche Schule Verlagsgesellschaft
Lempert, W. (1993): Moralische Sozialisation im Beruf. Zeitschrift für Sozialisationsforschung und Erziehungssoziologie. H. 1, 13, 2-35
Lempert, W. (2002): Berufliche Sozialisation oder was Berufe aus Menschen machen. Eine Einführung. 2. Aufl. Baltmannsweiler: Schneider Verlag Hohengehren
Lenk, H. (1978): Handlung als Interpretationskonstrukt. In Lenk, H. (Hrsg.): Handlungstheorien interdisziplinär. Band 2.1. München: Fink, 279-350
Leschinsky, A. (1987): Warnung vor neuen Enttäuschungen - Strukturelle Hindernisse für eine Schule der gerechten Gemeinschaft. Die Deutsche Schule, 1, 28-41
Lewin, G.; Lewin, K. (1941): Democracy and the school. Understanding the child (1941), 7-10. Dt.. Demokratie und Schule (1941). In: Weinert, F. E.; Gundlach, H. (1982): Kurt-Lewin-Werkausgabe, Bd. 6. Bern/Stuttgart: Huber, 285-291
Lewin, K. (1963): Feldtheorien in den Sozialwissenschaften. Bern: Huber

Liebig, R. (2009): Freiwilligendienste als außerschulische Bildungsinstitution für benachteiligte junge Menschen. Empirische Studien zum bürgerschaftlichen Engagement. Wiesbaden: VS

Liedtke, C.; Hasselkuss, M.; Welfens, M. J.; Nordmann, J.; Baedeker, C. (2013): Transformation towards sustainable consumption: Changing consumption patterns through meaning in social practices. Paper for presentation at the 4th International Conference on Sustainability Transitions, June 19-21 2013, Zurich. Contribution No. 290

Lind, G. (1987): Ansätze und Ergebnisse der „Just-Community"-Schule. Zeitschriftenaufsatz aus „Die Deutsche Schule", Online-Ressource: http://www.uni-konstanz.de/ag-moral/pdf/Lind-1987_Just-Community-Schule.pdf (12/2016)

Lind, G. (2002): Ist Moral lehrbar? Ergebnisse der modernen moralpsychologischen Forschung. Berlin: Logos

Lind, G. (2009): Moral ist lehrbar. München: Oldenbourg Schulbuchverlag

Lind, G. (2015). Moral ist lehrbar. Wie man moralisch-demokratische Fähigkeiten fördern und damit Gewalt, Betrug und Macht mindern kann. 3. erweitere, überarbeitete Auflage. Berlin: Logos

Lind, G.; Link, L. (1986): Moralische Atmosphäre Fragebogen (MAF). Theoretische Grundlagen und Instrument. Universität Konstanz

Lind, G.; Link, L. (1987): Moralische Atmosphäre Frageborgen. In: Lind, G. (2002): Ist Moral lehrbar? Ergebnisse der modernen moralpsychologischen Forschung. Berlin: Logos, 303-314

Lind, G.; Raschert, J. (Hrsg.) (1987): Moralische Urteilsfähigkeit. Eine Auseinandersetzung mit Lawrence Kohlberg über Moral, Erziehung und Demokratie. Weinheim: Beltz

Lohmann, G.; Rölle, D. (2005): „Ich würde ja Rad fahren, aber ...!" Veränderungen der Verkehrsmittelnutzung vor dem Hintergrund der ipsativen Handlungstheorie. Umweltpsychologie 9(1), 46-61

Lonny, F. (2014): 20 Jahre Freiwilliges Ökologisches Jahr in Nordrhein-Westfalen. jugendhilfereport, 2/2015, Landschaftsverband Rheinland (LVR), 7-10

Lüdecke-Plümer, S. (2007): Werte- und Moralerziehung in berufsbildenden Schulen. Europäische Zeitschrift für Berufsbildung, Nr. 41, 119-131

Luhmann, N. (1981): Handlungstheorie und Systemtheorie. In: Luhmann, N. (Hrsg.): Soziales System, Gesellschaft, Organisation. Soziologische Aufklärung Bd. 3. Opladen: VS Verlag für Sozialwissenschaften, 50-66

Luszczynska, A.; Schwarzer, R. (2005): The role of self-efficacy in health self-regulation. In: W. Greve, K. Rothermund; D. Wentura (Eds.): The adaptive self: Personal continuity and international self-development. Göttingen: Hogrefe/Huber, 137–152

Luszczynska, A., Gutiérrez-Dona, B.; Schwarzer, R. (2005). General self-efficacy in various domains of human functioning: Evidence from five countries. International Journal of Psychology, 40, 80–89

Maloney, M.; Ward, M. (1973): Ecology: Let´s hear from the people. An objective scale for the measurement of ecological attitudes and knowledge. American Psychologist, 28, 583-586

Marascuilo, L.; McSweeney, M. (1977): Nonparametric and Distribution-free Methods for the Social Sciences. Brooks: Cole Publishing Co

Massarrat, M. (2000): Chancengleichheit als Ethik der Nachhaltigkeit. Kritik der Gerechtigkeitsethiken und Überlegungen zu einem neuen Konzept. Widerspruch, 40/2001, 55-69, Online-Ressource: www.gcn.de/download/M_Chancen.pdf (08/2016)

Matthies, E.; Thomas, D. (2011): Nachhaltigkeitsrelevante Routinen am Arbeitsplatz – Voraussetzungen für einen erfolgreichen Wandel. In: Defila, R.; Di Giulio, A.; Kaufmann-Hayoz, R. (Hrsg.): Wesen und Wege nachhaltigen Konsums. Ergebnisse aus dem Themenschwerpunkt „Vom Wissen zum Handeln – Neue Wege zum nachhaltigen Konsum." München: oekom, 229-244

Matthies, E. (2005): Wie können PsychologInnen ihr Wissen besser an die PraktikerIn bringen? Umweltpsychologie, H. 1, 62-81

Maturana, H. R.; Varela, F. J. (1987): Der Baum der Erkenntnis: die biologischen Wurzeln des menschlichen Erkennens. Bern u.a.: Scherz

Mauermann, L. (1988): Ethische Grundlagen aktueller angloamerikanischer Erziehungskonzepte. In: Günter, C.; Kerstiens, L.; Mauermann, L.; Pöggeler, F.; Werner, H.-J. (Hrsg.): Ethik und Erziehung. Stuttgart: Kohlhammer, 141-170

Mayer, H. O. (2008): Interview und schriftliche Befragung. Entwicklung, Durchführung, Auswertung. 4. Aufl. München: Oldenbourg

Mayring, P. (2012): Qualitative Inhaltsanalyse. In: Flick, U.; Kardorff, E. von; Steinke, I. (Hrsg.): Qualitative Forschung. Ein Handbuch. 9. Aufl. Reinbek bei Hamburg: Rowohlt, 468-475

Mayring, P. (1996): Lehrbuch qualitativer Forschung. Eine Einführung in qualitatives Denken. 3. Aufl. Weinheim: Psychologie Verlagsunion

McNamee, S. M. (1977): Moral behaviour, moral development, and motivation. Journal of Moral Education, 7, 27-31

Meadows, D.L. (1972): Die Grenzen des Wachstums: Bericht des Club of Rome zur Lage der Menschheit. Stuttgart: Deutsche Verlags-Anstalt

Meier, M.; Hampel, P.; Gaiswinkler, M.; Kümmel, U. (2009): Einfluss einer erlebnispädagogischen Intervention auf Klassenklima und Selbstwirksamkeit von Jugendlichen. Psychologie in Erziehung und Unterricht. 2009/56, 64-69

Meinefeld, W. (1997): Ex-ante Hypothesen in der Qualitativen Sozialforschung: zwischen „fehl am Platz" und „unverzichtbar". Zeitschrift für Soziologie, Jg. 26, H. 1, 22-34

Mertineit, K.-D. (2002): Ansätze und Positionen beruflicher Umweltbildung. In: Bonz, B.; Schanz, H. (Hrsg.): Umweltproblematik und Berufsbildung. Berufsbildung konkret, Bd. 3. Baltmannsweiler: Schneider Verlag Hohengehren, 16-31

Mertineit, K.-D..; Nickolaus, R.; Schnurpel, U. (2001): Berufsbildung für eine nachhaltige Entwicklung. Machbarkeitsstudie im Auftrag des Bundesministeriums für Bildung und Forschung. Universität Hannover, Online-Ressource: http://www.bmbf.de/pub/berufsbildung_fuer_eine_nachhaltige_entwicklung.pdf (12/2016)

Mertineit, K.-D.; Exner, V. (2003): Berufsbildung für eine nachhaltige Entwicklung. Erfolgreiche Praxisbeispiele aus Betrieben, Berufsschulen und Bildungsstätten. Köln: Dt. Wirtschaftsdienst

Meuser, M.; Nagel, U. (2010): Experteninterviews – wissenssoziologische Voraussetzungen und methodische Durchführung. In: Friebertshäuser, B.; Langer, A.; Prengel, A. (Hrsg.): Handbuch qualitative Forschungsmethoden in der Erziehungswissenschaft. 3. Aufl. Weinheim u.a.: Juventa-Verl., 457-471

Meyer, B.; Wiegandt, K. (2009): Costing the Earth? Perspectives on sustainable development. Sustainability project. London: Haus Pub.

Meyer, H. (1989): Unterrichtsmethoden. II, Praxisband. Frankfurt a. M.: Cornelsen

Michelsen, G.; Adomßent, M. (2014): Nachhaltige Entwicklung: Hintergründe und Zusammenhänge. In: Heinrichs, H.; Michelsen, G. (Hrsg.): Nachhaltigkeitswissenschaften. Berlin/Heidelberg: Springer, 3-59

Michelsen, G.; Fischer, D. (Hrsg.), (2013): Nachhaltig konsumieren lernen, Ergebnisse aus dem Projekt BINK („Bildungsinstitutionen und nachhaltiger Konsum"). Bad Homburg: VAS

Milde, B.; Matthes, S. (2016): Passungsprobleme am Ausbildungsmarkt – Entwicklungen im Jahr 2015. Berufsbildung in Wissenschaft und Praxis, Jg. 45, H. 4, 11-15

Mill, J., S. (1879): Utilitarianism. Reprinted from „Fraser´s magazine". 7 edt. London: Longmans, Green, and Co., Online-Ressource: http://www.gutenberg.org/files/11224/11224-h/11224-h.htm (11/2016)

Ministerium für Schule und Weiterbildung des Landes Nordrhein-Westfalen (MSW), Hrsg.), (2009): Didaktische Jahresplanung. Pragmatische Handreichung für die Fachklassen des dualen Systems. Düsseldorf, Online-Ressource: http://www.berufsbildung.schulministerium.nrw.de/cms/upload/didaktischejahresplanung/didaktische_jahresplanung.pdf (12/2016)

Möller, J. (2008): Lernmotivation. In: Renkl, A. (Hrsg.): Lehrbuch Pädagogische Psychologie. 1. Aufl. Bern: Huber, 263-298

Möller, K. (2006). Welche Anregungen gibt Aeblis „Psychologische Didaktik" für das Lernen der Naturwissenschaften In: M. Baer, M. Fuchs, P. Füglister, K. Reusser; H. Wyss (Hrsg.): Didaktik auf psychologischer Grundlage – von Hans Aeblis kognitionspsychologischer Didaktik zur modernen Lehr- und Lernforschung. Bern: h.e.p., 129-133

Mosler, H.J.; Gutscher, H. (1998): Umweltpsychologische Interventionsformen für die Praxis. Umweltpsychologie, 2 (2), 64-79

Mosler, H.-J.; Tobias, R. (2007): Umweltpsychologische Interventionsformen neu gedacht. Umweltpsychologie, 1/2007, 35-54

Müller, J.; Fischer, A. (2013): Entwicklung eines Domänenmodells für ein nachhaltiges Wirtschaften kaufmännischer Auszubildender: Erste Einblicke. bwp@Spezial 6. Hochschultage Berufliche Bildung 2013, 1-15, Online-Ressource: http://www.bwpat.de/ht2013/ws10/mueller_fischer_ws10-ht2013.pdf (12/2016)

Müller, U. (2002): Kommentierung von Aufsätzen der Zeitschrift Umweltpsychologie, 6 (1), 91-110

Nachtigall, C.; Wirtz, M. (2002): Wahrscheinlichkeitsrechnung und Inferenzstatistik. Statistische Methoden für Psychologen. Teil 2. 2te, überarbeitete und erweiterte Aufl. Weinheim/München: Juventa

Nationalkomitee der UN-Dekade „Bildung für nachhaltige Entwicklung" UN-Dekade „Bildung für nachhaltige Entwicklung" 2005 - 2014: nationaler Aktionsplan für Deutschland 2011. Im Auftrag von Deutsche UNESCO-Kommission e.V..; Berlin, 2011, Online-Ressource: http://www.bne-portal.de/fileadmin/unesco/de/Downloads/Dekade_Publikationen_national/Nationaler_Aktionsplan_2011.pdf (11/2016)

Nerdinger, F. W. (2008): Grundlagen des Verhaltens in Organisationen. 2. Aufl. Stuttgart: Kohlhammer

Nunner-Winkler, G. (1989): Wissen und Wollen. Ein Beitrag zur frühkindlichen Moralentwicklung. In: Honneth, A.; McCarthy Th.; Offe, C.; Wellmer, A. (Hrsg.): Zwischenbetrachtungen. Im Prozeß der Aufklärung. Frankfurt: Suhrkamp, 574-600

Oermann, N.O.; Weinert, A. (2014): Nachhaltigkeitsethik. In: Heinrichs, H.; Michelsen, G. (Hrsg.): Nachhaltigkeitswissenschaften. Berlin/Heidelberg: Springer, 63-85

Oser, F. (1981): Moralisches Urteil in Gruppen, soziales Handeln, Verteilungsgerechtigkeit: Stufen der interaktiven Entwicklung und ihre erzieherische Simulation. Frankfurt a.M.: Suhrkamp

Oser, F.; Althof, W. (1992): Moralische Selbstbestimmung. Modelle der Entwicklung und Erziehung im Wertebereich. Ein Lehrbuch. Stuttgart: Klett-Cotta

Paech, N. (2012): Vom grünen Wachstum zur Postwachstumsökonomie. Warum weiteres wirtschaftliches Wachstum keine zukunftsfähige Option ist. In: Woynowski, B.; Becker, P.; Bertram, A.; Bhandari, S.; Burger, J.; Haver, M.; Janssen, A.; Lange, J.; Miyazaki, J.; Peters, G.; Ruf, F.; Schneider, J.; Sempach, J.; Wang, C. C. (Hrsg.): Wirtschaft ohne Wachstum?! Notwendigkeit und Ansätze einer Wachstumswende, Online-Ressource: http://www.ife.uni-freiburg.de/wachstumswende/woynowski-boris-et-al.-2012-wirtschaft-ohne-wachstum-notwendigkeit-und-ansatze-einer-wachstumswende.pdf (08/2016)

Paech, N. (2014): Suffizienz und Subsistenz: Therapievorschläge zur Überwindung der Wachstumsdiktatur. In: Rosa, H. et al. (Hrsg.): Zeitwohlstand : Wie wir anders arbeiten, nachhaltig wirtschaften und besser leben, Online-Ressource: http://www.konzeptwerk-neue-oekonomie.org/wp-content/uploads/2012/07/Zeitwohlstand.pdf (12/2016)

Petersen, W. (2013): Zur Didaktik beruflicher Bildung für die Überleitung in den Beruf. bwp@ Ausgabe Nr. 24, Online-Ressource: www.bwpat.de/ausgabe24/petersen_bwpat24.pdf (11/2016)

Pfeifer, V. (2009): Didaktik des Ethikunterrichts. Bausteine einer integrativen Wertevermittlung. 2., überarb. und erw. Aufl. Stuttgart: Kohlhammer

Piaget, J. (1954): Das moralische Urteil beim Kinde. Zürich: Rascher

Polanyi, M. (1985): Implizites Wissen. Frankfurt a. M.: Suhrkamp

Power , F. C.; Higgins, C.; Kohlberg, L. (1989): Lawrence Kohlberg´s approach to moral education. New York: Columbia University Press

Prein, G.; Kelle, U.; Kluge, S. (1993): Strategien zur Integration quantitativer und qualitativer Auswertungsverfahren. Der Vorstand des Sfb 186. Universität Bremen. Arbeitspapier Nr. 19, Online-Ressource: http://www.sfb186.uni-bremen.de/download/paper19.pdf (04/2015)

Programm Transfer-21 (Hrsg.), (2007): Orientierungshilfe Bildung für nachhaltige Entwicklung in der Sekundarstufe I. Begründungen, Kompetenzen, Lernangebote. Berlin, Online-Ressource: http://www.transfer-21.de/daten/materialien/Orientierungshilfe/Orientierungshilfe_Kompetenzen.pdf (11/2016)

Programm Transfer-21 (Hrsg.), (o.J.): Programm Transfer-21. Bildung für eine nachhaltige Entwicklung. Abschlussbericht des Programmträgers. 1. August 2004 bis 31.Juli 2008, Online-Ressource: http://www.transfer-21.de/daten/T21_Abschluss.pdf (04/2016)

Programm Transfer-21 (o. J.,): Multiplikatorenmodule, Online-Ressource: http://www.institutfutur.de/transfer/21/daten/multiplikatoren/modul2.pdf (12/2016)

Rauner, F. (2006): Gestaltung von Arbeit und Technik. In: Arnold, R.; Lipsmeier, A. (Hrsg.): Handbuch der Berufsbildung. 2. überarb. und akt. Aufl. Wiesbaden: SV, 55-70

Rawls, J. (1971): A Theory of Justice. Cambridge: Harvard University Press

Rebmann, K.; Kastrup, J.; Weigelt, T. (2003).: Umweltbildung in der beruflichen Aus- und Weiterbildung. Einblicke, 38, 27-29

Reckwitz, A. (2002): Toward a Theory of Social Practices. European Journal of Sociology, 5(2), 243-263

Reich, K. (2000): Interaktionistisch-konstruktive Kritik einer universalistischen Begründung von Ethik und Moral. In: Burckhart, H.; Reich, K. (Hrsg.): Begründung von Moral: Diskursethik versus Konstruktivismus. Würzburg: Könighausen und Neumann, 88-181

Reich, K. (2012): Konstruktivistische Didaktik : das Lehr- und Studienbuch mit Online-Methodenpool. 5., erw. Aufl. Weinheim u.a.: Beltz

Reichertz, Jo (2012): Abduktion, Deduktion und Induktion in der qualitativen Forschung. In: Flick, U.; Kardorff, E. von; Steinke, I. (Hrsg.): Qualitative Forschung. Ein Handbuch. 9. Aufl. Reinbek bei Hamburg: Rowohlt, 276-286

Reinhardt, S. (1980): Moralisches Urteil im politischen Unterricht. Gegenwartskunde 29, 4, 449-460

Rekus, J. (1993): Bildung und Moral. Zur Einheit von Rationalität und Moralität in Schule und Unterricht. Weinheim/München: Juventa

Renkl, A. (1994): Träges Wissen: Die „unerklärliche“ Kluft zwischen Wissen und Handeln. (Forschungsbericht Nr. 41). LMU München: Lehrstuhl für Empirische Pädagogik und Pädagogische Psychologie

Renn, O.; Deutschle, J.; Jäger, A.; Weimer-Jehle, W. (2007): Leitbild Nachhaltigkeit. Eine normativ-funktionale Konzeption und ihre Umsetzung. 1. Aufl. Wiesbaden: VS Verlag für Sozialwissenschaften

Rest, J.R.; Narváes, D. (1994): Moral development in the professions: Psychology and applied ethics. Hillsdale, NJ: Lawrence Erlbaum

Reusser, K. (2011): Von der Unterrichtsforschung zur Unterrichtsentwicklung - Probleme, Strategien, Werkzeuge. In: Einsiedler, W. (Hrsg.): Unterrichtsentwicklung und Didaktische Entwicklungsforschung. Bad Heilbrunn: Klinkhardt, 11-40

Rickes, M.; Tiemeyer, E. (2009): Lernsituationen zum nachhaltigen Wirtschaften im Einzelhandel. Konzipierung und Gestaltung von Lernarrangements zur Förderung der Berufsbildung für eine nachhaltige Entwicklung. eukona Aspekte Nr. 2, Online-Ressource: http://www.eukona.net/material/lernsituationen/aspekte02_HR_Eukona_EH_V30_04_09.pdf (12/2016)

Rieckmann, M. (2004): Lokale Agenda 21 in Chile. Eine Studie zur Implementation eines lokalen Agenda 21-Prozesses in der Cuenca del Lago Llanquihue. München: oekom

Rieckmann, M. (2011): Die globale Perspektive der Bildung für eine nachhaltige Entwicklung. Eine europäisch-lateinamerikanische Studie zu Schlüsselkompetenzen für Denken und Handeln in der Weltgesellschaft. Umweltkommunikation, Bd. 7, Berlin: Bwv

Rieckmann, M.; Schank, C. (2016): Sozioökonomisch fundierte Bildung für nachhaltige Entwicklung - Kompetenzentwicklung und Werteorientierungen zwischen individueller Verantwortung und struktureller Transformation. SOCIENCE 1 (1), 65-79. Online-Ressource: http://www.rce-vienna.at/SOCIENCE/vol1.pdf (01/2017)

Riedl, A. (2010): Grundlagen der Didaktik. 2. Aufl. Stuttgart: Franz Steiner Verlag

Rieß, W. (2010): Bildung für nachhaltige Entwicklung. Theoretische Analysen und empirische Studien. Internationale Hochschulschriften, 542. Münster u.a.: Waxmann

Rosa, H. (2005): Beschleunigung. Die Veränderung der Zeitstrukturen in der Moderne. Frankfurt a.M.: suhrkamp

Rosenstiel, L. von (2000): Wissen und Handeln in Organisationen. In: Mandl, H.; Gerstenmaier, J. (Hrsg.): Die Kluft zwischen Wissen und Handeln. Empirische und theoretische Lösungsansätze. Göttingen: Hogrefe, 96-138

Roth, H. (1971): Pädagogische Anthropologie: Entwicklung und Erziehung, Bd. II. Hannover

Sachverständigenrat für Umweltfragen (SRU), (1994): Umweltgutachten 1994. Für eine dauerhaft- umweltgerechte Entwicklung, Online Ressource: http://www.umweltrat.de/SharedDocs/Downloads/DE/01_Umweltgutachten/1994_Umweltgutachten_Bundestagsdrucksache.pdf;jsessionid=E8A8C33C8C80BCBA8300936B913D6F6C.1_cid335?__blob=publicationFile (02/2012)

Saldern, M. v.; Littig, K. E. (1999): Landauer Skalen zum Sozialklima. Weinheim: Beltz

Satow, L. (1999). Zur Bedeutung des Unterrichtsklimas für die Entwicklung schulbezogener Selbstwirksamkeitserwartungen. Eine Mehrebenenanalyse mit latenten Variablen. Zeitschrift für Entwicklungspsychologie und Pädagogische Psychologie, 31 (4), 171-179

Schahn, J.; Matthies, E. (2008): Moral, Umweltbewusstsein und umweltbewusstes Handeln. In: Lantermann, E.-D.; Linneweber, V. (Hrsg.): Grundlagen, Paradigmen und Methoden der Umweltpsychologie. Enzyklopädie der Umweltpsychologie, Band 1, Göttingen: Hogrefe, 663-689

Scharf, P. (1973): The moral atmosphere of the prison and an intervention to change it. Unpublished doctoral diss. Harvard University
Scheuthle, H.; Frick, J.; Kaiser, F.G. (2010): Personzentrierte Interventionen zur Veränderung von Umweltverhalten. In: Linneweber, V.; Lantermann, E.-D.; Kals, E. (Hrsg.): Spezifische Umwelten und umweltbezogenes Handeln. Enzyklopädie der Psychologie, Bd. 2. Umweltpsychologie. Göttingen u.a.: Hogrefe, 643-667
Schlömer, T. (2011): Dimensionen einer Berufsbildung für nachhaltiges Wirtschaften. In: Mertineit, K.-D.; Steenblock, W. (Hrsg.): Die BBS Friedenstraße auf dem Weg zu einer nachhaltigen Entwicklung. Tagungsband. Baltmannsweiler: Schneider Verlag Hohengehren, 146-154
Schmidt, C. (2009): Nachhaltigkeit lernen? Der Diskurs um Bildung für nachhaltige Entwicklung aus der Sicht evolutionstheoretischer Anthropologie. Opladen: Budrich
Schmidt-Bleek, F. (1994): Wieviel Umwelt braucht der Mensch? MIPS—Das Maß für ökologisches Wirtschaften. Basel: Birkhäuser Verlag
Schmidt-Bleek, F. (2007): Nutzen wir die Erde richtig? Die Leistungen der Natur und die Arbeit des Menschen. Forum für Verantwortung. Frankfurt a. M.: Fischer-Taschenbuch-Verlag
Schmidt-Peters, A.; Buchmann, U. (2000): Die ökologische Perspektive in der Berufsbildung - eine Einführung. In: Buchmann, U.; Schmidt-Peters, A. (Hrsg.): Berufsbildung aus ökologischer Perspektive. Bedingungen personaler Entwicklung in schulischen und beruflichen Kontexten; Festschrift für Adolf Kell. Hamburg: Kovac, 25-34
Schneidewind, U. (2013): Transformative Literacy – ein Bezugsrahmen für den wissensbasierten Umgang mit der „großen Transformation“. GAIA 22 (2), 82-86
Schneidewind, U.; Zahrnt, A. (2013): Damit gutes Leben einfacher wird: Perspektiven einer Suffizienzpolitik. München: oekom
Schnell, R.; Hill, P.; Esser, E. (2005): Methoden der empirischen Sozialforschung, 7 Aufl., München: Oldernbourg Wissenschaftsverlag
Schründer-Lenzen, A. (2010): Triangulation – ein Konzept zur Qualitätssicherung von Forschung. In: Friebertshäuser, B.; Langer, A.; Prengel, A. (Hrsg.): Handbuch qualitative Forschungsmethoden in der Erziehungswissenschaft. 3. Aufl. Weinheim u.a.: Juventa-Verl., 149-158
Schunk, D. H. (1984): Self-efficacy perspective on achivement behavior. Educational Psychologist, 19, 48-58
Schüßler, I. (1998): Deutungslernen - „Ein Bemühen um die Kommunikation von Deutungssystemen“ in Lehr-Lern-Prozessen. In: Arnold, R.; Kade, J.; Nolda, S.; Schüßler, I. (Hrsg.): Lehren und Lernen im Modus der Auslegung. Erwachsenenbildung zwischen Wissensvermittlung, Deutungslernen und Aneignung. Grundlagen der Berufs- und Erwachsenenbildung, Bd. 17. Baltmannsweiler: Schneider Verlag Hohengehren, 88-113
Schüßler, I. (2000): Deutungslernen. Erwachsenenbildung im Modus der Deutung - Eine explorative Studie zum Deutungslernen in der Erwachsenenbildung. Grundlagen der Berufs- und Erwachsenenbildung, Bd. 21. Baltmannsweiler: Schneider Verlag Hohengehren
Schwartz, S.H. (1975): The justice of need and the activation of humanitarian norms. Journal of Social Issues, Vol. 31, No. 3, 111-136
Schwartz, S.H. (1977): Normative Influences on Altruism. In: Berkowitz, L. (Hrsg.): Advances in Experimental Sociel Psychology, Vol. 10, New York: Academic Press
Schwartz, S.H.; Howard, J.A. (1981): A normative decision-making model of altruism. In: Rushton, J.P.; Sorrentino, R.M. (Hrsg.): Altruism and Helping Behavior. Hillsdale: Erlbaum, 189-211

Schwarz, J.; Dimireva, I. (2013): BauNachhaltig für mehr Nachhaltigkeit in der beruflichen Bildung der Bauwirtschaft. Berufsbildung, Zeitschrift für Praxis und Theorie in Betrieb und Schule, H. 141, 25-27

Schwarzer, R. (2001). General Perceived Self-Efficacy in 14 cultures. Berlin: Freie Universität Berlin, Online-Ressource: http://userpage.fu-berlin.de/~health/world14.htm (03/2012)

Schwarzer, R.; Jerusalem, M. (2002). Das Konzept der Selbstwirksamkeit. Zeitschrift für Pädagogik, 44. Beiheft: Selbstwirksamkeit und Motivationsprozesse in Bildungsinstitutionen, 28-53

Schwarzer, R.; Jerusalem, M. (Eds.), (1999): Skalen zur Erfassung von Lehrer- und Schülermerkmalen: Dokumentation der psychometrischen Verfahren im Rahmen der Wissenschaftlichen Begleitung des Modellversuchs Selbstwirksame Schulen Berlin: Freie Universität Berlin, Online-Ressource: http://userpage.fu-berlin.de/~health/self/skalendoku_selbstwirksame_schulen.pdf (12/2016)

Schwarzer, R., Mueller, J.; Greenglass, E. (1999): Assessment of perceived general self-efficacy on the Internet: Data collection in cyberspace. Anxiety, Stress, and Coping, 12, 145-161

Schwarzer, R.; Jerusalem, M. (2002): Das Konzept der Selbstwirksamkeit. Zeitschrift für Pädagogik (Beiheft 44), 28–53

Selman, R. L. (1984): Die Entwicklung interpersonalen Verstehens. Frankfurt a. M.: Suhrkamp

Shove, E., Pantzar, M., Watson, M. (2012): The dynamics of social practice: everyday life and how it changes. Los Angeles u.a.: SAGE Publications

Siebenhüner, B. (2001): Homo sustinens. Auf dem Weg zu einem Menschenbild der Nachhaltigkeit. Ökologie und Wirtschaftsforschung, Band 42. Marburg: Metropolis Verlag

Siebert, H. (2003): Didaktisches Handeln in der Erwachsenenbildung. Didaktik aus konstruktivistischer Sicht. 4., akt. und erw. Aufl. München: Luchterhand

Siebert, H. (2005): Pädagogischer Konstruktivismus: lernzentrierte Pädagogik in Schule und Erwachsenenbildung; Beltz Pädagogik. 3. Aufl. Weinheim/Basel: Beltz

Siebert, H. (2006): Theorien für die Praxis. Studientexte für Erwachsenenbildung. 2. Aufl. Bertelsmann: Bielefeld

Siegel, S. (1976): Nichtparametrische statistische Methoden. Frankfurt a. M.: Fachbuchhandl. für Psychologie, Verl.-Abt.

Siemens, G. (2005): Connectivism: A Learning Theory for the Digital Age. International Journal of Instructional Technology and Distance Learning, Vol. 2, No. 1, Jan 2005

Singer-Brodowski, M.; Schneidewind, U. (2014): Transformative Literacy. Gesellschaftliche Veränderungsprozesse verstehen und gestalten. Krisen- und Transformationsszenarios. Frühkindpädagogik, Resilienz & Weltaktionsprogramm. Wien: forum Umweltbildung, 131-140

Singer-Brodowski, M.; Hasselkuß, M.; Bliesner-Steckmann, A.; Baedeker, C. (2014): Netzwerke der Bildung für nachhaltige Entwicklung als soziale Innovation in der Stadt- und Regionalentwicklung. pnd online 11/2014, 1-12

Sohr, S. (1997): Ökologisches Gewissen. Eine Patchwork-Studie mit Kindern und Jugendlichen. Diss. Technische Universität Chemnitz-Zwickau. Philosophische Fakultät

Souvignier, E.; Dignath von Ewijk, C. (2010): Pädagogische Interventionsforschung – ein historischer Rückblick. In: Hascher, T.; Schmitz, B. (Hrsg.): Pädagogische Interventionsforschung. Theoretische Grundlagen und empirisches Handlungswissen. Grundlagentexte Pädagogik. Weinheim/München: Juventa, 12-30

Staub, F. C. (2006). Allgemeine Didaktik und Lernpsychologie: Zur Dynamisierung eines schwierigen Verhältnisses. In: Baer, M; Fuchs, M; Füglister, P; Reusser, Kurt; Wyss, H. (Hrsg.): Didaktik auf psychologischer Grundlage. Von Hans Aeblis kognitionspsychologischer Didaktik zur modernen Lehr- und Lernforschung. Bern: h.e.p Verlag, 169-179

Steffek, C. (2000): Dilemmageschichten als methodisches und problembezogenes Verfahren zur Förderung der politischen Bildung bei Grundschülern. München, Univ., Diss.

Steinke, I. (2012): Gütekriterien qualitativer Forschung. In: Flick, U.; Kardorff, E. von; Steinke, I. (Hrsg.): Qualitative Forschung. Ein Handbuch. 9. Aufl. Reinbek bei Hamburg: Rowohlt, 319-331

Stengel, O. (2011): Suffizienz. Die Konsumgesellschaft in der ökologischen Krise. Wuppertaler Schriften zur Forschung für eine nachhaltige Entwicklung, 1. München: oekom

Stengel, O.; Liedtke, C.; Baedeker, C.; Welfens, J.(2008): Theorie und Praxis eines Bildungskonzepts für eine nachhaltige Entwicklung. Umweltpsychologie, 2/2008, 29-42

Stern, P.C. (2000): Toward a coherent theory of environmentally significant behavior. Journal of Social Issues, 56, 407-424

Steurer, R. (2001): Paradigmen der Nachhaltigkeit. Zeitschrift für Umweltpolitik und Umweltrecht, 24, 537-566

Stibbe, A. (Hrsg.), (2009): The Handbook of Sustainability Literacy. Skills for a Changing World. UK: Uit Cambridge Ltd.

Stigler, H.; Felbinger, G. (2005): Der Interviewleitfaden im qualitativen Interview. In: Stigler, H.; Reicher, H. (Hrsg.): Praxishandbuch Empirische Sozialforschung in den Erziehungs- und Bildungswissenschaften. Innsbruck: StudienVerlag, 129-134, Online-Ressource: http://www.mdw.ac.at/upload/MDWeb/ims/pdf/Der_Interviewleitfaden_im_qualitativen_Interview_-_neu.pdf (12/2016)

Stoltenberg, U. (2010): Kultur als Dimension eines Bildungskonzepts für eine nachhaltige Entwicklung. In: Parodi, O.; Banse, G.; Schaffer, A. (Hrsg.): Wechselspiele; Kultur und Nachhaltigkeit. Berlin: edition sigma, 293-311

Stoltenberg, U.; Burandt, S. (2014): Bildung für eine nachhaltige Entwicklung. In: Heinrichs, H.; Michelsen, G. (Hrsg.): Nachhaltigkeitswissenschaften. Berlin/Heidelberg: Springer, 567-594

Straka, G.A.; Macke, G. (2003): Handlungskompetenz und Handlungsorientierung als Bildungsauftrag der Berufsschule – Ziel und Weg des Lernens in der Berufsschule? BWP 4/2003, 43-47, Online Ressource: www.bibb.de/veroeffentlichungen/de/publication/download/id/812 (12/2016)

Stromporowski, S. (2009): Forschungsbedarfe, Entwicklungsaufgaben und Empfehlungen. In: Meyer, H.; Stromporowski, S.; Vollmer, T (Hrsg.): Globalität und Interkulturalität als integrale Bestandteile beruflicher Bildung für eine nachhaltige Entwicklung. Abschlussbericht; GlnE. Norderstedt: Books on Demand, 306-343

Teddlie, C.; Tashakkori, A. (2006): A general typology of research designs featuring mixed methods. Research in the Schools, 13 (1),12-28

Terhart, E. (2005): Lehr-Lern-Methoden. Weinheim: Beltz

Tietgens, H. (1998): Interpretationswerkstatt im Kontext der Forschung und als Medium der Fortbildung. In: Arnold, R.; Kade, J.; Nolda, S.; Schüßler, I. (Hrsg.): Lehren und Lernen im Modus der Auslegung. Erwachsenenbildung zwischen Wissensvermittlung, Deutungslernen und Aneignung. Grundlagen der Berufs- und Erwachsenenbildung, Bd. 17. Baltmannsweiler: Schneider Verlag Hohengehren, 8-23

Tremmel, J. (2013): Peter Carnau: Nachhaltigkeitsethik. Normativer Gestaltungsansatz für eine global zukunftsfähige Entwicklung in Theorie und Praxis. Journal für Generationengerechtigkeit. 13. Jhrg. 1/2013, 40-41

Trierenberg, W. P. (2012): Gerechtigkeit unter dem Aspekt von Moral. Freie Universität Berlin. Diss., Online-Ressource: http://www.diss.fu-berlin.de/diss/servlets/MCRFileNodeServlet/FUDISS_derivate_000000012586/Diss._Trierenberg_korr._Endfassung_22_04_2012_veroeffentlicht.pdf (12/2016)
Uhl, S. (1996): Die Mittel der Moralerziehung und ihre Wirksamkeit. Bad Heilbrunn: Klinkhardt
Umweltbundesamt (UBA), (2007): Determinanten des Umweltverhaltens – Zwischen Rhetorik und Engagement. Vertiefungsstudie im Rahmen des Projekts „Repräsentativitätsumfrage zu Umweltbewusstsein und Umweltverhalten im Jahr 2006“, Online-Ressource: http://www.umweltbundesamt.de/sites/default/files/medien/publikation/long/3437.pdf (12/2016)
Umweltbundesamt (UBA), (2009): Repräsentativumfrage zum Umweltbewusstsein und Umweltverhalten im Jahr 2008. Umweltbewusstsein und Umweltverhalten der sozialen Milieus in Deutschland. Bonn
Umweltbundesamt (UBA), (2011): Umweltbewusstsein in Deutschland 2010. Ergebnisse einer repräsentativen Bevölkerungsumfrage. Vertiefungsbericht 3: Umweltbewusstsein und Umweltverhalten junger Erwachsener. Texte 87/2011. Dessau-Roßlau
United Nations (UN), (1987): Report of the World Commission on Environment and Development „Our Common Future“, Online Ressource: http://www.un-documents.net/our-common-future.pdf (01/2017)
United Nations (UN), (1992): Agenda 21: Programme of Action for Sustainable Development. In Rio Declaration on Environment and Development, Proceedings of the UN Conference on Environment and Development (UNCED), Rio de Janeiro, Brazil, 3–14 June 1992. New York
United Nations (UN), (2010): The Millennium Development Goals Report 2010. New York
United Nations Educational, Scientific and Cultural Organization (UNESCO), (2013): Proposal for a global action programme on education for sustainable development as follow-up to the united nations decade on education for sustainable development (DESD) after 2014. 37 C/57 4 November 2013, Original: English, Online-Ressource: http://unesdoc.unesco.org/images/0022/002243/224368e.pdf (12/2016)
United Nations Educational, Scientific and Cultural Organization (UNESCO), (2014): UNESCO Roadmap zur Umsetzung des Weltaktionsprogramms „Bildung für nachhaltige Entwicklung“. Deutsche Übersetzung. Bonn, Online-Ressource: http://www.bne-portal.de/fileadmin/unesco/de/Downloads/Dekade_Publikationen_international/2015_Roadmap_deutsch.pdf (12/2016)
United Nations Environment Programme (UNEP), (2010): Here and now! Education for sustainable consumption. Recommendations and Guidelines, Online-Ressource: http://www.unep.fr/scp/marrakech/taskforces/pdf/H&NMay2010.pdf (12/2016)
Vare, P.; Scott, W. (2007): Learning for a Change: Exploring the Relationship between Education and Sustainable Development. Journal of Education for Sustainable Development 1:2, 191-198
Vollmer, T. (2013): Generation Nachhaltigkeit – Überlegungen über Perspektiven der elektro- und metalltechnischen Berufsbildung. bwp@ Spezial Nr. 6, Hochschultage Berufliche Bildung, 1-27, Online-Ressource: http://www.bwpat.de/ht2013/ft08/vollmer_ft08-ht2013.pdf (12/2016)
Wagner, H.-J. (1989): Handlung und Erziehung. Zur Grundlegung einer Handlungstheorie der Erziehung. Weinheim: Deutscher Studien Verlag
Wahl, D. (2005): Lernumgebungen erfolgreich gestalten. Vom trägen Wissen zum kompetenten Handeln. Bad Heilbrunn: Klinkhardt
Watson, M. (2012): How theories of practice can inform transition to a decarbonised transport system. Journal of Transport Geography, 24, 488-496

Weber, B. (2000): „Berufsorientierung als Entwicklungsaufgabe des Jugendalters" - auch am Gymnasium? In: Buchmann, U.; Schmidt-Peters, A. (Hrsg.): Berufsbildung aus ökologischer Perspektive. Bedingungen personaler Entwicklung in schulischen und beruflichen Kontexten; Festschrift für Adolf Kell. Hamburg: Kovac, 327-360

Weinert, F. E. (2001a): Leistungsmessungen in Schulen; Beltz Pädagogik. Weinheim u.a.: Beltz

Weinert, F.E. (2001b): Concept of Competence: A Conceptual Clarification. In: Rychen, D.S.; Salganik, L.H. (Hrsg.): Defining and selecting key competencies. Seattle: Hogrefe & Huber, 45-65

Weizsäcker, E. U. von; Hargroves, K.; Smith, M. (2010): Faktor Fünf: Die Formel für nachhaltiges Wachstum. München: Droemer HC

Welzer, H. (2009): Vom Wissen zum Handeln – vom Handeln zum Wissen. Harald Welzer im Gespräch mit Sebastian Gießmann. Politische Ökologie. Zeitschrift für Kulturwissenschaft, H. 2, 103-110

Werner, S. (2008): Das FÖJ - ein Sprungbrett in die Zukunft? In: Landschaftsverband Rheinland (LVR), (Hrsg.): Bericht der Fachberatung Jugendförderung im LVR-Landesjugendamt, 29-36, Online-Ressource: http://www.lvr.de/app/resources/fachberaterbericht2008.pdf (12/2016)

Werner, S. (2011a): Heterogenität als Chance - Ein Jahr für mich und die Umwelt. Das FÖJ im Rheinland. In: Landschaftsverband Rheinland (LVR), (Hrsg.): Jugendhilfereport 1/2011, 15-18, Online-Ressource: http://www.lvr.de/media/wwwlvrde/jugend/service/publikationen/dokumente_97/JugendhilfeReport_1_2011.pdf (12/2016)

Werner, S. (2011b): Jugendliche wollen echte Teilhabe und keine Mogelpackung. In: Landschaftsverband Rheinland (LVR), (Hrsg.): Berichte der Fachberatung Jugendförderung 2011, 41-45, Online-Ressource: http://www.lvr.de/media/wwwlvrde/jugend/jugendfrderung/jugendsozialarbeit/dokumente_69/fachberaterbericht_jugendfoerderung_2011.pdf (11/2016)

Werner, S. (2012): Förderung im Freiwilligen Ökologischen Jahr im Rheinland. In: Landschaftsverband Rheinland (LVR), (Hrsg.): Jugendhilfereport, 3/2012, 19-22, Online-Ressource: http://www.lvr.de/media/wwwlvrde/jugend/service/publikationen/dokumente_97/Jugendhilfereport_3_2012.pdf#page=58 (12/2016)

Wigger, L. (1983): Handlungstheorie und Pädagogik. Eine systematisch-kritische Analyse des Handlungsbegriffs als pädagogischer Grundkategorie. Beiträge zur Pädagogik; 2. Sankt Augustin: Richarz

Winter, D.D.N. (2000): Some Big Ideas for Some Big Problems. American Psychologist, 55, 516-522

Wissenschaftlicher Beirat der Bundesregierung Globale Umweltveränderungen (WBGU), (2011): Welt im Wandel: Gesellschaftsvertrag für Eine Große Transformation (in German), 2. Aufl. Berlin

Wissenschaftlicher Beirat der Bundesregierung Globale Umweltveränderungen (WBGU), (2014): Zivilisatorischer Fortschritt innerhalb planetarischer Leitplanken – Ein Beitrag zur SDG-Debatte. Politikpapier Nr. 8, Online-Ressource: http://www.wbgu.de/politikpapiere/politikpapier-8-2014-sdg/ (09/2016)

Wolff, S. (2012): Dokumenten- und Aktenanalyse. In: Flick, U.: Kardorff, E. von; Steinke, I. (Hrsg.): Qualitative Forschung. Ein Handbuch. Reinbek: Rowohlt, 502-513

World Commission on Environment and Development (WCED), (Hrsg.), (1987): Our Common Future. Oxford: WCED

Zabeck, J. (2002): Moral im Dienste betrieblicher Zwecke? Anmerkungen zu Klaus Becks Grundlegung einer kaufmännischen Moralerziehung. Zeitschrift für Berufs- und Wirtschaftspädagogik, 98. Band, H. 4/2002, 485–503

Zentrum für Ethik und Nachhaltigkeit (ZEN-FHS), (Hrsg.), (2014): Herausforderungen für die Politik und die Ethik. Edition Politik, Bd. 19. Bielefeld: transcript

Zierhofer, W. (2007): Leitbild nachhaltige Entwicklung — Konsequenzen für die Gesellschaftstheorie: Forschungsdesiderate und Vorschlag einer sozialgeographischen Forschungsprogrammatik. Erdkunde, Bd. 61, H. 3, 239-247

Zirfas, J. (1999): Die Lehre der Ethik. Zur moralischen Begründung pädagogischen Denkens und Handelns. Pädagogische Anthropologie Bd., 7. Weinheim: Beltz

Links

Homepage der Deutschen Gesellschaft für Erziehungswissenschaft (DGfE): http://www.dgfe.de/sektionen-kommissionen/sektion-2-allgemeine-erziehungswissenschaft/kommission-paedagogische-anthropologie.html (10/2016, 17:00h)

Homepage des Zentrum für zivilgesellschaftliche Entwicklung (zze): http://www.zze-freiburg.de/projekte/abgeschlossene-projekte/fsjplus/ (10/2016, 17:00h)

Anhang

Die Anhänge a, d sowie h-j sind als OnlinePLUS-Download unter www.springer.com frei verfügbar[123].

- 4a: Interviewleitfaden
- 4b: Protokoll Pretest Interviewleitfaden
- 4c: Postskriptum Interview
- 4d: Fragebogen „Allgemeine Selbstwirksamkeitserwartung“, t1 FÖJ
- 4e: Einverständniserklärung der Teilnehmenden aus dem FÖJ
- 4f: Einverständniserklärung der Teilnehmenden aus der Berufsschule
- 4g: Anschreiben Minderjährige, FÖJ
- 4h: Vorlage Abschlussbericht „Freiwilliges Ökologisches Jahr“
- 4i: Vorlage Excel Seminardokumentation „Freiwilliges Ökologisches Jahr“
- 4j: Methodenvielfalt Gruppe A und C Excel „Freiwilliges Ökologisches Jahr“

[123] Die verbleibenden Anhänge werden auf Rückfrage bei der Autorin zugesandt.

MIX
Papier aus verantwortungsvollen Quellen
Paper from responsible sources
FSC® C105338

Printed by Books on Demand, Germany